核心素养视域下
阶梯作业的实践研究

刘国权　主编

哈尔滨工业大学出版社

图书在版编目（CIP）数据

核心素养视域下阶梯作业的实践研究／刘国权主编.—哈尔滨：哈尔滨工业大学出版社，2024.3
ISBN 978-7-5767-1334-3

Ⅰ.①核… Ⅱ.①刘… Ⅲ.①学生作业-教学设计-研究 Ⅳ.①G424.6

中国国家版本馆 CIP 数据核字(2024)第 076317 号

策划编辑	闻	竹
责任编辑	赵凤娟	
封面设计	麻	凯
出版发行	哈尔滨工业大学出版社	
社　　址	哈尔滨市南岗区复华四道街10号　邮编150006	
传　　真	0451-86414749	
网　　址	http://hitpress.hit.edu.cn	
印　　刷	哈尔滨市工大节能印刷厂	
开　　本	787 mm×1 092 mm　1/16　印张 29.5　字数 700 千字	
版　　次	2024 年 3 月第 1 版　2024 年 3 月第 1 次印刷	
书　　号	ISBN 978-7-5767-1334-3	
定　　价	178.00 元	

（如因印装质量问题影响阅读,我社负责调换）

编委会

主　编　刘国权

副主编　马　宁　李云胜　李秀文　刘云峰　孔凡晶
　　　　　徐兆宝　付国龙　王晶姝　任志莉　冯锡刚
　　　　　罗　威　杨　虹　修岩松　白　冬　胡继红　杨　茜

前言 PREFACE

  2020年在国家"十四五"规划精神的指导下，哈尔滨市教育局、哈尔滨市南岗区教育局针对教育领域中过重的课业负担问题，提出了改进课后作业的意见，以缓解过重的课业负担引起的负面影响，切实解放学生的身心，为学生的健康发展保驾护航。因此，由哈尔滨市萧红中学校牵头，联合哈尔滨市第一五六中学校、哈尔滨市第一二四中学校、哈尔滨市第一二五中学校、哈尔滨市第一六三中学校、哈尔滨市南岗区教师进修学校附属中学校共同申请了黑龙江省"十四五"教育科学重点规划课题"核心素养视域下初中学生阶梯作业的实践研究"（课题编号JJB1421017），并于2021年1月4日批准立项。

  课题组在研究过程中，不断根据遇到的问题调整研究策略。在研究期间，中共中央办公厅、国务院办公厅印发的《关于进一步减轻义务教育阶段学生作业负担和校外培训负担的意见》（以下简称"双减"）及教育部出台的"五项管理""考试管理"政策，为课题研究提供了研究方向和理论支持。经过一年半的实践研究，课题组总结出核心素养视域下阶梯作业设计与推广路径，为深入研究课题提供了理论支撑；构建了阶梯作业运行管理与保障机制，为学校课题研究的科学运行提供了有效思路；创造性建立了阶梯作业五个环节的制度和评价体系，为阶梯作业规范操作提供了制度引领；创造性总结出阶梯作业设计和完善流程，为减轻学生课业负担、布置高质量的作业提供了设计和完善模板；收集整理了阶梯作业设计研究成果，形成了具有各个学校特色的阶梯作业；整理形成了三类经典案例，分别是阶梯作业设计案例、阶梯作业布置与批改案例、阶梯作业管理案例，为大规模推广实施阶梯作业提供了实践参考。

  阶梯作业的研究需要持续不断、逐渐深入，我们深知，还有很多需要改进之处，但我们坚信，我们的研究会越来越深入。

课题研究小组

2022年4月20日

目录 CONTENTS

第一篇 课题研究情况介绍

课题介绍 ……………………………………………………………………… 3

第二篇 课题组成员学校研究情况介绍

萧红中学课题研究情况介绍 ……………………………………………… 13
156 中学课题研究情况介绍 ………………………………………………… 18
124 中学课题研究情况介绍 ………………………………………………… 23
163 中学课题研究情况介绍 ………………………………………………… 25
125 中学课题研究情况介绍 ………………………………………………… 29
进修附中课题研究情况介绍 ……………………………………………… 32

第三篇 课题研究的成果（理论与实践创新成果）

阶梯作业课题组创新成果 ………………………………………………… 37
124 中学阶梯作业特色做法 ………………………………………………… 44
163 中学阶梯作业特色做法 ………………………………………………… 45
125 中学阶梯作业特色做法 ………………………………………………… 47
进修附中阶梯作业特色做法——夯基础、激兴趣、有创新、促发展 …… 51
搭好"阶梯"，助力"双减"，为学生健康成长奠基——萧红中学"双减"背景下的阶梯作业设计 …………………………………………………………… 53

第四篇 阶梯作业优秀案例（阶梯作业设计案例）

植根生活土壤，撷取写作真趣 …………………………………………… 59
英语阶梯作业布置的实效性研究案例 …………………………………… 62
"有理数的乘方"阶梯作业设计案例 ……………………………………… 65
"双减"背景下的阶梯作业设计——"角平分线的性质"第一课时 ……… 69
让每个学生都有自己的舞台——语文阶梯作业的设计 ………………… 72

八年级语文阶梯作业设计案例 …………………………………………………… 74
基于核心素养的初中英语阶梯作业的设计研究 …………………………………… 77
基于核心素养的初中物理阶梯作业的设计研究——以"从分数到分式"一课为例 … 81
基于核心素养的初中物理阶梯作业的设计研究——以"弹力"一课为例 ………… 84
阶梯作业设计案例——"碳和碳的氧化物" …………………………………… 89
"伯牙绝弦"一课阶梯作业设计案例 …………………………………………… 93
九年级化学"金属材料（第一课时）"阶梯作业设计案例 ………………………… 96
"电流"一课阶梯作业设计案例 ………………………………………………… 101
九年级历史阶梯作业设计案例 …………………………………………………… 105
"排球正面双手上手传球"阶梯作业设计案例 ………………………………… 109
"呼吸道对空气的处理"阶梯作业设计案例 …………………………………… 115
品味经典文化，传承书香墨韵——"中国人物画"美术学科阶梯作业有效性研究 … 118
音乐学科阶梯作业设计案例 ……………………………………………………… 121
八年级语文"安塞腰鼓"阶梯作业设计案例 …………………………………… 124
六年级英语阶梯作业设计案例 …………………………………………………… 127
九年级英语阶梯作业设计案例 …………………………………………………… 131
八年级英语阶梯作业设计案例 …………………………………………………… 135
六年级数学阶梯作业设计案例 …………………………………………………… 138
九年级数学阶梯作业设计案例 …………………………………………………… 140
八年级数学阶梯作业设计案例 …………………………………………………… 144
九年级化学阶梯作业设计案例 …………………………………………………… 146
初中化学"质量守恒定律"阶梯作业设计 ……………………………………… 151
"勾股定理"阶梯作业设计案例 ………………………………………………… 155
"金刚石、石墨和C_{60}"阶梯作业设计案例 …………………………………… 159
"弹力 弹簧测力计"阶梯作业设计案例 ………………………………………… 165
精雕细"课"减负提质落双减——初三英语阶梯作业设计和布置的研究 ……… 168
阶梯作业设计之寒假作业 ………………………………………………………… 173
"有理数"阶梯作业设计 ………………………………………………………… 176
"可爱的中国"阶梯作业设计案例 ……………………………………………… 179
"一元一次不等式的解法"阶梯作业设计案例 ………………………………… 181
六年级下 Unit 1 How tall are you? Main scene 阶梯作业设计案例 …………… 183
作业有"阶梯"，"双减"有实效 ………………………………………………… 186

"双减"政策背景下地理学科阶梯作业设计案例探究 …………………………… 189

体育阶梯作业设计 …………………………………………………………… 191

"老王"一课阶梯作业设计案例 ……………………………………………… 194

"老王"阶梯作业设计案例 …………………………………………………… 198

"用加减消元法解方程组"阶梯作业设计案例 ……………………………… 202

"用加减消元法解方程组"阶梯作业设计案例 ……………………………… 204

"平行四边形"阶梯作业设计案例 …………………………………………… 206

Unit 3　Where did you go? Part A　Let's try & Let's talk 阶梯作业设计 ………… 209

Unit 3　Where did you go? Part A　Let's try & Let's talk 阶梯作业设计案例 ……… 214

Unit 3　Where did you go? Part A　Let's try & Let's talk 一课阶梯作业设计案例 … 218

人教版英语八年级上册 Unit 5 Do you want to watch a game show? Section A 1a–2d 阶梯作业设计案例 ……………………………………………………………………… 222

六年级下学期 Unit 1 Part A　Let's try & Let's talk 阶梯作业设计 …………… 225

"比热容"阶梯作业设计 ……………………………………………………… 230

"利用化学方程式的简单计算"阶梯作业设计 ……………………………… 234

"社戏"一课阶梯作业设计 …………………………………………………… 236

部编版语文九年级下学期"唐雎不辱使命"阶梯作业设计 ………………… 240

"北京的春节"阶梯作业设计 ………………………………………………… 246

"黄河颂"阶梯作业设计 ……………………………………………………… 249

"矩形"阶梯作业设计案例(第一课时) ……………………………………… 253

"锐角三角函数"阶梯作业设计(第一课时) ………………………………… 257

"一元一次不等式组"阶梯作业设计 ………………………………………… 261

"有理数的乘方"阶梯作业设计 ……………………………………………… 264

人教版英语六年级上册 Unit 3　Part C 阶梯作业设计 ……………………… 267

Unit 7　Teenagers should be allowed to choose their own clothes. Section A 1a–2d 阶梯作业设计 ………………………………………………………………………… 270

What did you do last weekend? Section B 阶梯作业设计案例 ……………… 275

人教版初中英语八年级下册 Unit 1 What's the matter? Section A(1a–2d)阶梯作业设计 ……………………………………………………………………………… 279

"电功率"阶梯作业设计 ……………………………………………………… 283

"汽化和液化"阶梯作业设计 ………………………………………………… 288

"溶解度"阶梯作业设计 ……………………………………………………… 292

Unit 7　How much are these socks? Section A1a—2e 阶梯作业设计 …………… 302

"质量守恒定律"阶梯作业设计 ……………………………………………… 307

"光的传播"阶梯作业设计 …………………………………………………… 313

Grade 8A　Unit 6 I'm going to study computer science. Section A 1a－2d 阶梯作业设计 ……………………………………………………………………… 319

"生活中常见的盐"阶梯作业设计 …………………………………………… 324

"切线长"阶梯作业设计 ……………………………………………………… 329

"在流体中运动"阶梯作业设计 ……………………………………………… 332

九年级语文下册第一单元阶梯作业设计 …………………………………… 338

"数轴"阶梯作业设计 ………………………………………………………… 341

Unit 3　Where did you go? Section A 24－25 阶梯作业设计 ……………… 343

在阶梯作业中提升学生素养——"勾股定理"阶梯作业案例 ……………… 347

第五篇　阶梯作业优秀案例(阶梯作业布置与批改案例)

九年级语文学科阶梯作业的布置与批改案例 ……………………………… 353

"分子和原子"阶梯作业的布置与批改 ……………………………………… 358

九年级化学学科"金属的化学性质"阶梯作业布置与批改案例 …………… 361

初中物理学科阶梯作业布置与批改案例 …………………………………… 364

"光源　光的传播"阶梯作业布置与批改案例 ……………………………… 370

巧用阶梯作业,实现减负增效 ……………………………………………… 374

案例分析——阶梯作业的布置与批改 ……………………………………… 377

有教无类,因材施教——浅析阶梯作业的布置与批改 …………………… 381

语文阶梯作业布置与批改案例 ……………………………………………… 387

Unit 3　Let's try and Let's talk A 阶梯作业布置与批改案例 …………… 389

"利用化学方程式的简单计算"阶梯作业的布置与批改 …………………… 392

"圆的有关性质复习"阶梯作业布置与批改 ………………………………… 397

"木兰诗"一课阶梯作业的布置与批改 ……………………………………… 401

"勾股定理"阶梯作业的布置与批改 ………………………………………… 403

"正数和负数"阶梯作业的布置与批改 ……………………………………… 406

Unit 3　Read and write 阶梯作业的布置与批改 …………………………… 409

Unit 2　Section B Reading 阶梯作业的布置与批改 ……………………… 413

"质量守恒定律"第二课时阶梯作业的布置与批改 ………………………… 415

"有理数"复习课阶梯作业的布置与批改 ························· 418
Unit 4　Don't eat in class 阶梯作业的布置与批改 ··············· 421
适合的就是最有益的——语文随堂阶梯作业的设置与批改案例 ······· 423
"平行四边形"阶梯作业的布置与批改 ························ 426
"用加减消元法解方程组"阶梯作业的布置与批改 ················· 429
"矩形"阶梯作业布置与批改的有效策略 ························ 432
九年级化学阶梯作业的布置与批改 ··························· 434

第六篇　阶梯作业优秀案例（阶梯作业管理案例）

四维阶梯分层作业,助推"双减"提质增效——125 中学落实阶梯作业设计的管理案例 ·· 439
"平行线的性质"阶梯作业设计过程管理案例 ···················· 442
强化审核公示,作业减负增效 ······························· 445
阶梯作业在审核与公示管理过程中的问题反馈和建议 ·············· 448
阶梯作业检查与评价案例 ································· 450
优化作业设计,深耕作业管理 ······························· 453
阶梯作业检查与评价管理简析——七年级作业检查及评价示例 ······ 455
163 中学阶梯作业过程管理案例 ···························· 458

核心素养视域下
阶梯作业的实践研究

第一篇
课题研究情况介绍

课题介绍

哈尔滨市萧红中学校　徐兆宝

一、研究的问题、课题的意义和研究的价值

(一)研究的问题

本课题依据中国学生发展核心素养研究成果,立足各学科核心素养的要求,研究初中学生如何通过阶梯作业,达到逐步提升各个学科的核心素养的目的。通过精选作业内容,达到减负增效的作用。通过优化作业设计、布置、批改、讲评等方式,达到落实核心素养的目的。通过分层设置作业,探索不同层次学生共同提升的作业布置方式。

(二)课题的意义

1. 社会意义

科技创新需要创新人才,初中阶段是学生发展、成熟的重要阶段,而过重的课业负担禁锢了学生的发展。减轻过重的作业负担,解放学生的身心束缚,能够为培养国家创新人才提供有力保障。本课题的研究能够为社会持续进步、国家持续发展提供重要人才保障基础。

2. 教育发展意义

核心素养在学科中的落实不是仅体现在课堂教学上,而是体现在教育教学的全过程,其中作业是对课堂教学中核心素养如何落地的直接体现。探索阶梯作业的设计、布置、批改、讲评的过程,是将学校教育中"教"与"学"统一的重要途径,是将教师的"教"真正落实到学生是否真正"学"的重要载体,是将"核心素养"落实到位的重要一环。本课题的研究对初中教育领域落实核心素养具有重要的实践价值。

3. 学生发展意义

在学校开展阶梯作业布置和落实的研究,是符合新时代教育思想的研究,是将新时代教育思想落实到教育教学工作中的直观体现。通过对课题的研究,能够使学校发展与时代同步,能够使教师思想与时代的要求同步,而具有新时代思想的教师能够为学校持续高质量发展提供新动力。

在大教育时代,均衡发展促进教育公平,通过本课题的研究,可以解决校际教师能力、教学资源不均衡的问题,为提升学校的整体教学质量提供有力支持,加速促进校际软实力的均衡发展。

课题的意义如图1所示。

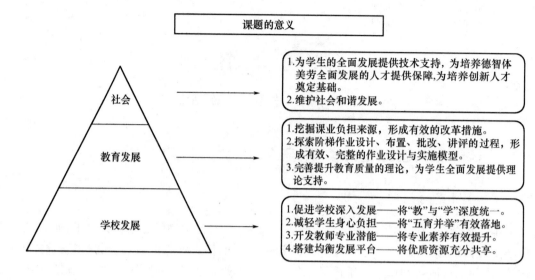

图1

(三)研究的价值

1. 理论价值

落实核心素养的方法和途径,在国家层面上已经上升到直接影响到国家发展战略的重要地位,阶梯作业的研究,为核心素养在学科教学方面,提供了课上与课后、学校与家庭、教师的教与学生自主的学之间相互连接的途径,在探索核心素养的落实方面具有重要的理论价值。学生课业负担过重,主要原因在于作业的布置出现了问题,通过研究形成一个精当、有效、放心的作业设置体系,能够为减负提供理论支持。

2. 实践价值

(1)学科教学方面。学科教学是一个系统的体系,这个体系对于教师来说,很难较为全面的掌握,因此在课堂教学过程中,经常会出现在什么地方落实、落实到什么程度、不同层次的学生如何落实等问题。这些问题都可以通过课后作业来明确学科核心素养的落脚点。这样既可以使集体备课、上课、学生评价在内容上更科学合理,又可以改变教学管理的方式,从而促进学校全面改革,形成适应核心素养目标的学校发展新模式。

(2)学生学习方面。有效的作业可以减轻学生的课业负担,激发学生的学习兴趣,提高学生的学习效率,引领学生学会学习,为提高学生的核心素养提供有效的实践策略。

二、课题研究的过程

哈尔滨市萧红中学校(以下简称萧红中学)自2020年12月开始申请立项,2021年4月1日正式开题。本课题的研究得到省、市、区各级领导的高度关注。本课题由萧红中学牵头,课题组成员学校有哈尔滨市第一二四中学校(以下简称124中学)、哈尔滨市第一五六中学校(以下简称156中学)、哈尔滨市第一二五中学校(以下简称125中学)、哈尔滨市第一六三中学校(以下简称163中学)、哈尔滨市南岗区教师进修学校附属中学校(以下简称进修附中)。参与课题研究的单位有"刘国权校长发展共同体"成员学校、萧红教育集团学校、"呼兰八中校长共同体"学校、新疆阿勒泰地区福海县初级中学等。课题研究从2020年10月开始,主要经历三个阶段:准备阶段,全面研究阶段,总结提升、形成成果阶段。"阶梯作业"实践研究历程如图2所示。

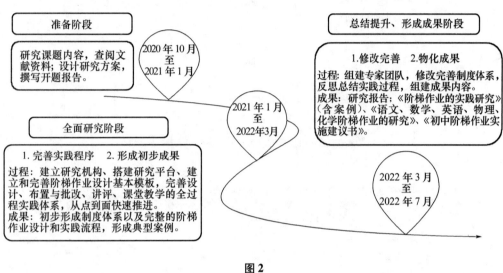

图2

（一）准备阶段

（1）成立课题研究小组。刘国权担任组长,马宁、李云胜、李秀文、刘云峰、孔凡晶担任副组长,六所学校相关副校长及骨干教师担任组员。

（2）开展理论学习,确定研究方向(图3、图4)。

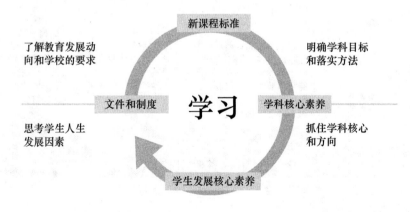

图3

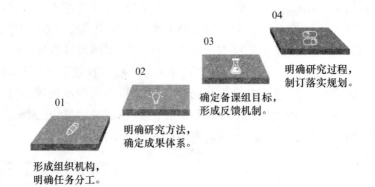

图4

(3)讨论研究,确定作业设计目标(图5)。

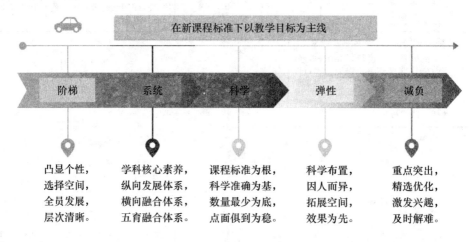

图5

(4)确定研究方案(图6)。

图6

（二）全面研究阶段

1. 健全制度，规范阶梯作业实施的全过程

根据阶梯作业的目标，分别在作业设计方面制定了《阶梯作业设计制度》和《阶梯作业审核制度》；在作业布置和批改方面制定了《阶梯作业布置及批改制度》；在作业管理方面制定了《阶梯作业公示制度》；在评价方面制定了《阶梯作业问效制度》；在解决困难学生问题方面制定了《阶梯作业课后辅导制度》；在课堂管理方面制定了《课堂教学新标准》；在集体备课方面制定了《阶梯作业集体备课制度》，并对集体备课的流程进行了重新梳理，明确了各个流程的标准。萧红中学的这八项制度，形成了从初始设计到最后解决作业中问题的制度体系，既包含了教师层面的要求，又包含了管理方面的措施，使管理者和教师都更加清晰整个过程的目标与任务。在教师评价方面，萧红中学制定了"卓越教研组（备课组）评选方案""卓越教研组（备课组）评选量化考核表"，将集体的评价作为教师评价的重要评价方式。萧红中学正在尝试建立"阶梯测试"的学生评价模式，以期减轻学生的中考压力。

2. 梳理集体备课流程，开展集体备课展示交流活动

课题组从2020年10月开始，由萧红中学八年级物理组牵头（10月11日），125中学语文教研组（10月20日）、进修附中英语教研组（10月21日）、156中学数学教研组（10月21日）、163中学化学教研组（10月22日）、124中学物理教研组（10月22日）各自举办一次课题组内展示交流活动。活动的收获：各个学科均初步形成了学科阶梯作业设计的基本模板，为接下来的进一步完善奠定基础。

阶梯作业是教学过程的一部分，与教学过程是密不可分的，在常规备课中规范阶梯作业与其他部分的关系，是促进教师站在全局思考提高阶梯作业质量、促进教师专业发展的根本。

因此，课题组成员学校11月在校内开展了常规备课中融入阶梯作业的尝试，并在区域内展示，聘请专家进行指导。梳理并明确了常规备课的流程、课时目标的核心地位以及课内学案、课后阶梯作业与课堂教学之间的关联，确定了设计阶梯作业的基本思路，初次修订了流程。

经过这一轮的展示活动和专家指导，逐渐梳理出较为科学完善的新流程：确定阶段目标—形成课时目标—围绕目标设计课堂教学重难点—围绕重难点设计课堂学案、课后作业—将课后作业分解为三个层次—形成有效的阶梯作业。

3. 完善常规管理办法，促进协调管理

严格执行作业日公示、周反馈制度，统筹作业管理，把握作业难度，控制作业总量。确保书面作业平均完成时间不超过90分钟。将大厅、班级、学生作业记录单（家长）三级公示制度落实到位，力求公示与监督、公示与宣传有效结合。以公示促进学校减负管理，做到统筹到位、反馈到位、监督到位，保障真正减轻学生的课业负担。

坚持每天的课后服务检查工作，保障在课后服务时学生有自主解决问题的时间，教师针对性解惑，让学生的问题不积压。对于发现的问题，要及时与教师沟通、反馈，做到发现问题立即改正,并在学年群中表扬优秀做法。将公示的作业与教师批改的作业进行比照。

改进常规管理,突出阶梯作业主题,完善常规管理对应的内容、检查的流程、评价的内容和方式。

4. 开展阶梯作业课堂研讨活动,检验集体备课的有效性

教学工作聚焦课堂主阵地,是落实阶梯作业的关键环节,既可以检验集体备课的有效性,又可以促进备课组思考课时目标设置得是否恰当。目标设置是阶梯作业设置的灵魂,只有通过课堂教学,教师才能够切实体会到,一节课既要处理学生作业的共性问题,又要进行新知教学,只有这种统筹兼顾的思考,才能为阶梯作业的高质量提供重要依据。因此,开展"提高课堂教学效果,扎实做好课上与课后作业衔接"的专题研讨课活动,是课题研究的必然经历。

通过课堂教学,研究阶梯作业有效讲评的策略、课堂教学目标有效落实的策略以及课时阶梯作业与课堂教学内容的匹配度。通过课堂教学,将理论转化为实践,通过实践促进理论发展,为解决"理论和实践两层皮"的问题搭建了平台;通过实际操作,促进教师深入思考作业的布置与批改、作业的讲评、新课教学、课后作业的设计四方面的关系,并进行深入研究。

萧红中学八年级物理教研组(11月26日)、九年级语文教研组(11月30日)、六年级数学教研组(12月6日)、七年级英语教研组(12月9日)、六年级美术教研组(12月10日)、八年级历史教研组(12月13日)、八年级化学教研组(12月14日)、六年级体育教研组(12月15日)、七年级音乐教研组(12月16日)、七年级政治教研组(12月17日)在课题组研究平台开展了十次展示交流活动。

此次活动促进了阶梯作业落地生根,明晰了五个学科书写作业的落实策略;明晰了历史、地理、政治、生物"小四门"中考学科阶梯作业设计的思路及落实策略;明晰了音乐、体育、美术三个学科涉及美育和体育的阶梯作业的设计思路与落实策略。

(三)总结提升阶段

本阶段成立课题总结小组,聘请专家指导梳理过程性材料,总结课题研究成果,形成以下五方面成果(图7)。

这些成果凝结了全体课题组成员共同的智慧,是实践的结晶。当然课题的研究不是一蹴而就的,我们的研究还处在初级阶段,解决过重的课业负担、提升教育教学质量是一个系统工程,需要持续不断地深入研究,扎扎实实落实,逐步完善管理、提升全体教育工作者的专业能力、改变固有观念等,但我们相信,改变就会有效,坚持就能成功!

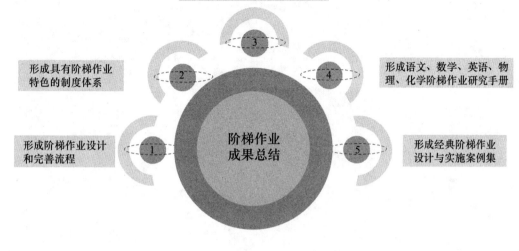

图7

核心素养视域下
阶梯作业的实践
研究

第二篇
课题组成员学校研究情况介绍

萧红中学课题研究情况介绍

一、学校基本情况

萧红中学是一所历史悠久、饱经沧桑、有着光荣革命传统的百年名校学校。学校始建于1924年,因历史的变迁、教育发展的需要学校几易校名。1927年至1930年,我国著名女作家萧红曾在此就读,并参加了1928年反对日本帝国主义修筑吉敦铁路的爱国学生运动。20世纪80年代后期,由于一些客观原因,教育质量急剧下降,各种教育问题层出不穷。为改变曾经造就了无数进步人士的历史名校的惨痛状况,突出教育的战略地位,教育主管部门做出了"全力扶持、改变现状、创建名校、打响品牌"的决策。学校在各级领导的关怀和社会的支持下将原校舍翻建,并于1992年9月9日以曾经就读于民国时期东省特别区区立第一女子中学的著名女作家萧红的名字命名,正式更名为萧红中学。之所以定名为萧红中学,有三大原因:第一,基于对薄弱学校的扶持;第二,希望女作家萧红"爱国、奉献、团结、进步"的精神能在学校的发展中发挥作用;第三,发挥名人作用带动名牌效应。经过多年的改革与发展,萧红中学已成为哈尔滨市窗口学校,曾经的名人效应已经彻底地转变成真正的名牌效果。如今,"萧红"的名字不仅是所有萧红中学人的骄傲,也是哈尔滨市南岗区及哈尔滨市基础教育的骄傲。

萧红中学占地面积12 600平方米,建筑面积19 200平方米。教学设施先进,功能教室齐全,教学手段现代化,校园网络全覆盖,为信息技术与教育教学融合奠定了基础,成为首批省标准化先进学校,被授予"创学堂"人工智能科普基地称号。作为全国创新型学校、全国家长学校建设实验学校、全国青少年创新教育实验学校、未成年人思想道德建设工作先进单位、黑龙江省青少年写作研究会哈尔滨市培训基地、省级文明校园、市级文明校园标兵、先进基层党组织,以极高美誉度获得哈尔滨市第100家特色学校殊荣。

"德蕴萧红"是萧红中学的特色名片,即在学校营造全方位、全过程育人的氛围,回归教育本真,尊重教育规律,引导人、感化人、激励人;坚持以人为本,通过适合的教育来塑造人、改变人、发展人。简单地说,就是把学校的每一件事、每一个育人环节做细、做实,为萧红中学学子形成关键能力和必备品格提供教育"套装",减负增效提升人才培养质量,因材施教落实立德树人目标,五育并举培养全面发展的人才。

百年的办学历程不仅积淀了萧红中学深邃厚重的文化底蕴和以人为本的教育精神,更传承了女作家萧红追求自由平等、自主自强的人文精神和爱国不屈、博爱进步的家国情怀。学校秉承"育情智兼备学子,塑德艺双馨教师,创品质俱优学校"的目标,着力建设"温暖萧红,卓越萧红",稳步走上教师乐业、学生乐学、家长放心、社会认可、多元发展的良性轨道。

为坚决贯彻落实国家、省、市有关工作要求,萧红中学组建"六项管理"、"双减"工作专项领导小组,分别制定了《落实"双减"工作实施方案》《课后服务工作实施方案》《阶梯作业设计制度》《阶梯作业布置及批改制度》《阶梯作业审核制度》《阶梯作业问效制度》《阶梯作业公示制度》等方案与制度。通过教育教学各部门、各学年间的密切协作,同时发力、全面推进,切实落实学校主体责任,即提高教育教学质量、提高作业管理水平、提高课后服务水平,集中力量提质增效;加大力度落实课后服务,丰富课后服务内容,让学生在校能学好、学足、学会,学有所得,学有所用,学有兴趣,乐在学中,确保"双减"工作落在实处,切实提升教育教学质量。

二、课题研究过程

2019年,萧红中学申请了这一课题后,结合国家的方针政策,进行了认真细致的探索和实践。

(一)健全、完善管理机制

学校成立作业管理领导小组,责任分工到人。制定《阶梯作业设计制度》,完善《阶梯作业公示制度》《阶梯作业布置及批改制度》《阶梯作业问效制度》等规章制度,明确要求,规范行为。

(二)统筹、科学设计作业

学校严格执行作业日公示、周反馈制度,统筹作业管理,把握作业难度,控制作业总量。确保书面作业平均完成时间不超过90分钟。在校园内和班级中设置作业公示栏,并下发《致家长一封信》,请学生、家长共同监督。21:30前,不能完成书面家庭作业的学生也应按时就寝,不能完成的作业允许不交或缓交,确保学生充足的睡眠时间。

学校大力加强作业的设计和指导,充分发挥作业的诊断、学情分析等功能,将作业设计纳入学校各学科备课组整体的教研计划,系统设计符合初中生不同学段年龄特点、学习规律和成长发展的基础性作业。鼓励布置个性化作业,推进阶梯式作业,切实提高作业的质量和针对性,坚决克服机械、无效作业,杜绝重复性、惩罚性作业。

(1)作业内容。

根据教学要求、教材内容做到重点突出,形式多样,富于思考,不布置机械重复和大量抄写的作业。

(2)作业量。

严格控制作业量,当天各学科书写类作业累计总量不得超过一个半小时。布置作业努力做到"三不练",即知识覆盖面不大的题目不练,不能培养学生能力、开发智力的题目不练,不紧扣课程标准和教学要求的题目不练。

(3)作业形式。

作业形式分为课内和课外、口头和书面、实践操作作业等。课内作业题的梯度有呈现经典、重点突破、自我评价和提升等。时长以3~5分钟为宜,当堂完成。课外作业注意深度和广度。提倡布置实践性的作业,让学生多看书、多观察,写观后感和观察日记等形式的作业;鼓励学生利用假期参加到社会福利院送爱心、义卖等公益活动,写社会实践类的作业。口头作业包括预习课文、复述、朗读、背诵等。书面作业包括核心基础作业、能力提升作业、挑战自我作业。实践操作作业侧重鼓励学生根据所学知识进行小制作、小发明、小创造等。

(三)跟进作业批改与评价反馈

指导学生充分利用自习课和课后服务时间,使学生能在校内完成大部分书面作业,通过课后服务做好对学有困难学生的辅导和对学有余力学生的指导。

作业批改要求:有留必批,有批必改,有改必评,有错必纠,纠必复批,且要做到逐题批改,防止漏批、错批,加强面批讲解。不能由学生或家长代批。任课教师除亲自认真批改作业外,还要及时做好作业反馈、讲解和答疑,所有作业不要求家长打印、检查、批改;不将家长的签字作为评判学生完成作业的依据,不要求学生自批自改。

作业批改必须由任课教师手写,写清日期、等级或分数、奖励加评语。禁止只有一个对号或者是"阅"字。杜绝只用盖章的方式批改作业。教师批改作业的语言文字要规范、端正、清楚、正确,要使学生认得出、看得懂。

教务处持续开展教学常规联合督导检查,并将作业管理纳入教学常规管理,作为教师业务培训工作业绩评价的重要方面,学校每月进行作业量化评比。切实提升作业质量,以达到减轻学生过重的学习负担的目的。

(四)严格执行作业公示制度

公示范围:本学年学生、家长及任课教师。
公示内容:当天具体课后作业;完成当天作业总时长。
公示方式:班级公示栏、学年公示板、学生作业记事本。
反馈渠道:学校校长热线,各学年教学校长、主任手机,定期家长问卷。
公示要求:作业内容表述要清晰,通俗易懂,简洁明确,说清具体的年级(班)、学科及作业所在的书本名称、页码等。作业总用时要标明大部分学生的预计完成时间。学生完成作业的总时间不能超过90分钟(六年级不超过60分钟)。作业必须经过学校审核后,才可以在放学前进行公示。

(五)开展系列实践探究活动

自课题开展以来,共进行三个阶段的实践探究活动。
(1)开展阶梯作业与核心素养相结合的设计探究系列活动,五个学科经过教研组内研究制订初步方案,形成初步设计成果。
(2)调整深入阶梯作业的设计和实施阶段。
根据上一阶段出现的问题,调整阶梯作业的设计标准,形成新的设计方案并实施。
开展专项阶梯作业研究活动、常态集体备课阶梯作业研究活动、课上与课下阶梯作业研究活动、非书写类阶梯作业的研讨交流活动等。
(3)课题研究实践总结阶段。

梳理各个环节典型的案例,开展案例交流活动。

三、突破和创新之处

(一)构建了核心素养视域下阶梯作业的设计层面

阶梯作业的设计围绕学科核心素养和中国学生发展核心素养进行设计,将两个素养分成三个阶梯层面——核心基础、能力提升、挑战自我。

(二)创造性建立了阶梯作业五个环节的制度和评价体系

建立了阶梯作业从设计到实施过程的五个环节七项制度,保障五个环节落实的两项评价制度,即针对教研组和备课组团队的《卓越教研组评选制度》,针对教师和管理者的《阶梯作业问效制度》。

(三)创造性总结出阶梯作业设计和完善流程,为减轻学生课业负担、布置高质量的作业提供了设计和完善模板

(1)系统分析一个知识板块,为把握此板块的教学方向和教学策略提供重要依据,同时也为阶梯作业的设计明确方向。
(2)定准目标,确定每节课的方向。
(3)分解课时目标,思考目标实现的载体。
(4)用阶梯的思想设计,将目标转化为不同梯度的问题或习题。
(5)规划拆分具体内容,合成不同阶段使用的内容。

(四)形成了阶梯作业理论成果,编著了阶梯作业实践研究相关书籍

萧红中学教师编著的《阶梯作业的实践研究》,其主要内容是萧红中学在阶梯作业研究中的理论总结、实践总结、学科经典案例。

学科阶梯作业设计方面的成果主要有萧红中学阶梯作业设计的汇总,包括《语文阶梯作业的设计》《数学阶梯作业的设计》《英语阶梯作业的设计》《物理阶梯作业的设计》《化学阶梯作业的设计》,共五本,涵盖了从六年级到九年级所有的阶梯作业内容。

四、课题研究的成果

(一)教师的成长

1. 教师转变了教育观念,提高了教学能力

教师更加注重集体备课和个人备课,更加关注全体学生的学情,做到充分分析学生不同的知识基础、学习能力,甚至充分考量学生的情绪和心理现状,通过阶梯作业和办学互助的方式因材施教,使全体学生都能得到充分的发展。

教师更加注意深入挖掘和钻研教材、教法和学法,提高了课堂教学的主导能力以及

对学科作业研究的系统性和对重难点知识的把握能力,形成了对学生的人文关怀和素质教育的育人理念。

2. 促进教师自我学习,不断提高专业能力

教师边学习边研究,边实践边总结,"双减"背景下,在提高课堂教学效率、提高阶梯作业质量的研究过程中,促使教师的教学能力和学科教学素养得以全面提升。近年来,学校教师在国家、省、市、区各级各类教学大赛中收获颇丰,省级、国家级赛课及成果获奖达185人次以上。

(二)学生的变化和家长满意度

(1)针对不同学习能力的学生,教师着眼于学生的最近发展区,发挥其潜能。基础阶梯作业,促进学习能力一般的学生更好地夯实基础,形成基本学习能力;变式和开放性、提高性阶梯作业,为学习能力很强的学生提供了更多自主学习的选择空间,培养其形成独立思考的学习力,提高其发现问题和解决问题的能力,拓宽其学习面并提高学习难度,使其学习成绩越来越好。促使全体学生都在学习中获得快乐和发展,体会学习的乐趣,体验成功的愉悦。

(2)阶梯作业的设置能够有效提高教学成绩。我们欣喜地发现,在2021—2022年上学期期末学科测试质量分析中,四个学年的平均分、优秀率和及格率都有不同程度的提高。其中六年级平均分为280.48分,高分率为5.31%,优秀率为30.95%,及格率为93.59%;七年级平均分为280.48分,高分率为5.31%,优秀率为58.62%,及格率为88.98%;八年级平均分为378.93分,优秀率为58.26%,及格率为87.39%;九年级高分率为2.5%,优秀率为21.38%,及格率为85.35%,最高分为464分。学生学习成绩的稳步提高,为学生建立了充分的自信心,学生学习状态的改变,让家长感到分外满意和欣喜。

总之,无论是教师的成长还是学生的发展情况,都充分说明实施阶梯作业能有效促进教学质量整体提高。内容阶梯、题型阶梯、时间阶梯、难度阶梯、自主选择阶梯能够让学生根据自己的学习实际各有所得,让学生在学习过程中体验成功的乐趣,充分调动学生的学习积极性。

156中学课题研究情况介绍

一、学校基本情况

156中学始建于1978年,位于哈尔滨市南岗区,毗邻哈尔滨工业大学。学校秉承"文化立校、亲情融校、特色强校、传承创新、臻美臻善"的办学理念,牢记"崇德启智、践行超越"的校训,弘扬"知行合一、止于至善"的校风,发扬"敬业乐教、博学爱生"的教风和"善知乐行、合作创新"的学风,根植于深厚的文化积淀,致力于优质初中的开拓与创新,让教育充满灵动,让教学充满活力,让文化启迪人生,让校园洋溢温馨。

学校特色:一是校园文化以"知行合一"为中心。二是依靠校本研修这条路径,聘请专家来校讲座;将读书分享与观摩学习相结合;假期备课、答辩,让核心素养落地,打造优质学校。三是课堂是落实素养教育的主阵地,打造以合作学习为载体的"一五六式"有效课堂的教学模式,优化教师的教学行为,改变学生的学习方式,通过阶梯作业落实"双减"政策,切实提高课堂教学效益,优化教学效果。四是育人体系日趋完善,德育活动目标化、德育活动课程化、德育评价系列化等,低学段社团课程的开展,也是学生核心素养提升的有效途径之一。

学校建立156中学"职业交流群""156公众微信群""156名师工作室"等平台,通过开展教研组团队建设,基于问题的研究、金银种子培养工程、名师讲堂等活动推进教师专业化发展,成果斐然。

学校强化教师目标责任意识,实施"一五六式"教学常规管理。目标细化,量化考核,措施具体,重视检查,创新评价。严格执行"个人自备、集体复备、二次自备"三阶段,以及"备课、上课、评课、反思"一体化的要求。学生入学之后,学校通过规范的质量监测,对各班、各科进行定标,包括优秀率、及格率、低分率,并且对各类学生的提升包保到人。每次质量监测后,进行精细的质量分析,对标检查并跟进措施。在"双减"政策下,以落实阶梯作业为途径,优化作业设计,切实减轻学生的作业负担,实现低进高出、高进优出,让每个学生都得到适合的教育,实现最充分的发展。

二、课题研究过程

(一)信息汇集、形成框架(2021年5月—2021年8月)

在这一阶段研究工作中,我们进行课题的调查研究、课题的方案设计、课题的论证和立项。

(1)认真总结"十三五"课题研究的成果和不足,确立"十四五"课题研究的方向和命题。

（2）确定课题研究领导小组成员及研究教师，选拔了具有一定研究经验的教学主任、骨干教师作为主要参加者，并对参与研究的教师做出分工。

（3）完成课题研究的前期调查工作。通过调查研究对学生的作业情况进行了解，获取原始资料。

（4）完成课题的研究设计工作。

（5）完成课题的申报工作。

（6）完成课题的论证工作。

①进一步查阅相关资料，并召开全体实验教师会议，对课题的实验方案再次进行讨论，对细节问题进行了具体的研究。

②召开开题论证会。2021年10月18日，在知行楼五楼会议室召开开题论证会，会上杨晓姝主任做了开题报告，使全体实验教师对实验的目的、内容等有了明确的认识。

（7）对参与研究的领导的工作进行分工。

校长马宁主要负责课题的指导及保障工作，科研主任刘春婕、教学主任杨晓姝作为课题领导小组的副组长，主要负责课题的具体指导及理论研究工作。

（二）实地调研、实验验证（2021年8月—2022年6月）

遵循边学习边研究、边实践边总结的原则进行调研。寻找问题节点，收集第一手资料。在这一阶段，主要通过培训、研讨、实践、总结等方式，在实验教师的教学中全面实施实验方案，重点为以下两方面：一是在课题实施环节的设计、策略的研究和把握上进一步深化；二是在课题实施的过程中，将"双减"与阶梯作业设计相结合，更好地提高教学的实效性。

1. 采用多种形式对教师进行培训

通过"一五六论坛""校长讲坛"等平台对全体教师特别是课题实验教师进行专项培训，使大家进一步明确研究内容和研究任务。课题组成员承担不同的培训任务，利用学校网上论坛，组织骨干教师学习讨论，并针对课题研究中存在的问题进行反思。

同时，学校还计划聘请课程改革专家来校进行专题讲座和辅导；将继续选派学科骨干教师外出学习，开阔视野。

2. 开展行动研究，实施课题内容

（1）强化、监控课题研究过程，以教学过程的管理带动课题研究向纵深发展。

①开展"一五六式"大教研组校本研修活动。

通过开展"有主题、有主讲、有主线"的大教研组阶梯作业设计的主题研修活动，针对教师在研究过程中存在的问题进行主题性"问诊"和培训。

②开展示范引领课活动。

通过开展落实"双减"减负高质的示范课活动，以及课后的评课、议课活动，秉承"课堂改变、一切改变"的教学理念，从素养课堂、素养作业、素养评价、素养教师等多方面强化教学方式改革，进行有效的探索和实践。

③开展"一五六式"课堂监测活动。

制订《课堂质量监测方案(试行稿)》,实行"教师当堂反馈监测+教务处周随堂监测+学校月随机监测"计划,教师当堂反馈监测,发现问题及时和学生、班主任沟通;教务主任每周进行随堂监测,随机抽取学科和节数,深入班级;教学副校长每月进行随机监测。建立了相应的奖励机制。

3. 梳理、总结课题研究问题,开展"一五六式"课题研讨活动

结合教学工作总结,定期梳理和总结课题研究中存在的问题,及时召开课题领导小组、子课题负责人及主要参与者会议,解决在课题研究中发现的问题,及时调整思路,以便更好地完成课题研究任务。

附:《课堂质量监测方案(试行稿)》。

<h3 style="text-align:center">课堂质量监测方案(试行稿)</h3>

按南岗区教育局中小学校教育现代化评价方案的要求,为推动学校"一五六式"课堂教学改革,提高课堂效率,使学生掌握当堂学习内容,形成科学合理的监测机制和激励反馈机制,特制订此方案。

一、指导思想

以《南岗区中小学教育现代化评价标准(试行)》为指导,以实现学校"一五六式"课堂教学改革为目标,以促进学校教学工作均衡、优质发展,提升教师专业化水平,提高课堂效率,促进学生全面均衡发展为主要内容,办特色化教学,办学生和家长满意的教育,为创造办学特色化、优质化及人民满意的学校贡献力量。

二、监测对象

非毕业学年全体学生及全体任课教师。

三、监测方法

具体方法:教师当堂反馈监测+教务处周随堂监测+学校月随机监测。

突破和创新之处:

(1)教师当堂反馈监测。每位教师每节课(复习课及特殊课除外)都预留结束前的5分钟,进行当堂反馈卷监测,课后进行批改,发现问题及时和学生及班主任沟通。如有重大问题,须上报教务处。当堂反馈卷发给学生后收回存档,并在下次课上抽时间进行总结和反馈。

(2)教务主任每周进行随堂监测。教务主任根据自己学年各学科授课情况,随机抽取学科和节数,深入班级进行随堂测试,测试卷由教务主任负责批改,并反馈给任课教师及学生。教务主任可根据学习情况,选取薄弱学科进行重点监测,此项视情况而定。反馈卷归教务处存档。

(3)教学副校长每月进行随机监测。教学副校长选取某个学年的某个班、某个学科,进行随机监测。监测卷由教务处负责批改、反馈。教学副校长根据反馈情况,给出改进措施和意见。

（4）每月进行监测总结。每月常规检查结束后，进行常规检查总结时，加入质量监测情况总结，由教务主任负责通报情况，并给出整改意见。

（5）激励机制：每次月考及期中、期末、区摸底考试进行奖励，每学年以班级为单位，评选出"学科状元""学科之星""超越之星""进步之星"等，召开学年表彰大会，在教师中评选出"春蚕之星""红烛之星""园丁之星"；每月常规检查总结，以学年为单位评选出"教案之星""作业之星""集备之星""监测最优班级之星"等教师、学生及班级奖项，召开学年表彰大会。

四、保障措施

学校成立课堂质量监测领导小组。

组长：马宁。

副组长：韩冬旭、张萍萍。

组员：杨晓姝、董世荣、衣树峰。

三、突破和创新之处

进一步明确学科核心素养提升的纵向发展历程，开设以作业为载体的教学研究途径，为教师的专业发展提供有形的、可操作的学习研究方式。通过对阶梯作业的研究，能够让教师更加深刻地理解核心素养和学科核心素养的含义。阶梯作业可以检验绝大多数学生核心素养和学科核心素养落实的基本情况。

课题研究能够最大限度地促使教师更为合理地设计阶梯作业，促进教师共同进步与发展，从而进一步改进教学方法，探索出一条符合学校教学实际的阶梯作业模式，提升课堂教学的实效性。同时，以初中课堂教学作业设置为核心，能够实现教师可直接利用的阶梯作业模式，并将这种模式运用到每节课的作业中。能够让学生在完成阶梯作业时感受到自我成长的喜悦，让作业设置成为培养学生核心素养的有益补充，并形成相关理论成果和作业体系。

四、课题研究的成果

（一）制度建设成果

学校参与课题研究的时间较早，"十五""十一五""十二五""十三五""十四五"期间均有相关的课题研究项目。学校领导曾担任过国家级、省级、市级的课题负责人，课题参与人员撰写过大量的科研论文、案例、反思及实验报告等，取得了许多很有见地的科研成果，分别荣获过国家级、省级、市级的奖励，具有比较丰富的科研经验和较强的科研能力，能够独立完成并指导他人完成科研课题的实验研究。长期的实验研究与经验积累，使学校逐渐形成了一整套科研制度，为课题研究工作提供制度保障与支持，推动课题研究工作有序进行。

（二）理论与实践创新成果

每节课教师都要从学生生活和社会生活中选择学生感兴趣的问题来创设情境，以启迪学生的思维、激发学生的探索欲望。在具体的教学活动中,教师为学生创设主动参与学习的条件和机会,向学生提供有意义且富有挑战性的学习内容,激发他们主动探索的兴趣和欲望,促进他们在学习中获得主动发展。在问题研究教学过程中,学生不是被动地接受知识,他们必须充分调动自己已有的知识和经验,充分发挥自己的聪明才智,敏锐地发现问题,主动地提出问题,积极寻求解决问题的方法、策略,通过自主探索、合作交流等多种形式去解决问题,寻求答案。

1. 阶梯作业设计日趋成熟

(1)阶梯作业设计的目的性明确。

(2)阶梯作业设计的难易度有弹性。

(3)阶梯作业设计的内容具有典型性。

(4)阶梯作业设计的形式具有趣味性。

2. 学生的学习素养得到提高

(1)提高了学生的学习兴趣。通过观察不难发现,学生对学习表现出了极大的热情,在课堂上,他们表达自己思想的欲望很强烈,大多数学生活泼好动,乐于参与各种活动。

(2)培养了学生的思维特性。学生的思路更加开阔,他们不再是等待教师的结论,而是主动去思考,去寻求解决问题的方法;也不再把作业看成是负担,课后讨论作业题目的人越来越多,作业完成的速度和质量逐步提高。

(三)学校发展成果

近年来,学校多次承担国培任务,教师积极参与省级示范课的展示,多位教师获得省级优质观摩课的奖励。同时,学校2020年、2021年中考取得骄人的成绩,学校的教学质量持续攀升,获得学生、家长、社会的一致好评。

部分教师公开发表的论文如下。

马宁:《巧设历史对话 营造活力课堂》发表于《黑龙江教育》。

刘晶:《初中英语教学中学生自主学习能力的培养》发表于《长江丛刊》。

郝金芝:《当代教师专业化创新发展研究》发表于《文化创新比较研究》。

刘春婕:《在初中历史教学中如何培养学生的合作学习素养》发表于《黑龙江教育学院学报》。

部分教师获奖论文如下。

马宁:《对话教学在历史课堂中的应用问题研究》(省科研成果一等奖)。

赵祚林:《数学课堂中的创新教学——小组合作学习》(国家级论文一等奖)。

郭兰:《以STEAM为载体,创建英语学科PBL课堂》(省科研成果一等奖)。

124 中学课题研究情况介绍

一、学校基本情况

124 中学始建于 1972 年,是一所全日制普通公办初级中学。学校在"尚德育人,融合发展"办学思想的指导下,本着"学生成人,教师成长,学校成功"的办学宗旨及"成人、成长、成就、成功"的办学理念,向着"办一所守望生命成长的精神家园"的目标驰而不息。学校坚持办学的"七个维度",工作的"七个思路""七个目标",学校管理的"七大模式""七个原理""七个抓手",坚持"一体两翼四驱动"(一体:以课堂为主体;两翼:教师团队和教学管理团队;四驱动:日常管理、研培、评价、活动),不断提升办学品质、谱写育人华章。

学校拥有高素质的教师队伍,善于研究,资源丰富,为课题研究提供良好的基础。成立了以校长为领导的强有力的课题研究队伍,课题组教师结构合理,具有多年教育教学工作经验,能从专业性上为本课题研究提供指导建议。

学校有 51 个教学班,在籍学生 2 303 人。不同层次、不同背景、不同需求的研究对象有助于获取有价值的实验数据,使课题研究更具层次性、立体性,更有深度、广度,从而更有研究价值。

二、课题研究过程

124 中学积极开展"核心素养视域下初中学生阶梯作业的实践研究"课题研究,组织课题组成员共同学习、交流、研讨,从实践到思考,从感性到理性,不断地认识、感悟、理解新的历史时期教育改革的新内涵。

在接到课题立项书后,课题组进行了充分的准备,研究课题的目的和意义,学习相关的理论,确定研究方向,设计研究方案,撰写开题报告,召开开题论证会。在研究过程中,将课题研究与教学工作有机结合,建立科学的评价体系与管理机制,有框架、有思路、有方向、有抓手,每位教师都能够围绕课题开展个案研究,优化教学,提高质量。在实验验证阶段,遵循边学习边研究、边实践边总结的原则进行调研,寻找问题节点,收集第一手资料,进行实验研究,取得实验证据,编写了《学科作业设计手册》和《阶梯作业案例分析集》。

三、突破和创新之处

通过课题建模、立序、选材等研究程序为研究指明了方向、规范了过程,提高了研究的实效性和有效性。

(1)以"作业问题清单"开启阶梯作业的研究。指导教师做好阶梯作业的设计,落实阶梯作业功能,突出集体作业质量,强化阶梯作业的研究。

(2)以"项目制"推进阶梯作业的研究。每个学科组设立一个小项目,以"项目制"的研究形式进行阶梯作业的研究,从点到面,整体构建了阶梯作业研究的建模、立序和选材程序。

(3)以"有效管理"检验阶梯作业的研究。学校推行课题"三级管理制",即学校管理、学年管理、学科管理,通过三级管理层层推进、落实课题研究,使课题研究更具实效。

四、课题研究的成果

通过对阶梯作业的研究,为各学科教学提供了课上与课后、学校与家庭、教师的教与学生自主的学之间相互连接的途径,在探索核心素养培育方面具有重要的理论价值。

通过课题研究,使教师在学科作业的设计、批改等方面全面体现学校的教育思想,形成了一个精当、有效的作业设置及协调体系,为减负和提高教育教学质量提供了实践依据;有效减轻了学生过重的课业负担,调动了学生完成作业的自觉性和主动性,大大提高了作业质量,使"双减"工作落到实处;有效促使教师转变教学思维、教学理念,同时提升了教师的科研能力,并使其将科研精神、能力延伸至整体的教育教学工作中。学校科学指导家长与孩子进行有效沟通,引导学生端正学习态度,独立、自觉、认真完成作业,并通过不定期的问卷、座谈、家访、电话、微信等形式接受家长对学生完成作业时间及质量的反馈。通过课题研究的不断深入,家长的家庭教育观念逐渐转变,更关注学生的成长,充分调动了学生的学习兴趣和学习主动性,为学校教育教学高质量发展提供有力保障。

163中学课题研究情况介绍

一、学校基本情况

163中学始建于1980年,历经四十余年的积淀与酝酿,凭借科学的办学理念、精干的师资队伍、丰富的文化资源、浓郁的书香氛围,现已发展成为哈西地区知名度较高的优质品牌学校。

2019年9月,刘云峰同志担任学校党支部书记、校长,以"依法治校,规范从教,特色立校,科研兴校,文化强校"为办学理念,努力深化教育教学改革,提高办学质量,向着创办名校的目标阔步前行。学校近三年节节攀升的办学质量,健康、和谐、稳定的发展走向,得到了社会的认可和家长的广泛赞誉。

二、课题研究过程

2021年下半年,163中学有幸成为萧红中学申报的黑龙江省"十四五"教育科学重点规划课题"核心素养视域下初中学生阶梯作业的实践研究"六所成员学校之一,此后,163中学开始了阶梯作业课题的研究实践工作。

1. 筹备组织

自2020年秋季学期开始着手课题研究的筹备工作,成立了以刘云峰校长为首的163中学阶梯作业领导机构,校长任组长,教学副校长任副组长,各学年教学管理者为学年阶梯作业的主要负责人,下辖五个中考学科的各学年备课组长作为阶梯作业主要开发者和组织者,实现校内"三全",即全员参与、全学科、全学段的阶梯作业课题研究组织架构。

2. 开展实施

(1)加强培训,转化思想。大多数教师认为给学生布置的作业应是相同的,而阶梯作业是指基于学生学习的程度不同、对作业的需求不同,所形成的个性化作业,通过阶梯作业的方式满足不同层次学生的个性化需求,给学生更多选择的空间和自主学习的时间,达到有针对性地巩固夯实和减负增效的效果。

学校通过"二三二"的方式对教师进行培训,"二"是指两种培训方式,即集中培训和分层培训;"三"是指重点对三个层面的人员进行分层培训,即教学主任、教研组长和备课组长、全体教师;"二"是指两条途径,即到课题组各成员学校学习成功经验和在校内实施校本化研究实践。通过内外同学同研、逐层逐级学习研究的方式,将阶梯作业的基本理念及操作方式传递给全体教师,让教师对阶梯作业有思想共鸣和心理认同。

(2)初步实施,不断调整。2021年下半年,学校组建了阶梯作业领导机构,从学校领导层面开始教学常规改革,确定了研究方法、成果体系、研究目标、反馈机制、研究过程、落实规划。统筹规划作业的梯度和数量以及针对学生的层次,带领各学科教研组长和各学年备课组长开展阶梯作业的研究,为全校教师配备了各学科课程标准,引领广大教师积极学习课程标准要求,紧紧围绕课程标准和学生核心素养培养开展阶梯作业的研究,形成凸显学生个性发展、实现学生自主选择、促进学生全员发展的阶梯作业。

充分发挥集体备课的作用,创新作业形式,优化作业设计,精选试题资源,将难度区分,控制总量,分成 2～3 个梯度,对基础知识巩固和学科能力提升以及学生自我挑战均有相应的考虑,在组内教师充分研讨后形成初步的阶梯作业手册。课后,教师布置阶梯作业,并根据学生完成作业的情况跟进辅导,形成师生实践效果反馈闭环,教师在学生作业反馈的基础上进行精心调整,初步形成各学科阶梯作业资源。在此过程中,学校积极调动教师对阶梯作业研究的积极性,申请了两项哈尔滨市规划重点课题作为学校的研究课题,分别为"核心素养视域下初中语文、英语学科阶梯式作业实践研究"和"核心素养视域下初中数学、物理、化学学科阶梯式作业实践研究",以课题带动全体教师加入阶梯作业的研究中来,变外部推动为内部自觉。

(3)学习完善,纵深突破。在课题初期实践研究的基础上,学校在管理层面和实施层面均积累了一些经验,尤其在萧红中学课题组各学科大教研引领示范下,我校各学科教师认真参与关于阶梯作业研究的集体备课和课堂教学有关阶梯作业讲评的展示交流活动;借鉴优秀做法,积极发表自己的见解和主张,总结和运用成功经验,对我校阶梯作业的研究起到很好的指导和帮助作用。教师参加此类大教研和各成员学校的展示交流活动 20 余次,受益匪浅。

在阶梯作业梯度的设置和梯度之间的衔接过渡以及各梯度试题的优化精选上,各备课组充分利用每周集体备课时间梳理总结上一周的情况,及时梳理问题和建议,对标回顾与反思,集中交流研讨,及时调整完善,使阶梯作业更符合学情,更具科学性和合理性;组内达成共识,并及时进行阶段总结反思和专项集体备课,进一步优化阶梯作业,激发学生的学习兴趣,力争形成凸显学生个性发展、符合学科发展体系和标准、重点突出、减负提质的各学科阶梯作业体系。

在常规实践的同时,学校为进一步推动阶梯作业向更高层面、更深层次发展,积极参加课题组组织的阶梯作业成员学校展示活动。我校化学组进行了阶梯作业的展示交流,以直播形式向课题组成员学校即时展示。化学组教师全员参与,以九年级化学组为主,八、九年级备课组长分别进行了做法展示,化学组长做了化学组开展阶梯作业情况的汇报,全体教师积极研讨,效果很好。课题组成员学校的校长、副校长和课题组教师积极参与并交流发言,有力地推动了我校阶梯作业研究工作的开展。

此外,学校在阶梯作业研究方面还创造性地开展工作,率先在校内举行了教师阶梯作业设计大赛。采取同题异构的方式,让教师在充分理解课程的基础上,结合学情开动智慧,用心设计同一节课的阶梯作业;形成集思广益、相互学习、共同提升的良好展示,交流、学习、提升的研究氛围。

学校还开展了基于学情的教学设计比赛,教师根据所教内容开发设计本节课的阶梯作业。通过教学设计比赛,大大提升了教师基于学情的阶梯作业研究能力,提升了设计质量和效果。同时,学校每周进行学年检查,月底进行全校联检,以检促研,以查促改,进一步推动阶梯作业的研究和完善。

三、突破和创新之处

1. 阶梯作业促进了学校教学管理理念和评价方式的变革

在学校组织的集体备课活动中,教师进一步明确了学科核心素养提升的过程,创新以作业为载体的教学研究途径,为其专业发展提供有形的、可操作性的教研方式;找到了破解过重的课业负担的方法,提供减负增效的载体;同时,在一定程度上破解了潜能生发展的困境;找到了各学科尤其是非中考学科非书写性作业与学生综合素养协调统一的作业方式,兼顾素养提升和质量提升。

在研究阶梯作业的过程中,学校的作业评价和批改评价的方式都发生了相应的改变。对于什么样的作业是好作业、什么样的批改和评语是符合分层评价需要的,学校不断地修改、调整评价的标准和要求,这样既可以使对教师的作业批改和对学生的评价在内容上更科学合理,又改变了教学管理的方式,分层级评价,个性化处理,从而促进学校教学全面改革,建立适应核心素养目标的作业管理新模式。

2. 作业总量控制使作业效果提升有新突破

在教学过程中,教师发现作业量过少,不能巩固学生学习的内容;作业量过多,学生压力过大,完成作业的时间较长;作业内容统一,好学生"吃不饱",基础差的学生完成不了。因此,我校化学组基于这些问题的研究,设置了适合学生巩固所学知识的递减式作业。学生从"作业超市"中选择适合自己能力层级的作业,让学生完成自己喜欢的、有兴趣的作业,效果很好。还有的学科对于经常完不成作业的学生设置了师生共同完成的作业,使其在教师的激励与帮助下及时完成作业,改变了原来学生不交作业的情况。

通过设置作业时长的方式,如六、七年级每科作业时长不超过 30 分钟,八、九年级每科作业时长不超过 18 分钟,或者各科作业调剂后总时长不超过 1.5 小时,从单科时长和总时长两方面加以控量保质,减少作业总量,效果十分明显。

3. 有效解决了课堂教学分层教学不足和评价针对性不强的问题

阶梯作业在一定程度上实现了通过作业分层次培养人的目标,教师在课堂教学过程中不能个性化解决的问题,可以通过课后阶梯作业的形式加以弥补。在阶梯作业研究过程中,教师通过优化作业设置、批改、讲评、总结、评价等方式,达到落实学科核心素养的目的。通过分层设置作业,探索不同层次学生共同提升的作业布置方式,建立将学生核心素养、学科素养与作业相融合的阶梯作业体系。

四、课题研究的成果

经过一年多的研究实践,163 中学在阶梯作业研究方面取得了一定的成果。

1. 形成了阶梯作业手册

学校形成了语文、数学、英语、物理、化学五个中考学科的各学年上、下册阶梯作业手册,四个学年五个学科共计32册。基本按照课时进度,每课时作业分成三个梯度,即"基础夯实""能力提升"和"挑战自我";基本形成了学科阶梯作业的模式,进一步丰富了学校学科作业资源库建设,为教学工作的传承和优化奠定了基础。

2. 基本形成阶梯作业集体备课流程

通过常规集体备课中关于阶梯作业的研究实践,进一步明确了课时目标的核心地位,揭示了课堂教学与课后阶梯作业之间的必然联系。在集体备课前总结梳理问题,使集体备课更具科学性和合理性。最后组内达成共识,形成较为完善的阶梯作业资源的流程,符合减负提质的目标和各学科阶梯作业体系。

3. 完善了教学常规管理

学校在阶梯作业研究之始,对阶梯作业的布置、检查及评价、集体备课等管理制度相应地做出了改革和调整,形成了相对科学合理的163中学阶梯作业常规管理办法,推动了学校教学常规的改革和发展。在研究阶梯作业的实践过程中,初步形成了"课前研—课上教—课后练—个性辅—集中评—阶段展"的阶梯作业管理闭环模式,进一步促进了教学精细化管理和整体教学质量提升。

4. 进一步提升了教师专业素养和钻研能力

在研究阶梯作业的过程中,教师参加了大量的校内外学习培训,通过课题组成员学校的集体备课研讨活动、课堂教学展示研讨活动等,学习本课题研究的思路和方式方法,了解集体备课的流程范式,同时深入探究本专业的体系与结构。在学校开展的校本化研究中,通过长期的同伴研讨和个人学习,以及学校的集中培训和开展的各种促进阶梯作业研究的竞赛活动,极大地提高了教师的业务钻研能力和学科素养。经过一年多的实践,教师对阶梯作业的认识比较到位,设计能力有较大提升,作业的实效性和育人功能越来越强,达到了教学相长的良好效果。

总之,在"双减"和"五项管理"的背景下,阶梯作业研究为教师的专业发展提供了有形的成长方式,让教师对作业分层的研究更有抓手;阶梯作业让作业分层真正落地,激发了学生对学习的兴趣,找到了破解学生过重课业负担的方法,真正实现了减负增效。163中学在阶梯作业的研究道路上,将继续探索更为有效的方法和途径来帮助学生学习,为学生的全面发展奠定基础。

125 中学课题研究情况介绍

一、学校基本情况

125 中学创建于 1972 年,学校占地面积 5 263 平方米,四层教学楼,硬件设施齐备,有标准化物理、化学、生物实验室,音乐、体育、美术兴趣教室,教师、学生阅览室,科技教室,综合实践活动室等功能室,是黑龙江省标准化优秀学校,哈尔滨市一类学校。

学校 2013 年被《中国教师报》评为全国十大"爱读学校",2013 年被评为哈尔滨市首批特色学校,2017 年被评为哈尔滨市文明校园标兵,2018 年被评为黑龙江省民主法制教育先进单位,2021 年被评为全国青少年普法教育先进单位。学校在发展中确立了"以学校文化引领学校发展"的办学理念,以书香文化为主题,以教师文化和学生文化为两翼,以课堂文化、课程文化、德育文化、团队文化、制度文化为五个支柱,走上了"书香一二五"特色办学之路。

近年来,在新一届领导班子的带领下,在哈尔滨市南岗区教育局的大力支持下,在全体学生家长的有力帮助下,在全校教师的共同努力下,学校教育教学质量不断提升,呈现出一派校风正、学风浓、你追我赶、勤奋好学的良好风气,逐步向科学管理转型,向科学施教转化,向科学发展迈进,125 中学正在谱写一曲平凡而伟大的乐章。

2020 年底,学校在萧红中学申报主项的"核心素养视域下初中学生阶梯作业的实践研究"课题引领下开展了适合校情、生情的课题研究。

本课题研究的目的是提高初中课堂教学质量,使教师认真学习创新教育理论,用课程改革理念指导实践,并反思教学、寻找策略,吸引学生自觉、自愿地参与到教学活动中来,并获得良好的学习效果。2021 年 7 月,在国家"双减"政策出台的背景下,学校积极响应全面压减作业总量和时长、减轻学生过重课业负担的政策要求,因此各学科如何做到"减负不减质",合理高效地设计安排学生作业,成为课题研究的重点。课题稳步、有序地进行,并收到良好效果。

自从课题申报立项以来,课题组成员进一步学习有关有效教学的理论,并对"作业、练习分层设计"进行深入研究,让学生在学中乐、学中仿、学中用,从而激发学习兴趣。该课题的实施有利于增强学生学习的有效性和自信心,帮助学生养成敢说、敢想、敢做、敢写的良好学习习惯,轻松、愉快地提高学习成绩;帮助教师明确有效教学的概念,强化有效教学的意识,提高对有效教学的认识水平。

二、课题进展及实验成果

根据课题计划,我们采取观察调查法、行动研究法、文献研究法、经验总结法进行研究,目前前两个阶段的研究已经完成,现已进入结题阶段。

前期：在此阶段我们完成了课题方案的设计，并请专家论证可行性；制订了课题研究计划，明确研究的目的和意义，学习相关的理论，为接下来的实验验证阶段确定研究方向；通过各种渠道收集了实验资料及最新的"双减"资讯，为课题研究做好准备工作。

中期：此阶段为实验验证阶段，开展了问卷调查，了解学生目前的学习状况；建立了阶梯作业设计模式，减轻学生课业负担；遵循边学习边研究、边实践边总结的原则进行调研；寻找问题节点，收集第一手资料，为撰写各学科作业手册做准备。

后期：通过一系列实践活动，如经验交流会、课堂研讨交流课、展示交流会等，结合组员间的讨论确定论文初稿，根据教育专家的指导，补充修改论文；初步撰写作业手册（每学年上、下两册）；进行实验研究，取得实验证据。

三、突破和创新之处

（1）设置紧贴学生生活实践的作业。教师所设计的专题作业贴近学生的生活，使学生获得代入感，激发学生完成作业的积极性。

（2）设计多样化作业。多样化作业能够更好地促进学生保质保量完成作业。

（3）从学生兴趣出发设计学生喜欢的作业。课题组设计出了学生喜欢、认可的专题作业板块，将学生的需求放在首位，最大限度地提升教学效果。

（4）注重培养学生的发散思维。在学生学习习惯养成的过程中，发散思维的培养将使其受用终身。例如，在初中语文《木兰诗》的教学课程中，教师可以在预习作业中设计问题引导学生针对《木兰诗》中描述的情境，合理地想象木兰在替父从军归来后发生的故事，并将其描写出来，引导学生发散思维，鼓励学生大胆想象，进而培养学生的创造能力。

四、研究课题的成果

（一）教师层面

切实做好作业设计的研究，有利于提高教师的理论素养、丰富教学实践经验，使教师对阶梯作业的设计有一个全新的认识。

（1）在实验研究过程中，全体教师认真学习了《基础教育课程改革纲要（试行）》、《义务教育课程方案和课程标准（2022年版）》以及现代教学理论，教师的教育理论水平及操作能力有了显著提高，逐渐从经验型教师向学者型教师转化。新课程明确提出：教师是课程的管理者，同时又是课程资源的开发者。教师要转变观念，不应把作业看成简单的抄抄写写，而应作为课堂教学的有益延续和补充，作为培养学生创造能力和创新精神的摇篮。教师必须在教学实践中不断地探索和研究，把学生从堆山积岭的作业中解放出来，给学生以思维的时间和空间，为他们提供创新的最佳条件。课前作业设计能够让学生在读读、想想、写写、画画中学会收集、筛选信息，培养他们的学科整合能力、创新能力、合作探究能力等。在优化课堂教学的同时，通过丰富多彩的综合性活动，引导学生在活动中熟练地运用所学知识。让学生自己动手、动脑探索，在探索过程中发现和领悟并得出结论，从而发展学生的智力，培养学生的能力。

（2）提高了教师的教学科研能力。在教学中科研，在科研中教学。教师始终坚持用现代教学理论和学习理论指导实践，在实践中积极思考、深入研究、反复实践、精心提炼，不仅有力地推动了课题研究的实施，同时也促进了自身教学科研能力的不断提高。在课题研究过程中，教师积极撰写心得体会，并不断改进作业设计，重建教学模式，提高教学效率。

（3）教师已形成一定的作业设计策略和经验，通过作业培养和发展学生的学科素养。教师自觉落实各科学习的内容，积极引导学生在实践中运用学科知识、提高学科能力，拓宽了学生的知识视野。

（二）学生层面

学生的学习兴趣和学科水平都有了明显的提高，主要表现在以下几个方面。

1. 学生的学习兴趣和学习成绩显著提高

一方面，学生学习的积极性得到了极大的调动，使学生爱做、愿做各科作业；另一方面，拓宽了学生的思维空间，使学生的创新思维能力得到了有效发展，学习成绩显著提高。

2. 创新的作业层出不穷

自从布置各类实践作业后，学生的作业形式多样、内容新颖、表达活泼、语言优美。各科实践作业的内容有创新绘画、社会调查、参观游览、劳动实践、社区活动、科学小实验、生活体验等十几项。例如，物理、化学课后家庭小实验，学生选用生活中的物品和调味品设计并实施各种科学小实验，在实验中学生增长了知识，燃起了对科学的极大兴趣。

3. 培养了个性化作业

从一个个富有个性的作业中，可以看出是实践赋予学生对事物的独特感受，是良好的作业设计意图培养了学生的个性。

4. 提高了学生的合作能力

一些查阅资料、观察事物、实验操作、课本剧表演、社会调查之类的作业离不开同学之间的合作，有的甚至需要一段时间的合作。为完成这类作业，学生既分工，又合作，相互鼓励，出谋献策，彼此信任，互相帮助。在互动中促进了交流，在交流中学会了合作。这些良好的作业设计集观察、调查、参观、游览、实验、阅读、口语交际、讨论、交流、点评于一体，是落实"五育并举"的重要举措，有利于提高学生的综合素质。

进修附中课题研究情况介绍

一、学校基本情况

进修附中始建于1962年,原名是哈尔滨市第六十一中学校,2005年12月8日更名为进修附中。现任校长是孔凡晶,于2020年10月就职,带领领导班子,团结全体教师,高标定位谋发展。建构以"善文化""君子文化""竹文化"为内涵的校园文化。确立了"臻善进附,君子如玉"的办学理念,推动学校不断向更高更强迈进,使学校成为学生全面成长的摇篮。在这一理念引领下,形成"三风一训"教育体系。学校的校训:进德修业、立身报国;校风:善思、善行、善学;学风:求真、求实、求新;教风:勤业、乐业、进业。

全校师生精神面貌、校园文化建设、教师团队建设都在发生巨大的变化:建立了常态化、系列化、规范化教学常规管理体系;建设了目标明确、协同发展、循序渐进的学科教学体系;建立了分层培养、激励内因、促进发展的学生培养体系。

学校的发展进步得到上级教育部门的大力支持和肯定,得到学生和家长的高度肯定和赞誉。进修附中正以崭新的姿态成为哈尔滨市南岗区教育领域的亮丽风景。

二、课题研究过程

学校以教研组为单位,全体一线教师参与到研究中。在教学过程中为学生布置阶梯式的学习任务,尊重学生个体需求、促进全体学生成长。

课题研究过程如下。

1. 准备阶段

(1)学习新课程标准,明确学科核心和发展方向,确定学科目标和落实方法。

(2)形成组织机构,明确任务分工;明确研究方法,确定成果体系;确定备课组目标,形成反馈机制;明确研究过程,形成落实规划。

2. 落实阶段

(1)初步形成:初步形成课上练习的资源包和课后阶梯作业资源包。

(2)体验过程:教师先完成资源包,然后让学生体验完成过程,并向教师反馈。

(3)即时研讨:发现问题随时发到微信群中研讨。

(4)研究过程:回顾目标、梳理问题体系、交流研讨、达成共识、调整完善。

课题研究过程中学校参与了课题组的集体备课研讨,每一次集体备课都安排同学科教师参与,并进行评课。学校英语教研组进行了课题的集体备课展示活动,呈现了英语教研组教师在阶梯作业研究中集体编写的《单词整理手册》《阅读手册》《基础落实手册》《作文专项训练手册》,开展了英语教师针对不同学年的学生在阶梯作业上的探究。

学校在第一届、第二届"德业杯"赛课活动中把阶梯作业布置作为一项重要评选内容,鼓励教师在作业中积极探索、大胆创新;学校在教研组集体备课、备课组集体备课中落实阶梯作业,要求教师必须提前一周进行作业设计,体现作业的整体性、连续性;学校建立了班级作业公示板、学年作业公示板,让阶梯作业落实得到更好的监督。

三、突破和创新之处

(1)根据学生的能力水平,针对不同层次的学生设计梯度,编写《阶梯作业手册》,为学生的作业选择提供保障,学校杜绝任何练习册的征订,全面减轻了学生的作业负担。

(2)教研组、备课组在集体备课中能够把落实阶梯作业作为一项专门内容,进行研究突破。教师在教学中的思想观念也发生了转变,关注学生的能力提升和身心健康,全面培养学生的核心素养。

(3)创新学校教学常规管理,每天进行作业常规检查,从作业的布置、批改到复批,形成体系,将抽查和集中检查相结合,并通过问卷、座谈等方式及时了解学生情况,促进作业布置、完成、批改的质量全面提高。

(4)作业内容多样化。突破以往留作业的方式及作业内容,布置活动探究作业、社会实践作业、动手操作实验作业、语音作业、视频作业、手抄报等,用多样化的作业内容派发学生的学习兴趣。

四、课题研究的成果

(1)作业的多样性、可选择性提高了学生的学习兴趣,使学生完成作业的质量得到提高;学生完成作业的效率得到提升,作业时间得到有效控制,使课余时间的休息、锻炼和娱乐得到了保证;批改作业的实效性明显增强,及时有效的批改使学生的学习成绩有了明显提高。

(2)学校教学常规管理的实效性得以提高,并形成体系,得到教师的认可和支持;在课题研究过程中,教研组的凝聚力增强、研究氛围浓厚,促进了教师思想观念和专业素养的提升。

第三篇

课题研究的成果（理论与实践创新成果）

阶梯作业课题组创新成果

萧红中学　徐兆宝

一、理论创新成果

(一)构建核心素养视域下阶梯作业设计与推进路径

阶梯作业围绕学科核心素养和中国学生发展核心素养进行设计,将两个素养分成三个阶梯层面,即"核心基础""能力提升""挑战自我"(图1)。

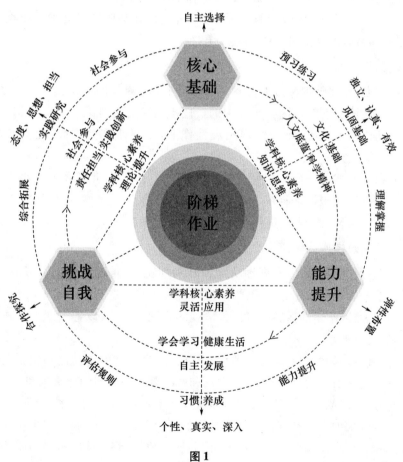

图1

1. 核心基础

从内容上看,主要体现两方面内容,一是学科核心素养的知识和思维方面的内容,二是中国学生发展核心素养"文化基础"中的人文底蕴和科学精神。

从作业的体现形式上看,以预习练习性作业、基础巩固性作业、理解掌握类作业为主。

作业的布置方式——自主选择。已经掌握的学生可以不做,掌握得较好的学生可以选做,基础薄弱的学生必做。

2. 能力提升

从内容上看,主要体现两方面内容,一是学科核心素养的灵活应用的内容,二是中国学生发展核心素养"自主发展"中的学会学习和健康生活。

从作业的体现形式上看,一是评估规划性作业,如问题评估、学习规划、实践规划、设计实验、生活规划等;二是习惯养成性作业,如构建思维导图、错题总结以及笔记习惯、复习习惯养成训练等;三是以能力提升类作业为主。

作业的布置方式——弹性布置。根据作业内容,在其中选择必须完成类和自主选择类,掌握得非常好的学生可以适当免写作业。

3. 挑战自我

从内容上看,主要体现两方面内容,一是学科核心素养的理论提升方面的内容,二是中国学生发展核心素养"社会参与"中的责任担当和实践创新。

从作业的体现形式上看,以综合拓展性作业、实践研究性作业、社会参与类作业为主。

作业的布置方式——合作探究。根据作业的具体内容可以设置成小组合作类作业、探究学习类作业,根据学科核心素养可以设置综合类作业、实践类作业,这些作业可以在特定的环境与相关的人员进行合作。

4. 三个层面阶梯作业的评价

指导思想:要突出评价的发展性功能和激励性功能,重视对学生学习潜能的评价,立足于促进学生的学习和充分发展,为学生的发展进步创造有利的支撑环境。

评价的目标:以学生的情感、态度、价值观的发展为目标,以各个课程实施过程为依据,重视学生的发展。

评价的主体:调动学生主动参与评价的积极性,将参与的主动性和积极性作为评价的重要内容。建立由学生、家长、社会、学校和教师等共同参与的评价机制。

评价的方法:采取形成性评价,实行多次评价和随时性评价、"档案袋"式评价等方式,突出过程性;采取定量和定性相结合的评价,不仅关注学生的分数,更重视学生的学习动机、行为习惯、意志品质等;采取个体内差异评价,不将个体的成绩与团体的平均成绩相比较,重视对于个人努力状况和进步程度的适当评价,肯定学生个体进步的前后纵向评价,这种评价可以为教师全面了解学生提供准确和动态的依据,也可以使学生更清晰地掌握自己的实际情况,进而激发学习动力、挖掘学习潜能、改进学习策略等;采取差异性评价,提倡对不同的学生采用不同的评价标准和方法,以促进所有学生都在"最近发展区"上获得充分的发展。

核心基础作业的评价——独立、认真、有效。

独立完成是前提,认真完成是保障,有效是目的。教师可以通过课堂提问、小组互评等方式进行评价。

能力提升作业的评价——个性、真实、深入。

发挥个性特征,注重差异,体现真实的想法和做法,在理解问题、实践操作、思维发展方面能够深入有效。教师可以根据作业的完成情况及课堂对话、小组活动情况进行评价。

挑战自我作业的评价——态度、思想、担当。

学生完成作业的态度、积极性属于基础评价,对作业的认识是否达到思想进步的标准,在活动过程中是否勇于担当、善于合作是评价的重要标准。教师可以通过活动过程、任务完整质量及小组同学、家长、相关社会人员的反馈等方面得到评价结果。

(二)构建阶梯作业运行的管理与保障机制

学校教育是以学生为本的教育,阶梯作业充分体现了学生的主体地位,应围绕阶梯作业深入挖掘生本教育理念下的学校教育体系,为完善学校教育提供重要的技术支持。

阶梯作业主要围绕"量"少"质"高的思想,主要目的有两个:一是减轻学生过重的课业负担,二是扎实落实核心素养。两个目标是为学生终身发展服务的,因此,核心教育思想就是"生本发展"。

阶梯作业的"生本发展"思想要真正落实到学校教育中,没有一个完整的运行机制是无法实现的。经过课题组六所成员学校的研究,总结出阶梯作业运行的管理与保障机制(图2)。

阶梯作业作为核心素养的载体,能否实现阶梯作业的目标,直接关系到核心素养是否能够落地生根。影响阶梯作业效果的因素主要有课堂教学是否有效、学校制度是否配套、教师专业知识是否扎实、学校评价体系是否跟进、校本课程开发是否深化这五个方面。

1. 阶梯作业与课堂教学是"生本发展"思想的两个主阵地,两者相辅相成,互为借鉴

抓好阶梯作业不是不重视课堂教学,课堂教学对阶梯作业的影响的问题反而更加凸显。主要表现在:①课堂教学效果的好坏直接影响学生完成作业的质量和时长,关系到是否能减负;②课堂练习与阶梯作业匹配度的高低,直接关系到作业的功能是否得到有效体现;③课堂教学是对阶梯作业情况总结概括的主阵地,是指导学生、评价学生作业的重要环节,是促进学生持续健康发展的关键;④课堂教学是作业讲评的主要场所,共性问题的解决是学科持续发展、核心素养不断提升的重要前提。

反之,阶梯作业也是衡量课堂教学质量的重要评价方式,主要体现在:①阶梯作业完成的数量和质量,直接反映教师对作业总结、学生完成作业情况及课堂学习等方面的关注度;②作业完成的效果直接反映教师课堂教学效果;③作业完成时间的长短直接反

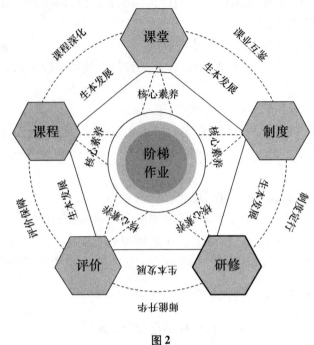

图2

映教师作业设计质量的高低、课堂教学效果的好坏、弹性布置的策略是否得当。

课堂教学和阶梯作业是密不可分的,是"生本发展"思想的主阵地,两者相辅相成,互为借鉴。

2. 阶梯作业的落实需要完善的制度体系,规范各个环节的行为

阶梯作业的设计、布置、批改、讲评,从人员层面涉及教师、学生、家长、管理者,从组织层面涉及备课组、教研组、教导处、学校,从管理层面涉及组织、检查、反馈、效果总结,这些层面的协调统一需要有明确的制度。深化制度体系,形成有效的统一行动,是阶梯作业实施的保障,是将"生本发展"思想落实到行动的保障。

3. 阶梯作业对教师的能力有很高的要求,因此要深化校本研修体制,促进教师专业深度发展,升华师能

阶梯作业的减量和增质需要教师精通教材,全面解读新课程标准,理解核心素养的内涵。阶梯作业的布置和批改,需要教师了解学习心理学和评价的基本理论。阶梯作业的讲评需要分析、统筹、教学方法、学习方法等理论。阶梯作业的评价、课堂与作业的关系等都需要大量的系统知识。阶梯作业全过程的有效落实需要设计者、执行者、管理者对教育有深度的理解,校本研修是联系理论和实践的重要途径,是落实"生本发展"思想的必然途径。

4. 阶梯作业需要有对应的评价体系,评价是落实阶梯作业的保障

学校的教育教学评价是"方向标",是学校文化的重要体现,是管理思想、教育思想的重要体现。阶梯作业涉及各个方面,只有完善的制度是不够的,还需要有完善的评价体系,对实施的过程、结果都要有评价,形成教师、教研组(备课组)、管理者的评价体系,重视发展过程、规范动作、相互关联、效果达成等,只有这样的评价体系才会有效。

5. 阶梯作业校本课程开发是重要的实施载体,是对国家课程的深度挖掘和有效补充

将阶梯作业作为校本课程进行开发,为校本课程提供了结果的呈现方式,为全体教师提供了展示平台,为促进教师积极参与、主动思考、互助提升提供了机遇。从学科专业来看,可以有效提升教师的专业能力;从学校管理来看,可以促进管理体系的完善,促进管理者管理能力的提升;从校园文化来看,可以深化校园文化内涵;从课程本身来看,是对课程理解的深化,是将核心素养具象化的一种重要方式。

二、实践创新成果

(一)创造性建立了阶梯作业五个环节的制度和评价体系

课题组根据阶梯作业的目标,分别在作业设计方面制定了《阶梯作业设计制度》;在作业布置和批改方面制定了《阶梯作业布置及批改制度》;在作业管理方面制定了《阶梯作业审核制度》《阶梯作业公示制度》;在解决困难学生问题方面制定了《阶梯作业课后辅导制度》;在课堂管理方面制定了《阶梯作业讲评制度》;在集体备课方面制定了《阶梯作业集体备课制度》,并对集体备课的流程进行了重新梳理,明确了各个流程的标准。这七项制度形成了从初始设计到最后解决作业中问题的制度体系,既包含教师层面的要求,又包含管理方面的措施,使管理者和教师都更加清晰整个过程的目标与任务。在教师评价方面,制定了针对阶梯作业全过程的《阶梯作业问效制度》,针对教研组(备课组)团队的《卓越教研组(备课组)评选制度》和"卓越教研组(备课组)评选量化考核表",将阶梯作业的常态工作、校本研修、课程开发融入此评价体系中,将集体的评价作为教师评价的重要评价方式。萧红中学正在尝试建立"阶梯测试"的学生评价模式,尝试让教师减轻中考学生的压力。阶梯作业制度和评价体系如图3所示。

图3

总结概括为阶梯作业从设计到实施过程的五个环节、七项制度。保障五个环节落实的两项评价制度是针对教研组(备课组)团队的《卓越教研组(备课组)评选制度》、针对阶梯作业全过程的《阶梯作业问效制度》。

(二)创造性总结出阶梯作业设计和完善的流程

一节课的阶梯作业设计流程如图4所示。

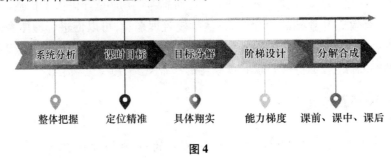

图4

1. 系统分析一个知识块,为把握此板块教学方向和策略提供重要依据,同时也为阶梯作业的设计明确方向

(1)知识块在学科中的地位,即此板块对学科学习的整体影响、在学科核心素养中的作用、在整体学科评价中的地位等。

(2)学生在现阶段的状况,即分析学生已有的本学科知识基础、本知识块涉及的其他学科知识基础、学生的身心状态等,这些都为确定本阶段的教学标准提供依据。

(3)分析此体系的教学目标,即分析此知识块的三维目标,确定具体的教学策略、学习策略。明确此体系的教学重点、难点,尤其是整体达到的难度标准,深入研究课程标准中对教学内容的六个层面的要求——"了解""认识""理解""技能""体验""应用",严格按照课程标准的要求设计教学内容及阶梯作业。很多教师容易忽略这方面,因此在教学和阶梯作业中经常会出现没有满足课程标准要求或超过要求的现象。

2. 定准目标,确定每节课的方向

课时目标是整个教学的灵魂,是形成阶梯作业的依据。

课程标准中的要求,有的需要通过一个过程才能完成。这种情况要确定新授课要完成的目标、复习课要完成的目标、专题课要完成的目标、毕业学年复习的目标,只有这样才能清晰认识到当前的任务和后期教学的任务。

有的教学目标按课时要求,要分解为两节课的目标,这种情况一定要分解准确、任务明晰,否则教学的学案和课后阶梯作业设计的内容就会混乱。

3. 分解课时目标,思考目标实现的载体

将目标具体化,考虑实现目标的具体形式、需要在课堂教学中完成的内容、需要课后完成的内容、需要通过问题引领的内容、需要什么素材体现目标、需要以习题方式呈现的内容、需要学生体验的内容、需要学生合作完成的内容等。将目标具象化,为阶梯作业提供一个教学全过程的系统思考依据。只有在这个完整的系统内,阶梯作业才能发挥作用,达到效果最大化。

4. 用阶梯的思想设计,将目标转化为不同梯度的问题或习题

此过程根据教学目标的要求,将最低要求的放在第一层次中,将中等要求的可以分解为两个层次,将高等要求的可以分解为三个层次。

5. 规划分解具体内容,合成不同阶段使用的内容

如果对一节课进行全方位系统规划,要综合考虑哪些内容适合课前、课中、课后。综合考虑处理的方式:哪些需要预习、实践、收集资料、建立思维导图、讨论交流、教师点拨等。综合考虑课上与课下衔接内容:哪些内容课上略讲,课下自学;哪些内容课上要递进式教学,课下要巩固课上成果。综合考虑课后阶梯作业的层次性。

以上操作过程形成的阶梯作业并不一定完善,主要受限于以下几个方面:一是教师本身对课程标准的理解;二是教师选择的载体;三是习题或问题的阶梯设置;四是教师已有的素材资源;五是教师的站位和视域等因素。

因此,要完善阶梯作业必须经历教师设计和调整—集体备课研究和调整—实践研究和调整—专家点评和调整的过程,随着这个过程的不断推进及循环往复,阶梯作业会在动态发展的过程中不断科学化、人性化、系统化、特色化(图5)。

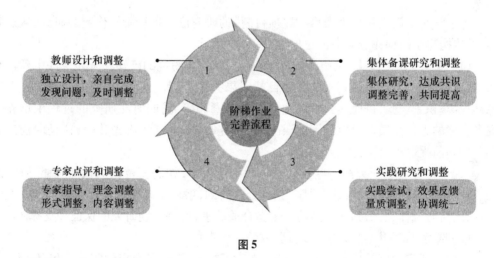

图 5

(三)理论研究成果

课题组共同编写的《核心素养视域下阶梯作业的实践研究》汇总了六所成员学校在阶梯作业研究过程中形成的理论、经典的阶梯作业设计案例、阶梯作业布置与讲评案例、阶梯作业管理案例、特色创新等;萧红中学编写的《阶梯作业的实践研究》的主要内容是萧红中学在阶梯作业研究中的理论总结、实践总结、学科经典案例。

学科阶梯作业设计方面的成果主要有《语文阶梯作业的设计》《数学阶梯作业的设计》《英语阶梯作业的设计》《物理阶梯作业的设计》《化学阶梯作业的设计》,涵盖了从六年级到九年级所有的阶梯作业内容。

124中学阶梯作业特色做法

一、以"作业问题清单"开启研究

学校研究编制了"作业问题清单",指导教师做好阶梯作业的设计、落实阶梯作业功能、突出集体作业质量、强化阶梯作业的研究。面向全体教师征集教学中有关阶梯作业的问题,涉及学生习惯、作业安排、作业意图、作业设计、作业兴趣等内容,归纳后形成"作业问题清单"。各教研组、备课组以此为研究主题,根据研讨结果形成本科目阶梯作业设计样本,为组内教师提供参考。全体教师在日常教学实践中积累案例,不断丰富"作业问题清单"的内容。

二、以"项目制"推进研究

每个学科组设立一个小项目,以"项目制"的研究形式进行阶梯作业的研究,从点到面,整体构建了阶梯作业研究的建模、立序和选材。

(1)通过建模把握课题研究的内容和方向,在各种纷乱的已知和未知条件中理清头绪,找出对应的项目关系,利用这些项目的因果关系来解决问题,在解决问题的思考中总结规律、积累经验,进而达到对课题的有益探索和研究,同时在研究的过程中培养研究者良好的思维品质与习惯。因此,在课题研究时,一定要考虑先建模,这是课题研究的基础和前提。

(2)立序是指将研究的一些有效素材融入项目中,如需要遵循的认知规律、研究意图、研究方法、研究途径等,这个"序"是十分重要的,项目研究要科学合理地设计好先研究什么、后研究什么,做到在合适的点去做合适的事,这是课题研究的保证和支撑。

(3)选材,即搜集、选取为本项目服务的一切素材。

这样的研究程序为研究指明了方向、规范了过程,提高了研究的实效性和有效性。

三、以"有效管理"检验研究

学校推行课题三级管理制,即学校管理、学年管理、学科管理,通过三级管理层层推进、落实课题研究,使课题研究更具实效。

163中学阶梯作业特色做法

哈尔滨市贯彻落实《教育部办公厅关于加强义务教育学校作业管理的通知》（教基厅函〔2021〕13号）、《省教育厅关于进一步加强义务教育阶段学校学生作业管理的意见》（黑教发〔2019〕27号）有关要求，将作业管理工作作为办好人民满意教育的重要载体和具体行动，积极落实市委市政府服务民生工作要求，将中小学生作业减量增效活动作为建党百年为群众办实事的十大行动之一，切实解决中小学生课业负担过重、家长辅导难等问题，扎实做好作业管理的实施工作。

"双减"政策的落地是重塑全民教育价值观的过程，注重学生的成长角度，转变理念，整体布局，是教育机制体制重建的过程，是让全社会越来越尊重科学教育规律的过程，是让学生回归正规学校教育的过程。学校要切实发挥教育主阵地的作用，提升学校教育的内涵建设、专业发展与教学质量。

传统的作业设计对于新课程来说存在严重的不足，不能适应新课程的需要。设置分层作业、多元化作业、合作完成作业等，是新课程教学的需要。通过作业评价激励学生，实现师生心灵的沟通与交流是作业在新时期的重要作用。

1. 实施阶梯作业，提高作业设计质量

针对作业问题，依据学情，采用阶梯作业模式。全面推行递进式教学、阶梯式作业改革，根据学生的学科知识基础、学习方法、学习能力和综合素质等方面的实际情况，设计不同难度、数量、完成时间及形式的作业，形成不同梯度，使不同状态、基础的学生都能完成一定梯度的作业。用少而精的高质量作业取代繁重的书写作业，重质量，减数量，精研作业内容，以学生为中心，激发兴趣，提高动能。

2. 设置分层作业，激发学生写作业的兴趣

一节好课应以学生为主体，重难点清晰，其中课内作业是课堂的精华部分，而合理有效地设计作业，有助于学生巩固所学内容。教师在备课时应把作业设计当作重点内容来对待，根据因材施教的教学原则，注意学生的个体差异，设计分层次的作业，使不同的学生都能"有作业可做"，能"做好作业"。从"量"的减少到"质"的突破，引导学生的内驱力，践行育人功能；每节课的作业，都匠心独具地去研究，紧密结合课堂，重基础，让大部分学生得到有效的"知识回笼"。对于个体差异的部分学生，可以继续分层次调整，善于探索、挑战的学生可以在"挑战自我"环节发挥闪光点。作业主体的认知存在误区，学生就会把作业当作"负担"，必然得不到预期的有效成果。因此，教师应用心精炼作业内容，以阶梯形式的挑战模式，激起学生挑战的信心，以能力提升为综合体，把作业的完成作为一种乐于参与的活动，使学生体验到完成作业的过程就是获取快乐的过程。

3. 设计多元化作业,发挥作业的拓展功效

设计多元化的作业可发挥出良好的拓展功效。例如,思维导图作业使学生手脑结合,锻炼动手实操能力;情境化作业能够提升学生的人文情感,挖掘内在感知。多元化作业可以让学生与自然为伴,体验青山绿水;可以走进社会进行实践交流,大显身手,各展其才。

4. 发挥作业评价的激励作用,提高学生写作业的积极性

赞美是美德的影子,要想提高学生写作业的积极性,加强对学生作业评价的研究,多进行激励性评价是必需的。传统的作业之所以成为学生的负担,一方面是因为内容冗长,机械性的书写,让学生倍感疲倦;另一方面是因为学生写作业的积极性不高,把完成作业当作一种压力。内心的抵触形成了一种对抗意识,把作业当作负担,在青少年的心理成长中,形成了一个无法逾越的鸿沟。教师要转变这一现象,做学生成长的引路人。

教育是有温度的,教师的评语是有爱的,教师要在作业本中注入情感,拉近与学生的距离。

5. 让作业设计与评价成为师生交流的平台

教育是充满创意的一项活动,优秀的作业设计,不仅是学生知识拓展的途径、能力提升的方式,而且应该是师生心灵交流与沟通的平台。在素质教育的背景下,教师要认清作业的功能,作业设计要呈现递进的知识难度,注重合理性,适时、适度、适用,注重体现学生的思维训练,使其学以致用。

立足当下,放眼未来。好的作业设计是推动和优化课堂教学的"兴奋剂",它不仅能使学生的个性得到张扬,让学生思维得到拓展和升华,达到举一反三的效果,而且能让师生以最少的"量",达成最优的"效",这才是新课程所孜孜以求的作业设计。唯有这样,作业才能高效,教学的质量才会不断提升。道阻且长,行则将至;科学引领,勤而行之。

125中学阶梯作业特色做法

作业是课堂教学的延伸,是学生加深理解和巩固知识、提高素养的重要措施。作业设计实施与评价是教学过程中不可忽视的重要环节,是教学过程的有机组成部分。在"双减"背景下布置阶梯作业,实现阶梯作业特色化,有助于教师科学有效地评价学生的学习效果,诊断学生在学习过程中存在的问题;有助于教师获取有效的教学反馈信息,调整并改进教学方式方法;有助于教师培养学生积极的学习态度和良好的学习习惯,是提高教育教学质量,促进学生自主发展的有效途径。

一、语文学科阶梯作业的布置

语文学科采取实践型作业,类型如下。

(1)生活实践型作业:结合课堂上学习的相关内容,在生活中进行实践,丰富学生的体验,拓展相关的知识。

(2)生活识字型作业:引导学生在生活中主动识字,拓展识字途径,扩大识字量,提高识字效率。

(3)生活阅读型作业:根据教材安排"和大人一起读""快乐读书吧"的内容,自主阅读相关绘本、图书等。

具体实践方式如下。

(1)师生身份转换,掌握基础字词。不同学情的学生对于字词的掌握程度不同,让字词掌握得比较好的学生做小老师,既有新鲜感,从而调动学生学习的积极性,又能促进同学之间的交流。

(2)撰写人物传记,牢记作家作品。通过查阅书籍、上网等形式,了解作家作品。成绩比较好的学生,可以尝试为作家写人物传记,在班级展示,其他学生给予补充;潜能生写人物传记比较困难,可以布置简单的人物摘抄作业,逐步提高写作能力。

(3)书写选"标兵",赏析评"专家"。给学生布置读书任务,并让其从书中选取精彩部分进行摘抄。学习成绩较好的学生要对精彩部分进行赏析,并从中评选出赏析"专家";对于潜能生,先让其进行基本书写,要求书写规范,并从中选取书写"标兵",进行鼓励。

语文学科还可根据学生兴趣布置一些拓展性作业:

(1)运用思辨的力量,点燃碰撞的"火花"。八年级名著阅读《水浒传》导读课中,分析到林冲性格时,有的学生觉得他有些懦弱,而有的学生则觉得他是一个顾全大局的人。根据这个情况,教师组织了一场辩论赛,学生自行分组,表达能力较弱的学生负责搜集相关资料,善于表达的学生进行发言,极大地调动了学生的积极性。

(2)致敬经典美文,力行"真阅读"工程。积极引导学生阅读,可以从初中生必读书目着手,再拓展至其他优美篇章,并开展形式多样的阅读活动,如"读书分享会""朗诵比赛",依据学情不同,分组比赛,调动学生的阅读热情。

二、英语学科阶梯作业布置

作业设计、实施及评价要体现学科特点,把握学科本质,在研读课程标准、教材,了解学情的基础上进行。例如,英语板块的听力理解、跟读模仿和角色配音或扮演训练,教师可以根据学生的不同特点,从看、听、说、演、写、练的角度设计阶梯作业,要求学生从各项作业中选择一个来完成,练习时间不超过 20 分钟,坚持用英语学习单记录每天听录音学习英语的时间。在新课程背景下,作业布置方式要符合时代要求,把陈旧、单一、以书面和语法为中心的作业转变为新颖、综合、书面与口头相结合的,体现语言交际功能的作业。英语作业不能仅停留在书面作业上,应口头作业与书面作业并举。

英语作业应从"有形"作业和"无形"作业两方面着手,"有形"作业即笔头作业。布置学生做笔头作业要讲究趣味性,这样不仅能保持学生的注意力,还可以培养学生灵活运用知识的能力,提高其思维的灵活性和敏感性。例如,让学生找出已学过的同音词,他们就会总结出 I – eye、their – there、right – write、weather – whether、meat – meet 等许多同音词,这种作业不是现成的抄写,既有启发性,又有趣味性;既培养了学生总结、归纳、整理知识的能力,又不会导致学生产生消极应付的逆反心理。另外,教师在学生作业本上的几句评语、几声鼓励也是促使学生认真完成笔头作业的重要因素。所以教师千万不要"惜墨如金",作业本上的一句"Good!／Well done!／You're so good!"会给学生带来很大的鼓舞。

"无形"作业即口头作业,这也许就是英语与其他学科不同的地方。实践证明:通过听觉和视觉,能使语言留在人们脑海中的印象鲜明生动,也更深刻。每学完一课,教师可以布置学生听录音,仔细模仿,努力做到听准单词,听懂句型,理解对话或课文。有条件的还可以让学生看相关的视频,让他们在纯正的英语中,通过更多的感知、体验和模仿等实践活动,形成初步的英语语感。还可以让同学自己结对,在课外进行会话练习。有些教师可能认为口头作业教师不便检查,其实口头作业也能检查。例如,教完"如何打电话"这一课后,可以给学生布置回家后给老师打电话的作业,在电话中用英语交谈,复习当天学过的词汇和句型。这样的作业不仅让学生觉得新鲜,还能够在实践中锻炼他们的英语交际能力。

三、数学学科阶梯作业布置

数学阶梯作业的模式大致可总结为:教师设计作业→学生自我诊断,选择作业→学生寻求帮助,再次尝试,完成作业→教师评价、分析作业→学生错题订正,自我分析总结→教师反思,自我总结。

因此,设计数学作业时,教师要遵循以下原则:

(1)分析教材例题和练习册的练习题。

(2)补充练习册类似的例题,改编例题。

(3)设计作业。

①确定作业目标、重点和难点。
②确定课型：新授课、练习讲评课、专题复习课、试卷分析课、拓展课、探究课等。
③确定题型：填空题、选择题、判断题、简答题、综合题、拓展题、探究题等。
④确定变式方法：模仿变式、支架式问题串、阶梯式变式、拓展、探究等。
⑤控制作业题量和做题时间。

四、物理学科阶梯作业布置

《义务教育物理课程标准（2022年版）》（以下简称《物理课程标准》）明确提出：从生活走向物理，从物理走向社会。因此，初中物理教学要贴近学生的生活，要联系生产和生活实际，让学生体会到物理知识是有用的、有价值的，从而提高学生学习物理的积极性。

（1）布置一些容易引起学生兴趣又有助于能力培养的探究性作业。例如，学了"惯性"一课后，可布置学生调查学校附近街道的交通安全设施，写一篇题为"遵守交通规则，避免交通事故"的短文，学生对这类作业感兴趣，所以会自主思考，自主探究。又如，学"光学"一课后，可布置学生制作针孔照相机、磨制冰透镜等；学习"力学"一课后布置学生制作橡皮筋测力计、潜水艇压强计等实践性作业。

（2）布置学科间相整合的作业，不仅可以使学生借助物理这一学科更好地学习其他学科，同时也可以使其他学科的教学为学生学习物理提供实践的机会。例如，学生学习了"功和功率"后，可布置一道物理与地理整合的练习题，在题中出示一座小山的等高线图，题目为：一名50 kg的中学生用了3 h才登上山顶，他上山做的功至少是多少J？登山过程中他的平均功率是多少？这样的作业使物理学科与其他学科相互交叉、渗透、延伸、整合，达到了1+1＞2的效应。教师在关于长度单位换算时应考虑nm与m之间的换算关系，可布置让学生查找有关纳米技术的资料的作业。又如，学习了大气压强后，可将气压与医学知识相整合布置作业。

（3）布置鼓励学生发散变通，培养想象力和创新力的作业。例如，学习"重力"内容后，可布置以"假如重力突然消失"为题的小论文。又如，学完"摩擦力"以后，布置学生写一篇以"假如没有摩擦力，世界……"为题的小论文。通过写小论文，促进了学生对生活的细心观察和思考，加深了物理和生活的联系，使学生觉得学物理有意思、有用，激发了他们的兴趣，相比在上课时举例子要更深刻。

（4）布置培养学生动手能力和探究性的课外作业。例如，学习了"光的直线传播"后，让学生自选器材去测量旗杆的高度；学习了"电功率"后，让学生测出某家用电器的实际功率，要求把测量方法、步骤及原理写在作业本上。让学生尽可能利用身边器材探索问题，有利于培养学生的创造性思维能力、分析和解决问题的能力。

（5）布置研究性学习作业。在教学过程中，可结合教材内容布置一些研究性学习作业，让学生选做。例如，学习"力学"后，让学生课后观察、了解各种类型的菜刀在外观上有何不同，各自有何力学的原理。又如，学习"能源与环境"后，让学生搜集资料，调查了解各种新能源的开发利用现状和前景。这些作业记载着学生开展研究活动、体验幸福和快乐的足迹，是新课程背景下的物理特色作业。

五、化学学科阶梯作业布置

为体现化学新课程所倡导的因材施教的原则、培养兴趣的人性化原则,教师着眼于学生的未来与发展,进一步激发与巩固学生的学习兴趣,使学生的学习潜能得到充分的体现与挖掘,突出化学与生产、生活的联系性,在学生与生活实际的接触中开发智慧、提高能力。我们所设计的拓展型与实践型作业,都有一定的探究性内容,力图让学生多参与实践活动,体验由生活走进化学、从化学走向社会的学科特点。所以,在日常教学活动中,注重教学方式的转变促进学生学习方式的转变,使学生能更好地完成作业。我们所设计的巩固型作业的目的在于检查学生对基本知识与技能的掌握程度。拓展型作业力争体现化学与现代科技、生产的紧密联系,在检查知识与技能的同时注重培养学生运用知识分析和解决问题的能力。为了更好地发挥作业的作用,体现以学生为主体,设置灵活的作业类型:

(1) 阅读型作业。新教材结合教学内容,提供了较多的"阅读材料"和选学内容,这些内容不仅有利于拓展学生的知识面,而且有利于培养学生的自学能力,有的还有利于增强学生的爱国主义情怀,如教材中的"空气质量日报""认识服装的标签""侯氏制碱法"等。

(2) 口头表达型作业。主要是识记内容的复述,如元素化合价,元素周期表中前20号元素,金属活动性顺序,常见酸、碱、盐的溶解性等,也可以让学生用自己的语言阐述某一概念、原理、实验现象。学生在完成这种作业时,利用所学知识进行思考和语言组织,能培养学生的逻辑思维和语言表达能力。

(3) 实践型作业。以教材上的"研究性学习课题"为主。例如,通过广播、电视、网络等收集有关空气污染、温室效应的资料,进行调查研究(如测定酸雨的pH、废旧电池的回收等)和参观学习(参观净水厂等活动)。在完成这些作业的过程中,学生提高了对信息的收集、处理、分析能力;在研究交流的过程中,学生锻炼了合作能力和语言表达能力,同时还增强了对社会的责任感,真正体现了以人为本、学以致用的目的。

(4) 探究型作业。以教材上的"家庭小实验""小制作"和"单元探究活动"为主,如"自制简易净水器""制取明矾晶体""制作叶脉书签"等。教师也可以适当创新,如"制作鸡蛋雕花""自制汽水"等。家庭小实验密切了化学与生活的联系,开展家庭小实验有助于把课程内容与学生生活及现代社会科技发展联系起来,使学生养成积极主动的学习态度,激发兴趣,培养学生主动参与、乐于探究、勤于动手、勇于创新的精神。

总之,各学科的作业设计能够体现与时俱进,体现学科知识在现实生活中的应用价值,既关注基础知识和基本技能的落实,又关注学生学习能力的发展。各学科的作业还要有融合功能,能够体现学科间的整合,关注本学科与其他学科的实践与应用,设计能够体现学生创造性思维和创新能力的作业内容。我校各学段、各学科形成了具有不同特色的学科作业,使"双减"真正落地,实现了减负增效,促进了我校教师的专业成长和学生的全面发展。

进修附中阶梯作业特色做法
——夯基础、激兴趣、有创新、促发展

一、作业的布置：精选、精练

1. 编写作业手册，夯实基础

根据我校学生的特点编写作业手册，注重夯实基础，将课堂使用和家庭使用相结合，让学生能完成并质量高。

2. 创新作业形式，适合需求

教师在练习设计、作业设计上注重分层，让不同的学生完成适合自己的作业，注重设计不同形式的作业，便于学生选择。作业是灵活的，完成的方式也是多样的。例如，为了让学生的口语能力有所提高，英语组布置学生分组彩排剧本，让学生自觉练习口语，参与演出。为了提升学生的语文学习兴趣，布置了体验式作文。例如，让学生种植蔬菜或花卉，根据自己的体验写作文，可以写种植经过，也可以讲种植故事，还可以进行哲理的思考，写出哲理美文。

3. 完善作业评价方式，激励发展

教师批改作业不再是简单地打分数，而是根据作业形式进行评价。可以通过班级展览、贴奖励卡、阶段总结发奖等形式激励学生高质量完成作业。

二、作业的批改：精批、精讲

（1）校内指导学生完成作业，有针对性地答疑解惑。教师利用课后服务时间进行作业批改及讲解，为学生答疑解惑。

（2）建立班级微信小群，课后分层进行辅导，教师答疑，也可以同学之间互助答疑。

（3）提升学生能力，培养班级小"先生"。让有能力的学生走上讲台，为同学答疑；课间或自习时间安排班级小"先生"帮助学习有困难的同学。对于比较优秀的学生，教师再布置特定任务，让这部分学生可以得到更好的发展。

三、作业常规检查：及时、有效

（1）教研组、备课组进行作业研讨，促进教师思考、研究作业，集体备课时教师展示自己布置的作业，相互学习借鉴。

（2）每天进行作业审核，分别在学年公示栏和各班级进行公示，接受学生和家长监督。

（3）每天对一科作业进行检查，及时发现问题。

"双减"政策使教师对作业的理解发生了变化，为学校的管理提出了新的课题，也为阶梯作业研究提供了有效的理论支撑，我们会不断完善阶梯作业这一课题。

搭好"阶梯",助力"双减",为学生健康成长奠基
——萧红中学"双减"背景下的阶梯作业设计

萧红中学 付国龙

教师是作业设计的主体,作业的实效,关乎教学质量,彰显师能,拷问师德。"双减"政策出台,让我们重新审视作业的功能,将作业的设计作为推动"双减"政策落地的着力点。萧红中学坚持因材施教,创新传统作业模式,制定并推行了"分层设计、自主选择、分层评价"的阶梯作业,旨在使学生"饿的吃饱、饱的吃好、各取所需、各有所得",提高学生学习的积极性和创造性,为学生的成长打下坚实基础。

一、教师更新理念,让阶梯作业设计与使用成为行动自觉

萧红中学以"致家长的一封信"的方式做出了减轻学生课业负担、提高教学质量的承诺。对全体教师进行了如何设计阶梯作业的培训,对作业质量进行跟踪评价,对作业量及批改反馈进行监控,让作业从精细到精准再到精致。科学合理的阶梯作业解决了学生"吃不饱""吃不了"的两头难问题,能满足大部分学生的求知欲,使学生都能体验到成功的喜悦。

阶梯作业实施初期,校长在全校教师会议上明确了阶梯作业的实施方案及评价制度,并提出学校作业改革的具体要求;在教研组长、备课组长会议上交流各学科对于阶梯作业的落实情况及存在的问题与改进措施;在班主任例会上强调要重视学生学习风格不同、经验背景不同及情感态度不同所带来的差异,重申教育的根本目的是"为了每一位学生的终身发展"。布置阶梯作业,体现了以人为本、以学生为主体的课程改革理念,也响应了"以学论教、教是为了促进学"的课程改革要求。

二、遵循设计原则,按不同层次学生的需求进行科学设计

集体备课和学情调查是阶梯作业科学设计的前提和关键。在实际操作中,我们发现,个别组集体备课不充分,对阶梯作业的设计缺乏科学性,对于什么时候该分层、该依据什么分层、应怎样分层等问题都缺乏理性的分析,因此,学校提出:在设计阶梯作业时,可根据学生的能力差异,将作业设计成核心基础、能力提升和挑战自我三个层次的A、B两组(或设计必做题和选做题),让学生根据自己的实际情况自由选择适合自己的作业。A组:基础提升题,多为比较简单的巩固性作业,适合基础不牢的学生。B组:能力拓展题和探究创新题,主要考查学生对知识的理解与综合运用,鼓励学生创造性地解决问题,活用知识,适合学优生。教师要每天填写作业记录单,记录不同层次的作业内容和预估时间。

学校组织教师积极开展作业形式多样化的研究,探索丰富多彩的作业形式,让作业的设计在指定与自主、封闭与开放、文本与实践、独立与合作之间寻求一个平衡,探索设计适当的开放性作业、自主性作业、实践性作业、合作性作业,进而在作业的多样性变化中激发学生的兴趣和灵感,提高作业的效益,为不同层次学生的均衡发展注入新的活力。

三、改革批改方式,使批改与反馈成为引领学生自主学习的重要载体

作业批改是教学的一面镜子,教师可以从作业批改中获取相关信息,进而调整自己的教学工作,增强教学的有效性。

1. 重视当堂批改

当堂批改,即时反馈,这样教师可以当堂了解学生学习的真实情况。学生做作业时,教师可巡视辅导,在辅导时对学生解题中的错误给予指导,并让学生进行订正。这样边巡视边订正,一般可批改三分之一学生的作业,而后由教师公布正确答案,学生自我批改。下课时大部分学生已完成作业,从而减少了学生课后的作业量,留给他们更多自主学习的时间。

2. 指导学生批改

结合萧红中学"伴学互助"管理模式,教师在引导学生自批自改的基础上,还可以组织学生进行互批互改,即同桌间先将作业相互交换,判断对错,做上记号,然后还给本人,最后同桌一起讨论产生错误的原因,并及时改正错误。在此基础上,教师再全面了解学生"批"和"改"的情况。这种作业批改方式的改革,不仅增强了学生对作业的责任心,提高了学生的评价能力,而且使作业的批改与反馈成为引领学生自主学习的重要载体。

3. 建立作业档案

作业档案主要记录学生完成作业的"量"和"质",记录学生的典型错误,并分析产生错误的原因(是知识性的,还是非知识性的),为作业讲评积累素材。同时,教师要指导学生建立错题集,注意定期收集自己做错的题目,分析产生错误的原因,给出正确的解题过程,并定期翻阅,不断回顾,这样可以避免"屡做屡错"现象的发生。

四、加强过程管理,使阶梯作业成为助力学生自主发展的媒介

为督促教师更新教学理念、端正作业行为,学校从各方面加强对作业的过程管理,完善教学常规管理,如:学校教务处每周对任课教师的作业布置做检查登记,要求每班建立作业监控小组,由每一门学科课代表对该科的作业每天进行记录,并于每周一上交教务处,教务处做好登记;学校要求每位教师每周至少有2~3次对学生的作业进行详细分析并提出改进措施,时刻反思自己的教学;学校每学期通过教学常规联检联评活动定期与不定期相结合检查教师作业布置及批改的情况,加强日常监控;学校还把教师作业批改情况与期末的教学质量结合起来考核,对教师的作业批改实施过程性评价与终结性评价,促进教师改进教学观念和教学行为,力求使学校的作业管理朝着制度化、规

范化、常态化、有效化方向发展。

目前,学校三个层次的作业设计还不能充分满足每名学生的个性发展需求,阶梯作业研究应该向更精细化方向努力,力争让每名学生在最近发展区内都有自己的"专属"作业。同时,要通过对阶梯作业的研究,促进课堂分层教学的有效落实。另外,应发挥"伴学互助"与家长委员会的力量,共同参与分层作业的督促管理。

正如北京师范大学教授肖川所说:"作业是教师精心准备的送给孩子们的礼物,它为孩子综合运用知识、发展和表现个人天赋提供机会,使教学的影响延续到生活之中。"在今后的教学中,我们更应该深入研究学生、研究作业,为每个孩子送上适合他们"口味"、有利于他们发展的精美"礼物"。

核心素养视域下
阶梯作业的实践研究

第四篇
阶梯作业优秀案例
（阶梯作业设计案例）

植根生活土壤,撷取写作真趣

萧红中学　毛宁

六年级语文组的阶梯作业,一方面注意基础性作业的设计,强化生字词、古诗文的积累与运用,借助阅读材料探究、领悟语言文字运用规律;另一方面注意拓展性作业的设计,注重学生写作能力的培养和提高。我们结合课文内容、单元的能力点,安排一系列写作训练,引导学生进行由课内到课外、由阅读到表达、由单项到综合的拓展延伸。

以第一单元为例,我们精心设计了一组写作作业:

(1)《北京的春节》第二节:春节是我国的传统节日,我国不同地区、不同民族过春节都有独特的风俗习惯。请你结合自己的生活体验,为大家介绍一种春节风俗吧!借鉴课文中的写法,写出体现这一风俗的场面。描写要抓住特点,选材要详略得当,加入自己的感受。

(2)《腊八粥》第二节:作者笔下的腊八粥让人垂涎欲滴。再读读课文第一自然段,仿写一种你最喜爱的食物。

(3)《古诗三首》第一节:诗歌前两句描写了一幅飞花斜柳暮春图,后两句描写了一幅夜晚走马传烛图,很有画面感。请你根据自己的想象,用彩笔或文字再现其中的一幅图画。

(4)《藏戏》:龙江剧是黑龙江省地方戏曲剧种,请你查找资料,向远方的朋友介绍家乡的戏曲。

一、教材分析

六年级处于小学向初中过渡阶段,《义务教育语文课程标准(2022版)》(以下简称《语文课程标准》)对本学段的要求有"养成留心观察周围事物的习惯,有意识地丰富自己的见闻,珍视个人的独特感受,积累习作素材""注重了解中华优秀传统文化的源远流长、丰富多彩,提升自身中华优秀传统文化修养"等。

我们设计的写作训练,注意把握《语文课程标准》的精髓,围绕立德树人的根本任务,遵循语文课程工具性与人文性统一的基本性质,把阅读和写作结合起来,相互促进。让学生关注生活,在参与社会实践的过程中,了解传统文化,拓展个人视野,丰富人文底蕴。

二、教学目标分析

语文六年级下册第一单元的教学目标如下。

(1)理解课文内容,了解传统习俗。

(2)学习课文有序组材、详略得当的写法。

(3)体会作者对传统文化的喜爱,激发学生对美好生活的珍惜之情。

本单元的人文主题是"民风民俗",写作能力提升点是"分清内容的主次,体会作者是如何详写主要内容的"。在作业设计中,我们意在落实教科书"宽泛的人文主题与语文要素"双线统一的编写特点,帮助学生了解详略得当的写作技巧,在有效运用中逐步提高写作能力,培养良好的学习习惯。

三、阶梯作业设计的意图

1. 教学重点阶梯设计的体现

例如,作业(2)的仿写设计,首先要求学生对原文做细致分析,有意识地培养学生对语言的理解能力。细读文章,学生会发现作者先写了腊八粥给人的总体印象——甜甜的,腻腻的;接着写了腊八粥的食材、制作过程等,前者略写,后者详写;最后抒发了人们对腊八粥的喜爱之情。这样阅读分析是对教学目标(1)的落实,为写作提供借鉴,在练笔过程中突破教学目标(2)。学生在选择写作素材的过程中需要观察生活,从而激发学生对美好生活的珍惜之情,完成教学目标(3)。

2. 作业难度设计的意图

例如,在作业(1)的设计要求中,学生首先要通过对生活的观察,选择一种风俗习惯来写,并加入自己的感受,表达对传统文化的真情实感。能力比较强的学生要学会通过环境渲染,对场景做详略安排,突出节日中传统习俗的特点。而感悟力强的学生,不仅能生动表现传统节日的气氛,或许还会有对日益淡化的传统习俗的反思,提高自身的思维水平。

学生的水平存在一定差异性,因此在设计作业时,教师要找准学生的最近发展区,设计适合的训练。

在作业(2)的写作要求后面,我们还提供了两个示例。

示例一:我最喜欢吃的一道菜就是糖醋里脊了,想起酸甜酥脆的糖醋里脊,我的口水都要流出来了。把里脊肉洗净切成长条,放适量盐、白胡椒粉、蛋清、姜汁拌匀,腌制一会儿,然后撒上生粉。放到油锅里炸,另取一个锅,放适量番茄酱、白糖、一点清水,煮开后加一点儿淀粉水,煮到汤汁变稠关火,快速倒入炸好的里脊肉拌炒,然后撒上芝麻就完成了。单是看一眼色香味俱全的糖醋里脊,就让人口水直流了,更不要说大口大口地吃了。

这段文字交代了美食的原材料和制作方法,结尾用抒情作结,加强了学生对课文示例采用的写法的感知,便于摸索出规律,完成仿写。

示例二:烤大肠是烧烤家族中不可多得的美味。买来猪小肠,清洗,腌制,然后送上烤架。经历了严格的烤前"培训",小肠的脾气变得不太稳定,被人们送入口中之前,小肠拼了命地闹腾,总想留下一点儿年轻气盛的风采:它们被限制了身高,却增加了弹跳能力。小肠在第二次上烤炉的时候,有了外号——"跳跳肠"。它们有的老实,原地起落;有的叛逆,到处惹祸;有的好玩,呼朋唤友;有的暴躁,离家出走。它们最后的飞翔,也是最后的疯狂。

这段文字在笔法上更灵动，语言幽默生动，更能引发写作能力强的学生的兴趣，激发他们的挑战意识。

《语文课程标准》明确指出，学生是学习和发展的主体。语文课程必须根据学生身心发展和语文学习的特点，关注学生的个体差异和不同的需求。由于学生主体存在个体差异，因此教师设计写作训练的作业前，要根据学生智力发展水平、知识掌握状况、学习态度等进行综合评定，便于对学生进行分层指导，从而实现因材施教。

3. 学科核心素养体现

在语文写作教学中，教师应着眼于学生的语言理解能力、语言运用能力、思维能力、初步审美能力、学习习惯等核心素养，让学生在写作训练中，深入了解生活，表达真实的情感，写出个性文章，使其各方面能力不断提升。

作业（3）的想象写作，就是要求学生在对《寒食》一诗大意理解的基础上，进行发散思维训练，学生无论是绘画还是写作，都能根据抽象的词句，想象诗中描绘的画面，提升审美能力。要求"用彩笔或文字"再现其中的一幅图画，给学生在方式和内容上选择的空间，满足不同层次学生的学习需求。这种创新的作业内容与形式，更能调动学生学习的积极性，多方面培养学生的综合能力。

作业（4）是介绍家乡的戏曲。学生对戏曲不一定了解，可以通过不同渠道查找资料，丰富认识。因为是向朋友介绍，还要兼顾语言的通俗、内容的浅显，所以要对阅读资料进行"深加工""再创造"，这无疑加强了作业设计的综合性、探究性和开放性，为学生发挥创造力提供空间。

练笔设计原则上要贴合课文内容，符合教学目标，接近学生发展点，尽量设计得有趣味性。在作业形式上我们还需要进一步丰富，除了书面作业外，还可以布置采访、答辩、演出剧本、朗读比赛、调查报告等形式的作业，增强互动性。另外，在作业评价方面要采取更多途径，以达到实效、高效的要求。

我们会继续在语文写作训练的作业设计中进行深入探索，让语文学习植根于生活的肥沃土壤，培养学生的创新精神和实践能力，使之养成勤练笔的好习惯，提升语文综合素养。孔子曰："知之者不如好之者，好之者不如乐之者。"语文教师需要在广阔的生活空间里，寻找更多写作素材，培养学生的写作兴趣，让他们获得学习乐趣，感受生活的绚丽多彩，提升学科核心素养。

英语阶梯作业布置的实效性研究案例

萧红中学　乔祖彬

英语作业分为课堂作业和课后作业两种，下面我以人教版九年级第十三单元 Section B (1A—1C)的课堂作业的一部分为例进行分析。

核心基础作业

一、读句子，选择适当的内容填空

1. How do _____ (you/ your) go to England?
2. My school is near my home. It is not _____ (near/far).
3. Let's go to the bus stop _____ (on/by) foot.
4. Our classroom is on the _____ (two/second) floor.
5. Turn left _____ (in/at) the bookstore.

二、选择填空

(　　) 1. How _____ she go to the park?
　　　A. is　　　　B. does　　　　C. do

(　　) 2. If the traffic light is yellow, we must _____.
　　　A. stop and wait　　B. slow down and stop　　C. go

(　　) 3. In China, drivers drive _____ the _____ side of the road.
　　　A. on; left　　B. in; right　　C. on; right

(　　) 4. In England, drivers drive on the _____ side of the road.
　　　A. right　　　B. left　　　　C. middle

能力提升作业

根据汉语意思完成句子。

1. 现在我们在医院的后面。Now we _____ _____ the hospital.
2. 迈克想去书店。Mike wants to _____ _____ _____.
3. 科学博物馆在哪儿？_____ is the _____ _____?
4. 我家在邮局附近。My home is _____ _____ the _____ _____.
5. 医院在那边。The hospital is _____ _____.

挑战自我作业

连词成句。
1. there, bookstore, here, Is, near, a (?) _____
2. is, the, office, post, Where (?) _____
3. library, is, the, Our, next, school, to (.) _____
4. can, get, the, How, I, hospital, to (?) _____
5. left, at, Turn, bookstore, the (.) _____

这是一堂听说课，话题是节约能源、环境保护。在完成听力练习后，我又对听力材料进行了逐句听说，我认为学生通过这样引导后一定能够根据我给的关键词把听力材料的内容完整复述出来，所以我就给他们布置了复述听力材料的作业。第二天在检查作业的过程中，我发现有一部分学生根本没有做，通过了解才知道，原来他们根本就没有听懂。还有一部分学生只要一离开课本，就没有能力复述出来了。只有一少部分学生能够完成我所布置的听力任务。

课后，我先找没有做作业的学生了解情况。原来这部分学生小学英语基础就很弱，而且自己平时也不愿意下功夫练习和背诵，对老师布置的作业总是应付了事，英语成绩自然也就很差。的确，我们在教学中没有注重学生中存在的个体差异，总想让学生多学一些东西，怕学生因为做得少而影响成绩，因此就喜欢用一个标准去衡量学生。然而，这样做恰恰适得其反。他们在学习中不仅没有感受到成功的喜悦，反而被打击得遍体鳞伤。失去了信心，也就没有战胜困难的勇气了。因此，教学中用一个尺度衡量学生，只会形成恶性循环。解决这部分学生的问题，首先要增强他们学习英语的信心，让他们感受到学习英语的快乐，品尝到成功的滋味。教师要适时地表扬和鼓励他们，只有这样才能收到良好的效果。对于基础好一些的学生，也不能让他们"吃不饱"，过于轻松的任务会使他们产生骄傲的情绪，针对全体学生的作业，无法使英语基础很好的学生在能力上得到进一步提升。针对班级学生的实际情况，我把作业进行分层布置，采取阶梯作业的形式。让学优生"吃得饱"，潜能生"吃得了"。

（1）学生的分层。根据学生的学习成绩、基础、接受能力把学生分成A（基础组）、B（提高组）、C（挑战组）三个组，这三组的分类是动态的，教师在一段时间内（如阶段性考试、期中、期末考试之后）会根据学生的学习情况进行阶梯调整。

（2）作业布置的分层。根据学生的实际情况布置相应的作业，每天的作业采取弹性设计的方式。作业分三个层次，即核心基础作业、能力提升作业、挑战自我作业。核心基础作业是本课时最基本的知识点，B、C组学生可以不做，A组学生必须做。能力提升作业以基础知识为蓝本，进行知识点的拓展，所以A组学生可以做或不做，但B、C组学生必须做。挑战自我作业主要是设计一些难度较大、能够提高学生各方面能力的作业，C组学生必须做，其他组学生自由选择。

（3）批改的分层。采用分类评价学生作业的方法测评学生，对潜能生的要求适当放宽，对学优生的要求适当从严。在完成作业的时间上，基础中等或偏弱的学生可多给一些时间,对学优生要有一定的时间限定。在小测验时也要分层考核,试卷中要设计基础题、中档题、提高题和拔高题,拔高题在试卷中要有标注。C组学生做拔高题,B、C组学生做提高题,而基础题是每个学生都要做的。拔高题采用附加分的形式,激发学生挑战自我。

经过一段时间实践后,我在课堂上利用阶梯作业进行了一次检验,了解所学课文的掌握情况。在我布置完任务后,各组成员就行动起来。A组学生拿着课本认真地读着每个句子,而且还向B、C组的同学认真请教。我给A组学生的任务是会读、会译即可;B组学生的任务是复述课文中的关键词;C组学生的任务是结合课文写作方法仿写一个小短文。一堂课下来,人人都有事做,学优生能够"吃得饱",潜能生也能完成自己的任务。我认真地观察学生的表情和上课时的学习态度,发现他们都有了很大的改变。上课时,学生眼中有光了;课后,学生学会探讨了。我很高兴,我的阶梯作业研究初见成效,每名学生都能从完成任务的过程中体验到成功和快乐。

在义务教育阶段,教育的基本出发点应是促进学生全面、持续、和谐地发展。传统的作业方式限制了一些英语基础强的学生的听、说、读、写各个能力的长远发展,而又无法顾及那些基础弱、接受能力弱的学生,使他们对英语渐渐失去兴趣和信心。英语作业的分层阶梯设计,体现了教学中因材施教的重要性,从作业安排上给学生鼓励和信心,最终收到较好的教与学的效果。

"有理数的乘方"阶梯作业设计案例

萧红中学　孙彪

在"双减"的背景下,为了达到减负增效的目的,既要减轻学生作业负担,又要保证学生的学习效果,萧红中学积极探索课后阶梯作业的有效途径。六学年数学组采集体智慧,在作业中呈现出课后复习作业、课前预习作业、课后巩固作业、追加练习作业、难点分散作业(如绝对值的相关计算)等作业形式,目标就是调动学生积极思考的意愿,帮助学生查找思维上的不足,辅助学生消化理解课堂教学中的重难点知识,提高学生的知识水平与技能。以下我以人教版义务教育教科书数学六年级下册第七章第五节"有理数的乘方"的阶梯作业设计为例加以展示与说明。

一、布置课后作业

7.5.1 乘方(1)

核心基础作业

1. $(-2)^6$ 的指数为(　　),底数为(　　);4^2 的底数是(　　),指数是(　　);$\left(-\dfrac{3}{2}\right)^5$ 的底数是(　　),指数是(　　),结果是(　　)。

2. 根据幂的意义,$(-3)^4$ 表示(　　　　),-4^3 表示(　　　　)。

3. $\left(-\dfrac{3}{4}\right)^3 = ($　　　$)$,$-\left(\dfrac{3}{4}\right)^3 = ($　　　$)$。

能力提升作业

1. 计算题。

(1) $-\left(\dfrac{1}{4}\right)^2 \times (-4^2) \div \left(-\dfrac{1}{8}\right)^2$ 　　　　(2) $(-2)^{100} + (-2)^{101}$

2. 已知 $|x-1| + (y+3)^2 = 0$,求 $(xy)^2$ 的值。

3. 观察下面三行数:
　　-2,　4,　-8,　16,　-32,　64,　…;　①
　　　0,　6,　-6,　18,　-30,　66,　…;　②
　　-1,　2,　-4,　 8,　-16,　32,　…;　③

(1) 第①行数按什么规律排列?
(2) 第②③行数与第①行数分别有什么关系?
(3) 取每行数的第10个数,计算三个数的和。

挑战自我作业

若 a、b 互为相反数，c、d 互为倒数，且 $a \neq 0$，求 $(a+b)^{2011} + (cd)^{2012} - \left(\dfrac{a}{b}\right)^{2103}$ 的值。

7.5.1 乘方（2）
核心基础作业

1. 若 $x=2$，则 $\dfrac{1}{8}x^3$ 的值是_____。

2. 比较大小：$-2 \times 3^2 - 2 \times (-3)^2$ _____ $(-4) \times 2^3$（填">"、"="、"<"）。

3. 平方后等于本身的数是_____。

4. 计算：$(-1)^4 =$ _____，$-2^4 =$ _____，$(-3)^3 =$ _____。

5. _____的平方是 16，_____的立方是 8，_____的立方是 -27。

6. 计算 $(-2)^2 - 3$ 的值是（　　）。
 A. 1　　　　B. 2　　　　C. -1　　　　D. -2

7. 在有理数 $(-1)^2$、-2^4、$-\left(+\dfrac{1}{2}\right)^3$、$0$、$-|-3|$、$-(-5)$、$(-2)^3$ 中，正数的个数有（　　）。
 A. 1 个　　　B. 2 个　　　C. 3 个　　　D. 4 个

能力提升作业

计算：

1. $(-1)^{10} \times 2 + (-2)^3 \div 4$

2. $(-5)^3 - 3 \times \left(-\dfrac{1}{2}\right)^4$

3. $\dfrac{11}{5} \times \left(\dfrac{1}{3} - \dfrac{1}{2}\right) \times \dfrac{3}{11} \div \dfrac{5}{4}$

4. $(-10)^4 + [(-4)^2 - (3+3^2) \times 2]$

挑战自我作业

1. 计算 $(-1)^{2011} + (-1)^{2012} - (-1)^{365} =$ _____。

2. 若 $|m-2| + (n+1)^2 = 0$，则 $m+n$ 的值为_____。

3. 观察下列算式：$3^1 = 3, 3^2 = 9, 3^3 = 27, 3^4 = 81, 3^5 = 243, 3^6 = 729, 3^7 = 2\,187, 3^8 = 6\,561, \cdots\cdots$

用你所发现的规律写出 3^{2012} 的末位数字_____。

7.5.1 乘方(3)

核心基础作业

计算：

(1) $-2^3 \div \dfrac{4}{9} \times \left(-\dfrac{2}{3}\right)^3$

(2) $4+(-2)^3 \times 5-(-0.28) \div 4$

(3) $-(3^2-4) \div 25 \times \left(\dfrac{1}{5}\right)^2$

(4) $4-(-2)^2-3 \div (-1)^3+0 \times (-2)^3$

能力提升作业

选择题：

1. 一个有理数的平方是正数，那么这个有理数的立方( )。
   A. 是正数
   B. 是负数
   C. 也可能是正数，也可能是负数
   D. 不可能是负数

2. 如果一个有理数的偶次幂不是负数，那么这个有理数( )。
   A. 是任何有理数
   B. 是正有理数
   C. 是非负有理数
   D. 是负有理数

3. 若 x 是有理数，则下列代数式的值一定是正数的是( )。
   A. $2012x$
   B. $x+2012$
   C. $|x|$
   D. x^2+2012

4. $(-2)^{2011}+(-2)^{2012}$ 应等于( )。
   A. $(-2)^{2011}$
   B. -2^{2012}
   C. -1
   D. $+2^{2011}$

挑战自我作业

1. 已知：$|a+2|+|b+3|^2=0$，则 $a^2 b$ 的值为_____。

2. 用"☆"定义新运算：对于任意实数 a、b，都有 $a☆b=b^2+1$。例如，$7☆4=4^2+1=17$，那么 $5☆3=$ _____；当 m 为任意有理数时，$m☆(m☆2)=$ _____。

二、阶梯作业设计分析

(一)教材分析

有一个关于有理数乘方的小故事：古时候，在某个王国里有一位聪明的大臣，他发明了国际象棋，献给了国王，国王从此迷上了下棋。为了对聪明的大臣表示感谢，国王答应满足这个大臣的一个愿望。大臣说："就在这个棋盘上放一些米粒吧。第1格放1粒米，第2格放2粒米，第3格放4粒米，然后是8粒、16粒、32粒……一直到第64格。""你真傻！就要这么一点米粒?！"国王哈哈大笑。大臣说："就怕您的国库里没有这么多米！"

《义务教育数学课程标准(2022年版)》(以下简称《数学课程标准》)明确要求发展

学生的数感、符号感,这是对学生在有理数运算方面的基本技能提出了高要求,也是对于教学中培养学生核心素养的高要求。

(二)教学目标分析

1. 知识与技能

(1)正确理解乘方、幂、指数、底数等概念。
(2)会进行有理数乘方的运算。

2. 过程与方法

经历有理数乘方概念的推导过程,体验乘方概念与有理数乘法的联系。

3. 情感态度与价值观

通过观察、类比、归纳得出正确的结论,进一步提高学习和探索的乐趣。

4. 教学重点

正确理解乘方的意义,掌握乘方运算法则。

5. 教学难点

引导学生将学过的有理数乘法知识进行衔接,通过习题、作业使学生学会乘方运算。

(三)设计意图

(1)教学重点的体现,对于底数的认识、指数的理解、幂的运算采用核心基础作业部分以直接提问、辨析的方式巩固概念;能力提升作业部分直接让乘方参与运算,以间接辨析的方式加深学生对于以上几个概念、符号的认识,达到深化理解的目的;挑战自我作业部分给学生创造空间,选用有难度、经过变式的习题,给学生发展的"舞台"。这样落实重点,突破难点,达到环环相扣、逐步提升的效果。

(2)教材通过引入、探究、应用的过程呈现知识,学生已有的经验是"乘法已经有过学习和练习的经历,算起来比较容易",但对于多个数相乘找规律还需要能力方面的提高,因此我们提出"直接问,考测概念;慢慢算,感受运算符号(指数);变式练,提升核心素养"的作业处理思路,让学生理解乘方、理解幂,内化于心,对于以后学段的学习起到铺垫作用,对于学生创造力、理解力、归纳总结能力等核心能力起到培养作用。

(3)学科核心素养关键词:符号与归纳。感受指数符号的运算作用,体会用符号表达运算关系的简洁性,培养学生乐于归纳总结,把有规律的运算进行符号化。安排递进式习题的目的是培养学生运用符号计算、条理清晰处理问题的能力,落实《数学课程标准》培养数感、符号感的核心素养要求。

我们会通过努力让作业更有实效,让阶梯作业为学生服务,为提高学生的核心素养助力。

"双减"背景下的阶梯作业设计
——"角平分线的性质"第一课时

萧红中学　邹峰

合理的课后作业应该着眼于学生的发展,适应不同层次学生的需要,应该激发学生对于课堂知识的兴趣,提高作业的实效性。

为了面向全体学生、适应学生个性发展的需要,使得人人都能获得良好的数学教育,不同的人在数学上得到不同的发展,我校阶梯作业设置了三个层次,分别是:核心基础作业、能力提升作业、挑战自我作业。核心基础作业是所有人必须完成的作业,也就是全体学生基本都会做的题;能力提升作业是中间40%的学生必须完成的作业,能力弱一些的可以选做;挑战自我作业主要是针对前30%学生。另外,我校阶梯作业的所有习题都来源于课本,有的是原题,有的是在原题基础上进行改编的,难度高于课本。

下面我将结合"角平分线的性质"第一课时,分别按照以上三个层次,来说明我是如何设计阶梯作业的。

为了更好地对作业进行设计,我先认真研究《数学课程标准》,紧紧围绕《数学课程标准》设计教学目标及重点难点。接下来,我对本节课的内容及教学目标进行简单分析。

本节课的主要内容是角平分线的性质,学生是在学习了角平分线的定义与作法、全等三角形的判定与性质的基础上进行学习的,是以后学习三角形内切圆的必备知识。同时,本节课的知识与方法也是证明线段相等、角相等的重要依据与方法。

本节课的教学目标如下。

(1)掌握角平分线的性质定理与逆定理。

(2)初步了解角平分线的性质定理与逆定理在生产、生活中的应用,提高运用三角形全等的有关知识解决综合问题的能力。

(3)在探究角平分线的性质定理与逆定理的过程中,培养学生探究问题的兴趣,增强解决问题的信心,获得解决问题的成功体验,逐步培养学生的理性思维。

阶梯作业具体内容如下。

18.3.1　角平分线的性质(第一课时)

一、教学目标

(1)会用尺规作一个角的平分线,知道作法的合理性。

(2)探索并证明角平分线的性质。

(3)能用角平分线的性质解决简单问题。

二、教学重点

探索并证明角平分线的性质。

三、教学难点

角平分线的性质的应用。

核心基础作业

(1)用尺规作已知角的平分线。

已知：∠AOB(图1)。

求作：∠AOB 的平分线 OC。

(2)判断：角的平分线上的点到角的两边的距离相等。(　　)

(3)角平分线性质定理的几何书写：

如图2所示,∵ _____,_____,_____

∴ _____

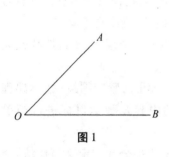

图1

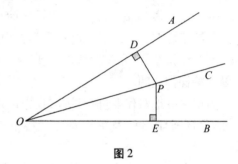

图2

能力提升作业

如图3所示,在△ABC 中,AC⊥BC,DA 为∠CDE 的平分线,DE⊥AB,AB = 7 cm, AC = 3 cm,求 BE 的长。

挑战自我作业

如图4所示,在四边形 ABCD 中,BC > BA,AD = DC,BD 平分∠ABC,求证:∠A + ∠C = 180°。

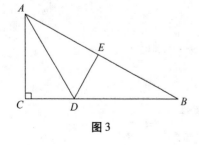

图3

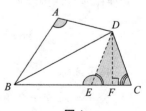

图4

为完成教学目标(1),结合教材 95 页相关内容,在课堂活动中,学生在教师指导下完成角平分线作图。

因为很多学生对基本作图不是特别重视,而"用尺规作一个角的平分线"是每个学生必须掌握的几何基本作图,所以在核心基础作业中设置第一题,不仅使学生能够深入理解几何作图的基本思路和方法,同时也是让数学学习能力较弱的学生能独立完成作业,在培养学生动手操作能力的同时,也提高了这部分学生学数学的自信心。

结合教学目标(2),将教材中的角平分线的性质以文字辨析题的形式呈现,设置为核心基础作业第二题,让学生通过本题来理解和巩固角平分线的性质。

为实现教学目标(2),课堂中已完成教材 96 页角平分线的性质的证明及几何语言的书写,为使学生进一步理解抽象的文字命题与直观的几何图形之间的联系,在学生完成第二题的基础上,我将核心基础作业第三题设置成角平分线的性质的几何语言书写,目的是再次规范定理的几何语言书写,注重学生对基础知识、基本技能的理解和掌握,为下一步应用角平分线的性质解决问题做好铺垫。

综上,核心基础作业中的三道题目,都是教材及学生课堂笔记中的内容,目的是把"桃子"挂在适当的位置上,使数学学习能力较弱的学生都能"跳一跳,摘得到",缓解了这一部分学生面对数学作业时的心理压力,同时,引导这些学生找到恰当的数学学习方法,提升自信心。

在为学有余力的学生设计作业时,要注重引导学生独立思考,使学生理解和掌握基本的数学知识,体会和运用数学思想与方法,获得基本的数学活动经验。

于是我在能力提升作业中设置了一道计算题。本题根据教材 103 页第 10 题改编。原题通过折叠可以直接得到全等,用不到角平分线的性质。我将原题改编成一道角平分线的性质的应用题。但因为全等的思想"根深蒂固",所以学生可能仍旧用三角形的全等来解答本题。我想通过这道题目,引导学生对比用全等和直接运用性质这两种方法,体会直接运用性质解决问题的优越性。在检验学生运用角平分线的性质进行推理及计算的能力的同时要规范书写步骤。通过这道题的练习完成教学目标(3)。

由于班级学生数学能力参差不齐,课堂时间有限,因此数学能力较强的学生(也就是前 30% 学生)存在"吃不饱"的情况。为满足这部分学生个性发展的需要,我对课堂内容进行补充和拓展,在挑战自我作业部分设置了一道难度较高的习题。

因为刚刚学习完全等,很多学生一看到这道题就想到了利用角平分线构造全等三角形,从而将证明 $\angle A + \angle C = 180°$ 转化为证明 $\angle BED + \angle C = 180°$,因为 $\angle BED + \angle DEC = 180°$,所以又将问题转化为如何证明 $\angle DEC = \angle C$。由题目中 $AD = DC$,已证的全等中 $AD = DE$,可知 $DE = DC$,进而构造过点 D 的垂线,通过二次全等证明结论。

还有一部分学生想到利用角平分线的性质,构造双垂,这样只需要一步全等就能证明结论。

我设计这道题的目的不仅在于进一步提升学生解决角平分线相关问题的能力,还在于通过本题使学生体会"双垂法"与"翻折法"的优劣,拓展学生思维,体会数学的简洁美,领会几何分析的内涵。

让每个学生都有自己的舞台
——语文阶梯作业的设计

萧红中学　柴凌云

孔子指出教育应因材施教,学生本身存在个体差异,所以教师的教学也要具有差异性,这种差异性表现在课堂教学中,也表现在作业的设计上。

课后作业的布置是较为重要的教学环节之一,是对课堂的教学效率与学生的接受程度的有效检验手段,是有效提升学生应用能力的重要方法。让不同程度的学生选做不同的作业,允许学生在一定范围内自由选择作业内容和数量,能激发学生写作业的兴趣。

阅读和作文是语文学习中特别重要的内容,可是对于有些学生来说,阅读和作文是一大难题。要想使能力弱的学生对阅读和作文产生兴趣,还要让一些能力强的学生得到更大进步,就需要科学地布置阶梯作业。

在针对每天课堂所学的内容布置相应的作业之外,我每周还会布置一到两篇课外阅读题。一般是每篇文章有五道题,五道题中会有三道相对来说比较简单。学生可以只做这三道题,也可以选择完成五道题。作业完成时间非常宽松,一周之内,哪天完成都可以。能力不同的学生可以根据自己的情况完成作业。

教师也可以挑选一些好的文章,布置阅读欣赏的作业。作业分成三个层次:A——阅读并圈画,B——阅读并批注,C——仿写片段或全文。

每个学生根据自己的能力水平选择适合自己的层次。

这样对于某些学生来说,他只选择A层次作业——阅读并圈画,完成起来并不困难,所以就会对写作业产生兴趣。教师会按照A层次的要求对他进行评价,如"你圈画得非常认真",他和选择C层次作业的学生一样,都会得到表扬和鼓励,这样学生都会获得成就感。

而能力比较强的学生,可以选择进行仿写,进一步提高写作能力。

在作文训练之外,有的时候我还给学生布置选做的作文。对作文有兴趣的学生、学有余力的学生可以选做,教师进行批改,学生反复修改,直到满意为止,最后将作文打印出来发给学生,学生会获得一种成就感。对于没有参与写作的学生,也可以从一个欣赏者的角度来阅读欣赏这篇作文。

有些学生最初并没有参与作文的选做,但是当看到其他同学写的作文之后,就受到了启发,或是产生羡慕之情,或是触发了灵感,所以有越来越多的学生参与进来。

由于学生存在明显的个体差异,他们在完成作业的速度上、时间上有很大差别。为了有效保障潜能生能"吃得了",语文作业的设计在完成时间上要分层要求。例如,作文的完成时间,优等生可要求用一到两个课时,潜能生应放宽到一到两天的时间,让他们有充足的时间去构想、打底稿、查资料,以保证他们的作业质量。

期末考试的时候,一些学生因为在分层作业中获得了益处,写作水平有了很大的提高。

在不断摸索的过程中,我认识到:

(1)作业量要分层。

(2)作业难度要分层。

(3)完成作业的时间要分层。

语文阶梯作业的设计,较好地张扬了学生的个性,丰富了学生的生活,有效地激发了学生学习语文的积极性,最大限度地拓展了学生学习的空间,使学生的思维在完成作业的过程中迸发出创新的火花,让学生的语文素养在完成作业的过程中得以形成与发展。

心理学家洛克通过实验证实:受欢迎的作业能激发学生的学习兴趣。我会在今后的教学工作中努力尝试设计更多高效的阶梯作业,不断完善自己的评价方式,使学生永远用一颗好奇之心、期待之心去拥抱知识!

八年级语文阶梯作业设计案例

萧红中学　聂冰硇

一、阶梯作业原文

阅读下面的文字,回答问题。(13分)

南京国民党反动政府宣告灭亡
(一九四九年四月二十四日)

　　新华社北平二十四日六时电　在人民解放军百万大军攻击之下,千余里国民党长江防线全部崩溃,南京国民党反动卖国政府已于昨日宣告灭亡。李宗仁、何应钦及南京的国民党军队于昨日上午逃出南京。李、何等乘飞机逃往上海。国民党南京守卫部队及宪兵,沿京杭公路逃跑。浦口的国民党军,于二十二日撤至南京,二十三日一同往京杭路上奔逃。芜湖及镇江一带的国民党军,亦向同一方向乱窜。人民解放军正向南京急进,如果昨夜没有入城,则可能于今日入城。南京人民正在等候着人民解放军。在国民党军已离开南京,人民解放军尚未入城的时间,南京人民已于昨日组织治安维持委员会,并于昨日下午六时发电致毛泽东主席,欢迎人民解放军。该电称,毛主席勋鉴①:

　　南京守军于二十三日撤退。南京人民为安全计,联合发起各界组织治安维持委员会,推青苑为主任委员,贻芳为副主任委员,及委员十三人。地方尚称安定。恳请电饬②京陵外围野战军,对南京予以和平接收,以慰民望。何日入城,并请电示,以便欢迎。

南京治安维持委员会主任委员马青苑,
副主任委员吴贻芳及委员等同叩
梗酉③

【注】①勋鉴:书奉语或提称语,缀于信首收信人的称呼之后。②饬:饬令。③梗酉:发电文的时间,即二十三日酉时。

(来源:新华出版社《毛泽东新闻工作文选》)

1.【A】(3分)这则消息主要报道了哪几个方面的内容?
2.【A】(3分)请举出一例,说明消息的准确性在本则消息中是如何体现的。
3.【B】(3分)这则消息原文引用南京治安维持委员会主任委员马青苑等人的电文,有什么作用?
4.【C】(4分)同样是"逃跑",文中措辞却不一样,请你结合语境,具体分析下面加点词语的表达效果。

(1)(2分)浦口的国民党军,于二十二日撤至南京,二十三日一同往京杭路上奔逃。

(2)(2分)芜湖及镇江一带的国民党军,亦向同一方向乱窜。

二、阶梯作业设计分析

(一)教材分析

《消息二则》是人教版语文八年级上册第一单元的第一篇课文。本单元是"活动探究"单元,《语文课程标准》指出,工具性和人文性的统一,是语文课程的基本特点。部编版语文教材"活动探究"单元的设计体现了工具性和人文性的统一,以培养学生的语文实践能力为目标,以任务为核心,以阅读为抓手,融阅读、写作、口语交际及资料搜集、活动策划等实践活动于一体,为培养学生的语文学科核心素养搭建平台。

(二)教学目标分析

本单元教学目标是让学生了解新闻体裁的特点,知道新闻作品的采编过程,试着写一写新闻。《消息二则》作为阅读材料出现,主要是完成了解"消息"这一新闻体裁的特点,学习读新闻的方法的任务。从内容来分析,《消息二则》是毛泽东同志亲自写的两篇新闻稿,真实地报道了我军渡江情况,宣告了解放战争已经取得决定性的胜利。国民党反动派政府已面临彻底崩溃。报道强调了我军所取得的重大成果和这一战役胜利的重大意义,揭示了"冲破敌阵,横渡长江"的深刻含义。

因此,确立本课的三维目标如下。

(1)知识与技能:了解新闻基本常识,理解消息写作的"五要素"和"倒金字塔式"结构,领会本文短小精悍、一气呵成的语言特点。

(2)过程与方法:应答性环境和小组合作探究。

(3)情感态度与价值观:了解解放战争中人民解放军英勇善战、力阻顽敌的精神及人民必胜、正义必将战胜邪恶的历史规律。

教学重点:了解新闻基本常识,掌握消息的基本特点。

教学难点:领会本文短小精悍、一气呵成的语言特点。

(三)阶梯作业设计意图

1.教学重点阶梯设计的体现

本课阶梯作业的设计是以一篇同作者同题材的新闻稿来巩固落实学习目标的。从内容来说是对课内的补充,也是对"横渡长江"意义的一个佐证,由此体现了对情感态度与价值观目标的落实。我将阶梯作业分成A、B、C三个层次:

A为核心基础作业,是每名学生必做题,作业第一题考查学生是否能根据消息结构来整体感知文章内容;第二题考查学生对消息准确性这一特点的把握情况,适合不同能力层次的学生。

B为能力提升作业,第三题指定内容让学生分析作用,考查了对于消息真实性特点的掌握和理解,由于消息的特点并不唯一,所以学生要根据实际内容加以判断和分析,有利于锻炼学生灵活应用知识的能力。

C为挑战自我作业,学生可以根据自己的能力来选做这道题,本题考查学生对词语的理解。结合语境分析词语表达效果本身就是有难度的,在这里学生还要考虑新闻的语言特点和毛泽东同志在写这篇消息时的情感态度,这道题考查了学生对语言和文章的领悟能力以及课上知识的迁移能力。

2. 作业难度设计的意图

学生的学习能力有个体差异,教师应因材施教,设计难易程度有别的作业。

(1)潜能生的作业难度要降低,确保其巩固、掌握基础知识。语文的基础知识,主要是字词的掌握、能有感情地朗读、对于课文内容能理解大意。这些作业难度较小,潜能生通过完成作业会获得成功体验,会促使其变被动学习为主动学习,最终爱上学习,为向中等生转化打好基础。

(2)中等生的作业要有一定难度,尽量布置能提升学生能力的作业。布置作业时,要让他们在确保掌握好基础知识的同时,又可以通过有难度的作业努力提升自己。

(3)优等生的作业要提高难度,优等生的基础扎实,对知识的领悟能力较强,不必让他们在烦琐的基础作业中徘徊,要使他们在较高的知识领域自由发展。例如,优等生必须完成阶梯作业中的挑战自我作业,在完成教师布置的作业的同时,还可搜集其他消息大量阅读。

3. 学科核心素养体现

《语文课程标准》指出,义务教育语文课程围绕立德树人根本任务,充分发挥其独特的育人功能和奠基作用,以促进学生核心素养发展为目的,以识字与写字、阅读与鉴赏、表达与交流、梳理与探究等语文实践活动为主线,综合构建素养型课程目标体系;面向全体学生,突出基础性,使学生初步学会运用国家通用语言文字进行交流沟通,吸收古今中外优秀文化成果,提升思想文化修养,建立文化自信,德智体美劳得到全面发展。

在《语文课程标准》的指导下,教师应根据学生实际水平采取相应的教学方法,注重每个学生的个体差异及学生潜在的发展水平,以挖掘学生的最大潜能。阶梯作业的设计,更有利于培养学生的语文学科核心素养。首先,语文作业形式的多样化和可选择性,给了学生语文能力的发展空间,可以激发学生对语文学习的兴趣。其次,作业内容突出了难点和重点,精简了数量,提升了学生作业的效率,让学生把重点放在阅读文学作品、抒发自己个性的情感体验上。例如,案例中的作业就是让学生把已学的新闻知识运用到阅读中去,感知多样的文学形式。最后,语文作业的阶梯性,可以培养不同能力层次的学生的创造能力及独立思考问题的能力,更有利于形成个体的语言经验,建构起个人的思维,提高审美鉴赏与创造能力。

基于核心素养的初中英语阶梯作业的设计研究

萧红中学　苗秀

一、阶梯作业原文

核心基础作业

汉译英：
1. 下车　　　　　　　　2. 使……惊讶的是
3. 立即、马上　　　　　4. 陷入，参与

能力提升作业

单项选择：

(　　) 1. My grandma _____ a history teacher, now she is retired and stays at home.
　　A. used to do　　　B. used to be　　　C. is used to being

(　　) 2. There _____ a library here, it is a park now.
　　A. used to have　　B. used to being　　C. used to be

(　　) 3. We use wood _____ many beautiful things.
　　A. to make　　　　B. for making　　　C. A and B

(　　) 4. We can't give up _____ any time.
　　A. trying　　　　　B. to try　　　　　C. try

(　　) 5. We have to _____ having the meeting because of the bad weather.
　　A. put of　　　　　B. put off　　　　　C. put on

挑战自我作业

日积月累：
1. 24 岁的公交车司机王平，毫不犹豫地停下公交车。
　　The bus driver, 24-year-old Wang Ping, stopped the bus without thinking twice.
　　20 岁的消防员李刚，毫不犹豫地冲进火海。
　　The firefighter, _____ Li Gang, _____ into the fire _____ _____ _____.

2. 这位司机没想他自己，他只想着挽救生命。
　　The driver didn't think about himself. He only thought about saving a life.

这位女医生没想自己，只想着挽救他人的生命。

The woman doctor didn't _____ _____ _____. She only _____ _____ saving _____ _____.

3. 有很多次 Aron 因为意外几乎丧生。

There were many times when Aron almost lost his life because of accidents.

有很多次 Mike 可以脱离险境。

There were _____ _____ _____ Mike could be _____ _____ danger.

4. 在这本书中 Aron 讲述了做出正确的决定，掌控生命的重要性。

In this book, Aron tells of the importance of making good decisions, and of being in control of one's life.

我们应该知道合理利用时间的重要性。

We should know the _____ _____ _____ good _____ of time.

5. 多亏了王先生和乘客，这个男士被医生及时挽救。

Thanks to Mr. Wang and the passengers, the man was saved by the doctors in time.

多亏了中央政府，新疆发生了巨大的变化。

_____ _____ the central government, _____ _____ have _____ _____ in Xinjiang.

二、阶梯作业设计分析

（一）教材分析

本单元教材以"What's the matter?"为中心话题，围绕着询问及描述"身体状况"进行学习和运用几个常见的句型：What's the matter? I have a stomachache. /What's the matter with Ben? He has a sore back. /Do you have a fever? No, I don't. /What should I do? You should take your temperature. / Should I put some medicine on it? Yes, you should. 等。让学生知道怎样表达身体的不适及正确地处理生活中的一些事情。在学习过程中，通过交流能促进师生之间的感情。Section A 主要学习怎样表达身体的不适并给出合理性的建议。应掌握句型：What's the matter? I have a stomachache. What should I do? 等。短文"Bus Driver and Passengers Save an Old Man"介绍了一位公共汽车司机及乘客救一位老人的故事，增加了学生的阅读量。Section B 安排了听、说、读、写的任务，教师在教学中应合理利用课本上的知识进行教学。

（二）教学目标分析

1. 知识与技能

（1）了解基本的疾病的说法。

（2）了解基本就医的对话。

2. 过程与方法

通过对话和短文的学习达到三维目标。

3. 情感态度与价值观

让学生懂得怎样就医、怎样进行简单急救。

4. 教学重点

了解基本的疾病的说法。

5. 教学难点

了解基本就医的对话。

(三)阶梯作业设计意图

1. 教学重点阶梯设计的体现

根据阶梯式教学理论,教师要根据学习内容按照难易程度划分阶梯。形象具体、可以直接记忆的内容为第一阶段,这类内容只需要学生记忆就可以直接应用;抽象的、需要独立思考的知识内容为第二阶段,这类知识有助于学生科学思维的培养;拓展性、应用型内容为第三阶段,通过这一阶段知识的学习可以提高学生运用所学英语对话解决生活中实际问题的能力。教学时,教师要根据学生的实际情况循序渐进、由浅入深地传授知识,力求每个知识点都能让学生理解透彻、掌握牢固,并能灵活运用。

阶梯作业三个层次的设计也是基于阶梯式教学理论的。

核心基础作业的设计:依据本节课的教学重点,要求学生背诵书后单词表中的短语并且进行考查。

能力提升作业的设计:当学生在头脑中对知识有了初步的印象时,作业的设计不必按照正向的思维模式,可以以分散的形式出现,让学生在头脑中有一个对知识整合的过程。选择题不仅能让学生学会运用所学单词与短语,还能拓展选择题题干中的词汇。

挑战自我作业的设计:造句与写作是英语教学中的重点与难点,可以先给出书中的语句,再让学生模仿写出相关的其他句子,积少成多,逐渐形成文章。

2. 作业难度设计的意图

由于学生的智力因素、文化课基础等有所不同,因此教师要根据所学知识的难度及学生对已有知识的掌握情况和自身水平,将问题按照从小到大的阶梯顺序进行有意识的排列。学生从同一起点出发,根据自己的能力,借助阶梯作业掌握不同难度的知识。这个过程中,要让不同层次的学生均有所收获,尤其是潜能生,要让他们树立学习英语的自信心,减少畏难情绪。

核心基础作业是所有学生一同出发的起点,均为记忆性的知识,学生通过查阅教材和反复识记即可掌握,在自身的努力下,班级所有学生均可完成此作业。能力提升作业由于将知识点打散,需要对知识有重新排列组合的过程,对于班级 2/3 的学生来说,可以完成此作业。挑战自我作业是对知识的综合运用,同时实验题也属于较难的题型,学生要在对知识充分熟悉的前提下才可完成,大约 1/2 的学生可以完成此作业。

由于阶梯作业的设计是由浅入深的,当学生在第一次做作业时,可能会在某一环节出现问题,这时教师可以引导学生回归到最近层次的作业,仔细分析在这个环节出现的问题,并加以改正,打好基础,再完成下一层次的作业,可以取得更好的效果。

3. 英语学科核心素养的体现

本文探究英语学科核心素养在初中英语教学中的体现,并提出具体的英语学科核心素养的培养措施。英语教育改革不断深入,在此背景下,英语教学观念、教育模式等都有了极大改变,英语学科核心素养的培养在这一过程中有着重要意义。教师必须将学生英语学科核心素养的培养纳入英语教学过程,提升学生综合能力,以此满足社会需求,为社会输送优质的英语人才。

在阅读教学中融入英语学科核心素养的培养有利于显著提升学生的学习思维及学习能力,有利于后期阅读教学的顺利开展,学生在此过程中能够将已具备的英语学科核心素养加以体现。教师在进行英语阅读教学时不仅要处理文中的生词、短语及长难句,还要在其中融入阅读技巧和阅读方法,这一切都是以学生的核心素养为基础展开的。在已经具备英语学科核心素养的前提下,学生进行英语阅读学习、教师进行英语阅读教学都变得更加简单。学生能够实现自主学习、独立阅读,从而培养良好的英语阅读习惯,促进英语阅读学习效果的提升。

基于核心素养的初中物理阶梯作业的设计研究
——以"从分数到分式"一课为例

萧红中学 刘媛媛

一、阶梯作业原文

核心基础作业

列式表示下列各量：

(1) 某村有 n 个人，耕地 40 hm², 则人均耕地面积为_____ hm²。

(2) △ABC 的面积为 S, BC 边的长为 a, 则高 AD 为_____。

(3) 一辆汽车 b h 行驶了 a km, 则它的平均速度为_____ km/h; 一列火车行驶 a km 比这辆汽车少用 1 h, 则它的平均速度为_____ km/h。

能力提升作业

下列式子中，哪些是分式？哪些是整式？两类式子的区别是什么？

$\dfrac{1}{x}$, $\dfrac{x}{3}$, $\dfrac{4}{3b+5}$, $\dfrac{2a-5}{3}$, $\dfrac{x}{x-y}$, $\dfrac{m-n}{m+n}$, $\dfrac{x-1}{x+1}$, $\dfrac{c}{3(a-b)}$

挑战自我作业

下列分式中的字母满足什么条件时分式有意义？

(1) $\dfrac{2}{a}$ (2) $\dfrac{x+1}{x-1}$ (3) $\dfrac{2m}{3m+2}$

(4) $\dfrac{1}{x-y}$ (5) $\dfrac{2a+b}{3a-b}$ (6) $\dfrac{2}{(x+1)(x-1)}$

二、阶梯作业设计分析

（一）教材分析

本节课的主要内容是分式的概念及分式有意义、无意义、分式值为 0 的条件。它是在学生掌握了整式的四则运算、多项式的因式分解、分数知识的基础上，对比引出分式的概念，把学生对"式"的认识由整式扩充到有理式。学好本节知识能够为进一步学习分式知识打下扎实的基础，是以后解决函数、方程等问题的关键。

（二）教学目标分析

1. 知识与技能

(1)理解分式的含义,能区分整式与分式。

(2)理解分式中分母不能为0,会求分式中的字母满足什么条件使分式有意义。

2. 过程与方法

(1)通过分式与分数的类比,培养学生"从具体到抽象""从特殊到一般"的思维能力。

(2)通过思考、观察、归纳等活动培养学生提出问题的意识与归纳推理能力。

(3)通过了解分式概念产生的背景,体会数学概念来源于实际,提高学生应用数学知识解决实际问题的能力。

3. 情感态度与价值观

通过"思考""观察""归纳"等栏目让学生参与数学的学习活动,使学生学会提出问题、思考问题,从而提高对数学的学习兴趣。

4. 教学重点

分式的概念。

5. 教学难点

识别分式有无意义;用分式描述数量关系。

（三）阶梯作业设计意图

1. 教学重点阶梯设计的体现

根据阶梯式教学理论,教师要根据学习内容按照难易程度划分阶梯。形象具体、可以直接记忆的内容为第一阶段,这类内容只需要学生记忆就可以直接应用;抽象的、需要独立思考的知识内容为第二阶段,这类知识有助于学生科学思维的培养;拓展性、应用型内容为第三阶段,通过这一阶段知识的学习可以提高学生运用所学数学知识解决生活中实际问题的能力。教学时,教师要根据学生的实际情况循序渐进、由浅入深地传授知识,力求每一个知识点都能让学生理解透彻、掌握牢固,并能灵活运用。

阶梯作业三个层次的设计也是基于阶梯式教学理论的。

核心基础作业的设计:依据本节课的教学重点,以填空的形式帮助学生理解分式的含义,这也是完成相关习题的基础。

能力提升作业的设计:当学生在头脑中对分式有了初步的印象时,作业的设计不必按照正向的思维模式,可以类比以前的内容,让学生在头脑中有一个对知识整合的过程,如能区分整式与分式,进一步理解分式的含义。

挑战自我作业的设计:理解分式中的分母不能为0,会求分式中的字母满足什么条件时分式有意义,这是本节的难点。

2. 作业难度设计的意图

遵循学生的认知规律,习题由浅入深,由易到难,由单一到复杂,做到了低起点、小坡度。

(1)核心基础作业:突出重点及这节课的基础知识。

(2)能力提升作业:突出重点,整合知识。

(3)挑战自我作业:突出数学学科核心素养,设置将重点内容灵活化的习题,体现数学思维与方法,突破难点。

3. 数学学科核心素养的体现

初中数学教学除了传授知识(包括数学概念、公式、法则、定理)以外,更要促使学生形成数学逻辑思维,运用合理的数学方法解决现实问题,积累丰富的数学活动经验,这就是数学学科核心素养。数学学科核心素养是学生通过数学的学习建立起来的认识、理解和处理周围事物时所具备的品质,通常是在学生与周围环境产生相互作用时所表现出来的思考方式和解决问题的策略。学生在生活中遇到的问题可能是数学问题,也可能不是明显的和直接的数学问题,而具备数学核心素养可以从数学的角度看待问题,可以用数学的思维方法思考问题,可以用数学的方法解决问题。

一个具备了数学学科核心素养的人,必然善于以数学思想和数学方法来思考和解决问题,这已成为当代学生进入社会的必备本领。初中学生在数学学习中应培养数学抽象、逻辑推理、数学建模、数学运算、直观想象、数据分析六大核心素养。教师在布置作业时要深入研究,设置能够吸引学生主动思考、环环相扣的作业习题,而阶梯作业能够很好地落实这一点。

实践证明,阶梯数学作业是数学教学有效性的保障。基础较差的学生由于在作业中体会到成功的喜悦,恢复了学习自信心,学习上更加积极主动,作业也变得比以前工整了许多,他们的成绩也有了较大提高。基础较好的学生由于在作业中会面对挑战,激发了他们的学习积极性,使其观察能力、抽象思维能力、概括能力和自学能力等学习素质都有了不同程度的提高。

基于核心素养的初中物理阶梯作业的设计研究
——以"弹力"一课为例

萧红中学　黄宇萌

一、阶梯作业原文

<u>核心基础作业</u>

1. 弹力

橡皮筋、弹簧等受力发生_____时,要_____,就会对_____施加力的作用,这种力叫作弹力。_____都属于弹力。

2. 力的测量——弹簧测力计

原理:_____。

使用:观察_____、_____、_____。

使用规则:

(1)将测力计在_____方向上调零,使_____;

(2)选择合适_____的测力计,所测的力_____;

(3)让测力计弹簧的伸长方向与_____;

(4)读数时视线要_____。

3. 关于弹簧测力计的使用方法的说法中,错误的是　　　　　　(　　)

　A. 测力计的量程不允许超过被测力的大小

　B. 弹簧测力计不仅能测竖直方向的力,也能测其他方向上的力

　C. 被测力应作用在挂钩上

　D. 测量时指针不要与外壳接触,使用前必须检查零点是否准

4. 在使用弹簧测力计之前,把它的挂钩轻轻来回拉动几次,这样做的好处是(　　)

　A. 试试弹簧的弹性　　　　B. 可避免弹簧被卡壳

　C. 是无意识的随便拉拉　　D. 看看能测多大的拉力,以便确定量程

5. 将弹簧测力计水平放置,在弹簧测力计的两端各加 2 N 的拉力,则当弹簧测力计静止时的示数是　　　　　　　　　　　　　　　　　　　　　(　　)

　A. 2 N　　　　B. 0 N　　　　C. 4 N　　　　D. 16 N

6. 测一个约 6 N 的力时,应选用最恰当的弹簧测力计规格是　　(　　).

　A. 量程为 15 N,分度值为 0.5 N

　B. 量程为 10 N,分度值为 0.2 N

C. 量程为 5 N,分度值为 0.1 N

D. 以上三个弹簧测力计都可以用

7. 一个小孩用 100 N 的力拉大人,大人未被拉动,那么大人拉小孩的力是 (　　)

A. 0 N　　　　　　　　B. 等于 100 N

C. 大于 100 N　　　　　D. 小于 100 N

8. 如图1所示,此弹簧测力计的量程是_____;最小一格所表示的力为_____N,如果用手以 F 力向下拉挂钩,指针指在如图位置,则手所用的拉力 F 的大小为_____。

图1

能力提升作业

9. 如图2所示的测量工具是_____,它的量程为_____N,分度值为_____N。它的原理是:_____。

10. 相互作用力的特点是_____。

11. 使用弹簧测力计测量力的过程中,有如下操作:

(1)轻轻来回拉动几次挂钩。

(2)把待测物体加在挂钩上。

(3)观察弹簧测力计的量程,弄清刻度上每一个小格表示多少 N。

(4)调整弹簧测力计指针的位置。

(5)待指针稳定后读数。

以上操作正确的顺序是_____。

图2

挑战自我作业

12. 小强同学在竖直悬挂的弹簧下加钩码,做实验探究了弹簧伸长量与弹力的关系。表1是小强同学的实验数据(在一定范围内)。

表1

弹力/N	0	0.5	1.0	1.5	2.0	2.5
弹簧总长度/cm	6.0	7.2	8.3	9.5	10.6	11.8
弹簧伸长量/cm	0	1.2				

(1)请你帮小强完成表1的空白处。

(2)在坐标图中(图3)画出弹簧伸长量与弹力大小的关系图。

(3)分析实验数据或根据弹簧伸长量与弹力的关系图,你得到的结论是:_____。

(4)这个实验结论在实际中的应用是:_____。

(5)请你说明弹簧测力计上相邻刻度线之间的距离为什么总是相等的。

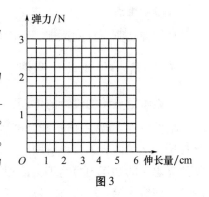

图3

二、阶梯作业设计分析

（一）教材分析

《物理课程标准》中对本节"弹力"课程的要求是：通过常见事例或实验，了解弹力；会测量力的大小。学生在前两节的学习中已经初步了解了什么是力、力的三要素、力的作用效果等基本知识。从本节课开始，进行具体情景下的力的学习。弹力在日常生活中与学生联系紧密，非常容易通过物理现象入手，进行引导学习，最终利用所学知识再次回归情景，解决问题。这很好地体现了物理来源于生活，又服务于生活。

物理学科核心素养包括物理观念、科学思维、科学探究和科学态度与责任四个方面。通过物理学习，我们培养的应该是对科学事物有着敏锐的观察力，对科学本质有着探究精神的高层次人才。这就要求教师除了在课堂教学中落实物理学科核心素养，在作业的布置上更要深入研究，设置能够吸引学生主动思考、环环相扣的作业习题，而阶梯作业能够很好地落实这一点。

（二）教学目标分析

1. 知识与技能

（1）知道弹力是由于物体的形变产生的，弹簧伸长或缩短的量与外力的大小有关。

（2）知道弹簧测力计的使用方法。

（3）会用测力计测量力的大小。

2. 过程与方法

通过实际操作，学会测量力的大小的方法。

3. 情感态度与价值观

通过观察测力计的构造，并结合物理原理，使学生体会到学习物理的乐趣，在实验中培养学生实事求是的科学态度。

4. 教学重点

认识弹力产生的条件和学会弹簧测力计的正确使用方法。

5. 教学难点

理解弹簧测力计的原理，并能很好地处理弹簧的弹力与形变量之间的关系。

（三）阶梯作业设计意图

1. 教学重点阶梯设计的体现

根据阶梯式教学理论，教师要根据学习内容按照难易程度划分阶梯。形象具体、可以直接记忆的内容为第一阶段，这类内容只需要学生记忆就可以直接应用；抽象的、需要独立思考的知识内容为第二阶段，这类知识有助于学生科学思维的培养；拓展性、应用型的内容为第三阶段，通过这一阶段知识的学习可以提高学生运用所学物理知识解决生活中实际问题的能力。教学时,教师要根据学生的实际情况循序渐进、由浅入深地传授知识,力求每一个知识点都能让学生理解透彻、掌握牢固,并能灵活运用。

阶梯作业三个层次的设计也是基于阶梯式教学理论的。

核心基础作业的设计:依据本节课的教学重点,以填空的形式帮助学生总结在知识层面上记忆的内容,这也是完成相关习题的基础。3~8题是对如前所述的知识点的直接运用的检验,当知识点扎实地记忆在头脑中时,结合具体的习题加以练习,学生会有对知识点掌握的成就感,这会激励他们更好地完成接下来的习题。

能力提升作业的设计:当学生在头脑中对知识有了初步的印象时,作业的设计不必按照正向的思维模式,可以以分散的形式出现,让学生在头脑中有一个对知识整合的过程。例如,第11题,教师有意识地打乱弹簧测力计的使用顺序,学生需要在头脑中加工、组织出正确的顺序,这有助于学生知识技能的提升。

挑战自我作业的设计:弹簧测力计的使用是本节课的重难点,同时测力计也是在日常生活中应用较多的工具。作业第12题的设计理念正是对弹簧测力计相关知识点的融合,让学生综合应用知识与方法来解决问题。在题型的设计上,以综合实验题的形式出现,进一步培养学生对知识点的综合运用能力。

2. 作业难度设计的意图

由于学生的智力因素、文化课基础等都有所不同,因此教师应根据所学知识的难度以及学生对已有知识的掌握程度和自身水平,将问题按照阶梯顺序进行有意识的排列。学生从同一起点出发,根据自己的能力,借助阶梯作业掌握不同难度的知识。在这个过程中,要让不同层次的学生均有所收获,尤其是潜能生,要让他们树立学习物理的自信心,减少畏难情绪。

核心基础作业是所有学生一同出发的起点,均为记忆性的知识,学生通过查阅教材和反复识记即可掌握,在自身的努力下,班级所有学生均可完成此作业。能力提升作业由于将知识点打散,需要对知识有重新排列组合的过程,对于班级2/3的学生来说,可以完成此作业。挑战自我作业是对知识的综合运用,同时实验题也属于较难的题型,学生要在对知识充分熟悉的前提下才可完成,大约1/2的学生可以完成此作业。

由于阶梯作业的设计是由浅入深的,当学生在第一次做作业时,可能会在某一环节出现问题,这时教师可以引导学生回归到最近层次的作业,仔细分析在这个环节出现的问题,并及时加以改正,打好基础,再完成下一层次作业,可以取得更好的效果。

重新审视本节课作业,在作业设计之前可以介绍一些与本节课相关的物理学史。以本节课为例,物理学家胡克发现了弹性定律,可以适当地介绍胡克的探究过程,让学生感受科学家的探究精神。同时,作业的设置在与实际生活的联系上应进一步深化,因为物理来源于生活、应用于生活。

3. 物理学科核心素养的体现

物理学科核心素养包括物理观念、科学思维、科学探究和科学态度与责任四个方面。物理学科核心素养是物理学科育人价值的集中体现,是学生通过物理课程学习而逐步形成的正确价值观念、必备品格和关键能力。

物理观念的培养需要先构建知识情景,然后梳理概念层级,最终达到物理观念的培养的目的。阶梯作业可以从知识情景和概念层级入手,首先在这一章节的作业习题前介绍物理学史,让学生了解科学家对物理知识的探究过程,并结合物理学史设计让所有学生都"够得上"的问题,这样学生会对物理学科的学习有亲近感。接着,可以针对概念层级进行作业设计。物理观念本身分为四个层次,阶梯作业恰好是由若干个层次递进的问题串联起来的,这样使学生在回答问题的过程中掌握核心概念,最终形成物理观念。

　　阶梯作业的目的在于覆盖全体学生,让学生用最少的练习题获得最大的成效。当然,这个过程需要教师不断地深入研究,积累样本,认真批改,并及时给予反馈,只有这样才能达到事半功倍的效果。

　　与此同时,教师要让学生发自内心地理解作业的含义,作业只是检验学生对知识掌握情况的一种辅助手段。教师应让学生学会主动研究作业中的问题,做到深入分析,解释与解决实际问题等,从而促进学生认知水平、思维能力和情感态度等方面的发展。教师在这个过程中要起到引路者、合作者、交流者的作用。

阶梯作业设计案例
——"碳和碳的氧化物"

萧红中学　于鑫淼

一、阶梯作业原文

核心基础作业

1. 在日常生活和农业生产中,下列物质用途是由化学性质决定的是 （　　）
   A. 用活性炭除去冰箱内的异味　　B. 用天然气做燃料
   C. 用金属铜制作电线　　D. 用金刚石刻划玻璃

2. 日常生产和生活中,下列说法不正确的是 （　　）
   A. 过滤式防毒面具的滤毒罐是利用活性炭来吸附毒气的
   B. 铅笔芯中含铅
   C. 常用石墨和锌皮做干电池的正负极
   D. 玻璃刀上镶金刚石可用来裁玻璃,是因为金刚石是天然存在的最硬的物质

能力提升作业

3. 下列应用不正确的是 （　　）
   A. 氮气用于食品包装　　B. 稀有气体制成霓虹灯
   C. 用木炭制铅笔芯　　D. 活性炭用于防毒面具

4. 下列事实的微观解释不正确的是 （　　）

选项	事实	解释
A	金刚石、石墨的物理性质有很大差异	碳原子结构不同
B	1滴水中大约有1.67×10^{21}个水分子	水分子很小
C	空气能被压缩	气体分子间的间隔较大
D	香水要密封保存	粒子是不断运动的

挑战自我作业

图1

5. 当电车开动时,电车上裸露的电刷沿架空电线滑动。电刷材料中含有石墨(图1)。

选择石墨做电刷材料是因为其具有下列性质:

(1)_____;(2)_____;(3)_____。

二、阶梯作业设计分析

(一)教材分析

本章在整个初中化学中起着承上启下的作用,不仅是对空气、氧气、水、氢、化学方程式等知识的加深巩固,同时又为后面知识的学习做了铺垫。它把学生带进了又一种新的物质领域,一个崭新的、庞大的家族——碳家族。这样的学习能够逐步培养学生的化学学科素养和化学信息素养。

这一家族的学习,是否能引起学生强烈的求知欲,更进一步探究物质的性质、结构等奥秘,在于本节的共同学习、探究。对于碳的单质,学生比较熟悉,在日常生活和教材的前几章里,学生已了解了它们的部分知识。本节知识虽然看似十分简单、容易理解,但是它起到敲门砖、试金石的作用,是学好下几节课的先决条件。

(二)教学目标分析

1. 知识与技能

(1)掌握金刚石与石墨等碳单质的物理性质及用途,从而体会出性质决定用途、用途体现性质的道理。

(2)学以致用,利用本节知识解决生活中的常见问题。

(3)进一步加深学生的化学实验技能,能够设计和完成较为基础的化学实验,形成科学探究问题的理念。

2. 过程与方法

(1)通过观察—想象—假设—实验—比较—评价—总结的过程使学生学会研究物质性质和用途的基本方法。

(2)通过多媒体教学,配合实验、讨论、评价等方法。

3. 情感态度与价值观

(1)培养学生保持对自然界各种物质的好奇心、探究欲,使其学习化学的兴趣不断增加。

(2)培养学生的唯物主义精神。

4. 教学重点

金刚石、石墨的物理性质及用途。

5. 教学难点

金刚石、石墨的物理性质存在差异的原因。

（三）阶梯作业设计意图

1. 教学重点阶梯设计的体现

在初中的教育教学中，课后作业的布置是较为重要的教学环节之一，是对课堂的教学效率与学生的接受程度的有效检验手段，是有效提升学生应用能力的重要方法。初中化学实施阶梯作业，循序渐进，引导学生逐渐掌握知识、方法、思想，展开以"学习－思考－探索－实践"为模式的学习，因此我设计了核心基础作业、能力提升作业和挑战自我作业，这样既能够保证学生在课后得到有效的练习，巩固课堂学到的知识，又可以提高知识运用的应用能力。

化学阶梯作业要体现循序渐进性，知识的难易程度由浅入深，环环相扣，课后作业的设计也要层层深入，由封闭到开放，循序渐进，由简单到复杂，由理解到运用，不仅要体现在每节课的课后作业中，还要体现在单元之间和模块之间。

核心基础作业是根据本节课的重点内容——金刚石的用途，进行加工设计出的选择题，这两道题答案较为直观。只要学生掌握了该知识点，就可以轻松选出答案，而且能够帮助学生巩固旧知识、学习新知识，培养思维能力，确保教学效益的最大化。能力提升作业的设计加入了本节课的难点内容——金刚石与石墨的物理性质存在差异的原因，这一部分的习题需要学生更加认真地思考。这样将本节课的知识和以前的知识相结合，不仅提升了化学作业的质量，而且有利于学生思维能力的培养。挑战自我作业的设计依旧是本节课重点内容的考查，将考查形式变为填空，同时可以考查学生的文字表达能力，使学生在不知不觉中通过有效的课后作业掌握了新知识。

2. 作业难度设计的意图

在实施阶梯作业的过程中，教师不仅要根据学生对课堂知识掌握的程度来选择合适的作业布置范围，而且要密切关注学生的作业完成情况。教师在对学生的作业进行检查与监督的过程中必然会加深与学生之间的沟通，教师对学生的关注及更进一步的了解在一定程度上就促进了师生关系的和睦与融洽，这对于教师教学工作的良好开展具有较好的促进作用。

教师在布置课后作业之后，还需要根据学生对课后作业的完成情况与学生进行一定的交流和沟通，了解学生的真实状态，并采取有效的措施使学生保持积极的学习状态。

核心基础作业是90%的学生都能够轻松记忆的知识，学生通过认真听课就可以独立完成，余下10%的学生通过查阅课本和笔记也能完成作业。能力提升作业考查的是学生的知识运用能力。首先在脑海里形成本节课知识的框架，接着进行金刚石、石墨等知识点的整合，再稍加判断，70%的学生即可完成此作业，余下30%的学生则需要教师的讲解来完成。挑战自我作业是对知识的深层挖掘，填空题对学生来说难度较大，以本作业为例，要同时说出石墨的三条优点，非常考验学生的能力，预计有50%的学生能够独立完成,余下的学生需要教师讲解才能完成。

学生提升知识水平不仅需要在课堂上积极参与学习、收获知识,更要在课后以作业练习的形式进行知识的巩固训练,提升知识运用能力,使书本上的知识真正成为自己的智慧。因此,布置阶梯作业需要充分结合学生的实际学习能力,要能够帮助学生巩固知识,并且构建良好的知识体系,使其能够良好地运用知识解决问题。

3. 化学学科核心素养的体现

化学学科核心素养以培养学生的完美人格和终身学习能力为宗旨,指导学生从更高的视野和境界上自我发展。教师要培养学生的化学学科素养(例如,学生的化学"双基"知识;学科的一些基本思想,如守恒的思想、绿色化学思想、学科基本方法;用归纳的方法、比较的方法进行概念辨析等)、化学思维素养(包括化学逻辑思维素养,如"结构决定性质,性质决定用途的思维方式""从辩证的角度、微观的角度来认识化学"及化学批判性思维能力等)、化学信息素养(如对工艺流程、合成路线、化学程序等信息的处理等)、跨学科综合创新素养、合作交流能力及正确的情感态度与价值观。

例如,在能力提升作业第三题中,联系了许多生活实际,让学生在学习中感受防毒面具、霓虹灯、食品包装、铅笔芯等用途是由物质的性质决定的,而不同的性质又体现出构成物质的粒子结构不同。

在新课程标准的要求下,教师需要帮助学生理解、掌握现代生活与学习中所需要了解的化学知识和技能,才能够让学生充分地发挥化学在各方面培养中所需要的思维能力与创新能力,提升化学学科核心素养。布置阶梯作业正是通过因材施教的教学实践活动,激发学生学习化学的热情,提升学生化学的学习能力与分析能力。

"伯牙绝弦"一课阶梯作业设计案例

萧红中学　希佳男

一、阶梯作业原文

A 类基础性必做题：

1. 给下面加点的字注音。
(1)伯牙善鼓(　　)琴　　　(2)峨峨(　　)兮(　　)若泰山
(3)乃破琴绝弦(　　)

2. 解释下面加点字的意思。
(1)伯牙善鼓琴。(　　)(　　)　　(2)志在高山。(　　)
(3)峨峨兮若泰山。(　　)(　　)　　(4)洋洋兮若江河。(　　)
(5)伯牙所念。(　　)　　　　　　　(6)钟子期必得之。(　　)
(7)伯牙谓世再无知音。(　　)　　　(8)乃破琴绝弦。(　　)(　　)
(9)终身不复鼓。(　　)

3. 根据课文内容填空。
(1)《伯牙绝弦》选自_____，作者是_____(朝代)的_____。
(2)伯牙善鼓琴,_____。伯牙鼓琴,_____,钟子期曰："善哉,_____!"志在流水,钟子期曰："善哉,_____!"_____,钟子期必得之。子期死,伯牙谓世再无知音,_____,终身不复鼓。

B 类提升性选做题：

1. 翻译下面的句子。
(1)伯牙鼓琴,志在高山,钟子期曰："善哉,峨峨兮若泰山!"
(2)伯牙所念,钟子期必得之。
(3)子期死,伯牙谓世再无知音,乃破琴绝弦,终身不复鼓。

2. 朗读《伯牙绝弦》,说说你对"知音"的理解。

C 类拓展性挑战题：

1. 查阅资料,收集关于友情的成语或名言佳句。
2. 用自己的话讲讲《伯牙绝弦》的故事,并写一篇读后感。

二、阶梯作业设计分析

（一）教材分析

《伯牙绝弦》是六年级下册的一篇文言文，讲述了一个千古流传的高山流水遇知音的故事。故事的主人公俞伯牙与钟子期的真挚情谊令人感动。本文行文简洁、流畅，不足百字，而且古今字义差别不大。选择本文的目的，一是让学生借助注释初步了解文言文的大意；二是积累中华优秀经典诗文，感受朋友间相互理解、相互欣赏的纯真友情；三是体会音乐艺术的无穷魅力。

（二）《语文课程标准》对本学段的目标要求

（1）对学习汉字产生浓厚的兴趣，养成主动识字的习惯。

（2）硬笔书写规范、端正、整洁，养成良好的书写习惯。

（3）能联系上下文理解词句，抓住关键语句，初步领悟文中所讲的道理，激发学习文言文的兴趣。

（4）阅读时能提出不懂的问题，并试着解决。

（5）能抓住人物的神态、动作、心理等描写，把故事讲生动、具体。

（三）教学目标

1. 知识与技能

朗读课文，能用自己的话讲这个故事，背诵课文。

2. 过程与方法

能根据注释和课外资料理解词句意思。

3. 情感态度与价值观

积累中华经典诗文，感受朋友间真挚的友情。

4. 教学重点

学生能凭借注释和工具书读通、读懂课文内容，在此基础上记诵积累。

5. 教学难点

感受朋友间相互理解、相互欣赏的纯真友情。

（四）设计意图

1. 教学重点阶梯设计的体现

A类基础性必做题（核心基础）：生字新词的认读、书写、默写、理解运用等，重在巩固夯实字词基础，培养良好的书写习惯。给加点字注音巩固了课上所学生字新词，字词翻译不仅加深了学生对课文的理解，还使其掌握了文言文的释词方法。

B类提升性选做题（能力提升）：字词句的理解运用、语段文章的归纳概括等。目的在于提高学生阅读理解的能力,锻炼语言表达及概括的能力。

C类拓展性挑战题(挑战自我):课外阅读延伸、迁移类小练笔等。目的在于拓展课外延伸,增加积累,增广见闻。在说说写写的潜移默化中提高学生的语文学科核心素养。本题通过改编故事,在巩固课文内容理解的基础上,培养了学生合理想象能力和语言表达能力。

2. 作业难度设计的意图

A类基础性必做题,大多数学生能做到书写较规范、认真,极少数学生字音容易出错。

B类题难度比A类题稍有提高,偏重于理解。选做的学生在理解课文的基础上能做到正确翻译。部分学生能从文章中领悟道理,但语言表达能力欠缺。

C类题目难度最大,更具挑战性。选做第一题的学生稍多,选做第二题的学生较少,大多数学生不愿意写作。

调整设计:

(1)布置预习学习内容的作业。小学高段学生已经具备自学能力,可以根据自己的学习能力,尽其所能对课文进行自主预习,以便有准备地进入课堂学习,更有利于学生发挥潜能,成为课堂的主人。

(2)布置落实训练目标的作业。根据课时目标,紧紧围绕目标布置有针对性的作业。

(3)布置口头识记的作业,如课文的朗读与背诵、二会字的识记等。

(4)布置观察、收集类作业。这类作业往往能为了解课文内容做好铺垫,为学生写作准备第一手资料。可以尝试变化成为小片段或小练笔,也可以录读后感小视频。

3. 学科核心素养体现

A类基础性必做题(核心基础):生字和新词的认读、书写、默写、运用等,夯实了学生的字词基础,培养了良好的书写习惯。给加点字注音巩固了课上所学生字、新词,字词翻译不仅加深了学生对课文的理解,还使其掌握了文言文的释词方法。培养了学生获取信息和感知文言文的素养。

B类提升性选做题(能力提升):推敲字、词、句的意思是学生语文学科核心素养的基本功。准确演绎文本中丰富的信息,这也是学生必备的语文学科核心素养之一。

C类拓展性挑战题(挑战自我):语文的人文性不仅体现在含蓄美,更重要的是体现在熏陶、教化、启智、育人。写读后感,课后搜集古今交友的名言名句和成语,把课堂教学与课外拓展结合起来,了解《伯牙绝弦》这个故事的源远流长,培养学生古今文化贯通的能力,同时也让学生体会到了知音难寻觅,会更加珍惜友情。

九年级化学"金属材料(第一课时)"阶梯作业设计案例

萧红中学　徐敏

一、阶梯作业原文

核心基础作业

1. 我们的家乡哈尔滨市有很多知名建筑,下列建筑中用到的对应材料属于金属材料的是 （　　）

A.索菲亚教堂:红砖　　B.防洪纪念塔:水泥　　C.龙塔:钢　　D.秋林公司:玻璃

2. 下列图示体现了人类利用金属材料丰富和改善人类生活的是 （　　）

①金首饰　　　②高压锅　　　③钛合金人造骨　　④形状记忆合金的使用

　A.①②　　　B.③④　　　C.①②③　　　D.①②③④

3. 要区分下列金属,其中最容易被识别出来的是 （　　）

　A. Fe　　　B. Cu　　　C. Al　　　D. Zn

4. 下列不属于金属的是 （　　）

　A.汞　　　B.金　　　C.铝　　　D.硅

5. 下列关于金属利用的说法错误的是 （　　）

　A.用铝制高压电线　　　　　　B.用钨制灯丝
　C.用导电性最好的银做导线　　D.水龙头镀铬

6. 下列说法正确的是 （　　）

　A.世界上铝的年产量位居第一
　B.金属性质是决定其用途的唯一因素
　C.金属材料就是含金属元素的物质

D. 生活中的锅、壶、刀等大多是由金属材料制成的

7. 下列金属的用途正确的是 （   ）

A.铁合金做铁锤　　B.钨做导线　　C.钛做人造骨　　D.纯铁做灯杆

能力提升作业

8. 请填写图中金属材料用途中所体现的性质。

挑战自我作业

9. 请在家里找到一种由金属材料制成的用品,并说出利用了该金属的哪些物理性质。

二、阶梯作业设计分析

（一）教材分析

本课程选自人教版（五四制）化学九年级全一册第一单元课题1,从教材内容上看属于应用类知识。本课程内容可分为两部分,第一部分说明金属材料包括纯金属和合金,并认识一些金属的重要用途,第二部分重点介绍合金。

本课程在《义务教育化学课程标准(2022年版)》（以下简称《化学课程标准》）中的对应要求有：了解金属的物理特征；知道在金属中加入其他元素可以改变金属材料的性能,知道生铁和钢等重要合金；认识金属材料在生产、生活和社会发展中的重要作用。

教材从介绍几种重要金属的物理性质入手,借此归纳总结出金属性质中的共性（金属的物理特征）和一些金属的特性,通过设置讨论引出金属在日常生活中的应用及决定物质用途的因素。在学生认识金属中加热熔合某些金属或非金属可以制得合金的基础上,介绍了生铁和钢等重要合金,使其了解合金比纯金属具有更广泛的用途。

从学生的生活经验和实验事实出发,采用对比的方法,让学生讨论,敢于质疑,提出猜想,亲自动手寻找答案,培养了学生创新、探索的科学精神等化学学科素养,树立"化学源于生活,学习化学是为了更好地服务生活"的社会责任意识。

(二)教学目标分析

1. 第一课时的教学目标及教学重点、难点

(1)第一课时的教学目标。

知识与技能:

①了解金属的物理特征和一些常见金属的个性,能区分常见的金属材料和非金属。

②了解铁、铜、钨、铬在生活中的常见用途,建立物质的性质不是决定物质用途的唯一因素的意识。

③认识金属材料在生产、生活和社会发展中的重要作用。

过程与方法:

通过对生活中常见的一些金属材料选择的讨论,引导学生从多角度分析问题。

情感态度与价值观:

①通过日常生活中广泛使用金属材料等具体事例,认识金属材料与人类生活和社会发展的密切关系。

②引导学生主动参与知识的获取过程,学习科学探究的方法,培养学生进行科学探究的能力。

③树立"化学源于生活,学习化学是为了更好地服务生活"的社会责任意识。

(2)第一课时的教学重点、难点。

教学重点:知道常见(纯)金属物理性质的共性与特性、物质性质与用途的关系。

教学难点:建立物质的性质不是决定物质用途的唯一因素的意识。

2. 第二课时的教学目标及教学重点、难点

(1)第二课时的教学目标。

知识与技能:

①了解合金的形成,认识加入其他元素可以改良金属特性的重要性。

②知道生铁、钢、钛合金等重要的几种合金的优良性能及主要用途。

③认识金属材料在生产、生活和社会发展中的重要作用。

过程与方法:

通过对比实验和数据分析,让学生认识到合金与组成它的纯金属的性质的不同。

情感态度与价值观:

①通过日常生活中广泛使用金属材料等具体事例,认识金属材料与人类生活和社会发展的密切关系。

②引导学生主动参与知识的获取过程,学习科学探究的方法,培养学生进行科学探究的能力。

③树立"化学源于生活,学习化学是为了更好地服务生活"的社会责任意识。

(2)第二课时的教学重点、难点。

教学重点:了解合金的形成,认识生铁、钢、钛合金等几种重要的合金的优良性能及用途。

教学难点:对物质性质的有关名词,如机械性能、强度、硬度等的理解。

(三)阶梯作业设计的意图

1. 教学重点阶梯设计的体现

"核心基础作业"采用了选择题形式,这部分作业面向全体学生,力争让学生在课堂的45分钟内学过就能掌握。第1题、第2题、第7题中的图片选取了家乡哈尔滨市的几处知名建筑及生活中的常见用品,让学生在熟悉的生活情境中学习化学。第3题、第5题、第6题则是将教材中图片、表格或讨论题中涉及的常见金属——铁、铜、铝、金、银、汞等金属的性质和在生活中的用途等知识点进行了改编,目的是通过课堂学习,使全体学生掌握这些常见金属在生产、生活中的用途。

"能力提升作业"采用了填空题形式,这部分作业面向班级前2/3的学生,需要学生在听懂课程的基础上还能理解一些新接触的化学用语,如金属光泽、延展性、能弯曲。所以我选用了教材第4页图中的金属的一些物理性质和用途,但将题型设置成了填空题。

"挑战自我作业"设置了一道开放性的体验式作业——请在家里找到一种由金属材料制成的用品,并说出利用了该金属的哪些物理性质。题目设置的思路来自教材第5页的讨论题,题目在让学生体会"物质性质不是决定物质用途的唯一因素"的同时,也间接感受常见金属——铁、铜、钨、铬的某种性质在生活中的应用。还有教材第8页"练习与应用"的第1题、第5题,也是相同的目的和作用。

2. 作业难度设计的意图

"核心基础作业"难度最低,根据第一课时的教学目标,要能区分金属材料与非金属(如1题、4题),知道一些常见金属的个性(如3题、6题),认识金属材料在生产、生活和社会发展中的重要作用(如2题、5题、7题)。习题注重联系学生的生活经验,配合实景、实物照片,既能吸引学生兴趣,又能使其在了解化学知识的同时渗透热爱家乡的情怀。

"能力作业提升"考虑到选择题答案在一定条件下学生是可以猜对的(概率1/4),且可用排除法,答案之间有一定的提示性,所以选用了教材第4页图中的金属的一些物理性质和用途,但将题型设置成了填空题。预计班级会有2/3的学生对金属的物理特性(有光泽、能导电、能导热、有延展性、能够弯曲)及其在生活中的应用能达到熟练掌握的程度。1/3左右的学生在第一次接触"延展性、能弯曲"这样的金属物理特征时会混淆。

本节课的"挑战自我作业"在难度不大、生活中随处可见的前提下,这样的设置既可以使学生巩固已学到的金属物理特性和用途,又可以发散学生的思维,培养学生发现问题、解决问题的能力,更能让化学学习与学生的生活有机融合。随着后续的学习,这部分作业也可调整为课题或单元思维导图、一些常见物质的转化关系、实验分类类比、涉及的技巧计算方法总结等能力型作业。

3. 学科核心素养体现

"实验探究与创新意识""科学精神与社会责任"是化学学科核心素养的一部分。所以本节课的"挑战自我作业"设置了一道开放性的体验式作业——请在家里找到一种由金属材料制成的用品，并说出利用了该金属的哪些物理性质。本节课的这项作业没有固定答案，学生在家中找到什么金属制品就可以回答什么，甚至同一种物品不同学生找到性质的角度也不同，比较有开放性和创新性。学生在找寻金属制品的过程中可以体会到"化学源于生活"，树立"学习化学是为了更好地服务生活"的社会责任意识。

"电流"一课阶梯作业设计案例

萧红中学　岳栩帆

一、阶梯作业原文

核心基础作业

1. 在以下 A、B、C、D 四个电路图中,能测出通过灯泡电流的是　　　　　　(　　)

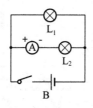

2. 在"探究并联电路电流的特点"实验中,实验电路如图甲所示,闭合开关 S 后,电流表 A_1、A_2 示数分别如图乙、丙所示,则通过灯泡 L_1、L_2 电流大小的判断正确的是
(　　)

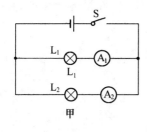  

A. L_1 的电流大于 L_2 的电流　　B. L_1 的电流等于 L_2 的电流

C. L_1 的电流小于 L_2 的电流　　D. 无法比较 L_1、L_2 的电流大小

能力提升作业

3. 两个灯串联在电路中,其中一个灯比较亮,另一个灯比较暗,则通过二者的电流
(　　)

A. 二者电流相等　　B. 亮的电流大　　C. 暗的电流大　　D. 无法比较

挑战自我作业

4. 有一种节日彩灯上串联着 20 个小灯泡,如果电源插头处的电流为 200 mA,那么

通过每个灯泡的电流是 （   ）

    A.0.2 A   B.10 A   C.0.01 A   D.4 A

5.甲同学将电流表的"＋"和"0.6"两个接线柱接入电路测电流时,乙同学误认为接入的是"＋"和"3"两个接线柱,并读出示数为2.3 A,则实际电流为_____A。

二、阶梯作业设计分析

(一)教材分析

1.《物理课程标准》的要求

本节内容属于《物理课程标准》的科学内容第三个主题"能量"下的二级主题"电磁能"中的部分内容。《物理课程标准》要求如下:

(1)知道电流。

(2)了解串、并联电路电流特点。

(3)会使用电流表。

2. 学科核心素养的体现

在物理教学中,要积极创设问题引导学生思考,激发学习兴趣。初中阶段是学生思维能力开发的关键时期,要积极引导其进行逻辑思考,培养学生的逻辑思维能力。所以习题的设置从简单问题上升到复杂组合,从具体问题到抽象概念,这种方式是符合科学认知规律的,有利于激发学生的学习兴趣。

习题的设置由生活情境转化为物理教学相关的情境,让课堂充满生活的应用智慧。这样可以利用生活情境直观的形象思维去理解抽象的电流,从而培养学生的科学物理观念和科学思维的学科核心素养。

(二)教学目标分析

1. 三维目标

知识与技能:

(1)通过与水流大小的类比了解电流大小的概念,知道电流的单位及其换算关系。

(2)认识电流表,学会正确使用电流表测量电流值。

(3)掌握串联电路和并联电路中各处电流大小关系的探究方法。

过程与方法:

(1)用类比法学习电流的概念。

(2)通过对电流表使用说明书的阅读,提高自学能力。

情感态度与价值观:

学会团队协作,养成科学认真的态度。

2. 教学重点、难点

教学重点:学会正确使用电流表;掌握串联和并联电路电流的特点。

教学难点：串联电路和并联电路中各处电流大小关系的实验探究过程。

(三)阶梯作业设计的意图

1. 教学重点阶梯设计的体现

在动手测量电流时,学生会出现各种问题,如电流表正负接线柱接反导致指针反偏或读出负值、电流表看错量程或分度值而导致读数错误。这就要求通过习题的形式巩固电流表的正确使用方法,从而使学生掌握电流表的正确使用方法。

串并联电路电流的特点是本节课的重点,尤其是对于串联电路,灯的亮度不同,电流相同这一问题,学生总会出现错误的认知,认为灯泡越亮,电流越大,对于串联电路电流特点这一知识掌握得不够透彻。所以对于这样一道易错题,在"能力提升作业"中加以巩固和提高,进一步夯实基础。

电流表的正确使用是本节课的重点内容,由于电流表是双量程仪表,学生读数时易出现错误,所以需要反复练习。电流表读数时,首先要确定选择的量程,若没有明确指出,需要根据并联电路的电流规律进行判断。若指针指在同一位置,由于干路电流大于支路电流,干路上的电流表应选择大量程读数,支路上的电流表应选择小量程读数。指针指在同一位置,按照大量程读数的电流值是按照小量程读数的 5 倍。这一知识在"核心基础作业"中的习题设置较为简单,所以在"挑战自我作业"的习题中加以进一步拓展和延伸。

2. 作业难度设计的意图

布置作业是初中物理教学课后巩固的主要环节,布置作业要兼具创新性、实效性、阶梯性,使作业发挥帮助学生巩固知识,同时启迪学生思维的作用。阶梯设计作业的思路一方面有利于丰富题目的内容,减轻学生由于做作业产生的枯燥感；另一方面有利于锻炼学生将物理知识与日常生活结合起来思考的能力。

在大班额授课的情况下,考虑到学生物理学习能力之间的差异,根据学生之间的差异设计不同难度水平的作业,满足不同学生的学习需求。设置阶梯作业应当有科学依据,不能仅以学生的期末考试成绩为依据布置阶梯作业。应当加强对学生日常物理学习状况的观察和记录,以学生不同时期的平均水平为依据对学生进行分层。在不同层次学生内部,还可继续细化分层标准。应当设计更多考查基础概念、知识结构的题型,帮助他们弥补基础知识漏洞。寻找生活中与物理知识密切相关的事物,考虑具体事物与初中物理知识间联系的密切程度,这类题型通常会设计多个小问题,每个小问题的难度逐渐提升。

设计物理作业时要使作业难度与学生学习水平相适应。同时,作业应当具有一定启发性,能够启迪学生的物理思维,激发学生的探究意识,增强学生学习物理过程的可持续性。只有在科学的作业观的指引下,才能做到科学设计作业,在减轻学生学习负担的同时提升学生复习物理知识的效率。

3. 学科核心素养体现

将物理学科核心素养融入初中物理教学中,形成核心素养下的课堂教学策略,是当下初中物理课堂深层次改革的关键问题。随着社会的发展和科技的进步,初中物理课堂教学的策略和课堂教学的种类分析越来越多,让核心素养下不同教学模式、不同教育方案的初中物理教学能够符合或融入当前时代发展的体系,形成高效的课堂模式与策略,发展师生的学科核心素养,是当下教育的时代主题。

例如,串并联电路电流的特点是电学最基本的规律,基于学生经验形成的电流意向,经过思维加工形成表象,并以模型的方式应用于电路识别及计算中,可以培养学生的物理认知与科学思维等,从而实现学科核心素养的培育,所以在作业中设计了这类题型。

将学科核心素养与物理课堂有效融合,促进学生的思维能力、探究能力等有效提高,必须利用好物理教学策略进行全面开展,结合信息化技术及人力资源所具备的几项特点来展开研究,让初中物理课堂教学策略有效地应用于教学中。

作业的选择权交给学生,学生可以根据自身能力和时间,选择难易不一的作业,在轻松愉快的氛围中完成作业。隐性分层保护了学生的自尊心;动态分层增加了学生的内驱力;核心基础作业、能力提升作业、挑战自我作业相结合,控制了作业量,充分保障了学生的睡眠时间,改革了传统的"一刀切"作业模式,实施不同层级的阶梯式作业,促进了各层级学生的综合发展。

总而言之,实施阶梯作业改革,不断加强作业管理,能够帮助教师改进教学方法,有效地减轻学生的负担。

九年级历史阶梯作业设计案例

萧红中学　白冬

一、学科分析

《义务教育历史课程标准(2022年版)》(以下简称《历史课程标准》)指出,义务教育历史课程是学生在马克思主义唯物史观指导下,了解中外历史发展进程、传承人类文明、提高人文素养的课程,具有思想性、人文性、综合性、基础性特点,具有鉴古知今、认识历史规律、培养家国情怀、拓宽国际视野的重要作用。"古代埃及"是部编版历史九年级上册第一课,也是世界古代史的第一课。本课内容分为三个部分:尼罗河与古埃及文明;金字塔;法老的统治。三部分内容之间环环相扣,层层深入。古埃及作为大河文明的典型代表之一,尼罗河扮演着极其重要的角色,古埃及是尼罗河的赠礼,尼罗河孕育了古埃及文明;金字塔是古埃及劳动人民智慧的结晶,是古埃及文明的象征;金字塔的修建,反映了古埃及国王的无限权力,反映了古埃及社会经济发展的较高水平。

二、学生现状分析

《历史课程标准》指出,历史课程的目标是落实立德树人根本任务,体现历史课程的育人功能,培养学生的核心素养,引导学生初步树立正确的历史观、民族观、国家观、文化观,明理、增信、崇德、力行。九年级的学生经过了两年多的初中生活,他们接受新知识和独立学习的能力已趋于成熟,完全具有独立阅读教材、理解基础知识的能力。为了激发他们的学习兴趣,本课要利用多媒体课件,增强课堂内容的直观性和趣味性。

三、阶梯作业设计

根据《历史课程标准》要求,萧红中学的历史组把历史学科的阶梯作业设计分为三类:A.基础作业,是核心作业、必做部分,属于书写类作业,通常分为两部分,即课前预习检测和课堂检测,要求全体学生对本课内容进行全面掌握。B.拓展作业,是能力提升作业、选做部分,属于非书写类作业,要求全体学生选择其中一至多项内容有选择性地完成,将现代信息技术与历史教学深度融合,培养他们自主阅读、查找资料、整理信息、理解运用等综合能力,落实历史学科核心素养。C.融合作业,是挑战自我作业、选做部分,属于非书写类作业,要求低于50%的学生选择性完成,培养他们由菜单式学习向自主、自由式学习转变,对自己感兴趣的领域进行深度学习,发现和解决问题的能力,为创新型人才成长奠定基础。

A. 基础作业

课前预习检测：

1. 古埃及位于非洲东北角，世界上最长的河流 _____ 贯穿埃及南北。

2. 公元前_____ 年，古埃及初步实现了统一，之后经历了 _____、_____、_____ 三个时代。公元前525年，_____ 吞并古埃及。

3. _____ 是古埃及天文学的突出成就之一。古埃及的 _____ 文字是世界上最早的文字之一。

4. _____ 是古埃及文明的象征，反映了古埃及社会经济发展的较高水平，是古埃及人智慧的结晶。古埃及的国王称 _____。

设计意图：

依据《历史课程标准》设计作业，通过对古代埃及文明的起源(第1题)、历史沿革(第2题)和文明程度(第3、4题)的考查，反馈学生课前预习自学情况，检测学生对本课知识的掌握情况，加深学生对重点知识的记忆，落实《历史课程标准》内容，务实"双基"。培养学生自主学习历史的能力，并让其带着在课前预习时产生的问题来学习本课知识，实效性更强。

课堂检测：

一、选择题

1. 古代埃及人赞颂尼罗河的诗篇有："啊，尼罗河，我赞美你，你从大地涌流出来，养活着埃及……一旦你的水流减少，人们就停止了呼吸。"对这句话的最准确理解是 （　　）

A. 埃及奴隶制国家建立在尼罗河畔　　B. 古埃及人都饮用尼罗河水
C. 尼罗河孕育了古埃及文明　　D. 尼罗河是古埃及人挖掘出来的

2. 古代埃及从统一到灭亡，先后经历了近3 000年的历史。这一世界文明古国，最终被谁所灭 （　　）

A. 罗马帝国　　B. 马其顿王国　　C. 古希腊　　D. 波斯帝国

3. 下列属于古代埃及文明成就的是 （　　）
①太阳历　②《大明历》　③象形文字　④甲骨文
A. ①②　　B. ①③　　C. ③④　　D. ②④

4. 人们习惯把埃及称为"金字塔的国度"。金字塔的用途 （　　）
A. 教堂　　B. 寺院　　C. 陵墓　　D. 神庙

5. 古埃及的最高统治者，在宗教上被认为是"神之子"的是 （　　）
A. 皇帝　　B. 诸侯王　　C. 法老　　D. 单于

二、图说历史

小明打算通过实地参观著名的古代人类遗址来感受古老文明的魅力。下面是他选取的两处遗址，请你结合所学知识回答问题。

(1)这两处遗址分别发源于哪一流域?

(2)在图1和图2的遗址当中都可以看到神秘的古老文字,它们分别是哪一古老文字?

图1　金字塔遗址

图2　殷墟遗址

(3)如果你是小明,参观完后你会有怎样的感受?

设计意图:

依据《历史课程标准》内容设计阶梯课堂练习。选择题1~5题,主要考查学生对古代埃及地理位置及文明程度的掌握情况。"图说历史"是将金字塔与中国的殷墟做比较,通过文明起源、文字的识别,了解古埃及与中国文明起源的异同,了解人类文化的多样性,理解和尊重世界各国、各民族的文化传统,认识中国历史与世界历史相互关联,体现立足中国、面向世界的视野和胸怀,初步树立构建人类命运共同体的意识。

B. 拓展作业

1.课前让学生查找有关古代埃及文明的相关资料,课上由学生汇报作业完成情况(小组课堂汇报展示)。

2.从传承的角度来看,今天的埃及文明是否从古埃及延续而来?为什么?提示:可以从语言、文字、宗教等方面思考。

3.制作本课思维导图。

设计意图:

通过拓展作业的设计,让学生对古代埃及文明做更深入的了解和探究,扩展知识视野,培养学生搜集整理史料的史料实证的学科核心素养,对教材相关知识进行深度思考,培养学生分析历史问题和解决历史问题的能力,形成简单的历史解释的学科核心素养。通过制作思维导图,可以让学生对本课学习情况进行适时反思,架构知识体系,梳理知识脉络,培养学生自主学习的能力。

C. 融合作业

推荐阅读：

希罗多德的《历史》、房龙的《人类的故事》。

设计意图：

扩展知识视野，探寻历史真相，提升学生对历史知识的深度学习能力。总结历史经验，认识历史规律，认清历史发展趋势，从而尽快形成历史学习的思维能力。

"排球正面双手上手传球"阶梯作业设计案例

萧红中学　白洪国

一、学科分析

　　本课力求贯彻新课程标准精神,坚持"以人为本,健康第一"的指导思想,依据体育课程自身以实践练习为主的教学特点,以增进学生健康为主要目的,通过多种形式的教学手段充分体现学生"身体健康、心理健康、社会适应"的三维健康观。在教学中倡导"自主、合作、探究"的学习方式。通过激发学生的学习兴趣,培养学生主动参与练习实践,并能通过意志努力和合作探究来克服练习中存在的困难,提高学生学习能力及身体素质,培养学生终身体育的意识,并能在各项体育活动中体验乐趣。本课的教学内容为排球正面双手上手传球技术,选自初中《体育与健康》七至九年级全一册教材,它是中学"体育与健康"课程的主要内容之一,具有良好的综合健身价值。正面双手上手传球技术是最基本、最常用的传球方法,是各种排球技战术配合的基础。通过学习该动作,能提高学生身体各部分肌肉协调活动的能力。

二、学生情况分析

　　本节课的教学对象为八年级学生。他们正处于青春期,朝气蓬勃,富于想象力,好胜心强,爱表现自己,对本课表现出较强的求知欲,但由于他们的神经系统兴奋占优势,并极易扩散,注意力集中时间不长,因此在教学中采用多种辅助练习,以及游戏和小组竞赛等方法,由简到繁,逐步深入练习,以增强学生的自信心。

　　初中学生活泼、好动、想象力丰富、对新鲜的事物感兴趣,但对枯燥练习的兴趣较小。本节课能提高学生的心理适应和耐受能力,教学中应避免使学生感到枯燥乏味,应采用多种方法调动学生锻炼的积极性。八年级的学生经过大半年的锻炼,身体素质都有了很大的提高。一些基本的技术、技能掌握得比较好。大部分学生都比较喜欢排球运动,排球运动的身体接触相对于足球、篮球项目少,又是一项易于掌握的运动项目,学生学习的积极性比较高。

三、教学的重点和难点

教学重点:上手传球时手指的触球部位与迎击来球的时机。
教学难点:上手传球练习中蹬地、伸臂动作的协调性。
克服方法:
(1)多做徒手练习,要求练习者体会正确的传球击球点和传球动作。
(2)发挥同伴的辅助力量,多观察、多思考并在练习中相互纠正。

(3)教师讲清动作要点,进行准确的动作示范。对学生的练习进步多加鼓励。

四、实施过程

在教学过程中,教师采用多种教学手段,变换练习的形式和方法,避免学生感到枯燥、乏味,调动学生锻炼的积极性。

(1)通过游戏使学生达到热身的目的。

(2)通过练习,巩固和提高传球基本技术和动作。

(3)通过游戏培养学生吃苦耐劳、团队协作、勇于拼搏的精神。

(4)通过反复练习让学生掌握传球的正确方法,全面增强学生的身体素质。

五、教学特色

本课注重培养学生的练习兴趣,充分调动学生的主动性,让学生通过"观察—思考—实践—总结"的教学流程获得进步,从进步中体验乐趣。培养学生的合作意识和安全意识,充分发挥器材的最大功用,通过多种形式的练习设计,使练习做到由易到难、层层推进,新知识的传授符合学生的认知过程。

六、课内阶梯作业

我校由于地处核心区,班级人数普遍较多,同时学生身体素质参差不齐,在教学实践中很难达到预期的教学目的。为解决这一问题,我对学生采取按阶梯内容分层的方式进行教学,有针对性地解决不同类型学生出现的问题,让体质较差的学生也能找到适合的方式进行运动锻炼,发现自身的能力,享受成功的乐趣,最终达到大面积提高体育教学质量的目的。初中生的身体与心理素质正在快速发展中,因此要创新教学方式,以学生为教学的主体,促进学生在学习上的积极性,在创新教学方式的时候也要关注学生的学习特点,这样有利于教师对体育教学的创新。

在实际教学中,我将学生分为3个阶梯层次:A阶梯层次是身体素质较好、技能掌握较好、对体育有浓厚兴趣的学生,其学习目标要高于课程标准,侧重提高技能。我布置的阶梯作业内容为一垫一传,通过技巧的训练将体质运用发挥到最好,从而提高成绩。B阶梯层次是身体素质一般的学生,学习目标以课程标准为主。我布置的阶梯作业内容是一对一上手传球,教学以巩固现有基础为主,在完成教学目标的同时能够为成长较快的学生提供进入A阶梯层次的渠道。C阶梯层次是身体素质较差、对体育基础掌握不牢固,且对体育不是很感兴趣的学生。学习目标侧重于培养学习兴趣,增加基础知识,在现有基础上能提高以达到课程标准。我布置的阶梯作业内容是抛球练习。在排球教学过程中,我也将学生按阶梯分为三个组,组织男女混合的排球比赛,这样会激发学生的学习兴趣,提高学生学习的积极性与主动性,促进学生的能力不断提升。课上采取阶梯训练内容可以让我根据学生的学习情况布置不同的任务,这样在教学中更加有针对性,可以不断促进学生对于排球技能的学习。当然,在教学过程中也要提高学生的学习兴趣,学生有了兴趣就会更加喜欢排球课,从而促进学生学习的积极性。创新的教学效果不断提高,对于教师也是一种激励,进而促进教师不断完善教学方式,促进体育教学质量不断提高。

通过阶梯分层分组后,评价更倾向于按阶梯进行层内评价和组间评价。通过层内评价,每一层都有值得评价的个体,有利于低层次学生主动成长,而组间评价更能激发学生公平竞争。

七、课外阶梯作业

为了增加学生体育运动的兴趣和提高学生体育运动技能,我在体育课后采取课外阶梯作业形式,为学生增加丰富多彩的运动内容。课外阶梯作业是推进素质教育不可缺少的一环,它使课堂教学延伸到课外、家庭、社会、学生个人生活中去,给学生更多的参与机会和展示机会,对全面提高学生整体素质起到促进作用。课外阶梯作业丰富了学生的课余生活,使学生有计划、有目的、科学地练习,促进了学生德智体美全面发展。课外阶梯作业是体育教学的补充,使刚学到的知识、动作技术及时得到复习巩固,保证了课堂教学效果的延长,有利于学生运动能力的培养与提高。课外阶梯作业能充分发挥学生的主体作用,培养学生的体育兴趣和良好的卫生习惯,使其掌握科学锻炼的方法,为学生终身体育意识的培养打下良好的基础。课外阶梯作业使家校协同调动学生积极性,共同为学生的健康与发展创造良好的氛围。

在本节课结束后,我按学生课中三个阶梯层次分别布置课后阶梯作业:A 阶梯层次布置的阶梯作业是自传自垫球练习和面对墙壁垫球;B 阶梯层次布置的阶梯作业是持球竖直向上传球练习和面对墙壁传球练习;C 阶梯层次布置的阶梯作业为徒手练习上手传球和手形固定练习。另外,我借助小程序给全体学生布置了素质练习小游戏,如跳绳、高抬腿、削水果、仰卧起坐等,让学生完成小程序内的视频上传任务。

对于课外阶梯作业,我采取下次课当堂提问的形式,根据学生的回答,了解学生的情况。小程序内的作业是我根据教学内容、学生的实际来安排的作业,让学生利用课余时间进行练习,我会在下节课上课前登录小程序查看统计结果,对学生完成情况做到心中有数并及时给予点评和批注,这样有利于指导学生练习。采用布置课后阶梯作业的方法,使体育运动渗透到学生的学习和生活中,在不知不觉中增强了学生的身体素质,提高了学习成绩。我认为,教师除了在课堂上加强引导、认真教学以外,课外阶梯作业的布置也是必不可少的,特别是要引导学生充分利用当前的有利资源,积极完成课外阶梯作业。通过课内外结合,学生的能力大大提高,满足了新课程标准的要求,提高了教学质量,为学生形成终身体育意识打下了良好的基础。

体育课外作业的布置与操作,作为课程的设计者和建设者的体育教师,要充分了解学生的情况,自主设计方案,运用体育活动这一载体,落实"健康第一"的思想。体育课外作业的布置与操作是体育课的延续,合理科学的课外作业有利于体育课堂教学任务的顺利完成,有利于教学目标的实现,更好地为学生全面健康地发展服务,为学生养成良好的终身体育锻炼习惯服务。

教学目标与教学过程见表1、表2。

表 1　教学目标

领域目标	1. 运动参与:具有积极参与体育活动的态度和行为 2. 运动技能:学习和应用运动技能 3. 心理健康:形成克服困难的坚强的意志品质 4. 社会适应:建立和谐的人际关系,具有良好的合作精神和体育道德	水平目标	1. 使多数学生初步掌握排球正面上手传球技术动作;少部分学生了解排球正面上手传球技术动作 2. 培养学生乐于参加各种游戏活动 3. 通过多种练习发展肌肉力量和耐力 4. 在体育活动中自觉克服各种困难,培养学生团结互助、合作发展的精神品质
教材内容	排球正面双手上手传球	教具	软式排球32个 多媒体液晶屏 笔记本电脑 音响

科研课题:合理的技术动作、正确的传球方法是传好球的主要途径

教学分组:自然分组、能力分组

场地器材布置:

```
┌─────────────────────────────────┐
│   ⊙⊙⊙⊙⊙⊙⊙××××××× │
│   ☆⊙⊙⊙⊙⊙⊙⊙××××××× │
│                ▲                │
└─────────────────────────────────┘
```

表 2　教学过程

结构	时间	教学内容	教师活动	学生活动	设计意图	运动强度
准备部分	8~10分钟	一、常规 1. 师生问好 2. 宣布本课内容	1. 向学生问好 2. 宣布本课内容(排球正面双手上手传球)	1. 体育委员整队 2. 向老师问好 3. 报告人数		小

续表

结构	时间	教学内容	教师活动	学生活动	设计意图	运动强度
准备部分	8~10分钟	二、热身准备活动 1.热身操 2.准备活动：行进间操、各关节操	1.教师播放音乐，进行指导 2.准备活动 教师给小组长下达任务书，由小组长组织，学生共同参与练习 教师指导学生准备活动，纠正学生动作进行练习	1.学生分组进行热身操练习 ⊙×××× ⊙×××× ▲ ⊙×××× ⊙×××× 2.准备活动 学生按照热身操所站的位置进行准备活动，活动关节	让学生充分地活动，避免运动损伤；充分调动学生的积极性	中
基本部分	25~27分钟	一、正面双手上手传球（播放动作视频） 1.徒手模仿练习 2.持球模仿练习	正面双手上手传球技术要领：蹬地伸臂对正球，额前上方迎击球。触球手形呈半球，指腕缓冲反弹球。 重点：传球时手形、击球点 手形	学生思考、讨论、尝试 听讲解、看示范 学生讨论、相互纠正错误动作 学练方法： 1.学生原地模仿体验练习 2.两人一组，一人以传球的手形持球于额前上方，另一人用手扶住球。持球者以传球动作向前上方伸展，体会身体和手臂的协调用力	发展学生自主练习、创造思维能力 1.让学生增加双手上手传球的感性认识，通过对双手上手传球技术动作的分步感受实践 2.让技术动作的语言描述转化成内在的能力。既降低了练习难度，又提高了学生的练习兴趣	中

续表

结构	时间	教学内容	教师活动	学生活动	设计意图	运动强度
基本部分	25～27分钟	3.原地传抛来的球 4.原地自抛自传 二、分小组进行展示比赛	击球点 难点:传球时全身协调用力 组织学生练习 讲解示范,指导纠正错误动作 学生练习、反馈 督促、引导学生练习 巡回指导	3.两人一组进行抛—传—接练习 4.原地自传球练习,离前额一球即可 分小组进行展示比赛	3.使学生在练习的逐步渗透中掌握要领	中
结束部分	2～3分钟	放松	1.教师播放轻音乐,教师和学生一起做放松操 2.教师小结 3.师生再见	1.在教师指导下做放松操 2.学生自评 3.师生再见 4.收放器材	在和谐的氛围中得到身心的放松	小
本课小结						

"呼吸道对空气的处理"阶梯作业设计案例

萧红中学　胡继红

一、学科分析

初中生物学科是义务教育阶段国家课程中关于科学教育领域的重点学科,在初中生物课程学习的过程中培养学生形成良好的生物科学核心素养是《义务教育生物学课程标准(2022年版)》中明确规定的学生发展目标。生物学科核心素养的培养,是在教学过程中不断地进行生物理论联系实际,将生物学课程知识一步步潜移默化地构建于学生的头脑中,促进学生初步形成生命观念和生物科学思维,培养一定的科学探究能力和情感态度价值观的过程。重在培养学生积淀一定生物科学文化底蕴,形成一种生命科学精神,提高发现问题、解决问题的能力,养成一生健康生活、热爱生命、热爱自然、爱护环境的健康生活观念。

人民教育出版社出版的初中《生物学》七年级下册第四单元,是"生物圈中的人"。其中第三章的教学内容是"人体的呼吸",与人体的营养、人体内物质的运输、人体内废物的排出及人体生命活动的调节共同构成关于人体的基本生理活动的知识层级体系。呼吸系统的基本解剖结构,发生在肺内的气体交换知识,既紧密结合每个学生的生命活动,又渗透了结构与生活相适应的基本的生物学观点,还强调了人体生命活动对生物圈环境的依赖、适应和影响的生物学观点。

第三章第一节"呼吸道对空气的处理"教学目标:描述人体呼吸系统的组成,说出呼吸道的作用、呼吸道的结构与其功能相适应的特点,认同呼吸道对空气的处理能力是有限的。通过课堂教学引导学生初步实现教学目标,通过阶梯作业的布置和实施,使学生结合自身呼吸运动的体验活动,说出人体的呼吸系统的结构组成包括呼吸道和肺。结合学生日常生活中长跑时候的呼吸运动、感冒时呼吸不畅的感觉、为什么不能随地吐痰、为什么吃饭时不能大声说笑等一系列与生活实际密切联系的客观实例,学习呼吸道结构特点与呼吸道对空气的处理的知识,使学生明确呼吸道对空气的处理能力是有限的,形成爱护环境、保护资源的意识,促进学生学会保护自身健康的方法,关注空气质量与人体健康。

二、学生现状分析

(1)关于学科知识的阶梯作业布置思考。呼吸是学生随时都在进行的生命活动,但是学生对呼吸知识的认知是非常模糊的。优秀的作业设计,应该能更好地夯实课堂教学,在促进学生生物知识体系构建上起到重要作用。通过课堂学习,学生对于比较简单直观的"呼吸系统的组成"的知识基本掌握得比较好,可以在阶梯作业设计时归类于第一梯度基础类作业。"呼吸道的作用"是本节课的教学重点,内容比较复杂,学生在课后应该通过多种方式的作业进行强化理解,在阶梯作业设计时归类于第二梯度提高类作业。"呼吸道的作用""呼吸与吞咽的关系""环境污染与人体呼吸健康的关系"等生物知识,与生产生活和学生的生活实际联系非常紧密,与环保和健康生活密切相关,可以在阶梯作业设计时归类于第三梯度兴趣类作业。通过课后阶梯作业的优化选择,促进学生对知识的掌握,形成良好的"呼吸"生命素养和爱护环境的环保意识。

(2)关于搜集、整理、应用信息能力培养的阶梯作业布置思考。本节课的教学内容充分联系生活实际的许多现象,但是学生大多只知道现象,不理解内涵和原理。因此,在设计本节课的阶梯作业时,可以引导学生对"哮喘""尘肺""雾霾""海姆立克急救法"等呼吸道常见的相关问题进行查找资料、搜集分析、整理归纳,拓展学生的生物知识视野,提高学生的健康生活能力,培养一定的生物学科素养。

三、本节课的阶梯作业设计

(一)第一梯度基础类作业

1. 目的

夯实呼吸道对空气的处理的生物学科知识,巩固和应用新知。

2. 解决的问题

人体呼吸系统的组成;呼吸道作用。

3. 作业原文

(1)人体呼吸系统主要包括　　　　　　　　　　　　　　　　(　)

A. 鼻腔和气管　　　　　　　B. 气管和肺

C. 气管和支气管　　　　　　D. 呼吸道和肺

(2)鼻腔内鼻毛的作用是　　　　　　　　　　　　　　　　　(　)

A. 滤去灰尘　　　　　　　　B. 温暖空气

C. 湿润空气　　　　　　　　D. 杀灭细菌

(3)呼吸系统中谁既是食物的通道又是气体的通道　　　　　　(　)

A. 鼻　　　　　　　　　　　B. 喉

C. 咽　　　　　　　　　　　D. 气管

(4)边说边笑吃东西,食物容易误入气管,其原因是　　　　　(　)

A. 气流冲击,声门裂开大　　B. 气流冲击,喉腔扩大

C. 环状软骨扩大　　　　　　D. 会厌软骨没能盖住喉的入口

(5)痰生成的部位是　　　　　　　　　　　　　　　　　　　(　)

A. 鼻腔黏膜　　　　　　　　B. 喉腔侧壁

C. 气管和支气管黏膜　　　　D. 食道黏膜

(6)气管能保持敞开的原因是　　　　　　　　　　　　　　　(　)

A. 有"C"形软骨支架　　　　B. 肌肉较松弛

C. 气管壁较硬　　　　　　　　D. 周围有肌肉牵拉

(7) 使吸入的气体变得清洁的结构有　　　　　　　　　　　　　　（　　）

①声带　②气管、支气管内表面的纤毛　③鼻黏膜　④会厌软骨　⑤鼻毛

A. ③⑤⑥　　　　　　　　　　B. ①②④

C. ②③⑤　　　　　　　　　　D. ①④⑤

(8) 不能随地吐痰的原因是　　　　　　　　　　　　　　　　　　（　　）

A. 痰液是由病人产生的

B. 痰里含有有毒的化学物质

C. 痰里含有大量病菌，挥发到空气中会传播疾病

D. 痰液在地面上不容易清洁

（二）第二梯度提高类作业

1. 目的

联系生活实际解决问题，提高知识迁移与运用能力。

2. 解决的问题

呼吸道结构与功能相适应的特点；呼吸道对空气的处理能力是有限的。

3. 作业原文

(1) 在对溺水者进行人工呼吸前，为什么要先清除他（她）口、鼻内的污物？

(2) 北欧的冬天非常寒冷，在那里生活的人和在赤道附近生活的人相比，鼻子的形状可能有什么特点？为什么？

(3) 为什么有了呼吸道的处理，一些特殊职业者还会患呼吸系统疾病（如纺织女工有时候会患尘肺）？

（三）第三梯度兴趣类作业

1. 目的

引导学有余力又对生物科学感兴趣的学生进行自主选择，通过信息技术手段搜集与呼吸系统有关的疾病，联系生活实际，学以致用，拓展延伸。帮助学生形成良好的生活习惯，初步培养资料收集、分析整理和运用能力，培养生命健康意识和环保意识。

2. 解决的问题

呼吸系统与空气质量的关系；海姆立克急救法。

3. 作业原文

(1) 请你搜集关于呼吸系统常见疾病的现象与成因，分析空气质量与呼吸系统疾病的关系、如何做好呼吸系统的健康防护，以及环境保护的重要性。

(2) 如何进行海姆立克急救法？

品味经典文化,传承书香墨韵
——"中国人物画"美术学科阶梯作业有效性研究

萧红中学　关云娜

一、学科分析

美术学科以其独特的人文性质使其与其他学科不同。美术学科的课程标准深深围绕着三个维度展开——知识与技能、过程与方法、情感态度与价值观。因此,美术学科的作业评价具有特殊性,在兼顾技法学习的同时更加注重对学生进行文化的传承和知识面的拓展,并通过体验使学生感受艺术的魅力,从而提升审美能力。我们结合七年级学生特点和美术技能应用情况进行设计,使大部分学生在完成作业的过程中可以初步了解基本的美术常识、美术的门类、美术史等知识,形成初步的艺术思维。在了解基本常识的基础上进行美术语言的训练和提升,如造型表现能力、色彩运用能力、空间思维观念、审美鉴赏能力等。

根据以上的学习和研究,结合美术学科核心素养(图像识读、美术表现、审美判断、创新能力、文化理解),在原有基础上进一步提升学生的艺术水平、欣赏能力、创新能力,拓展学生思维,拓宽学生知识面,使学生体会美术学习的乐趣,感受美、发现美、创造美。

二、学生现状分析

七年级学段学生具备一定的自我研修能力,掌握了一定的美术基础知识,对美术学科的学习也有了更高的要求。我们基于教材,结合美术学科的特点和我校的优势,在对传统文化的渗透、实践和理解等方面进行了有益尝试,并取得了一定的成果。在"中国人物画"一课的教学中,通过阶梯作业的设计,循序渐进地展开教学,并达到了预期的效果。

三、课内外阶梯作业设计

(一)课内阶梯作业设计

(1)设计目的。本课为欣赏评述学习领域,通过本课使学生对中国古代人物画的基本知识有一定的了解,对中国人物画的作品和发展有一定的认识。体会中国画以线造型的特点和独特的表现手法,进一步领会中国画的写意性,注重人物内在精神的刻画。注意与西方绘画的区别,并可以运用中国画的语言尝试表现。在欣赏中体会理解中国画的造型语言及中华文化的博大精深,增强学生对传统文化内涵的认识,体会中国艺术之美,激发学生的爱国主义情怀。

(2)解决的问题。了解中国人物画的发展脉络和基本技法,体会中国艺术的独到之处(构图、笔墨、线条等)。培养健康的审美情趣和感受,树立正确的审美观念,感受人物画作品的艺术美,培养学生对传统艺术和传统文化的热爱,鼓励其大胆实践,为将来继承传统、发扬光大、古为今用、勇于创新打下基础。

(3)具体作业内容。

①了解中国人物画基本概况(基础作业)。

比较历代人物画在画面内容、表现手法等方面的特点并完成表格。

包括:作品名称、朝代、作者、表现手法、主要人物和内容等方面。在自主学习查阅相关资料、课堂学习的基础上进行填写。

②认识中国画的造型基础——线条(提升作业)。

通过比较中西方的绘画作品体会中国画中线条的不同价值,从狭义的线条扩展到广义的线造型。线条不但是塑造形体的载体,其本身也具有独立意义。认识到工具材料对于绘画的影响,毛笔的使用为中国画独特的线条提供了可能。对同一人物运用明暗速写和线描两种方式进行表现,体会中国画线描高度的概括性和其本身的艺术性。

③运用线描形式临摹一幅人物画作品(拓展作业)。

深入理解和体会中国画的造型方式和艺术语言,并结合实际进行创意表现。查阅有关线描资料,知道十八描、十八皴的具体所指。使用替代材料——秀丽笔、固体水彩、画卡等代替传统中国画工具,尝试运用中国画的语言形式进行表现。在临摹中体会线条的个性与表现人物的完美结合,认识区分如铁线描、高古游丝描、钉头鼠尾描的不同之处。

(4)课堂实施效果。通过循序渐进的阶梯作业形式使大部分学生对于中国人物画有了基本的认识和了解,并在此基础上进行有益的创意表现实践,从而获得基本的线条绘画体验。通过线描作品的描摹练习,拉近了学生与人物画的距离,使高深莫测的人物画走近学生,为下一步学习打下基础。

(二)课外阶梯作业设计

(1)设计目的。为学有余力的学生和对传统中国画感兴趣的学生设置,从山水画、花鸟画的不同角度诠释线条、笔墨、构图、色彩等,进一步了解中国画的独特之处。

(2)解决问题。鼓励零基础学生运用替代材料大胆尝试、勇于探索,形成自己的水墨画。结合核心素养的美术表现,形成多元化的表现形式,突破技术的壁垒,使学生获得成就感和艺术体验。

(3)具体作业内容。

①说说你喜欢的中国画家。你为什么喜欢他?你喜欢他的哪幅作品,为什么?请与同学进行交流(小组群交流)。

②搜集整理你感兴趣的中国画技法视频与同学分享,如四君子画法示范、《芥子园》技法讲解、山水画技法初探等。

③临摹几幅你喜欢的不同题材的中国画作品,与同学交流分享作画心得(材料自

选)。

以上课内外作业均通过线上展示、校内画展、班级画展等形式与全校学生分享交流。在交流中,学生获得了掌声、赞许,初步了解了传统艺术的魅力所在。

基于教材的美术学科阶梯作业把学生分层,分别完成适合自己的美术作业,使学生在学习中体会创作的乐趣,增强自信心,从而实现因材施教。让学生从望而却步变得游刃有余,获得愉悦的绘画体验。

综上所述,美育育人重在体验、表达、创新,让学生学会表达、细心观察、善于发现、热爱生活。美术是一门视觉艺术,是人们表达自己的一种途径。传统不是一成不变的,它可以历久弥新、顺应时代。在艺术教育中,要让学生体验到艺术之美、艺术之境,并运用基本的方法和媒介表现自己,体会艺术的真实,使其在艺术创作中成为最好的自己。

音乐学科阶梯作业设计案例

萧红中学　王卓

一、学科分析

音乐课程是九年义务教育阶段面向全体学生的一门必修课,课程标准要求其体现出人文性、审美性和实践性。学生通过音乐课程的学习和参与丰富多样的艺术实践活动,探究、发现、领略音乐的艺术魅力。在学习和掌握必要的音乐基础知识和基本技能的基础上,拓展文化视野,发展音乐的鉴赏能力和创造能力,形成基本的音乐素养。

音乐学科核心素养与课程标准一脉相承,培养学生的审美感知能力,在审美的过程中要将音乐放置于其特有的文化属性中去理解,去感受不同的人文内涵,而不仅仅只是用听觉来进行审美。培养学生的艺术表现力,让学生走进音乐、融入音乐。培养学生的文化理解能力,是音乐学科核心素养中最重要的一点,音乐艺术与社会生活密切相关,需要互相理解和互相尊重。

二、学生现状分析

以六年级学生为例,大多数学生十一二岁,心理上还保持着小学时期的天真,充满着好奇,仍然以形象思维活动为主,抽象思维处在逐步增强的阶段。从音乐教学的角度来看,由于他们的生活范围和认知领域进一步扩展,感受体验与探索创造的能力增强,他们的音乐学习领域有必要拓宽,接触的音乐曲目需要更加丰富,音乐体裁、音乐表演形式、音乐常识也需要增加内容。在教学方式上,需要用生动活泼、富于艺术魅力的形式来激发、培养、发展他们的兴趣。

三、课内外阶梯作业设计

(一)课内阶梯作业设计

以六年级下册第三单元"DO RE MI"一课为例,本节课的教学目标如下。
(1)学唱歌曲《DO RE MI》,从中体验学习歌曲的快乐。
(2)在学唱过程中加深对音符的认识,用柯尔文手势教学法帮助学生掌握音高。
(3)学唱二声部,让学生体验合唱的魅力。
(4)创设生动的意境,采取合作学习的方式,帮助学生多角度地感受音乐。
课内阶梯作业见表1。

表1

课内阶梯作业	解决问题	目的	课堂实施效果
1. 准确演唱歌曲《DO RE MI》	解决歌曲难点部分，并用正确的发声方法以情带声地演唱歌曲	人声是最好的乐器，用明亮自信的声音认真地唱好歌曲，感知音乐艺术	此部分作业属于基础性作业，要求学生100%完成。学生随琴演唱完成得比较好，清唱的准确性仍有少部分学生需要加强。正确的发声和音乐情感处理不是一朝一夕可以达成的，需要逐步建立学生的演唱意识
2. 学习并掌握柯尔文手势	学生跟随教师手势的变化直接唱出唱名的准确高度	七种不同的柯尔文手势所代表的七个不同的音高，使听觉转为视觉，对学生进行音准的训练	此部分作业属于基础性作业，要求学生100%完成。手势学习达到预期效果，基本可以运用到歌曲中
3. 创设演唱情境，分声部学唱歌曲	重点学唱二声部，体会声部间的"三合"	在创设"音符"演唱的情境的基础之上，通过二声部的学习，让学生饶有兴趣地体验合唱的艺术魅力	此部分作业属于参与体验型作业，要求学生60%~70%完成。二声部的学习是根据学生的声音、音准能力特点进行分配的，在课堂中学生可以初步完成声部合作 创设情境的表演部分对于有表演意愿及特长爱好的学生是一个很好的展示空间，同时可以增加歌曲学习的艺术氛围

（二）课外阶梯作业

音乐课堂教学要教授学生音乐基础知识和音乐基本技能，同时更要培养学生音乐的审美力和音乐感悟力，适当的音乐作业，不仅可以巩固课堂内容，而且可以让学生提升艺术修养和感性素质。课外阶梯作业见表2。

表2

课外阶梯作业	解决问题	目的	反馈作业方式	作业评价	效果反馈
1. 观看影片《音乐之声》，欣赏影片中的电影音乐	欣赏原声歌曲，了解更多的音乐经典	这部经典的音乐剧以乐抒情，以乐动人，颂扬真善美，值得一看	课上交流观赏心得，推荐其他同学观看经典乐段	教师点评，学生互评	课外阶梯作业意在提升学生的艺术素养，拓宽与丰富艺术视野，要求学生10%~30%完成。从反馈的学生中可以看到他们对事物的好奇心及对艺术的热爱，并乐于分享他们的感受

续表

课外阶梯作业	解决问题	目的	反馈作业方式	作业评价	效果反馈
2. 欣赏电影《放牛班的春天》的主题曲《眺望你的路途》	针对教学中的二声部合唱体验，课后安排学生欣赏经典合唱曲目——电影《放牛班的春天》主题曲，更多地去欣赏合唱艺术	在经典作品的感染下，激发学生主动探究、体验艺术实践	课上交流观赏心得，推荐其他同学观看经典乐段	教师点评，学生互评	课外阶梯作业意在提升学生的艺术素养，拓宽与丰富艺术视野，要求学生10%～30%完成。从反馈的学生中可以看到他们对事物的好奇心及对艺术的热爱，并乐于分享他们的感受

音乐艺术可以提高学生的综合素质和对外部事物较深层的感悟能力，在生活中起着非常重要的作用，所以音乐作业的布置应该是多样的，课内与课外兼容，打开学生的视野，净化心灵、美化情操。

八年级语文"安塞腰鼓"阶梯作业设计案例

156 中学　王静

一、阶梯作业原文

(一)基础巩固作业

给加点字注音,一个词语写三遍。

瞳仁(　　)	恬静(　　)	亢奋(　　)	大彻大悟(　　)
束缚(　　)	羁绊(　　)	闭塞(　　)	叹为观止(　　)
严峻(　　)	震撼(　　)	磅礴(　　)	戛然而止(　　)
辐射(　　)	渺远(　　)	晦暗(　　)	
冗杂(　　)	辐射(　　)		

(二)能力提升作业

品味下列句子,说说修辞手法的使用所产生的表达效果。

(1)发狠了,忘情了,没命了!

(2)它震撼着你,烧灼着你,威逼着你。

(3)骤雨一样,是急促的鼓点;旋风一样,是飞扬的流苏;乱蛙一样,是蹦跳的脚步;火花一样,是闪射的瞳仁;斗虎一样,是强健的风姿。

(4)百十个腰鼓发出的沉重响声,碰撞在遗落了一切冗杂的观众的心上,观众的心也蓦然变成牛皮鼓面了,也是隆隆,隆隆,隆隆。

(5)他们的身后是一片高粱地。他们朴实得就像那片高粱。

(6)耳畔是一声渺远的鸡啼。

(三)拓展探究作业

《安塞腰鼓》中运用排比、反复、比喻等修辞手法描写黄土高原上人们打腰鼓时的场景,形成排山倒海的气势。试选择文中的一个片段,模仿其中的修辞手法描写一个场景。字数控制在 200 字左右。

二、阶梯作业设计分析

(一)教材分析

《安塞腰鼓》是人教版八年级下册第一单元的一篇课文。本单元的课文,或表现各地风土人情,或展示传统文化习俗。《安塞腰鼓》是一篇具有诗意美的散文,文章以慷慨激昂的语言、急促有力的句式、瑰丽奇伟的想象、铿锵有力的节奏,为我们展示了一场粗犷豪放、刚健雄浑的安塞腰鼓,展现了中华民族生生不息的活力,咏叹出对高原生命的热烈颂歌、对民族魂魄的礼赞,表达了作者对陕北高原的深情,激发了学生对人生的思考。

(二)教学目标分析

(1)知识与能力目标:识记生字词。感受铿锵有力、富有节奏感的语言,并了解排比、反复、比喻、对偶等修辞句的表达效果。

(2)过程与方法目标:在教师指导下自主合作学习。

(3)情感态度价值观目标:理解文章对高原生命的热烈赞美,感受其中生命律动的力量及丰富的文化内涵,培养学生健康的审美情趣。

(三)作业设计意图

1. 教学重点阶梯设计的体现

《安塞腰鼓》这篇散文气势美,语言也美。本文的写作内容与形式高度统一。排比、反复、比喻、对偶手法的运用恰到好处,具有极大的感染力和穿透力。理解修辞对文章表达的作用,能为今后学生阅读、欣赏、审美鉴赏打下基础。培养学生高尚的道德情操和健康的审美情趣,形成正确的价值观和积极的人生态度,是语文教学的重要内容。在教师指导下让学生自主合作学习,不仅有利于学生体会安塞腰鼓所代表的中华民族坚毅不屈、意气风发、蓬勃向上、积极进取的精神,更有利于熏陶感染,潜移默化地把培养学生的道德情操和审美情趣贯穿于日常的教学过程之中。

2. 作业难度设计的意图

基础巩固作业比较基础和直接,有利于学生夯实基础,熟练掌握字音字形。

能力提升作业对于课外阅读相关习题的分析有举一反三、触类旁通的作用。对于《语文课程标准》提出的要求——学生吸收民族文化智慧、吸取人类优秀文化的营养也是极有帮助的。因为本文充分展示了中华文化的博大精深,具有丰富的人文内涵,对学生精神的影响是深广的。所以我们在教学时不光要注重语言本身,还要让这种民族精神在潜移默化中渗透到学生的心灵中去。让学生认识中华文化的厚重,吸收民族文化的智慧,关心当代文化生活,尊重文化多样性,吸取人类优秀文化的营养。本课在学生的审美体验上也起着十分重要的作用。

拓展探究作业精心选择读写结合点,有效地进行小练笔训练。激发学生阅读和写作兴趣,培养学生良好的读写习惯,提高书面语言运用能力,使之适应终身学习与生活的需要。

3. 学科核心素养体现

《语文课程标准》中明确指出,阅读教学的重点是培养学生具有感受、理解、欣赏和评价的能力。这种综合能力的培养,各学段可以有所侧重。七至九年级学段目标指出,学生欣赏文学作品,能有自己的情感体验,初步领悟作品的内涵,从中获得对自然、社会、人生的有益启示。对作品的思想感情倾向,能联系文化背景做出自己的评价;对作品中感人的情境和形象,能说出自己的体验;品味作品中富于表现力的语言。

　　本课主要是通过品析作者铿锵有力、富有节奏感的语言及作者对生活中艺术的体验和感悟,使学生在学习中进一步认识生命的力量和人生的价值。通过读写结合的训练,提高学生的书面语言运用能力和人文素养。

六年级英语阶梯作业设计案例

156 中学　刘静

一、阶梯作业原文

一、核心基础作业

根据要求选择最佳答案。

(　　)1. In the following words, which underlined letter has a different sound from the others?

　　A. p<u>a</u>rt　　　　B. h<u>a</u>rd　　　　C. w<u>a</u>rm

(　　)2. Which pair of the words with the underlined letters has different sounds?

　　A. w<u>e</u>, p<u>e</u>ople　　B. <u>ch</u>ess, stoma<u>ch</u>　　C. <u>th</u>ick, bo<u>th</u>

(　　)3. Which of the following words has the same sound as the underlined letter of the word "l<u>i</u>ck"?

　　A. wr<u>i</u>te　　　B. w<u>i</u>nd　　　C. ch<u>i</u>ld

(　　)4. Which of the following words has a different sound from the underlined letter of the word "h<u>ow</u>"?

　　A. d<u>ow</u>n　　　B. br<u>ow</u>n　　　C. kn<u>ow</u>

(　　)5. Which word of the following doesn't have the same stress as the others?

　　A. April　　　B. basket　　　C. today

二、能力提升作业

(一)根据汉语翻译下列词组。

　　1. 三人自行车　　　　　　　2. 在篮子里
　　3. 使某人高兴　　　　　　　4. 打扮；装扮
　　5. 扮演一个角色　　　　　　6. 当然

(二)根据语境,使用所给词根的正确形式填空。

1. In the morning, we _____ (ride) a bike for three people.
2. We took _____ (picture) of the beautiful countryside.
3. Today we _____ (buy) some gifts and _____ (eat) some delicious food.
4. She wants _____ (make) a kite for her child.
5. He was ill and _____ (go) to see a doctor.
6. Bad luck often _____ (bring) good luck.

(三)小组合作作业:根据课文补全对话,按角色表演。

Mike: Hello, Binbin. How was _____?

Wu Binbin：It was _____

Mike：Where _____？

Wu Binbin：I went to _____．

Mike：Who did you _____？

Wu Binbin：I went _____．

Mike：What _____？

Wu Binbin：In the morning，_____．In the afternoon，_____．

Mike：Oh，your day was a _____ but also _____．

Wu Binbin：Yes，I think so．

三、挑战自我作业

写作训练"Write about your bad but good day"。

Today was a bad but good day for me.
First, it was a bad day. _____
_____
_____
But then _____
_____
_____
So it was also a good day.
As the saying goes, " Bad luck often brings good luck."
_____
_____
_____

二、阶梯作业设计分析

（一）教材分析

本节课是 PEP 教材六年级下册"Unit 3 Where did you go? Part B Read and write"，为本单元第五课时，是一节读写课。

《义务教育英语课程标准(2022 年版)》(以下简称《英语课程标准》)对本学段的要求如下：

(1)认读所学词语。

(2)正确朗读故事。

(3)读懂教材的要求和命令。

(4)在教师的帮助和提示下讲述过去发生的事情。

(5)在具体语境中理解一般过去时。

(6)乐于感知并尝试使用英语。

(7)小组活动中能与其他同学积极配合和合作。

本课学生要达到的核心素养如下。

(1)语言能力:学生能按照意群用正确的语音语调朗读短文;能够仿照短文讲述自己的故事。

(2)文化意识:能从不同视角认识世界,明白事物的两面性。

(3)思维品质:通过介绍自己的故事,让学生明白凡事具有好坏两面,在我们的努力下坏事也能转化为好事,以乐观心态面对生活。

(4)学习能力:学生通过听读、默读、细读、自主读等方式培养捕捉关键信息的能力。总结概括语篇有用词汇,书面介绍自己既糟糕又美好的一天。

(二)教学目标分析

(1)学生能够通过看图讨论预测故事的开端和进一步发展来激活相关背景知识或储备词汇。

(2)能够通过完成读后活动训练提高在语篇中捕捉不同类型信息和思考的能力。

(3)能够从阅读中获得有用的句型口头描述自己一天的活动,并能最终写出一个小语段。

(4)能够明白凡事都有好坏两面,在我们的努力下坏事也能转化为好事。

(三)教学重难点分析

(1)教学重点:绝大部分学生用正确的语音语调朗读课文,能综合运用本单元的核心句型。

(2)教学难点:大部分学生能综合运用本单元的核心词句,根据阅读内容获取有用的信息完成仿写任务。

三、阶梯作业设计意图

1. 教学重点阶梯设计的体现

(1)核心基础作业。

题型:单项选择题。考查学生本课单词的读音、语调的准确性。

(2)能力提升作业。

题型:汉译英;填空题。考查学生对本课重点短语及一般过去时的掌握情况;帮助学生巩固本课的重点内容,让学生通过做语境填空题,体会重点词和句的用法。

题型:创编对话题。学生通过合作学习,补全本课课文对话,重点练习学生的英语口语表达。

(3)挑战自我作业。

题型:写作题。锻炼学生的写作能力。

2. 作业难度设计的意图

《英语课程标准》要求六年级学生的英语达到二级水平,学生能听懂、读懂简单的故事;能用简单的英语就日常生活话题简短叙述;能表演小故事或小短剧。学生在学习中积极合作,乐于参与,初步形成对英语的感知能力和良好的学习习惯。

本节课作业设计有三个梯度——核心基础作业、能力提升作业、挑战自我作业。

(1)核心基础作业:面向全体学生设计。包括核心素养基础作业的语音题的设计,帮助学生养成良好的读音习惯。语音题非常基础,很容易完成。帮助学生纠正单词的读音,让学生重视单词的语音的学习。

(2)能力提升作业:分为两个梯度,难度逐渐加深,任务形式发生变化。从书面作业汉译英短语和用正确形式填空,到通过小组学习活动完成学习任务。作业内容都是帮助学生巩固所学知识,了解一般过去时的用法。学生在小组合作中互学互助,重点句型熟练表达,提高了英语的沟通能力。

(3)挑战自我作业:完成一篇小作文,介绍自己的一天。要求学生用所学知识,结合实际完成小短文的练习。这是综合能力的训练,学优生和中等生都可以完成,潜能生完成起来会有难度。为了让潜能生能完成写作任务,后期作业讲评课时,以优秀作文为例,要求潜能生积累至少6句有用的句子以完成本课的书面表达作业。教师面批,帮助潜能生完成本节课写作任务。

3. 学科核心素养体现

学习英语最终能让学生用英语交流表达,开阔视野,提升自己。学生通过对课文的学习,不断掌握新语言,能正确地朗读,能正确应用,这些语言能力培养都在三个梯度作业中有所体现。小组学习、学生对话表演是对他们英语交际能力的训练;书面表达作业的设计,目的是让学生运用语言知识和语言技能表述自己的故事,表达自己的观点。

挑战自我作业的设计,让学生介绍自己糟糕又开心的一天。通过写作进行深入思考分析,让学生树立正确的世界观,积极看待事物,乐观地生活,体现了对学生思维品质和学习能力的培养。

九年级英语阶梯作业设计案例

156 中学　赵洋

一、阶梯作业原文

初中生活只剩下最后一年了,而初四的生活紧张又忙碌,请你写一篇作文。

You must write about how you have changed what did you use to be like? (in your appearance, personality, everyday activities hobbies and so on), which change is the most important one, why?

1. A 类:必做(相信自己)

Try to write three paragraphs:

Paragraph 1: Lead in the topic.

Paragraph 2: General introduction about the changes in your life.

Paragraph 3: The most important change and how it happened.

2. B 类（敢于挑战）

Please think about the changes of you and your classmates, or your friends, or your family members, then fill in the chart and write a passage.

You and your Classmates ...	Appearance	hair	straight hair, curly hair
			long hair, short hair
			black hair, blonde hair
		height	tall, short, of medium height
		build	heavy, thin, of medium build
	Personality	outgoing, serious, funny, smart, friendly, shy, unfriendly...	
	Hobbies	enjoy reading novels/watching cartoons...	
		like playing football/basketball...	

3. C 类:有能力或感兴趣的学生做（勇于超越）

Discussion, 迁移运用: How our hometown has changed!

These are pictures of past and present of our hometown.

Look at the pictures and discuss with your partner. What changes have taken place?

Writing:你的家乡现在与十年前相比发生了很大的变化,以 Changes in Our hometown 为题,写一篇短文。

	建筑物	环境	交通工具
In the past	旧楼房	河水脏、道路窄、花草树木稀少	自行车
now	新高楼	河水清澈、道路宽敞、绿树成荫	公共汽车、共享单车、小汽车

二、阶梯作业设计分析

(一)教材分析

本单元是九年级英语教材第四单元,本单元的核心话题为"Talk about what they used to be like",围绕着谈论过去自己和他人经常做的事或谈论过去自己和他人的外貌、性格、爱好等,借此学习 used to…这一特有的用来表示过去的经历和习惯的语言结构。一般过去时态是初中学生必须掌握的时态,因此学好此种时态并能正确和熟练运用是非常有必要的。本课时是本单元的最后一个课时,以观察图片、合作交流、完成任务等形式完成目标语言的输入,复习句型 used to 的用法,从词到句再到篇,从易到难,层层递进完成读写任务,重在培养学生的习得语言运用能力、实践能力、合作能力及创新意识。

(二)教学目标分析

(1)学会用 used to 句型谈论自己与他人过去的形象、性格、习惯、爱好等方面的情况。
(2)能用本单元所学习的语言知识来描述人物与事物的今昔变化。
(3)灵活运用一般过去时及一般现在时。
(4)掌握本单元的写作思路与技巧。

(三)作业设计意图

1. 教学重点阶梯设计的体现

(1)任务一: A 类(必做)。

You must write about how you have changed in your appearance, personality, everyday activities hobbies and so on.

(说明:可以拿自己和过去的照片进行对比,更加直观,让学生有话说,由说到写,由句子到篇章)

①程度好的学生能够掌握写作步骤、写作思路、写作技巧,并运用 used to 这一目标语言,灵活运用一般过去时及一般现在时。

②鼓励潜能生写作,掌握基本的写作步骤及写作技巧。

结合学生的学情分层设计,给程度弱的学生降低难度,鼓励他们去说和运用英语,尝试自己能够进行写作,激励他们学习的热情,调动他们学习英语的积极性。

(2)任务二:B类。

Please think about the changes of you and your classmates, or your friends, or your family members, then fill in the chart and write a passage.

由先写自己再写同伴、朋友或父母,人称由写第一人称到写第三人称单数,尤其是要更好地掌握过去时这个时态及一般现在时。

①结合学生的学情,给他们一个展示的平台,加强他们学习英语的自信心,让他们更好地去说和运用英语。循序渐进,逐步培养和提高学生的写作能力。

②培养学生和睦相处,学会感恩父母。

(说明:此任务写同学或朋友,可以进行四人小组合作)

③培养学生合作交流、互相帮助、合作学习的能力,共同学习、共同提高、共同进步。

(3)任务三:C类。

你的家乡十年间发生了很大的变化,向父母了解你的家庭现在与十年前在生活上所发生的变化,并用英语写一篇小短文介绍给大家。以 Changes in Our hometown 为题,写一篇短文。

结合学生的学情,让程度好的学生尽可能把本单元所学到的知识及以前所学的知识都运用到自己的作业中来。

由写人物的改变到写自己身边的事物的变化,培养和提高学生综合运用知识及由低阶思维到高阶思维,迁移运用综合知识的能力。培养学生的观察能力、思考能力及创新意识。培养学生热爱自己的家乡、热爱自己的祖国,并为自己的家乡、祖国做贡献的意识及高尚情操。

2. 作业难度设计的意图

任务一:学生可能会出现 used to do/used to be 的错误,不能灵活运用一般过去时和一般现在时,句子不会组织。

解决办法:加强他们的背诵能力,鼓励他们多说、多读、多背、多积累。

任务二:会有一些学生过去时可能运用得不好,也会有单词记忆不准确的情况。第三人称单数及一般现在时出现错误。原因是平时这些学生对知识的学习不扎实,学习态度不端正,学习的目标不明确。

解决办法:多和这些学生交流沟通,调动他们学习的积极性,多让他们做英语的练习题。

任务三:一些学生写错动词的过去式,一些单词拼写错误,句子的结构、逻辑把握不准。原因是基础不扎实,平时练习得少。

解决办法:夯实基础知识,平时加大训练力度和强度,培养学生综合运用知识的能力。

3. 学科核心素养体现

《英语课程标准》中指出,教学应面向全体学生,为每个学生学习英语奠定基础。高效的作业设计也应遵循这样的原则,分层设计无疑是最好的选择。九年级学生之间的英语能力已经有非常明显的差异,阶梯作业可以让不同程度的学生的英语能力都得到提升,并使他们获得学习英语的成功感受,从而激发他们学习英语的兴趣,提升他们学习英语的获得感。

八年级英语阶梯作业设计案例

156中学 方文

一、阶梯作业原文

根据教材内容并结合学生的能力差异,按 A、B、C 三个阶梯层次来设计阅读课作业。

A. 核心基础作业:

(1)跟读课文 3~5 遍。在跟读时要求学生一句一句跟读,把握好单词的读音、句子的停顿。

(2)跟读完后,朗读课文数遍,要读准单词的读音,同时,读出句子中的语调,如一般疑问句读出升调,陈述句、特殊疑问句读出降调等。

(3)流利且有感情地朗读课文 3 遍。在朗读过程中要投入,并试着找出自己读不懂的地方。

B. 能力提升作业:

(1)朗读课文数遍(自己定数量),整体把握课文内容。

(2)再读课文,完成教师预先设计的"T""F"判断练习。然后,听课文录音后回答教师在布置预习时设计的几个帮助理解课文大意的问题(What…? When…? Where…? How…? Why…?),以加深对课文内容的理解。

C. 挑战自我作业:

(1)精读课文——逐句阅读,圈点不理解的单词或句子。

(2)提出问题——根据课文内容,自己提出有助于理解内容的问题,并自行解答。

(3)明确语法点——找出课文中的重要词组及句型。

①much earlier——much + 比较级

②very few taxis——very few + 可数名词复数

③expect sb. to do sth.——期待某人做某事

④didn't look pleased at all——看上去一点也不高兴

⑤little time——little + 不可数名词

⑥—I'm sorry I'm late.(语言情境功能)

　—That's OK.

二、阶梯作业设计分析

(一)教材分析

八年级上"Unit 3 SectionB"为阅读课型。阅读型作业指的是要求学生利用教材或已有的材料,通过认真阅读,全面把握材料内容,体会、理解其中蕴含的英语知识、思想与方法,为更深层次的学习活动提供保障的一种学习行为。它通常表现为课前预习和课后提高两种形式。

英语教学强调以学生为主体,既要面向全体学生的基础目标,又要尊重个体差异,使课程具有一定的选择性,以利于不同学生的英语能力都有相应的提高。这就意味着新课程的有效实施,必须对照课程目标有相应的作业系统的配合,作业设计必须体现学科核心素养。新课程方案对作业练习设计提出了要求:一要体现学生发展的需要,重视基础性,增加选择性,体现时代性;二要优化练习作业的结构与组合,注意加强整合、加强选择、强调均衡等。要求教师设计探究性作业、开放性作业、体验性作业,并在作业的布置过程中注意差异性。

(二)教学目标分析

(1)能够灵活运用形容词比较级。

(2)能够通过书面表达方式,描述自己的朋友与自己的相似或不同之处。

学生将书本对话整理成小短文,并讲述给同伴听。这一作业检查了学生对本堂课学习内容的掌握程度,加深了学生对于学习内容的理解。既帮助学生巩固了形容词比较级知识,又锻炼了学生的思维、口语表达和阅读整合能力。阶梯作业能够满足不同学生的能力、兴趣与需要。教师把选择作业的自主权交给了学生,让学生各取所需,调动了学生的学习积极性,学生的自主能动作用得到尊重和发挥。既"吃饱",又"吃好",提高了学生做作业的兴趣和学习效率。

(三)作业设计意图

1. 教学重点阶梯设计的体现

所谓阶梯作业,可理解为适应学生每个个体的英语作业,是使学生以作业为载体,在英语课堂教学后个人反思的过程中对所学英语知识、英语语言功能的理解和运用,并在研究、解决实际问题的过程中加以推广,从而促进学生主动学习,培养学生独特个性,让不同的学生得到不同的发展的学习活动。

核心基础作业使学生在获得语感的同时对课文内容也有了一定的印象,为课上的听讲做好了准备。能力提升作业使中等学习能力学生深入理解课文的细节内容。挑战自我作业使学优生通过精读课文,掌握课文内容,在此基础上根据内容提出问题,帮助他们进一步理解课文,并归纳出课文中的关键词组和句型。

2. 作业难度设计的意图

根据教材给不同层次的学生设计了不同要求的三个阅读作业,让基础各异的学生都有适合自己的作业,真正做到整体把握、兼顾差异。同时,通过这样的作业,帮助学生养成良好的阅读习惯。由于阶梯作业难度适宜,不同层次的学生完成作业不再有困难,这无疑激发了学生完成作业的兴趣,使他们在完成作业的同时既感到轻松愉快,又扎实掌握了知识技能。

3. 学科核心素养体现

教育心理学告诉我们,学生的身心发展由于先天禀赋及后天诸多因素的影响,存在着差异。他们的学习水平、学习能力、学习习惯、学习方法等都不尽相同。如果让不同层次的学生都能在完成作业的过程中获得成功的体验,教师就必须采取分层设计作业的策略。

分层练习,有助于教师正确把握学生的学习情况,便于开展个别教学活动,有助于大面积提高教学质量。多元智能理论要求教师应尊重学生的个性,在作业布置上既要关注潜能生和中等生,又要关注学优生。教师要根据不同能力的学生布置不同的作业,增加作业的层次性,让每名学生都能体验到成功的喜悦,从而使学生的学习积极性得到保护,个性得到张扬,英语能力得到提高。

六年级数学阶梯作业设计案例

156中学 赵祚林

一、阶梯作业原文

(一)基础巩固

1. 在 -3、4、0、$-\dfrac{1}{4}$、2.3 中,负数共有 ( )

   A.0 个　　　　　B.1 个　　　　　C.2 个　　　　　D.3 个

2. 若规定收入为"+",那么支出 -50 元表示 ( )

   A. 收入了 50 元　　　　　　B. 支出了 50 元
   C. 没有收入也没有支出　　　D. 收入了 100 元

3. 如果水位升高 3 米记作 $+3$ 米,那么水位下降 3 米记作 ( )

   A.0 米　　　　　B.3 米　　　　　C.-3 米　　　　　D.$+3$ 米

4. 既是分数,又是正数的是 ( )

   A.$+5$　　　　　B.$-5\dfrac{1}{4}$　　　　　C.0　　　　　D.$8\dfrac{3}{10}$

5. 下列选项中,表示具有相反意义的量的是 ( )

   A. 收入 50 元和支出 30 元　　　B. 上升 7 米和后退 6 米
   C. 卖出 10 斤米和盈利 45 元　　D. 向东行 10 米和向北行 10 米

(二)能力提升

6. 下列说法正确的是 ( )

   A. 一个数前面加上"$-$"号,这个数就是负数
   B. 零既不是正数也不是负数
   C. 零既是正数也是负数
   D. 若 a 是正数,则 $-a$ 不一定就是负数

(三)拓展探究

7. 数学考试成绩以 80 分为标准,老师将 5 名同学的成绩记作:$+15$、-4、$+11$、-7、0,则这 5 名同学的平均成绩是多少?

二、阶梯作业设计分析

(一)教材分析

正数和负数是人教版数学六年级下第七章第一节内容,教材通过正数和负数在生

活中的一些应用实例,引导学生理解正数、负数及0的实际意义,为进一步学习正数、负数打下基础。

(二)教学目标分析

(1)学生通过感知正数与负数,初步体会生活中的负数是根据需要来界定的,体验具体情境中的负数;知道正数、负数是一个相对的概念,并且表示在一个情境中成对出现的两个具有相反意义的量。

(2)通过举例、尝试、探索等数学活动,初步培养学生的辩证思维能力和问题意识。

(3)激发学生对数学的浓厚兴趣,培养学生的合作意识,激发学生的民族自豪感,渗透爱国主义教育。

(三)作业设计意图

1. 教学重点阶梯设计的体现

本节课的教学重点是了解正数、负数的意义,应用正数和负数表示生活中具有相反意义的量。根据六年级学生的知识结构、心理特征及学生的实际情况,设计了三部分作业,分别为基础巩固、能力提升、拓展探究。

(1)基础巩固:设计了五道选择题,第一题考查学生对负数的基本认识,要在众多数中准确地找出负数。第二题、第三题从两个不同方面进一步加强了学生对正负数为一对相反意义的量的理解。第二题是从符号到实际意义的角度加强理解,第三题是反过来从实际意义转变为数学符号。第四题把学习的新知识和之前的旧知识相结合,多角度理解数。第五题完全放开,学生从实际问题中全面自己判别,是否可以用相反意义的两个数来表示。

(2)能力提升:设计了一道题目,使学生从多方面认识理解负数,尤其第四个选项对部分学生来说会有一定的理解上的问题。

(3)拓展探究:设计了一道题目,是在充分理解正负数的基础上的综合运用,让学生解决实际问题,贴近学生生活,便于理解。

2. 作业难度设计的意图

基础巩固前四题学生完成得会非常顺利,既巩固了所学知识,又增强了学生的自信心,第五题需要学生在思考中提升对负数的理解。学生的固有思维是有负号就是负数,当发现不对但是能解决时,会体验到一定的成就感。把这道题放到第五题的位置,让学生突破思维定式,养成仔细审题、爱动脑筋的好习惯。能力提升和拓展探究部分更加灵活,要求学生会运用所学知识解决实际问题。三个层次的作业呈阶梯式,鼓励学生逐步达到会灵活运用所学知识的阶段,并照顾到各个层次的学生,使每名学生都有收获。

九年级数学阶梯作业设计案例

156 中学　盛军

一、阶梯作业原文

（一）基础巩固

1. 下列各图中的角是圆周角的是　　　　　　　　　　　　　　　　　　　　（　　）

A

B

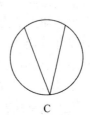
C

D

2. 下列说法正确的是　　　　　　　　　　　　　　　　　　　　　　　　　（　　）
   A. 顶点在圆上的角是圆周角
   B. 两边都和圆相交的角是圆周角
   C. 同弧或等弧所对的圆周角度数等于它所对圆心角度数的一半
   D. 圆内接四边形对角相等

3. 如图1所示，在圆 O 中，弦 AB、CD 互相垂直于点 P，$\angle A = 35°$，则 $\angle B$ 的大小是
   　　　　　　　　　　　　　　　　　　　　　　　　　　　　　　　　　　（　　）
   A. $55°$　　　　　　B. $35°$　　　　　　C. $65°$　　　　　　D. $70°$

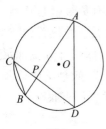

图1

4. AB 是圆 O 的弦，$\angle AOB = 88°$，则弦 AB 所对的圆周角是　　　　　　　（　　）
   A. $60°$　　　　　　B. $36°$　　　　　　C. $44°$　　　　　　D. $44°$ 或 $136°$

5.如图2所示,OB、OC是圆O的半径,A是圆O上一点,连接BC,若已知$\angle ABO = 20°$,则$\angle A = \underline{\qquad}$,$\angle BOC = \underline{\qquad}$,$\angle OBC = \underline{\qquad}$。

6.如图3所示,$\triangle ABC$内接于圆O,$\angle A = 50°$,则$\angle OBC$的度数为$\underline{\qquad}$。

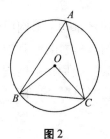

图2

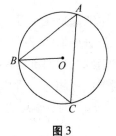

图3

(二)能力提升

7.如图4所示,$\triangle ABC$内接于圆O,过点O作$OH \perp BC$于点H,延长OH交圆O于点D,连接AD。

(1)求证:$\angle BAD = \angle CAD$;(2)若$OH = DH$,求$\angle BAC$的度数。

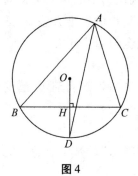

图4

(三)拓展探究

8.在半径为1的圆O中,弦AB、AC分别是$\sqrt{2}$和$\sqrt{3}$,则$\angle BAC$的度数是多少?

9.如图5所示,$\triangle ABC$内接于圆O,$AD \perp BC$于点D,弦$BH \perp AC$于点E,交AD于点F。求证:$FE = EH$。

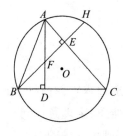

图5

二、阶梯作业设计分析

(一)教材分析

本节课是在学习了圆的基本概念和性质以及圆心角概念和性质的基础上对圆周角的性质进行探索,圆周角的性质在圆的有关说理、作图、计算中有着广泛应用,也是学习圆的后续知识的重要预备知识,在教材中起着承上启下的作用。另外,圆周角的性质也是说明线段相等、角相等的重要依据。教师在教学中要进一步渗透"特殊""一般""分类""转化"的数学思想,培养学生直观想象能力和逻辑推理能力。

(二)教学目标分析

知识与技能目标:

理解圆周角的概念,探索同弧或等弧所对应的圆周角与圆心角之间的关系,并会用圆周角进行简单的证明和计算。

过程与方法目标:

在探索圆周角定理的过程中,初步体会用运动变换的观点认识圆中的角的关系问题,培养学生的发散思维能力;在探索过程中,让学生体会观察、猜想的思维方法;在证明过程中,让学生体会由特殊到一般和分类讨论的数学思想及完全归纳的方法。

情感态度与价值观目标:

培养学生主动探索、敢于实践的合作创新精神,学生通过亲身体验、亲自演示,感受数学就在身边,从而增强学生学习数学的兴趣,树立学好数学的信心。

教学重点:圆周角的概念、圆周角定理的探究。

教学难点:在圆周角定理的证明探索过程中体会"由一般到特殊"的数学思想和完全归纳法的数学思想。

目标分析:

(1)能在图形中正确识别圆周角。

(2)通过分解与整合圆周角中的基本图形,理解圆周角与弧的对应关系,能够借助弧探索圆周角与圆周角、圆周角与圆心角之间的关系,能运用"特殊与一般"的数学思想对同弧或所对的圆周角与圆周角、圆周角与圆心角进行分类,将无限个情况转化为有限个进行研究。

(三)作业设计意图

1. 教学重点阶梯设计的体现

根据本节课的教学重点,在习题设置中有直观的图形辨识,有定理辨别,有圆周角的性质、定理的简单运用,巩固了学生对圆周角概念的理解和运用性质、定理解决问题的基本能力。关于逻辑思维能力的培养,采取了循序渐进的策略,基础巩固中的习题逻辑思维比较直接,分类题结合的知识点不多,易于解决问题,能力提升和拓展探究中的习题设置主要是增加了知识点,通过提高综合度以期达到提升学生逻辑思维能力的目的。

2. 作业难度设计的意图

作业中的第1题让学生辨识圆周角,巩固圆周角的概念。第2~6题让学生运用圆周角定理解决简单问题,体现了圆周角与圆周角、同弧所对圆周角与圆心角的关系及其他基础知识的综合运用,其中,第4题还体现了分类思想。第7题综合了垂径定理、圆周角性质定理等知识,综合性要高于前六题,进一步提高学生分析问题的能力、逻辑思维能力和综合运用几何知识解决问题的能力。第9题的综合性在第7题的基础上有所提高,让学有余力的学生能得到提升。第8题在分类思想的基础上加入了其他几何知识,难度也提高了。

在后期的学习中还应该将圆周角放入更加复杂的图形中,综合更多的几何知识进行练习。

3. 学科核心素养体现

根据教学目标和学生现状,在作业设计中从最基本的圆周角识别开始,加入圆周角的性质、定理的简单运用,再添加简单的几何知识构成了基础巩固部分。在设置习题时紧扣教材,注意引导学生分类讨论,争取做到通过基础练习提高学生的思维能力。在能力提升部分主要是体现了圆周角在解决几何问题中的作用,用到的知识点多一些,旨在提高学生的逻辑思维能力和说理的能力。拓展探究部分只设置了两道题,第1题不仅存在分类思想,而且需要综合其他几何知识解决问题,较基础巩固中的分类题难度提高,并且要求学生能够动手画出图形,难度较大。第2题考查了很多之前学过的几何知识,在解决问题的过程中可以大大提升学生的逻辑思维能力。

八年级数学阶梯作业设计案例

156 中学　赵月红

一、阶梯作业原文

（一）基础巩固

1. 在 Rt△ABC 中，$\angle C=90°$，$a=8$，$b=15$，则 $c=$ _____ 。
2. 在 Rt△ABC 中，$\angle B=90°$，$a=3$，$b=4$，则 $c=$ _____ 。
3. 在 Rt△ABC 中，$\angle C=90°$，$c=13$，$a=12$，$b=$ _____ 。
4. 在 Rt△ABC 中，$\angle C=90°$，如果 $a=7$，$c=25$，则 $b=$ _____ 。
5. 在 Rt△ABC 中，$\angle C=90°$，如果 $\angle A=30°$，$a=4$，则 $b=$ _____ 。
6. 在 Rt△ABC 中，$\angle C=90°$，如果 $\angle A=45°$，$a=3$，则 $c=$ _____ 。
7. 在 Rt△ABC 中，$\angle C=90°$，如果 $a=b=5$，则 $c=$ _____ 。
8. 一个直角三角形的三边为三个连续偶数，则它的三边长分别为 _____ 。
9. 已知直角三角形的两边长分别为 3 cm 和 5 cm，则第三边长为 _____ 。

（二）能力提升

10. 已知：如图 1 所示，在△ABC 中，$\angle A=90°$，$AB=4$，$AC=4$。求 BC 的长。

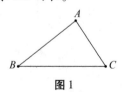

图 1

（三）拓展探究

已知等腰三角形腰长是 10，底边长是 16，求这个等腰三角形的面积。

二、阶梯作业设计分析

（一）教材分析

勾股定理是直角三角形的重要性质，它把三角形有一个直角的"形"的特点，转化为三边之间的"数"的关系，它是数形结合的典范。它可以解决许多直角三角形中的计算问题，它是直角三角形特有的性质，是初中数学教学内容重点之一。本节课的重点是发现勾股定理，难点是证明勾股定理的正确性。

（二）教学目标分析

认知目标：培养学生观察事物、分析事物的能力，理解并掌握勾股定理及其证明，对勾股定理有直观的认知。

技能目标：学生理解并掌握勾股定理，能运用勾股定理根据直角三角形的两条边求第三条边，并能解决简单的生活、生产实践中的问题，能设计不同的情境验证勾股定理的正确性。

情感目标：通过向学生介绍中国古代在勾股定理研究方面的成就，激发学生热爱祖国的思想情感，培养他们的民族自豪感，同时教育学生奋发图强，努力学习。

（三）作业设计意图

教师可采用主体性学习的教学模式，提出问题让学生思考，设计问题让学生做，错误原因让学生找，方法与规律让学生归纳。教师的作用在于组织、点拨、引导，促进学生主动探索、积极思考、大胆想象、总结规律，充分发挥学生的主体作用，让学生真正成为教学活动的主人。针对八年级学生的知识结构、心理特征及学生的实际情况，可选择引导探索法，由浅入深、由特殊到一般地提出问题。引导学生自主探索，合作交流，这种教学理念反映了时代精神，有利于提高学生的思维能力，能有效地激发学生的思维积极性，借此培养学生逻辑思维、动脑、思维拓展的能力，使学生真正成为学习的主体。

基础巩固题比较基础、直接，基本上是已知直角三角形两边求第三边的问题，有针对性地引导学生进行练习，重在让学生熟悉定理，能够熟练应用定理解决问题，所以以填空形式为主。

能力提升题重在训练学生的逻辑思维和几何书写能力，培养学生的语言运用能力。

拓展探究题通过问题的解决，让学生学会从不同角度分析问题、解决问题；让学生学会引申、变更问题，以培养学生发现问题、提出问题的创造能力。积极引导学生深挖细究，体现过程方法。

九年级化学阶梯作业设计案例

156中学 曹晶

一、阶梯作业原文

<u>核心基础作业</u>

1. 描述实验现象

(1)稀盐酸滴加酚酞溶液,溶液_____。

(2)稀硫酸滴加紫色石蕊溶液,溶液_____。

(3)稀盐酸滴加紫色石蕊溶液,溶液_____。

(4)稀硫酸滴加酚酞溶液,溶液_____。

2. 完成下列反应的化学方程式,并背诵

(1)镁和稀硫酸。

(2)铁和稀盐酸。

(3)锌和稀硫酸。

(4)镁和稀盐酸。

(5)铁和稀硫酸。

(6)锌和稀盐酸。

(7)氧化铁和稀盐酸。

(8)氧化铁和稀硫酸。

3. 完成相应的实验现象,并背诵

(1)(3)(4)(6)共同的实验现象是_____。

(2)(5)共同的实验现象是_____。

(7)(8)共同的实验现象是_____。

<u>能力提升作业</u>

1. 稀盐酸和稀硫酸都能使石蕊溶液变_____色,因为溶液中都含有_____。

2. 写出下列反应的化学方程式

(1)铝和稀硫酸。

(2)铁和稀硫酸。

(3)镁和稀硫酸。

(4)锌和稀盐酸。

(5)氧化铁和稀硫酸。

(6)氧化铜和稀盐酸。

(7)氧化铝和稀硫酸。

(8)氧化钙和稀盐酸。

3.写出下列反应的实验现象

(1)铁粉和足量的稀盐酸。

(2)氧化铜和少量的稀硫酸。

(3)镁条和足量的稀硫酸。

4.除铁锈时,将带锈的铁钉长时间浸泡在稀盐酸中,开始时溶液呈现_____色,一段时间之后,铁钉表面有_____冒出。

写出发生反应的化学方程式:

(1)_____。

(2)_____。

5.区分下列物质的两种方法都正确的是　　　　　　　　　　　　(　　)

A.稀盐酸和稀硫酸。

　方法:a.紫色石蕊溶液

　　　　b.氧化铜粉末

B.铁粉和木炭粉。

　方法:a.稀盐酸

　　　　b.磁铁

C.过氧化氢溶液和水。

　方法:a.二氧化锰

　　　　b.肥皂水

D.浓盐酸和稀硫酸。

　方法:a.伸入小木条

　　　　b.闻气味

挑战自我作业

1.除去下列括号内的杂质,所选用的方法正确的是　　　　　　　(　　)

A.稀盐酸(稀硫酸)。

　加入足量的镁,过滤。

B.铜(氧化铜)。

　加入足量的稀盐酸,过滤,洗涤干燥。

C.氯化铁溶液(氯化铜)。

　加入足量的铁粉,过滤。

D.生石灰(碳酸钙)。

　加入足量的稀盐酸,过滤,蒸发结晶。

2.稀盐酸中哪种粒子使石蕊溶液变红?

【思考】稀盐酸中有几种粒子？
_____

【探究过程】

实验步骤	现象	结论
取少量氯化钠溶液于试管中，向其中滴加石蕊溶液	紫色溶液不变色	_____不能使石蕊溶液变色
取少量稀盐酸于试管中，向其中滴加石蕊溶液	石蕊溶液变成_____	_____能使石蕊溶液变红

【讨论】

是否要探讨水分子能否使石蕊溶液变红？_____，理由是_____
_____。

3. 为了测定黄铜样品中铜的质量分数，某小组同学做了下列实验：

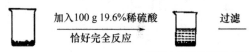

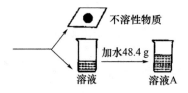

(1) 写出上述反应的化学方程式
_____。

(2) 求解 50 g 黄铜样品中参加反应的物质质量的比例式
_____。

(3) 该黄铜样品中铜的含量是_____。

(4) 将反应后的滤液中加入 48.4 g 水，最终所得的溶液中溶质的质量分数是_____。

二、阶梯作业设计分析

（一）教材分析

本节课从酸、碱能与指示剂作用的性质出发，让学生初步体会酸和碱作为不同类物质具有不同的性质，使学生对酸和碱的性质有一些初步的了解。本节课通过稀盐酸和稀硫酸的性质实验，由学生总结归纳出酸溶液具有的相似化学性质。通过对酸的学习，可以为碱、盐的学习打下基础，完善金属、酸、碱、盐之间的关系网络。

本节课在介绍酸的化学性质时，采用了实验探究的方法，目的是让学生通过实验探究，获得感性认识，激发学习兴趣，能积极主动地参与学习；能根据学过的知识主动探究未知，从而对新知识有更深的认识。

（二）教学目标分析

（1）掌握酸与指示剂的作用、与活泼金属的反应及金属氧化物的反应相关知识。
（2）通过对稀盐酸、稀硫酸化学性质的实验探究，归纳出酸的化学性质。
（3）在获得知识的过程中，掌握实验技能，学会独立思考、多角度辩证分析问题，更加热爱生活。
（4）教学重难点。
①重点：常见酸的化学性质。
②难点：酸与金属氧化物的反应，酸溶液具有相似化学性质的原因。

（三）作业设计意图

1. 教学重点阶梯设计的体现

核心基础作业：考查的是本节课教材要求掌握的最基本的知识，仅限于书本内容，以知识点的识记为主。通过本阶梯的训练可以起到温故的作用，使教师及时掌握潜能生的上课状态，更能了解他们知识上的漏洞。

能力提升作业：是对本节课书本内容的扩展，让学生知其然知其所以然，不是简单地识记知识点，而是会运用、总结知识内容。通过本阶梯的训练可以起到知新的作用，使教师及时掌握大多数学生新课的接受情况，更能了解他们知识运用的能力。

挑战自我作业：与中考接轨，使学生具备知识的综合运用能力，将学过的知识形成完整的知识体系，会运用、有升华。通过本阶梯的训练可以起到贯穿始终的作用，使教师及时掌握学优生的能力水平，给他们更大的提升空间。

2. 作业难度设计的意图

学生是鲜活的个体，他们学习的目的、习惯、方法、智力水平和接受能力都存在差异，这些差异自然反映在学习成绩上。所以作业的设计要遵循因材施教的原则，要符合各类学生的实际，要让作业的评价功能更具实效性。作业设计呈阶梯式，供不同层次的学生自由选择，这样教育就会是我们希望的样子：孩子在他的"最近发展区"快乐地发展着。

阶梯作业实施的首要核心是对学生进行合理的划分，既要根据学生的学习能力、学习态度、学习成绩的差异，又要结合教材的深度和课程标准的要求，还要结合学生的心理、性格特征。我将学生分为三个阶梯：第一阶梯是学习有困难的学生，需在教师和同学的帮助下掌握教材内容和部分简单习题。第二阶梯是成绩中等的学生，既能掌握教材内容，独立完成简单习题，也能积极请教，在教师和同学的启发下完成灵活应用的习题。第三阶梯是学有余力的学生，能掌握教材内容，独立完成习题，能主动寻求拓展，能帮助同学将习题清晰地讲解出来。三个阶梯学生的合理混编，有利于学生间的讨论、辅导、交流和提高。

　　酸、碱、盐的知识体系是九年级化学内容最多、难度最大、灵活性最强的部分。阶梯作业的布置要让三个阶梯的学生有能力、有信心、够流畅地完成。变被动的接受，为主动的求知；变只完成自己的内容到向更高阶梯的作业挑战。学新知时，可以巩固知识内容，复习时也可作为知识的升华。

　　通过对不同阶梯学生完成作业时间和质量的掌握，及时调整作业的难度和数量。各阶梯的成员也要及时调整，可以适当地引入竞争机制。教师要多和学生进行交流，尤其是第一阶梯的学生，要让他们认识到教师是更关心他们的，学好化学对未来是有益处的。

3. 学科核心素养体现

　　核心基础作业的1、2、3题是针对核心素养目标——掌握酸与指示剂的作用、与活泼金属的反应及金属氧化物的反应，设计成基础型、知识型的作业，遵循教材，有的放矢，目的就是让学生扎实掌握基础知识，形成良性循环，轻松完成作业。教师能够通过作业完成情况及时发现问题、适时适当表扬。

　　能力提升作业的1、2、3题是针对核心素养目标——通过对稀盐酸、稀硫酸化学性质的实验探究，归纳出酸的化学性质，设计成拓展知识性作业，是学生弄懂本节课内容之后的能力提升，使学生真正理解酸具有相似的化学性质。第4、5题设计成应用型作业，使学生清楚学习不是单纯的知识点记忆，而是灵活应用的过程，作业不是单纯的体力劳动，而是提升能力的最有力手段。教师可以用激励话语，使他们得到肯定，减轻学习的焦虑，明确努力方向，取得更快的进步。

　　挑战自我作业的1、2、3题是针对核心素养目标——在获得知识的过程中，掌握实验技能，学会独立思考、多角度辩证分析问题，更加热爱生活而设计的。此阶梯学生学习能力强、态度认真、知识掌握较快，所以减少单纯知识型的作业，增加应用型或探究型的作业。教师采用竞争式评价可以激发学生做作业的乐趣，评价要更具体、更清晰、更明确，同时要提出更高的要求与标准，使他们更加努力，从而发展得更好。

初中化学"质量守恒定律"阶梯作业设计

124中学　王玉晶

　　质量守恒定律揭示了化学反应前后物质质量关系,是自然科学界最重要的基本定律之一。人教版义务教育阶段八年级全一册第五单元课题1"质量守恒定律"一节是帮助学生从定性到定量认识化学反应的关键转折点,即在认识了"某些物质在特殊条件下可反应生成新物质"的基础上,可以进一步研究"反应多少、生成多少"等量的问题。这一节不仅为学生后续进行化学方程式书写及化学计算提供理论基础,对于帮助学生构建"物质不灭、质量守恒、能量守恒"等自然科学思想也提供了坚实的支撑。基于"质量守恒定律"这一节内容的基础性、重要性、特殊性,笔者选取"质量守恒定律"一节的阶梯作业进行展示分析,以期为一线初中化学教育工作者提供参考。

一、阶梯作业原文

(一)基础诊断

1. 下列现象不能用质量守恒定律解释的是　　　　　　　　　　　　　(　　)
　　A. 蜡烛燃烧时逐渐变短　　　　　　B. 打开盛酒精的瓶盖,酒精质量变小
　　C. 铁丝燃烧后固体质量增加　　　　D. 红磷在密闭的容器内燃烧质量不变

2. 加热矿石辰砂和铁的混合物,完全反应后得到汞和硫化亚铁(FeS),则矿石辰砂中一定含有的元素是　　　　　　　　　　　　　　　　　　　　　　　　(　　)
　　A. Hg　　　　　B. S　　　　　C. Hg、S、Fe　　　　　D. Hg、S

3. 云南"哑泉",经研究发现,水中致人中毒的物质X是由天然的CuS矿石在细菌的作用下被氧化生成的,反应如下:$CuS + 2O_2 = X$,则X的化学式为　(　　)
　　A. CuO　　　　B. $CuSO_3$　　　　C. $CuSO_4$　　　　D. Cu_2SO_4

4. 从水分子分解示意图(图1)中获得以下信息,其中不正确的是　　　　(　　)
　　A. 水是由氢元素和氧元素组成的
　　B. 化学反应前后元素的种类不变
　　C. 在化学变化中,分子可分,原子也可分
　　D. 参加化学反应的物质总质量等于生成的物质总质量

图1

5. 根据质量守恒定律判断,铁丝在氧气中完全燃烧,生成物的质量　　　(　　)
　　A. 一定大于铁丝的质量　　　　　　B. 一定小于铁丝的质量
　　C. 一定等于铁丝的质量　　　　　　D. 不能确定

（二）能力培养

6. 在反应 A + B ——→ C + D 中,20 g A 与 7 g B 恰好完全反应,生成了 16 g C,则生成 D 的质量 （   ）

　　A.20 g　　　　　B.7 g　　　　　C.16 g　　　　　D.11 g

7. 下列验证质量守恒定律的实验中,能得出正确结论的是 （   ）

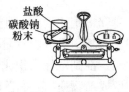

A.红磷燃烧前后质量的测定　　B.蜡烛燃烧前后质量的测定　　C.镁条燃烧前后质量的测定　　D.稀盐酸和碳酸钠溶液反应前后质量的测定

二、阶梯作业设计分析

阶梯作业的设计要以《化学课程标准》要求、教科书中为表现某一知识内容所选取的实例、学科特点及学生已有知识与技能水平为依据。因此,笔者将首先分析教材,明确《化学课程标准》要求及教科书呈现方式;然后据此确定符合学生水平的、满足《化学课程标准》要求的教学目标;最后综合上述两点分析说明阶梯作业设计的意图。

（一）教材分析

《化学课程标准》中将"质量守恒定律"按照内容标准划分在第四模块"物质的化学变化"中,并单独为其明确标准为"认识化学反应中的各物质间存在定量关系,化学反应遵守质量守恒定律;理解质量守恒定律的微观本质""认识定量研究对化学科学发展的重大作用",这为一线教师知识的传授标清了界限、指明了方向。

对"质量守恒定律"一节进行内容分析可知,该节内容通过"红磷在密闭容器中燃烧"及"铁与硫酸铜溶液反应"两个实验前后物质质量的变化,引导学生运用科学归纳法发现"参加化学反应的各物质的质量总和,等于反应后生成的各物质的质量总和"这一规律。引导学生在掌握质量守恒定律内涵的基础上,运用质量守恒定律解释"碳酸钠与盐酸反应"和"镁条在空气中燃烧"两个实验中为何反应前后天平并不保持平衡,在深化学生对于质量守恒定律内涵的认识的同时,锻炼学生分析实验、收集证据、逻辑推理的能力,为学生发展科学探究、证据推理核心素养打基础。

通过对上述四个实验的探究,学生已初步建立起"质量守恒定律适用于一切化学反应"的认识,在此基础上引导学生分析为何会存在这一必然,即从微观角度认识化学变化的实质,并将其与宏观质量相联系,解释化学反应中质量守恒定律始终成立的原因,培养学生宏观辨识与微观探析核心素养。

（二）教学目标分析

根据《化学课程标准》要求、知识内容特点及学生的实际接受能力，笔者确定教学目标如下。

（1）知识与技能：知道质量守恒定律定义；理解质量守恒定律内涵；能够从微观角度分析质量守恒定律的本质。

（2）过程与方法：通过对教科书中四个实验的探究，掌握分析化学反应前后物质质量关系的一般研究方法；锻炼根据实验现象提取关键信息、逻辑推理的能力；学会运用科学归纳法找到事物共性特点并定义。

（3）情感态度与价值观：体会定量研究对化学科学发展的重大影响；认识"物质不灭、质量守恒"的自然规律；培养科学严谨的求实精神。

根据《化学课程标准》要求和知识本身特点，确定本节课的教学重点为质量守恒定律的内涵。

根据知识本身特点及学生以往对知识的掌握情况，确定教学难点为质量守恒定律的本质。

（三）阶梯作业设计的意图

从"质量守恒定律"一节知识本身特点来看，它是学生走进定量分析世界的第一道门槛，而且涉及质量守恒定律本质的内容时，还要求学生有较好的抽象思维或模型认知能力。因此，该节内容对学生来说是具有一定挑战的。

根据笔者所在教育单位的学生以往对知识的理解接受表现来看，每当学习新知识时，大多数学生都需要教师精细地"搭建梯子"进行引导，一步一步、按部就班地分析题意、点明考点、阐述考点内涵、寻找解题突破口。因此，在多因素综合考量下，笔者所在教育单位化学教学组决定以夯实基础知识、满足大多数学生需要为主要思路设计阶梯作业。

该节课的阶梯作业共分为两个层次：基础诊断和能力培养。以基础诊断为主体考查《化学课程标准》要求内容和教学重点，以能力培养为补充丰富考查形式、巩固练习。具体内容分析如下。

第1题考查学生对于"质量守恒定律适用于一切化学变化，但不适用于物理变化"这一知识点的认识，也是对质量守恒定律内涵的考查。问法简单，选项中关键词设置明显，易于完成。

第2题和第3题创设问题情境考查学生对于质量守恒定律本质的理解。第2题根据化学反应前后原子种类不变进行设计；第3题结合化学方程式，对化学反应前后原子种类和数目不变都有涉及。解决这两道题要求学生在掌握这一知识点的基础上还要结合以往所学的元素符号、化学式的含义，考查更为全面。通过这两道题目的分析，学生可以发现在解决这一类型题时要从反应前后原子种类和数目入手，逐渐形成思维模型，为培养模型认知核心素养打下基础。

第4题属于较为典型的图形分析题，要求学生通过图形辨别反应前后原子种类和物质种类。题中选项的设置结合了元素、分子、原子等方面的知识,展现了化学学科宏观与微观相结合的独特研究视角,有利于发展学生宏观辨识与微观探析核心素养。从难度上来说,第4题对学生的知识储备有一定要求,较前三道题难度略大。

第5题是对质量守恒定律定义的考查。要求学生清楚地知道"参加化学反应的各物质质量总和等于反应后生成的各物质质量总和",从而演绎到该题中,认识到参加化学反应的铁丝与氧气的质量总和等于生成物的质量。该题本身难度不大,但学生易存在粗心大意的情况,认为质量守恒定律的关键在于"等于",从而错选。

第6题在第5题的基础上,结合具体数值要求学生根据质量守恒定律简单计算。该题的关键在于正确理解"恰好完全反应"的含义,表明所有反应物都已参加了化学反应,便可正确解答。

第7题结合已学的化学反应要求学生分析哪一组实验可用于验证质量守恒定律。学生知道质量守恒定律可适用于一切化学反应,但对"可用于验证质量守恒定律的实验需在反应前后表现为天平平衡"这一点,可能还未建立认识,结合该道习题可填补学生认识空白,还能够以该题选项为材料,引导学生分析为何某些化学反应前后天平并不保持平衡,培养学生科学探究核心素养。

综上所述,笔者所在教育单位化学教学组结合《化学课程标准》要求、教学内容、学生水平设计以上阶梯作业,望能够为广大教育工作者提供参考。

"勾股定理"阶梯作业设计案例

124中学 李艳

一、阶梯作业原文

勾股定理的逆定理阶梯作业设计(书面作业)

双基达标:

1. 以下列各组数据为三角形三边,能构成直角三角形的是 ( )

   A. 4 cm,8 cm,7 cm B. 2 cm,2 cm,2 cm

   C. 2 cm,2 cm,4 cm D. 13 cm,12 cm,5 cm

2. 已知三角形三边长为 a,b,c,如果 $\sqrt{a-6}+|b-8|+(c-10)^2=0$,则 $\triangle ABC$ 是 ( )

   A. 以 a 为斜边的直角三角形 B. 以 b 为斜边的直角三角形

   C. 以 c 为斜边的直角三角形 D. 不是直角三角形

能力提升:

3. 已知一个直角三角形的两条直角边分别为 5 cm、12 cm,那么这个直角三角形斜边上的高为_____。

拓展延伸:

4. 已知:如图1所示,在一块三角形土地上,准备规划出阴影所示部分作为绿地。若规划图设计中 $\angle ADC=90°$,$AD=8$,$CD=6$,$AB=26$,$BC=24$。

   (1)证明:$\triangle ABC$ 是直角三角形。 (2)求绿地的面积。

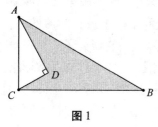

图1

勾股定理的逆定理阶梯作业设计(实践作业)

双基达标:

1. 正方形网格中,每个小正方形的边长都是1(图2),任意连接小正方形的顶点,分别画出以下图形。

(1) 画出线段 $AB = \sqrt{5}$。

(2) 画出线段 $CD = \sqrt{13}$。

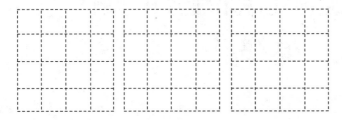

图2

能力提升：

2. 在 4×4 的正方形网格中，每个小正方形的边长都是 1，任意连接小正方形的顶点，画出一个直角三角形，使它的三边长都是无理数。

拓展延伸：

3. 用所学的勾股定理的知识画一幅"数学海螺"图片（图3）。

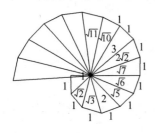

图3

二、教材分析

"勾股定理"是九年制义务教育课程标准实验教科书（人教版）八年级第二十四章的内容。勾股定理是学生在已经掌握了直角三角形有关性质的基础上进行学习的，它是直角三角形的一条非常重要的性质，是几何中最重要的定理之一，它研究了直角三角形三条边之间的数量关系，是解决直角三角形问题的主要依据之一，完美体现了数形结合的思想，在实际生活中用途广泛。教师应通过对教材中内容的讲解，培养学生的动手操作能力和分析问题的能力；通过实际分析、拼图等活动，使学生获得较为直观的印象；通过联系比较，理解勾股定理，以便于正确地进行运用。

三、教学目标分析

（1）知识目标：掌握勾股定理的逆定理的知识内容、勾股定理的知识体系，能够运用勾股定理解决一些实际问题。

(2)能力目标:通过观察分析,大胆猜想,并探索勾股定理,培养学生动手操作、合作交流、逻辑推理的能力。

(3)情感目标:体会数形结合和从特殊到一般的思想方法。

(4)教学重点:勾股定理的证明与实际应用。

(5)教学难点:熟练应用勾股定理的逆定理解决实际问题。

四、阶梯作业设计

(一)作业设计原则

(1)层次性原则。在作业设计过程中,我根据不同层次学生的实际学习情况,积极鼓励每名学生,在学习中尝试尽可能多地为他们创造练习计算能力的机会,帮助他们树立信心。在布置作业时,我设计阶梯式作业,为学生提供了不同的选择。

(2)针对性原则。遵循针对性原则,不但能巩固和强化课堂教学效果,而且可以延伸课堂教学内容。根据教学内容的重点、难点及学生的薄弱环节、易错点等方面及时检查学生的学习情况,弥补课堂教学盲区。

(3)适度性原则。本次作业是针对知识技能培养过程与方法训练的提升而设计的,选配的习题具有科学性和适度性。考虑到本节课的知识结构体系及其与前后知识之间的联系,在设计阶梯作业时既兼顾学生复习前面学到的知识,又巩固本节课所学的知识,建立新旧知识之间的联系。

(4)差异性原则。我将学生分为A、B、C三层。在设计作业时,遵循坚持面向全体、兼顾差异的原则。根据不同层次学生的学习基础、学习能力,使每名学生都有完成作业的能力与机会,关注每名学生个性发展的要求,分层次为他们设计个性化作业,让学生基于自身的实际情况高质量地完成作业,从而达到提质增效的目的。

(二)作业设计方案

为了让学生掌握勾股定理及其逆定理的应用,我将教材上的习题、巩固卷上的习题及其他教学资源进行了融合与拆分重组。

我把作业分成两种形式:

一是书面作业,为基础巩固型作业,是阶梯作业卷的形式。

二是实践作业,为创新活动型作业,是动手操作画图的形式。

第一部分是书面作业:我将学生分为A、B、C三层,将作业分为双基达标、能力提升、拓展延伸与之对应。

双基达标作业设计目的和意图:C层学生属于中下等学生,采用基础选择题的方式对勾股定理的逆定理最基础公式进行训练与考查,旨在巩固基础定义及公式。为C层学生选配了两道选择题。第1题是直接运用勾股定理的逆定理进行判断的,满足两较小边的平方和等于最长边的平方,即可判断为直角三角形。第2题是在上一道题的基础上加入了非负性运算,分别为零,求得$a=6,b=8,c=10$,从而根据逆定理判断此三角形为直角三角形。这两道题适用于所有学生,是为了培养学生对勾股定理的逆定理的理解和运用,难度系数较低,能够增强基础薄弱学生的自信心。

能力提升作业设计目的和意图:B层学生属于中上等学生,基础知识已经具备,增加考查逆勾股定理能力型的填空题,有助于提升学生的综合解题能力。

为B层学生选配了一道关于勾股定理及等面积法的运用的填空题,解题方法不唯一,也可借助双勾股设参数根据高的关系联立方程求解,是对已学知识的复习巩固。既有勾股定理知识层面的考查,也具有综合性,适合大部分同学解答。不仅培养了学生的计算能力,也兼顾到学生分析及独立画图的能力。

拓展延伸作业设计目的和意图:A层学生属于优等生,增加逆定理运用的解答题,训练学生的过程书写及解题步骤的规范性,拓展学生的几何思维,提升学生灵活运用所学知识的能力。为A层学生选配了一道综合型解答题,由$AD=8,CD=6$,得出$AC=10$,根据AC、AB、BC的长,运用勾股定理的逆定理,证出$\triangle ABC$是直角三角形。第二问求绿地的面积为不规则图形,需要借助面积和差来求解,考查学生灵活运用知识的能力。这类综合题适合给学生进行培优方面的训练,对有能力的学生提出更高的要求,对以后知识综合型拓展和运用起到铺垫与辅助作用。

第二部分是实践作业:让学生动手画图。学生可以自行选择画笔的颜色,在4×4的网格中作图。网格作图在考试中也有涉及,具有较强趣味性。

设计目的和意图:让学生自己动手画一些特殊的线段,或者画一些特殊的图形,没有复杂的计算,没有解题步骤的限制和要求,对操作形式没有固定的规范化要求,在增加趣味性的同时也可以加深学生对勾股定理的理解和运用。让学生充分感受到数学也是极具美学的一门学科,也可以充满无限乐趣,既降低了学生的学习压力,也渗透了数学思想,更能锻炼学生的综合素质和学科素养。

"金刚石、石墨和 C_{60}"阶梯作业设计案例

125 中学 丁书娟

一、阶梯作业原文

"金刚石、石墨和 C_{60}"第一课时

核心基础作业:

1. 通过阅读我知道碳元素能组成的单质有:_____等。

2. 金刚石有哪些物理性质?其对应的用途有哪些?
_____。

3. 石墨有哪些物理性质?其对应的用途有哪些?
_____。

4. 金刚石的结构是_____,石墨的内部结构是_____。
石墨最软、金刚石最硬,金刚石和石墨的性质为什么有差异?
_____。

5. 木炭、活性炭因为内部结构是_____,因此都具有吸附性,吸附性是_____性质(填"物理"或"化学")。

6. 一个 C_{60} 分子是由_____个碳原子构成的,它形似足球,有可能广泛用于_____等领域。C_{60} 是由碳元素组成的_____("纯净物"或"混合物"),因此 C_{60} 是碳的一种_____("单质"或"化合物")。

课上学习目标确定:

课堂学习中我要解决以下问题:_____。

能力提升作业:

一、选择题

1. 常温下,金属具有导电性,但部分非金属也能导电。例如 (   )
   A. 硫   B. 石墨   C. 红磷   D. 金刚石

2. 填涂答题卡使用 2B 铅笔,2B 铅笔的主要成分是 (   )
   A. 铅   B. 石墨   C. 二氧化锰   D. 金刚石

3. 炭雕既是一种工艺品,又是一种实用的室内空气净化器。它能净化空气是因为
   (   )
   A. 活性炭的吸附性   B. 碳的颜色

C. 碳的导电性　　　　　　　　D. 碳的可燃性

4. 下列说法正确的是　　　　　　　　　　　　　　　　　　　　　　（　　）

　　A. 石墨、金刚石、C_{60} 都是由碳元素组成的，所以它们的性质相同

　　B. C_{60} 是一种由 60 个碳原子构成的分子，所以属于化合物

　　C. 石墨有良好的导电性，可以做电极

　　D. 金刚石很硬，所以可以做装饰品

二、填空题

1. 图1、图2、图3 分别是金刚石、石墨和 C_{60} 的结构示意图，图中小黑点均代表碳原子。

图1　　　　　图2　　　　　图3

金刚石、石墨和 C_{60} 的物理性质有较大差异，原因是什么？

2. 向盛有红棕色 NO_2 气体的烧瓶中投入若干木炭，连接装置（图4），稍待片刻，看到的现象是

(1) _____。

(2) _____。

原因是 _____。

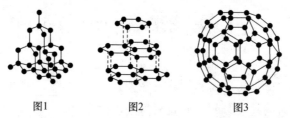

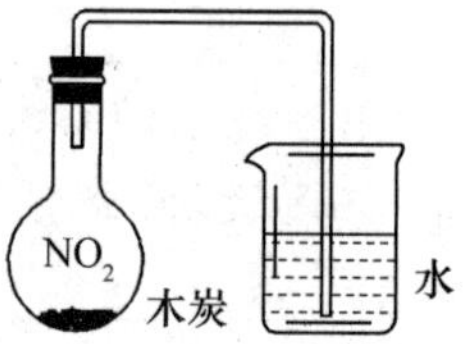

图 4

木炭为什么具有这种性质？物质的性质和用途之间是什么关系？

挑战自我作业：

1. 炭雕（主要成分是木炭）是一种集观赏和空气净化为一体的工艺品，下列说法错误的是（　　）

　　A. 炭雕是质轻透明的固体　　　　B. 炭雕的摆放要远离火种

　　C. 炭雕艺术品可以长久保存　　　D. 炭雕能吸附室内微量的甲醛等有害气体

2. 下列关于碳的几种单质的组成和用途的说法，错误的是　　　　　　（　　）

　　A. 璀璨夺目的天然钻石是由碳元素组成的

　　B. 长期未用而难开启的铁锁，可在锁孔中加入少量铅笔芯粉末做润滑剂

　　C. C_{60} 的相对分子质量为 720

　　D. 金刚石和石墨的物理性质相差很大，是因为它们的组成元素不同

3. 下列物质的用途主要由其化学性质决定的是　　　　　　　　　　　（　　）

　　A. 制糖工业用活性炭脱色来制白糖　　B. 金刚石可切割大理石

　　C. 用石墨做铅笔芯　　　　　　　　　D. 用氧气抢救病人

4. 推理是一种重要的化学思维方法,以下推理合理的是 （　　）
A. 因为 H_2O 和 H_2O_2 的组成元素相同,所以它们的化学性质相同
B. 氧化物一定含有氧元素,所以含有氧元素的化合物一定是氧化物
C. 金刚石、石墨都是由碳元素组成的单质,所以它们的物理性质相同
D. 分子、原子都是不带电的粒子,但是不带电的粒子不一定是分子、原子

5. 下列物质中一定是纯净物的是 （　　）
①木炭;②纯净的金刚石;③铅笔芯;④黑火药;⑤冰水混合物
A.①③　　　　B.①②③　　　　C.②③　　　　D.②⑤

6. 石墨炸弹爆炸时能在方圆几百米范围内撒下大量的石墨纤维,造成输电线路、电厂设备损坏。这是因为石墨 （　　）
A.有放射性　　B.能导电　　C.易燃、易爆　　D.有毒性

二、阶梯作业设计分析

（一）教材分析

《金刚石、石墨和 C_{60}》是人教版八年级第六单元课题1的内容。本课内容在整个初中化学学习过程中占有重要的地位,本单元和本课题的学习不仅是初三学年学习的重点内容,而且是学习一氧化碳和金属冶炼知识的基础,也是中考中的重要知识点。《化学课程标准》对本节课的要求是能区分单质和化合物,认识物质的多样性。

化学学科核心素养要求学生具有宏观辨识与微观探析的能力。对于金刚石、石墨和 C_{60} 的微观结构的学习,教师应该引导学生学会透过现象看本质,从而更好地理解物质的结构决定性质、性质决定用途的一般规律。

化学学科素养要求学生具有变化观念与平衡思想。本节课通过从物质的结构、主要性质等方面解释金刚石和石墨的本质,使学生更好地认识微观物质的转化本质。

化学学科素养要求学生具有证据推理与模型认知能力。让学生通过对金刚石、石墨和 C_{60} 的微观结构模型的认知,理解结构与性质的联系。

化学学科素养要求学生具有科学探究与创新意识。让学生通过木炭、活性炭对红墨水的吸附实验,学会用对比实验的方法来解决实际问题。

化学学科素养要求学生具有科学精神与社会责任。本节课通过了解碳的多种单质在生活生产及科技中的应用,使学生学会用发展的眼光看问题;通过对碳单质的一些新形态(如石墨烯)的了解,让学生感受化学给社会发展带来的巨大变化,赞赏化学对人类生活和生产所做的贡献。

（二）教学目标分析

根据本节课的内容和特点,我确定了以下教学目标。

1.知识与技能

(1)了解金刚石、石墨的物理性质,知道碳的化学性质。

(2)知道不同元素可以组成不同的物质,同一种元素也可以组成不同的物质。

2. 过程与方法

(1)通过实验探究法对金刚石、石墨的性质进行体验和感悟。

(2)通过对比分析和讨论法认识物质的性质在很大程度上决定了物质的用途。

3. 情感态度与价值观

通过对碳单质的认识感悟科学发展的无止境,发展持续学习的能力。

4. 教学重难点

对结构决定物质性质、性质决定用途的理解。

(三)阶梯作业设计的意图

1. 教学重点阶梯设计的体现

本节课的教学重点是金刚石、石墨性质和用途的学习,同时理解物质内部结构决定物质性质这一因果关系。在作业中通过核心基础作业引领学生回归教材,以教材学习为基础拓展对新知识的认识。

在能力提升作业中,本节课的重点是在理解金刚石、石墨内部结构的基础上理解其物理性质和一般用途,从微观角度对其内部结构和性质关系进行深度剖析。

在挑战自我作业中,主要是对金刚石、石墨的结构和性质的再理解。让学生综合运用本课知识,实现能力上的突破和提升,其目的是层层递进,将知识从课本内延伸到课本外,从而提升学生解决问题的能力,达到对教材知识的真正理解、对思维方式的科学性训练的目的。

对于所学内容重难点的阶梯设计,可以使学生由浅入深、循序渐进地理解和消化相关知识,符合学生的学习规律,也符合中考的要求,更能够逐步提升学生的学习能力、解题能力和运用知识的能力。

2. 作业难度设计的意图

教材在本节课的设计注重了实际应用,在整册书中知识安排比较居中,是一种从表象到本质的探究设计。现阶段学生已经从生活经验中对金刚石、石墨有了一定的了解,也知道了木炭可以在氧气中反应,为本节课的学习奠定了一定的基础。

根据教学目标和教学重难点,以及学生的学习现状,我将作业设置为核心基础、能力提升和挑战自我三个层次。本课题学习中学生容易出现以下问题。

(1)概念辨析存在问题。因此,我在核心基础作业中设置了金刚石、石墨结构对比的填空,活性炭内部结构分析的填空。在能力提升作业中设置了理解性判断,纯净物、混合物、单质和化合物的辨析。

(2)易将具体事实上升为一般规律。例如,认为物质的结构疏松多孔,则它一定具有吸附能力。因此,我在核心基础作业中对于物质结构和性质关系规律进行了归纳。在挑战自我作业中,也设置了物质的元素组成和结构的相关辨析。

(3)理解物质结构决定物质性质时出现困难,影响物质物理性质的判断和辨析。因此,在阶梯作业中我也设置了相应的习题对学生加以训练。

首先,教师应结合学生容易出现的问题设置相应的作业,有针对性地解决问题;然后,根据作业的批改反馈,查找出共性问题,展开后续的复习和教学,这样能更有针对性和实效性。本课阶梯作业的设计符合现在学习的难易程度,也比较符合学生的思维认知的难度,但后期仍然需要在素材的选取、情境创设、问题设计等方面进一步加强。

3. 学科核心素养体现

阶梯作业的布置既要体现"双减"政策下的提质增效,又要提升学生的学科核心素养。在阶梯作业的布置中,我也十分注重提升学生的化学学科核心素养。

(1)宏观辨识与微观探析。

例题:

下列叙述正确的是 （   ）

A. 金刚石和石墨是由碳原子构成的,所以碳60也是由碳原子构成的

B. 金刚石是天然最硬的物质,所以石墨的硬度也很大

C. 石墨和活性炭应该具有相同的性质

D. 金刚石是最硬的物质

解析:此题正确答案为 A。金刚石是天然最硬的物质,但石墨却是最软的矿物之一,因为二者的内部结构不同,所以性质差异大。宏观上它们是由同种元素组成的,但微观上粒子构成差别大。石墨和活性炭内部结构也不同,金刚石是天然最硬的物质,但不是所有的物质中最硬的,因为人工可以合成更硬的物质。此题的设置,考查了学生的微观结构辨析能力,提升了学生宏观、微观概念的学科素养。

(2)变化观念与平衡思想。

例题:

使石墨变成金刚石的转化过程不一定包括 （   ）

A. 升高温度   B. 变化前后质量不变   C. 增大压强   D. 将石墨粉碎

解析:此题正确答案为 D。本题考查了金刚石和石墨间的转化问题,金刚石和石墨内部的组成元素是固定不变的,而石墨粉碎对于这个转化过程没有任何帮助,这个化学反应体现物质变化过程中动态平衡的思想,此题能够提升学生变化平衡的学科素养。

(3)证据推理与模型认知。

阶梯作业中关于微观模型的解读问题,能够提升学生的模型认知能力。金刚石和石墨的内部结构探析本身就是一种化学模型建立。通过物质间的转化,学生可以推知物质的转化规律和不同物质间的联系。

(4)科学态度与社会责任。

例题:

对于冰箱除味剂的分析,下列说法不正确的是 （   ）

A. 冰箱除味剂内是活性炭

B. 冰箱除味剂可以用环保活性炭包代替

C. 冰箱除味剂可以使用更昂贵的石墨

D. 冰箱除味剂中可以放入木炭代替活性炭

解析：此题正确答案为C。本题考查的是活性炭和木炭的吸附能力。C选项没有理解石墨和活性炭之间的本质区别。此题的实例是生活中的具体事例，既贴近生活，又能激发学生的学习热情和对生活中物品的探究。此题的设置目的是让学生体会化学与生活的密切联系，从而培养学生学习科学的正确态度和社会责任感，有助于学生树立正确的学习观和努力学习的美好愿望。

阶梯作业的设计和设置，无论是从平时课堂教学的角度还是从学生科学发展的角度来看，都是一种行之有效且科学的检测技巧，是需要教师在教育教学领域不断探索和研究、不断创新的长久课题。在今后的教学中，我会继续坚持以《化学课程标准》和化学学科核心素养为基础，不断探索、总结、改进，期望在不久的将来能在阶梯作业的探索中获得更大的成果。

"弹力 弹簧测力计"阶梯作业设计案例

124中学 李颖

在"双减"政策背景下,为了避免出现重复性无效作业,尽量使作业设计符合学生年龄特点和心理规律,作业的形式必须多样且分层;为了激发学生学习兴趣也可以增加一些实践性、操作性等体验类作业。要做到作业设计既面向全体,又兼顾个体差异,我校初三物理备课组积极探索分层作业、弹性作业、个性化作业的设计。下面我就以第七章第三节"弹力 弹簧测力计"课程为例,阐述本节课阶梯作业的设计意图和理念。

一、阶梯作业原文

双基达标作业:

1. 下列关于弹力的说法中正确的是　　　　　　　　　　　　　　　　（　　）
   A. 相互不接触的物体间也会产生弹力
   B. 拉力不属于弹力
   C. 压缩的弹簧能产生弹力
   D. 相互接触的物体间一定存在弹力

2. 一辆汽车停在水平路面上,汽车与路面之间的相互作用力为　　（　　）
   A. 汽车的重力和路面对汽车的支持力
   B. 路面对汽车的支持力和汽车对路面的压力
   C. 汽车的重力和汽车对路面的压力
   D. 以上说法均不对

能力提升作业:

1. 使用弹簧测力计的方法为
   (1) 首先将指针调到_____。
   (2) 使用前将挂钩来回拉动几次的目的是_____,用力方向与_____一致。
   (3) 读数时视线应与_____垂直,与_____相平。
   (4) 使用弹簧测力计时不准超过它的_____。

2. 物体A、B所受拉力F_1与F_2的示意图如图1所示,由图可知（　　）
   A. $F_1 > F_2$
   B. $F_1 = F_2$
   C. $F_1 < F_2$
   D. 无法判断F_1和F_2的大小

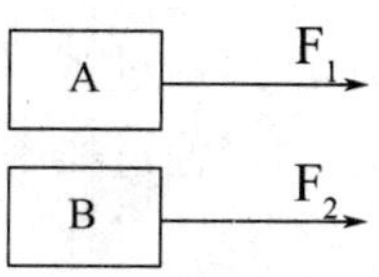

图1

拓展延伸作业：

如图2所示，小球收到细线10 N的拉力悬挂在天花板上，请画出它所受的拉力的图示。

图2

二、教材分析

"弹力 弹簧测力计"是义务教育教科书（教育科学出版社）八年级下册第七章第三节内容。《物理课程标准》中要求："通过常见事例或实验，了解弹力；学会测量力的大小。"通过对前面内容的学习，学生已有一定的"力"的知识储备，知道可从力的作用效果来认识力的产生；对弹力的感性认识也较好，生活中形形色色的弹簧随处可见，因此教学中可以很自然地激发出学生热爱物理、探索物理的情感。弹力是一种应用广泛的力，与学生生活联系紧密，弹力又是一种较复杂的力（如弹力三要素的分析等），对学生的认知水平要求较高。因此，教材从初中学生的实际需要出发，对弹力的概念只要求学生"了解"，而将重点放在弹簧测力计的认识和使用上。这种编排方式充分体现了"从生活走向物理，从物理走向生活"这一《物理课程标准》理念。

本节课要培养的学科核心素养是使学生在物理学习的过程中，形成对物理知识的基本认知，并且能够将其转化为相关的物理能力，可以让学生养成从物理的观念去看待生活的习惯，能够帮助学生更好地认识、了解自然和社会。

三、教学目标分析

（一）知识与技能

(1)了解弹力及弹力产生的条件。
(2)了解弹簧测力计测量力的原理。
(3)会正确使用测力计测量力的大小。

（二）过程与方法

(1)通过观察和实验了解弹力产生的原因，了解生活中常见的弹力。
(2)通过实验，探究并验证弹簧的伸长与拉力的关系，了解弹力产生的原因及条件。

(三)情感态度与价值观

(1)对周围生活中弹力应用的实例有浓厚的兴趣,体会科学技术的价值。

(2)通过对弹簧测力计使用的探究,培养学生乐于探索日常用品中的科学道理的习惯及探索新事物的能力。

(四)教学的重难点

(1)明确弹力的定义。

(2)弹簧测力计的原理。

(3)弹簧测力计的测力过程及使用方法。

四、阶梯作业设计分析

1. 层次分明的设计目的

根据不同学生的实际学习情况,为了使不同层次的学生在学习过程中都能有相应的收获与成就感,我把作业分成三个梯度:双基达标作业、能力提升作业和拓展延伸作业。其中,"双基达标作业"针对的是学习成绩处于中下游的学生,采用的是基础选择题的形式,只针对本节课"弹力"的定义和产生条件做简单的考查,使学生能较为轻松地解决问题,树立学习的信心。"能力提升作业"则是针对学习成绩处在中上等的学生,这类学生的基础知识已经掌握,需要考查学生对弹簧测力计的原理及使用方法的学习情况。所以在这里,增加了这方面知识的填空题,使学生可以通过做题巩固本节课重点知识,并进一步夯实基础,使学生在做题过程中能力有所提升。"拓展延伸作业"针对的主要是优等生,把这节课的重点知识与上节课的知识点结合在一起,对学生进行培优训练,考查学生对理科知识的逻辑关系的掌握情况,对能力强的学生提出更高的要求,并为之后的学习做铺垫。

2. 作业难度设计的意图

根据教材及我校学生学习的现状,我认为把作业分为三个梯度是较为合适的。对于学习有困难的学生,不要太心急,对他们降低要求,只要先把本节课最基本的知识点——弹力的定义掌握好即可,降低习题的难度,让这部分学生也能较为顺利地完成,增强基础较薄弱的学生学习的自信心;而对于我校中等及中等偏上成绩的学生,解决基础的选择题会感觉很轻松,因此就鼓励他们继续挑战,应对一些具有难度的填空题,有助于提升这部分学生对本节课"弹簧测力计的原理和使用"知识更深层次的理解,如果每节课都能做到夯实基础知识并对知识有一定深入的思考,相信有助于培养这部分学生的物理思维和解题能力;而对于少数的能力较强的学生,只考查基础知识显然是不够的,对于这些优等生,我增加了知识点的整合,使其能站在更高的角度看待问题、解决问题,希望通过这种长期的训练,培养学生的综合解题能力。

精雕细"课" 减负提质落双减
——初三英语阶梯作业设计和布置的研究

124中学　李娟

一、学情分析

初三学生的特点是活泼好动,积极性较高,但是由于所掌握的英语知识有限,并不能运用英语准确地表达自己的观点,这就需要教师在课堂上进行及时的引导和有效的指导。通过创设情境和任务,引导学生思考,使学生在拓展知识的基础上,在综合语言运用能力方面,特别是读写方面得到进一步的提高。课程目标结构如图1所示。

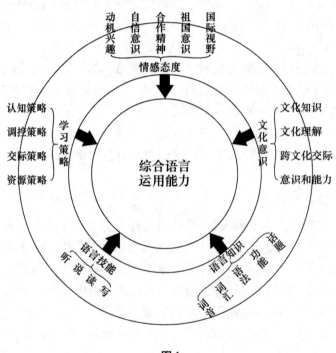

图1

二、教学设计

(一)教学目标

1. 语言知识目标

(1)复习一般将来时态的构成。掌握生词 own、personal、relationship。
(2)能够综合运用一般将来时态及所给的提示词来完成阅读填空的任务。
(3)能够综合运用所学的知识来学习写作自己的新年决心。

2. 情感态度与价值观目标

每个人都有自己的梦想和对未来的打算,对于将来想要从事的职业也充满了憧憬。因此,可以通过学习本单元的内容来激发学生的学习主动性和学习兴趣,使他们明确自己的理想,并为实现理想而不断努力。

(二)教学重难点

1. 教学重点

(1)能够综合运用一般将来时态及所给的提示词来完成阅读填空的任务。
(2)能够综合运用所学的知识来学习写作自己的新年决心。

2. 教学难点

能够综合运用所学的知识来学习写作自己的新年决心。

(三)英语学科教学的反思

当前,英语学科教学通常是在教授语言知识的基础上,培养和发展英语交际技能。英语学科核心素养要求英语学科教学,内在形成文化品格和思维品质,实现塑造英语人文素养的目标;外在发展学习能力和语言能力,实现使用英语进行交际的目标。

模块化的教学方法割裂了语言学习的整体性,教学活动呈模块化、表层化和碎片化。用整合关联的教学方法进行教学设计,既可融语言能力、思维品质和文化品格于教学内容和教学过程中,也可采用情境式、体验式、探究式和项目式的教学方法实现对英语的深度学习,从而形成语言思维和语言文化的深度融合,达成核心素养的教学目标。英语核心素养关系图如图2所示。

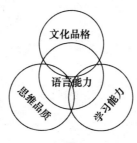

图2

1. 情境教学

传统的词汇、句法、语法的语言教学比较抽象、枯燥乏味且不易理解。采用生动、具体、可视的情境进行语言教学,能够提高学习的参与感和体验感,使学生切实体验和真实感受到语言的表达和语义的功能,在人与情景的互动中和发展素养的过程中,促进学习活动从表层理解进入深层体验。

2. 语篇教学

模块分割式教授语言知识和语言技能的教学方法,割裂了语言能力、思维品质和文化品格的整体性、关联性和统一性。运用语篇教学方法,使学生融入特定的语篇情景,并在教学活动中融合语言知识、文化知识、文化内涵、价值取向和思维取向,培养学科核心素养。

3. 设计问题

课堂提问是良好的师生互动的教学设计,也是教师对学生进行语言输入和学生语言输出的重要途径之一,为衔接教学内容与教学活动提供了必要的契合点。在教学中设置悬念型问题、思考探究型问题、解决问题型问题和质疑型问题,能更好地培养学生的思维品质,发展其思维的逻辑性、分析性、批判性和创新性,还能拓展其用英语进行多元思维的能力。使用思考探究与解决问题相结合的提问设计,能够帮助学生厘清文章脉络,为后续写作打下基础。

三、阶梯作业设计和布置的研究

"Unit 6 I'm going to study computer science. Section B 3a – 3c"作业设计见表1、表2、表3。

表1 夯实基础作业

作业全文	布置意图	完成标准
Task 1:Translate the phrases into English. 1. 帮助做某事 _____ 2. 使某人成为一个更好的人 _____ 3. 使某人的生活更容易 _____ 4. 打算做某事 _____ 5. 下决心 _____ 6. 个人进步 _____ 7. 学着做,开始做 _____ 8. 学习唱歌 _____ 9. 使我的家人高兴 _____ 10. 听音乐 _____	依据教参巩固本节课已学的重点词汇和表达。通过汉译英练习和用所给词的正确形式填空的练习检查学生对重点知识的掌握情况。 核心素养1 会制定目标:个人提升	完成过程中注意单词拼写、字母书写,填写词汇的正确形式 建议用时:6分钟

续表

作业全文	布置意图	完成标准
Task 2: Fill in the blanks with the correct forms of the words in the brackets. 1. Could you help me _____ (improving) my English? 2. I am going to make four _____ (resolution) about my own personal improvement. 3. We are going to take up _____ (paint). 4. _____ (listen) to music is a great activity because it can make you relaxed. 5. You should learn to _____ (finishing) your work by yourself.	核心素养2 独立完成作业	完成过程中注意单词拼写、字母书写,填写词汇的正确形式 建议用时:6分钟

表2 巩固提高作业

作业全文	布置意图	完成标准
Task 3: Fill in the blanks in this passage with the correct forms of the given words in the box. write, resolution, foreigner, truly, hard, keep on, create, people Today is the first day of the new term. At the beginning of the class, Mr. Chen asked us what our New Year's (1) _____ were and what we wanted to be in the future. Here are some of my classmates' answers. 　　Helen said, "I want to be a doctor because I want to save (2) _____ lives. To make my dream come true, I'm going to study much (3) _____ so that I can get into a good university to study medicine." Li Jun said, "Like (4) _____ people, I always have many interesting ideas. And I'm good at (5) _____. So I hope to be a writer in the future. To become a writer, I'm going to (6) _____ writing articles and send them to magazines and newspapers." Tony said, "Many people think I'm good at talking. And it's (7) _____. I am! When I grow up, I want to be a guide and show people around different countries. To make their trips to (8) _____ countries easier, I need to learn to speak different languages." 　　1. _____ 2. _____ 3. _____ 4. _____ 5. _____ 6. _____ 7. _____ 8. _____	考查学生的语篇理解能力,以及根据上下文语境灵活使用所给词汇并补全语篇的能力 核心素养3 每个人都有自己的梦想和对未来的打算,对于将来想要从事的职业也充满了憧憬	完成过程中注意填空前后文语篇含义,注意词汇搭配的正确使用及填写单词的正确形式 建议用时:6分钟

表3　追求卓越作业

作业全文	布置意图	完成标准
Task 4：Make your own resolutions by using the given sentence patterns. Example： T：What is your resolution? S：I am going to ＿＿＿＿＿＿＿＿＿＿． T：How are you going to do that? S：I am going to ＿＿＿＿＿＿＿＿＿＿． T：Why are you going to do that? S：Because ＿＿＿＿＿＿＿＿＿＿．	锻炼学生能够使用本单元词汇准确表述"决心"话题相关语句。考查学生在对话中使用目标词汇和目标句型的能力。 实践型作业可以帮助学生运用英语，将已有的知识经验和他们的实际生活联系起来，从而树立目标，积极向上。 核心素养4 激发学生的学习主动性和学习兴趣，使他们更加有理想，并为实现自己的理想而不断努力	句子和语篇中的词汇拼写、语法使用要求准确，书写清晰工整，可以将身体健康、人际交往、提升学习等话题内容加入写作任务中 建议用时：5~8分钟

作业不在多而在精。这些作业可以要求学生对照完成，也可以让学生"抱团完成"追求卓越作业。在倡导独立自主学习的时候，合作学习其实也是培养自主学习能力的方法之一，能够让学生之间相互"取长补短"。

四、作业评价

教学评价方式不以考试成绩作为单一的考核方式，而是结合课外活动、实践活动作业等形式对学生进行多方面、多维度的学习效果检测。考核内容包含语言能力和思维品格。语言能力考核包括对语言知识技能和跨文化交际能力的考核，目的是考查英语语言学科的功能性价值；思维品格的考核包括对人文素养、社会担当、批判思维、创新思维、科学思维和英语思维能力的考核，其目的是考查英语学科的育人价值。思维品格的塑造是以后作业设计中需要提升的。

因此，英语教师要不断探索英语学科核心素养教学研究，为教学提供新鲜的知识和理念，既能科学地激发学生的学习兴趣，也能有效地提升英语学科的教学能力。英语教师只有读懂、读透教材，深刻解读教材内容和《英语课程标准》，了解教材体系及其设计意图，才能充分利用课程资源，科学设计课程和作业。

阶梯作业设计之寒假作业

124 中学　刘业胜

一、阶梯作业原文

基础达标作业：

1. 请将下列词语准确、认真地写在下面横线处

聚拢　　白篷船　　疏朗　　喝彩　　驿站

漂渺　　飘渺　　缥缈　　惧惮　　絮叨

2. 背诵并抄写古诗

春　　望

唐代　杜甫

国破山河在，城春草木深。感时花溅泪，恨别鸟惊心。
烽火连三月，家书抵万金。白头搔更短，浑欲不胜簪。

能力提升作业：

倾　　听

　　人生在世，不管是谁，都有着倾诉的需要，小孩、老人、年轻人都是这样。人在高兴、得意、顺利时有这种需要，在失意、烦恼、不顺时，更会有这种需要。倾诉，是人生而具有的一种天性。

　　倾诉以倾听为条件。既然人人有倾诉的需要，那么，人人也就有倾听的义务。但我们看到，虽然人们希望能有人倾听自己的倾诉，可在对待倾听上，却表现出各式各样的态度，或心不在焉，或冷淡漠然，或如坐针毡，或反客为主，如此等等。

　　近日看到一篇文章，说一个小女孩放学后问她妈妈："你最想要什么？"妈妈先说最想要她好好学习，有好成绩。孩子说："你不要老在我身上打转。"妈妈又说想要大房子，最后随口说想要有个新包替换已破损的旧包，同时气狠狠地训孩子，让她快写作业。孩子"碰了个大钉子"，含泪去写。第二天，妈妈看到桌上放了一个新包，旁边纸条写着："妈妈，今天是你的生日，我用省下的零花钱买了个小礼物送给你。"妈妈看后，流下了泪，后悔昨晚的粗暴。不会倾听，不屑于倾听，既会对人造成伤害，还会丧失相互沟通的

机会。

另一种人们通常不爱倾听的是老年人的倾诉,觉得絮叨麻烦,或是陈芝麻烂谷子,没听上两句,就会打断,说"知道了知道了",一脸不耐烦,口气硬得像石头。老人只有把话打住,无奈地叹气。这会多伤老人的心啊!老人为何会感到孤独寂寞?很大程度上是因为缺少倾诉的机会。

不善于、不乐于倾听的情形所在甚多,实在是人世间一大不幸。不会倾听是精神世界的大缺陷,也是世间的大缺陷,所以,才有欧阳修的"酒逢知己千杯少"、鲁迅的"人生得一知己足矣"之叹。足见倾听的重要和宝贵。要让别人倾听自己,需要自己能够倾听别人。曾有智者告诉我们,倾听要设身处地,要全神贯注,要心灵相通,要悲喜与共。倾听并不要求有多少技巧,只要诚心倾听,倾诉者就会感到,而倾听也就会变成一种很愉快的事情,并在自己需要倾诉时也有诚心的倾听者。

让我们都学会倾听,能倾诉和倾听的世界我们大家都需要。

1. 记录让你心动的句子

_____

_____

2. 写出读了本文后你对生活的理解和感悟

_____

二、阶梯作业设计分析

(一)教材分析

《语文课程标准》明确要求:初中生要熟练书写正楷字,背诵优秀诗文。具有独立阅读文本的能力,欣赏文学作品能有自己的情感体验,初步领悟作品内涵,从中获得对自然、社会、人生的有益启示。

审美鉴赏与创造是学生语文学科核心素养的重要组成部分,也是语文学科核心素养形成和发展的重要表征之一。

(二)教学目标分析

寒假是巩固提升学生语文学科核心素养的黄金时间段。学生每天写10个词语,背一首古诗,读一篇散文。通过读、背、写三种训练,来提升学生的语文能力,丰富他们的精神世界。

(三)阶梯作业的设计意图

现结合寒假作业中的一例来阐述阶梯作业的设计。寒假作业按照学校要求,设计了基础达标作业和能力提升作业。

（1）在基础达标作业中设计10个字词抄写。这是八年级下册第一单元中的10个词语，要求工整书写，预计用时3分钟。诵读并背诵杜甫的《春望》，预计用时10分钟。这首古诗是八年级上册的选编课外推荐古诗，虽说是课外古诗，但却是哈尔滨市中考的常见篇目。正确抄写10个词语，巩固背诵中考重点古诗，是这次寒假作业的重点，累计时长13分钟，符合"双减"政策要求。

（2）在能力提升作业中，设计了品读哲理散文《倾听》，设计两个题目"记录让你心动的句子"和"读了本文后你对生活有了哪些理解和感悟"。这篇散文阐述了倾听和倾诉两者的关系，符合青春期孩子的心理特点，容易引起共鸣，找到自己喜欢的句子抄写并积累，进而影响他们的文字表达是摘录好句的设计意图。品读文字是审美鉴赏，学生从中能获得对生活、社会、人生的有益启示，能够培养高尚的道德情操、健康的审美情趣和积极的人生态度。说出自己的理解，要结合不同的人生经历和体验，这又是个性表达，是学生综合运用知识，发展和表现个人天赋的舞台。这是这次寒假作业中的难点。

（3）在基础达标作业中主要培养"语言建构与运用"的学科核心素养。在能力提升作业中，通过理解文本，表达自己的体验和感悟，培养"审美鉴赏与创造"的学科核心素养。

总之，培养学生的学科核心素养是当下语文教学的重要目标之一，我将积极更新自己的教学理念和教学模式，在"双减"政策背景下，利用阶梯作业的契机，积极探索减负增效，让学生学有所获。

"有理数"阶梯作业设计

124 中学　　董静艳

一、阶梯作业原文

双基达标作业

1. 在同一数轴上，A 点表示 -3.9，B 点表示 2.8，那么到原点的距离较远的点是_____点，A、B 两点间相距_____个单位。

2. _____的绝对值是它本身；_____的绝对值是它的相反数。

3. 计算：

   (1) $-3^2 =$ _____　　　　　　(2) $(-3)^2 =$ _____

   (3) $-3^3 =$ _____　　　　　　(4) $(-3)^3 =$ _____

   (5) $-(-3)^2 =$ _____　　　　　(6) $-(-2)^3 =$ _____

   (7) $\left(\dfrac{3}{4}\right)^2 =$ _____　　　　　(8) $\dfrac{3^2}{4} =$ _____

能力提升作业

判断：

4. a 是有理数，如果 $-a < 0$，那么，a 的绝对值大于 0　　　　　(　　)

5. 符号相反的数是相反数　　　　　　　　　　　　　　　　　　　(　　)

6. a 的倒数是 $\dfrac{1}{a}$　　　　　　　　　　　　　　　　　　　　(　　)

7. 如果 $a > b$，那么 $a^2 > b^2$　　　　　　　　　　　　　　　　(　　)

8. 两个负数比大小，相反数大的反而小　　　　　　　　　　　　　(　　)

9. 如果 $x + y = 0$，那么 $\dfrac{x}{y} = -1$　　　　　　　　　　　　(　　)

10. 如果 $|a + 2| = 2$，那么 $a = 0$　　　　　　　　　　　　　　(　　)

拓展延伸作业

11. 某工厂一周计划每日生产自行车 100 辆，由于工人实行轮休，每日上班人数不一定相等，实际每日生产量与计划量相比情况见表 1（以计划量为标准，增加的车辆数记为正数，减少的车辆数记为负数）。

表1

星期	一	二	三	四	五	六	日
增减/辆	-1	+3	-2	+4	+7	-5	-10

(1)生产量最多的一天比生产量最少的一天多生产多少辆？

(2)本周总生产量是多少？比原计划增加了还是减少了？增减数为多少？

二、阶梯作业设计分析

(一)教材分析

"有理数"是六年级下册的第一章节,本章借助生活实例引入负数,使数的范围扩张到有理数,再利用学生的日常生活经验、数轴的几何直观等,通过具体实例的归纳,进而定义有理数的运算,得出运算法则,并运用有理数运算解决简单的实际问题。本章的知识及其思想方法也是后续学习的基础。

(二)教学目标分析

(1)理解有理数、数轴、相反数、绝对值、乘方的意义,并能够准确地进行运算。

(2)能应用数学知识解决实际问题。

本节课的教学难点:让学生对有理数的相关概念形成自己的知识系统。

(三)阶梯作业设计的意图

1. 教学重点阶梯设计的体现

"双基达标作业"为基本练习,重在基础知识和基本技能的操练,浅显易懂,紧扣当天所学的内容;"能力提升作业"为提高练习,重在对知识的理解和运用,难易尺度是学生"跳一跳,够得着";"拓展延伸作业"即创新练习,重在对概念的深刻理解和灵活运用,这种题目有一定的难度。

让基础知识薄弱的学生完成"双基达标作业"即可,基础知识扎实、思维敏捷的学生完成"能力提升作业"和"拓展延伸作业",其余学生完成"双基达标作业"和"能力提升作业"。鼓励学生完成上一级作业中的部分题目,可加分予以表扬。

2. 作业难度设计的意图

根据学生学习基础、学习兴趣、学习习惯等方面的不同将他们分成几个层次,在设计作业时为不同层次的学生设计不同的作业,从而帮助、促使不同层次的学生都能够在规定时间内有效地完成作业。通过这样的阶梯作业设计方法,使学生在练习时更具针对性,有利于激发学生兴趣,促进个性发展。

3. 学科核心素养体现

"双基达标作业"中,强化了数轴、绝对值及乘方计算。数轴是数形结合思想的产物，学生通过数轴可以直观想象并表示有理数，且数轴为学生提供了理解相反数、绝对值的直观工具。乘方的内容重点考查了学生是否能够正确分辨底数。

"能力提升作业"使学生巩固了有理数、相反数、倒数、有理数比较大小的相关知识及解题方法，促进了学生对数轴概念的理解，并向学生逐步渗透代数的核心思想。

"拓展延伸作业"将数学知识引进了实际生活，使学生能够结合生活实际解决简单问题。

"可爱的中国"阶梯作业设计案例

124 中学　李黎

一、阶梯作业原文

(1)核心基础作业：积累文中重点生字词。
(2)能力培养作业：为方志敏烈士写墓志铭。
(3)思维拓展作业：搜集资料，了解当前社会的爱国行为表现和感动人物事迹。

二、教材分析

《可爱的中国》是北京师范大学出版社出版的六年级下册语文教材第三单元"珍惜"中的第一篇讲读课文，节选自《可爱的中国》一书。该书集中反映了方志敏在狱中时，任凭敌人严刑拷打或者欺骗引诱，都没有动摇他对祖国的热爱和对革命胜利的坚定信心。课文洋溢着方志敏烈士对祖国的满腔热忱，表达了他要改变凄凉现实的急切心情和对祖国光明未来的坚定信念。本文文字优美，富有感染力，尤其是对祖国壮丽山河的描述和对侵略者的鞭挞，表达了一个共产党人的赤子情怀和远大抱负。学习本文的主旨在于让学生感悟作者的爱国热忱，激发学生对现在拥有的幸福美好生活的珍惜之情。学习本文应注意如下问题。

(1)课文所反映的时代与学生生活实际的距离较远，应补充历史相关资料，尽可能再现作者生活的时代面貌，增强学生的感性认知。
(2)注意对学生进行朗读指导，让学生以读悟"情"。
(3)应有效地拓展延伸，跨越时空局限，缩短时代的差距，诠释爱国情感的内涵。

三、教学目标

根据新的教学理念和本节课的教学内容，结合学生的实际，制订教学目标如下。
(1)知识目标：让学生品析文章语言，积累好词好句，并会运用这些词语、句式。
(2)能力目标：培养学生品析语言的能力。
(3)情感目标：培养学生热爱祖国的情感，做一个有民族责任感、使命感的人。
(4)教学重点：引导学生体会作者热爱祖国的情感。
(5)教学难点：当时中国的现状及文中对儿女的称呼。

四、阶梯作业设计意图

语文课程性质的核心应该是工具性与人文性的统一。
"工具性"着眼于语文课程培养学生语文运用能力的实用功能和课程的实践性特

点。核心基础作业自然而然地就应重在积累词语,为今后的语文学习打下坚实的基础,没有词语的积累作为积淀,语文学习就是空中楼阁,阅读理解和写作就缺乏根基。

"人文性"着眼于语文课程对于学生思想感情熏陶感染的文化功能和课程所具有的人文学科的特点。具有丰富人文内涵的语文课程对学生的情感、态度、价值观的影响必然是广泛的、深刻的、潜移默化的,它可以激发学生的学习兴趣和创新思维,是语文教学的精髓。

《可爱的中国》一文的社会背景是中国内有国民党反动派发动的反共围剿、掀起的反共高潮、军阀的连年混战,外有日本帝国主义的入侵,中国正处于内忧外患的局面。在这样特殊的历史舞台上,在这样的时代背景下,那些执着于真理并为真理而流血牺牲的动人事迹可歌可泣、感天动地。文中是这样描述社会现状的:江山破碎、国弊民穷,到处充斥着贫穷和灾荒、混乱和仇杀、饥饿和寒冷、疾病和瘟疫、迷信和愚昧、鸦片的毒物。"山河破碎风飘絮,身世浮沉雨打萍",每一个国民的命运都是与国家的命运相维系的,"唇亡齿寒""皮之不存毛将焉附",在这样的时代背景下,方志敏的牺牲精神更能引发人们强烈的思想感情上的共鸣。通过对课文的学习与分析,方志敏烈士的形象就会给学生留下深刻的印象。能力培养作业可以通过为方志敏烈士写墓志铭,来加深形象认知,提升学生的写作能力,同时使其受到爱国情感的熏陶。

学习了《可爱的中国》一文,学生理解了战争时期的爱国表现有着时代的局限性。广义上的爱国精神是随时代的发展变化而有所不同的。古往今来的风流人物,多如繁星的民族精英,他们身上体现出来的璀璨思想和精神风貌是何等的相似,要么是对祖国、家乡的深切眷恋;要么是对国家统一、民族团结的强烈期盼;要么是对祖国的繁荣昌盛抱有坚定的信念;要么是对祖国尊严的时刻捍卫。思维拓展作业让学生搜集资料,了解当今社会的爱国行为和感人事迹。通过拓展延伸,激发学生热爱生活、热爱祖国的情感,在精心创设的氛围中,提升学生的审美情趣,挖掘爱国情感的内涵,使学生受到高尚的爱国情操的感染。

面对日益富裕的物质生活,面对改革大潮的澎湃向前,面对各种人生观、世界观、价值观的激烈碰撞,每个人都在学习、创新、思变,并不断地改变自己。树立怎样的人生坐标,决定一个人的人生发展方向。通过布置拓展作业来达到培养和熏陶的目的,是切实可行的有效手段和方法。

阶梯作业体现因材施教的原则,能够激发学生的学习兴趣,帮助学生结合自身实际学习能力巩固知识,并且构建良好的知识体系,是培养学习能力,解决实际学习问题的行之有效的手段,能够保证每名学生在每堂课中都能够学到知识。教师能够关注每一名学生,在公平公正的学习环境中实现学生的个性发展。教师可以全面激发各层次学生的学习积极性,从而最大限度地发挥课堂教学效果。

"一元一次不等式的解法"阶梯作业设计案例

124中学　付国宁

一、阶梯作业原文

1. 双基巩固作业

解下列一元一次不等式(解集在数轴上表示出来)。

(1) $x-5<0$ 　　　　　　　　(2) $x+3 \geq 4$

(3) $3x > 2x+1$ 　　　　　　(4) $-2x+3 > -3x+1$

2. 能力提升作业

解下列一元一次不等式。

(1) $-x > -\dfrac{1}{2}$ 　　　(2) $-(x+1) > -2$ 　　　(3) $-\dfrac{2}{3}x > 2+x$

3. 拓展延伸作业

已知关于 x 的方程 $3k-5x=-9$ 的解是非负数,求 k 的取值范围。

二、阶梯作业设计分析

(一)教材分析

《数学课程标准》对本节课程的要求是:充分感受生活中存在着大量的不等关系,了解不等式的意义;会解简单的一元一次不等式,并会用数轴确定解集。"一元一次不等式"课程的主要内容是一元一次不等式(不等式组)的解法及其简单应用,是在学习了有理数的大小比较、等式及其性质、一元一次方程的基础上,开始学习简单的数量之间的不等关系,进一步探究现实世界数量关系的重要内容,是继一元一次方程和二元一次方程组之后,又一次数学建模思想的学习,也是后继学习一元二次方程、函数及进一步学习不等式的重要基础,具有承前启后的重要作用。

(二)教学目标分析

(1)知识与技能目标:掌握一元一次不等式的相关概念及其解法,能熟练地解一元一次不等式。

(2)过程与方法目标:学生亲身经历探究一元一次不等式及其解法的过程,通过动手、发现、分类、比较等方法的学习,提高归纳总结知识的能力。

(3)情感态度与价值观目标:在增强相互协作的同时,经历成功的体验,激发学生学习数学的兴趣。

（4）教学重点：掌握解一元一次不等式的步骤。

（5）教学难点：必须切实注意遇到要在不等式两边都乘以（或除以）同一负数时，必须改变不等号的方向。

（三）阶梯作业设计的意图

1. 作业难度设计的意图

（1）双基巩固作业：重在基础知识和基本技能的操练，让学生掌握数学的基本思想和基本活动经验。对于基础性作业的设计，一定要把握难度梯度且知识点要全面，可能做其一，就能反馈其二。本题考查了利用不等式的基本性质1解一元一次不等式，还考查了在数轴上画出解集，了解实心圆点和空心圆圈的区别。

（2）能力提升作业：重在对知识的理解和运用，在掌握基础知识的前提下，学会灵活地运用，提高和巩固所学知识。本题考查了利用不等式的基本性质3解一元一次不等式，注意不等号的方向改变。

（3）拓展延伸作业：题型灵活多样，偏重于理解、想象、运用，知识进一步拓展延伸，提高学生的数学思维和综合运用能力。本题考查了根据不等式的基本性质求出解集。

2. 学科核心素养体现

在实际操作过程中，教师对作业的布置要针对学生的差异，阶梯化布置，要让每个学生在适合自己的作业中都取得成功，获得轻松、愉快、满足的心理体验，真正做到减负增效。

一是作业目标阶梯化。依据因材施教原则对学生进行深入分析和研究，将学生分成三个学习段，让每个学生真正适应所在学习段。成绩优秀或自主学习能力较强的学生分为第一段；成绩处于中等水平或学习能力稍弱的学生分为第二段；成绩稍差或学习习惯较差的学生分为第三段。

二是实施作业内容阶梯化。依据初中数学知识与学习的基本特点，从教学目标和学生的实际出发对阶梯作业的内容做出设计，把过去同样内容、同样分量的作业分成不同难度的三个层次。学生可以根据自己的实际水平选择不同层次的作业，通过完成不同层次的作业实现自主学习、合作学习、探究学习，使不同层次的学生都有收获，并使知识与技能、过程与方法、情感态度与价值观三个方面的素质都得到提升。

六年级下
Unit 1　How tall are you? Main scene 阶梯作业设计案例

124 中学　马海波

一、阶梯作业原文

夯实基础作业：

Finish the exercises.

Ⅰ. 写出下列单词的比较级形式

1. tall →_____　　　2. smart →_____
3. hard →_____　　　4. big →_____
5. heavy →_____　　　6. early →_____
7. nice →_____　　　8. cute →_____
9. thin →_____　　　10. short →_____

Ⅱ 单项选择

1. —_____ are you?

    —I'm 1.7 meters.

    A. How heavy　　　B. How tall　　　C. What size

2. A truck is much _____ than a car.

    A. heavy　　　B. heaviest　　　C. heavier

3. —Is that dog _____ than yours?

    A. bigger　　　B. big　　　C. biggest

4. —How heavy is the girl?

    —She is _____

    A. 1.50 meters　　　B. 2 tons　　　C. 45 kilograms

5. —What size are your shoes?

    —_____ size 40.

    A. I'm　　　B. They're　　　C. It's

巩固提高作业：

Make a new dialogue.

追求卓越作业：

Write at leat 5 sentences with comparative degree.

二、阶梯作业设计分析

（一）教材分析

本节课讲授的是人教版英语六年级下第一单元 Main scene 的内容，本节课侧重掌握句型 How tall are you? How heavy are you? What size are your shoes? 及比较级的用法。《英语课程标准》指出，英语教学注重发展学生的自主学习能力和合作精神，帮助学生养成良好的学习习惯，培养学生用英语获取信息、处理信息的能力。因此，我将本课的作业设计为夯实基础作业、巩固提高作业、追求卓越作业三部分。

（二）教学目标

知识目标：(1)会使用句型 What size are your shoes?　　How tall/heavy are you? I'm…than you. 比较人、物的外貌特征。

(2)理解形容词比较级所表达的意义和基本构成。

能力目标：(1)听。能听懂人、物的简单介绍。

(2)说。能比较人物的外貌特征。

(3)读。能够用正确的语调朗读课文，并进行角色表演。

(4)写。能根据表格完成小对话。

情感目标：通过比较，学会关心身边的人、事物及自然界中与我们共同生活的其他生命。

教学重点：(1)能够使用句型 How tall/heavy are you?　　I'm…than you. What size are your shoes?

(2)理解形容词比较级所表达的意义和基本构成。

教学难点：能够在真实的英语语境中初步运用形容词的比较级。

（三）阶梯作业设计的意图

1. 教学重点阶梯设计的体现

夯实基础作业分为两个部分：一是写出单词的比较级形式,利用规律写出单词的比较级，相对比较简单，通过完成作业学生能掌握比较级的构成；二是在单项选择中设置了本课的重点句型 How tall are you? How heavy are you? What size are your shoes? 及 A is + 比较级 than B 句式。使"我要学"的心态得到了强化，学生自愿投入学习中。巩固提高作业让学生编出一个新的对话，进一步巩固和提高学生对语言的运用能力，有利于学生创新思维的发挥。追求卓越作业属于开放性的作业设计，让学生观察周围的人和事物，至少写出5个句子，属于课堂外的延伸和拓展，能进一步发展学生的语言意识和英语语感，增加学生的知识量。通过三种不同层次的作业设计，让学生达到良好的学习效果。

2. 作业难度设计的意图

在三年级下册第三单元和四年级上册第三单元,学生学习了描述人或动物外貌的形容词,如thin、fat、tall、short、long、small、big、strong,学生在三年级上册第六单元也学习了How old are you? 这个句型。从学生已有的知识储备、生活经验和认知水平来看,程度较好的学生,他们对英语有着强烈的求知欲和好奇心,再加上如果所学的知识和他们的生活较接近的话,他们会有更大的学习兴趣,更愿意去挑战,能利用本课所学习的比较级顺利写出5个句子。程度处于中间的学生学习能力中等,更多依赖教师,以课文的对话为前提,适当改编可以形成新的对话,能够提高中等学生的灵活运用能力。基础较薄弱的学生通过抄写对话、熟读对话,能够理解对话,掌握基本知识点。

苏联教育家维果茨基认为,每个学生都存在两种认知水平:一是现有水平,二是潜在水平。它们之间的区域被称为"最近发展区"。通过不同层次的作业设计,让每个学生都有充分发展的余地,都能享受到成功的喜悦,从而提高学习英语的积极性。

3. 学科核心素养体现

初中英语学科核心素养主要包括学生的口语表达能力、学习能力、思维能力、素质品质。《英语课程标准》指出:英语课程要面向全体学生,注重素质教育,把激发和培养学生学习兴趣,树立学生自信心,养成良好学习习惯和策略放在首位。夯实基础作业面向全体学生,用非常基础的比较级的构成和单项选择题,激发学生的学习兴趣,锻炼学生的思维能力,力求每个学生都能掌握,进而获得成功的体验。巩固提高作业让学生编出一个新的对话,本题有一定的难度,指向学生的最近发展区,培养学生的学习能力和口语表达能力,鼓励学生大胆开口,让英语变得简单而有趣。追求卓越作业要求学生运用所学的句型和语法至少写出5个句子,训练学生语言的综合运用能力,使学生提高自主学习能力和思维能力,促进自我发展。

两千多年前,我国古代大教育家孔子提出了"因材施教",阶梯作业就是一个不错的因材施教的途径。学生通过完成作业,解决问题的能力会不断得到提高。同时,具有层次性、趣味性和针对性的阶梯作业降低了作业带给学生的心理压力,促使不同层次的学生快速发展。

作业有"阶梯","双减"有实效

124中学　李薇薇

在"双减"政策的指导和引领下,积极探讨和研究阶梯作业设计方法,使作业能够做到精细化、有实效,按照学生的不同需求,有的放矢地设计作业,使每名学生都能得到最好的发展,真正把"双减"政策落到实处,促进课堂教学提质增效。

一、阶梯作业原文

七年级下册第一课"邓稼先"阶梯作业

双基达标作业:

1. 请从课后"读读写写"中,选择你觉得比较陌生或难写的字词,用楷书抄写在大方格本上并注音。

2. 这篇课文的四字词语比较多,请准确解释这些词语并任选三四个词语造句。

能力提升作业:

1. 阅读课文,请根据小标题概括每个部分的内容,说一说体现了邓稼先什么样的性格特点。

2. 课文最后一段写道:"如果稼先再次选择他的人生的话,他仍会走他已走过的道路。这是他的性格与品质。"结合课文,说说你对这段话的理解。

拓展延伸作业:

1. 搜集关于邓稼先的事例,你觉得这些事例能印证文章中的哪句话?

2. 搜集并整理我国"两弹一星"科学家的资料,任选其中一位科学家,整理他的事迹,向全班同学介绍。

二、阶梯作业设计分析

(一)教材分析

《邓稼先》是七年级下册第一单元的第一篇课文,本单元所选课文大多是记载、评述古今名人生平事迹的传记类文章。要求指导学生学习名人的崇高品德和奉献精神,学习课文的语言文字、篇章结构、人文内涵。本文不同于一般的人物传记,更不同于一般写人的记叙文,而是以中华几千年文化为背景,以近一百多年来民族情结、五十年朋友深情为基调,用饱含感情的语言介绍了一位卓越的科学家、爱国者。品读文本不仅有助于提高学生的阅读能力,而且能激发学生的爱国主义情感和对名人的敬仰之情。

（二）教学目标分析

1. 知识与能力
（1）理解积累词语的读音、字形、词义，并学会运用。
（2）了解杨振宁、邓稼先两位科学家相关的背景材料，体会作者的写作意图。抓住重点句段，理解文章丰富的内涵，体会作者的情感。

2. 过程与方法
（1）把握本文以小标题连缀、自成一体、相对独立而又彼此关联的行文特征，逐步提高写作能力。
（2）了解本文语言句式多变、情感真挚的特点，体会其恰当地运用语言技巧表达思想感情的写法，积累语言，增加语感。

3. 情感态度与价值观
学习邓稼先把一切献给科学、献给祖国，不计个人名利，鞠躬尽瘁、死而后已的无私奉献精神。

4. 教学重点
理解邓稼先的成就和襟怀，把握文章的思想内涵。

5. 教学难点
引导学生感悟作者寄寓在字里行间的深情，理解文章在记叙、议论基础上抒情的好处。

（三）阶梯作业设计的意图

1. 教学重点阶梯设计的体现
双基达标作业：培养学生使用硬笔准确书写正楷字的能力，准确掌握字音、字形；培养学生理解和运用成语的能力，夯实基础知识，实现语言的构建和运用的学科核心素养。

能力提升作业：让学生熟悉课文内容，提升语感，梳理并概括文章事件，对人物做出全面的评价，培养学生的概括能力、总结能力，实现语言的构建和运用以及思维的发展和提升的学科核心素养。

拓展延伸作业：让学生补充资料，加深其对人物形象的认识和人物精神的理解。让学生从不同角度谈感受，把握文章主旨，培养学生个性化解读的能力。开放式的选择，尊重学生的阅读体验，能够提升学生的语言表达能力和鉴赏能力，增强其对文章内涵和外延的理解。全面地实现学生语言的构建和运用、思维的发展和提升、审美的鉴赏和创造、文化的理解和传承的学科核心素养。

2. 作业难度设计的意图
双基达标作业：能力维度是识记、理解和表达应用，学生可以借助工具书独立完成。

能力提升作业:能力维度是理解和分析综合,需要学生认真读书,仔细思考,在实践和训练的过程中不断提升自己概括与表达的能力。

拓展延伸作业:能力维度是理解、分析综合、鉴赏评价、表达应用和探究,学生完成起来会有一定的困难,考查了学生的综合能力。将课文与语文生活实际相联系,通过具体的语文活动,提高学生实际应用的能力。教师应引导学生由此题进行延伸,在丰富的语文天地里边学习边运用。

3. 学科核心素养体现

语文学科的课程理念是全面提高学生的语文学科核心素养,语文课程应该激发和培育学生热爱祖国语言文字的思想感情,引导学生丰富语言的积累、培养语感、发展思维,初步掌握语文学习的基本方法,养成良好的学习习惯,具有适应实际生活需要的识字能力、阅读能力、写作能力、口语交际能力,正确运用祖国语言文字。语文课程还应通过优秀文化的熏陶感染,促进学生和谐发展,使他们提高思想道德修养和审美情趣,逐步形成良好的个性和健全的人格。基于这样的理念,我在设计作业时经过了认真的思考:

双基达标作业重视基础性作业的设计,重视学生"知识性"问题的掌握,力争做到全员过关,为以后的学习打下坚实的基础。抄写"读读写写"中的生字,可以提高学生的书写水平,形成良好的识字、写字习惯。在这项作业中,还可以设置背诵、默写等学生可以独立完成的作业。

能力提升作业可以更好地提升学生的思维能力、阅读理解能力和写作能力。在让学生写作文时,对不同的学生提出不同的写作要求,对于全体学生的要求是把内容表述清楚,结构条理清晰,中心突出;对于程度比较好的学生要提出更高的要求,让学生在文章的语言上下功夫,把文章的语言写得更加生动优美。语文课程是实践性课程,应着重培养学生的语文实践能力,而培养这种能力的主要途径也应是语文实践。应该让学生多读多写,日积月累,在丰富的语文实践中体会、把握、运用语文规律,提升学生的言语思维品质。通过不同的要求让学生向更好、更深的层次发展。

《语文课程标准》提出,要重视课程内容与现实生活的联系。语文课程要增选在现代生活中广泛应用的内容,开发实践应用环节,加强实验和各类实践活动,培养学生乐于动手、勤于实践的意识和习惯,提高实际操作能力。充分发挥知识在生活中的应用,培养学生的思维能力和创新能力。通过拓展延伸作业,使学生能主动参与、思考、讨论相关活动,促进学生听、说、读、写综合能力全面提高。

作业是课堂教学的延伸与深化,"双减"政策背景下的作业设计既要有量的优化,又要有质的提升,因此赋予教师更高的要求。教师应多思考、多学习,转变观念,精心优化作业设计,探索最佳方式,在爱与期待中助力学生成长,最终实现学生的减负提质增效。

"双减"政策背景下地理学科阶梯作业设计案例探究

124 中学　袁颖萍

在"双减"政策的指引下,地理学科在地理课堂上更加注重培养学生的地理学科核心素养,把提高学生的地理思维能力,提升学生阅读地图、分析地图的能力作为地理的核心任务。

地理课堂阶梯作业的有效设计是高效地培养学生地理学科核心素养的关键,地理作业设计是地理教学工作中的基本任务,是实施素质教育、巩固课堂学习成果、培养学生自学、提高学生认知和利用地理知识解决生活中问题能力的重要途径。在以往的教学中,经常给学生留的作业都是一样多的。在检查作业时,有的学生都能完成,有的学生只能完成一部分。通过与学生谈话了解到:有的学生认为作业过于简单,很快就做完了;有的学生认为作业太难,怎么想都不会;有的学生认为作业的量适中,作业的难易也适中。通过对学生的问卷调查和学生谈话中反映出的问题可知,教师在给学生留作业的时候要分层次,留阶梯作业。这就打破了作业的单一性,优化课内外作业,让学生写有所得、写有所获、写有所乐。

基于培养学生的地理学科核心素养,为了让学生成为一个乐学地理、善学地理的人,我进行了阶梯作业设计案例探究。

每一节地理课针对具体的学习内容,结合学生的实际情况,设计不同的阶梯作业,有针对性地训练学生的读图能力、分析地图的能力、运用所学的地理知识解决实际问题的能力。

一、通过阶梯作业的设计培养学生的读图能力

例如,在初一下学期的分区地理学习中,每一节分区地理课都是两课时完成,在第一课时设计地理阶梯作业一定要培养学生的读图识图能力,地理课堂的作业一定是结合地理填充图册进行填图、识图能力的培养,要求班级所有学生都能够识别地图、认识该区的地图。

全员作业:在图中找出东南亚、南亚、西亚、欧洲西部等代表的数字,并尝试用笔描出该区域的轮廓范围(学有余力的学生可以进一步去地图册上查找该区所包含的国家及其首都、国旗等)。

二、通过阶梯作业的设计培养学生分析地图的能力

例如,"西亚"这节课通过一小段海湾战争的视频来设计阶梯作业,要求学生结合西

亚地图分析西亚成为世界热点地区的原因。

这个阶梯作业的设计既培养了学生学习地理的兴趣，又培养了学生阅读地图、分析地图的能力。通过分析地理位置，进一步分析西亚成为世界热点地区的原因：地理位置、石油资源、水资源。大部分学生都能分析出该区地理位置的重要性，分析出战争是为争夺石油资源，通过对气候的分析还知道了水资源之争，通过资料的补充了解了文化之争。一步一步，层层铺垫，让全班学生通过完成地理课堂的阶梯作业有所收获。

三、通过阶梯作业的设计培养学生运用所学的地理知识解决实际问题的能力

例如，通过对"日本"这节课的学习，学生了解到日本多发火山和地震，为了让学生学会避难和自我救助，设计阶梯作业：在不同的场景下，如果发生地震该如何逃生？同学们畅所欲言，在完成作业的过程中掌握了地震来临时的避难、自救方法。

总之，在"双减"政策背景下，在地理课堂上要构建与地理新课程理念相适应的地理阶梯作业，阶梯作业的有效设计是促进学生地理学习方式变革的一个重要方面。地理新课程倡导的学习理念决定了学生地理课堂需要完成的作业应向多样化和个性化方向发展，应该与我们的生活和生产密切相关，应该能够指导学生的学习和生活。这样的地理阶梯作业设计更能引导学生关注生活、关注时事，更加积极灵活地学习，有助于培养学生的读图能力、分析地图的能力，提高学生的地理思维，进一步提升学生的地理学科核心素养。

体育阶梯作业设计

124 中学 卫伟

一、学科分析

"体育与健康"课程是一门以身体练习为主要手段,以学习体育与健康知识、技能和方法为内容,以增进学生健康,培养学生终身体育意识和能力为主要目标的课程。它具有基础性、实践性、健身性和综合性。"体育与健康"课程对于实施素质教育,培养学生的爱国主义、集体主义精神,促进学生德、智、体、美、劳全面发展具有重要的意义。通过课程的学习,学生将掌握体育与健康的基础知识、基础技能和方法,增强体能;学会学习和锻炼,发展体育与健康实践和创新能力;体验运动的乐趣和成功,养成体育锻炼的习惯;发展良好的心理品质、合作与交往能力;提高自觉维护健康的意识,基本形成健康的生活方式和积极进取、乐观开朗的人生态度。

当今"体育与健康"课程已经从"体育素质教育"向"体育核心素养"转变。体育素养是指体育文化水平,是指一个人平时养成的在体育方面的修养。体育素养是在先天遗传素质的基础上,通过后天环境与体育教育影响所产生的,包括体育知识、体育意识、体育行为、体质水平、体育技能、体育品质、体育个性等方面要素的综合体育素质与修养。初中阶段"体育与健康"学科的核心素养主要包括运动能力、健康行为和体育品德三个方面。

二、学生现状分析

在初一学年发放调查问卷268份,回收268份,回收率100%。有效问卷252份,问卷有效率94%。调查内容见表1、表2。

表1

调查内容	非常喜欢	喜欢	一般	不喜欢	非常不喜欢
你喜欢体育吗	48%	34%	17%	1%	1%
你喜欢体育运动吗	42%	27%	24%	6%	1%
你喜欢体育课吗	64%	27%	8%	2%	0%
你喜欢体育理论课吗	8%	8%	24%	23%	37%

表2

调查内容	非常赞同	赞同	一般	不赞同	非常不赞同
体育课是放松课	42%	25%	20%	6%	7%
体育课没意思	4%	6%	12%	24%	55%
体育课对促进健康没作用	5%	5%	8%	25%	58%
体育课对增强体质没帮助	4%	4%	7%	22%	63%

根据表1和表2所呈现出来的问题,我们要把"教育、健身、文化"三位一体化。结合体育与健康核心素养,现阶段需要:①加强对学生体育理论知识的输入,使学生了解人体身心发展的规律及基本的生理常识、体育安全知识等。②提高学生对体育的认知度、重视度与认真度,培养终身体育意识。③发展学生的运动能力、健康行为、体育品德,促进学生形成健康人格。

三、课内外阶梯作业设计

(一)课内阶梯作业

目的:依据体育与健康学习领域划分,阶梯作业按运动参与、运动技能、身体健康、心理健康与社会适应来检验学生当堂课是否学会技术动作,能否掌握并运用。

解决的问题:让所有参与者都能够通过努力获取成功,并从中提升自信心与满足感。

作业内容:把技术动作分为三个级别。一级:了解并初步掌握动作的方法;二级:掌握技术动作的方法和要领;三级:熟练掌握技术动作,并能够做到技术迁移。例如障碍跑内容。一级:了解过障碍的方法,选择自己最熟练的方法安全地通过障碍;二级:熟练掌握两种以上过障碍的方法,并能熟练、安全、快速地通过障碍;三级:掌握多种过障碍的方法,并可以利用多种方法安全巧妙地通过障碍。

课堂实施效果:做到分层次、分阶段,让所有学生都能在运动中体验成功的乐趣。

(二)课外阶梯作业

目的:加强课内教学内容掌握的熟练程度,提高动作质量与锻炼效果。

解决的问题:针对课上自身不足之处,课外进行动作的巩固与加强。

作业内容:按学生自身课上掌握动作的熟练程度与身体状态来决定阶梯作业内容。课外作业也是分为三个级别。一级:按标准动作要求完成动作5次以上;二级:按标准动作要求,有质量地完成动作10次以上;三级:按标准动作要求,有质量地熟练完成动作15次以上。例如仰卧起坐内容。一级:按标准要求一次完成5个以上;二级:按标准动作要求,有质量地一次完成10个以上;三级:按标准动作要求,高质量地一次完成15个以上。

反馈作业的方式：①利用体育课前、课后检查学生完成情况；②利用大课间等时间，抽查学生完成情况；③利用软件对学生进行打卡监督。

作业评价：采用教师点评和学生互评两种方式。教师评价主要是对技术动作与完成情况的点评。学生互评主要是督促学生完成作业的认真度和完成效果。

效果反馈：三种作业反馈方式依据学生喜爱程度排序如下：①软件打卡形式深受学生的喜爱，大家可以通过软件看到其他同学的完成效果，并可以随时进行同伴间的互评。②大课间抽查反馈作业完成效果也不错，学生依据自身情况选择完成级别，效果显著。③课前、课后检查效果欠佳，因为操场上人数较多，部分学生存在不好意思等情况，直接导致动作变形、不标准。

"老王"一课阶梯作业设计案例

163 中学　王锐

一、阶梯作业原文

（一）核心基础作业

1. 给下列字词注音

伛（　　）　翳（　　）　愧怍（　　）　攥（　　）

2. 指出下列每组中的错别字，并加以改正

A. 惶恐　肿胀　默存　冰籍（　　　　）　　B. 塌败　骷髅　湖涂　抱歉（　　　　）

C. 荒僻　善良　取谛　闲聊（　　　　）　　D. 滞笨　诲辱　凑合　愧怍（　　　　）

3. 选词填空

(1) 老王常有失群落伍的（　　），因为他是单干户。（惶恐　惊恐）

(2) 有一天傍晚，我们夫妇散步，经过一个（　　）的小胡同，看见一个破破落落的大院，里面有几间（　　）的小屋。（偏僻　荒僻　破败　塌败）

(3) 我们从干校回来，载客三轮都（　　）了。（取消　取缔）

(4) 有一天，我在家听到打门，开门看见老王直僵僵地（　　）在门框里。（站立　镶嵌）

(5) 我（　　）说："老王，这么新鲜的大鸡蛋，都给我们吃？"（强笑　微笑）

(6) 他一手拿着布，一手攥着钱，（　　）地转过身子。（滞笨　笨拙）

4. 指出下列各句运用的描写人物的手法

(1) 他一手拿着布，一手攥着钱，滞笨地转过身子。（　　　　　）

(2) 他面如死灰，两只眼上都结着一层翳，分不清哪一只瞎，哪一只不瞎。（　　　　　）

(3) 我吃惊地说："啊呀，老王，你好些了吗？"（　　　　　）

（二）能力提升作业

A. 结合文章内容说一说老王是怎样的人？

B. 找出文中表现"我"对老王情感变化的语句进行赏析。

（三）挑战自我作业

阅读下面的文章，回答文后的问题。

那夜,那对盲人夫妻

周海亮

(1)我永远记得那个夜晚。悲怆的声音一点点变得平和,变得快乐。因为一声稚嫩的喝彩。

(2)那是乡下的冬天,乡下的冬天远比城市的冬天漫长。常有盲人来到村子,为村人唱戏。他们多为夫妻,两人一组,带着胡琴和另外一些简单的乐器。大多时候村里会包场,三五块钱,会让他们唱到很晚。在娱乐极度匮乏的年代,那是村里人难得的快乐。

(3)让我感兴趣的并不是那些粗糙的表演,而是他们走路时的样子。年幼的我常常从他们笨拙的行走姿势中找到属于自己的卑劣的快乐。那是怎样一种可笑的姿势啊!男人将演奏用的胡琴横过来,握住前端,走在前面。女人握着胡琴的后端,小心翼翼地跟着自己的男人,任凭男人胡乱地带路。他们走在狭窄的村路上,深一脚浅一脚,面前永远是无边的黑夜。雨后,路上遍布着大大小小的水洼,男人走进去,停下说,水。女人就笑了,不说话,却把胡琴攥得更紧。然后换一个方向,继续走。换不换都一样,到处都是水洼。在初冬,男人的脚,总是湿的。

(4)那对夫妻在村里演了两场,用了极业余的噪音。地点在村委大院,两张椅子就是他们的舞台。村人或坐或站,聊着天,抽着烟,跺着脚,打着呵欠,一晚上就过去了。没有几个人认真听戏。村人需要的只是听戏的气氛,而不是戏的本身。

(5)要演最后一场时,变了天。严寒在那一夜,突然蹿进我们的村子。那夜滴水成冰,风像刀子,直接刺进骨头。来看戏的人,寥寥无几。村长说要不明天再演吧?男人说明天还得去别的村。村长说要不这场就取消吧?男人说说好三场的。村长说就算取消了,钱也是你们的,不会要回来。男人说没有这样的道理。村长撇撇嘴,不说话了。夫妻俩在大院里摆上椅子,坐定,拉起胡琴,唱了起来。他们的声音在寒风中颤抖。

(6)加上我,总共才三四名观众。我对戏没有丝毫兴趣,我只想看他们离开时,会不会被结冰的水洼滑倒。天越来越冷,村长终于熬不住了。他关掉村委大院的电灯,悄悄离开。那时整个大院除了我,只剩下一对一边瑟瑟发抖,一边唱戏的盲人夫妻。

(7)我离他们很近,月光下他们的表情一点一点变得悲伤。然后,连那声音都悲伤起来。也许他们并不知道那唯一的一盏灯已经熄灭,可是我肯定他们能够感觉出面前的观众正在减少。甚至,他们会不会怀疑整个大院除了他们,已经空无一人呢?也许会吧,因为我一直默默地站着,没有弄出任何一点声音。

(8)我在等待演出结束,可是他们的演出远比想象中漫长。每唱完一曲,女人就会站起来,报下一个曲目,鞠一躬,然后坐下,接着唱。男人的胡琴响起,女人投入地变换着戏里人物的表情。可是她所有的表情都掺进一种悲怆的调子。他们的认真和耐心让我烦躁。

(9)我跑回了家。我想即使我吃掉两个红薯再回来,他们也不会唱完。我果真在家里吃掉两个红薯,又烤了一会儿炉子,然后再一次回到村委大院。果然,他们还在唱。女人刚刚报完最后一首曲目,向并不存在的观众深鞠一躬。可是我发现,这时的男人已经泪流满面。

（10）我突然叫了一声"好"。我的叫好并不是喝彩，那完全是无知孩童顽劣的游戏。我把手里的板凳在冻硬的地上磕出清脆的响声。我努力制造着噪声，只为他们能够早些离开，然后，为我表演那种可笑和笨拙的走路姿势。

（11）两个人同时愣了愣，好像他们不相信仍然有人在听他们唱戏。男人飞快地擦去了眼泪，然后，他们的表情变得舒展。我不懂戏，可是我能觉察他们悲怆的声音正慢慢变得平和，变得快乐。无疑，他们的快乐，来自我不断制造出来的噪声，来自我那顽劣的喝彩，以及我这个唯一的观众。

（12）他们终于离开，带着少得可怜的行李。一把胡琴横过来，男人握着前端，走在前面，女人握着后端，小心翼翼地跟着，任凭男人胡乱地带路。他们走得很稳。男人停下来说，冰。女人就笑了，她不说话，却把胡琴攥得更紧。

（13）多年后我常常回想起那个夜晚。我不知道那夜，那对盲人夫妻，都想了些什么。只希望，我那声稚嫩的喝彩，能够让他们在永远的黑暗中，感受到一丝丝的阳光。

（14）尽管，我承认，那并非我的初衷。

1. 文章第（4）段"村人或坐或站，聊着天，抽着烟，跺着脚，打着呵欠，一晚上就过去了"，这句话运用了哪种描写方法？表达效果如何？
2. 第（5）段句子"严寒在那一夜，突然蹿进我们的村子"中，"蹿"这个字表现了天气怎样的特点？这一段中画线部分的景物描写有何作用？
3. 第（13）段中画线部分的内容有怎样的含义？
4. 最后一段"我的初衷"是什么？作者承认不是我的初衷，体现作者怎样的内心感受？
5. 第（3）段和第（12）段都谈到盲人夫妻的行走，内容相似，作者的用意是什么？
6. 结合文章内容和生活实际谈一谈我们应该怎样对待生活中的弱势群体？

二、阶梯作业设计分析

（一）教材分析

《老王》选自部编教材七年级下第三单元，本单元课文都是叙事性作品，写的都是普通人，以"爱"为主题，几篇课文都在诉说对普通人，尤其是对弱者的关爱。本单元阅读教学要求学生感受课文所表现的形形色色的爱，从而陶冶自己的情操，去关注身边的人。杨绛的《老王》，写自己与车夫的交往，写车夫艰难困苦的生活和善良厚道的品格，含蓄地提出了关怀不幸者的社会问题。

（二）教学目标分析

《语文课程标准》中重点提出，要让学生"关注人类，关注身边的人""提高学生阅读能力的同时，提升学生的情感态度价值观"，根据以上两方面的要求，结合本课的内容和特点确立三维教学目标。

（1）知识与能力目标：能在快速阅读课文的过程中，抓住主要信息，概括内容要点，在听与说双方互动过程中,使学生的口语交际能力得到锻炼,思想认识得到提高。

(2)过程与方法目标:全面把握课文,领会作者与主人公的思想感情。

(3)情感态度与价值观目标:关爱生活中的不幸者,陶冶美的情操。

教学重点与难点:领会作者与人物的思想感情,学会关注、关爱他人。

三、阶梯作业设计的意图

1. 教学重点阶梯设计的体现

核心基础作业依据《语文课程标准》要求:

(1)累计认识常用汉字3 500个左右,设计1~2题。

(2)在通读课文的基础上,理清思路,理解、分析主要内容,体味和推敲重要词句在语言环境中的意义和作用,设计第3题。

(3)在阅读中了解叙述、描写、说明、议论、抒情等表达方式,设计第4题。

能力提升作业依据《语文课程标准》要求:

(1)对课文的内容和表达有自己的心得,能提出自己的看法,并能与他人合作,共同探讨、分析、解决疑难问题,设计阅读题A。

(2)欣赏文学作品,有自己的情感体验,初步领悟作品的内涵,从中获得对自然、社会、人生的有益启示;能对作品中感人的情境和形象说出自己的体验,品味作品中富于表现力的语言,设计阅读题B。

挑战自我作业设计了课外阅读《那夜,那对盲人夫妻》。

2. 作业难度设计的意图

设计理念:依据单元重点人物的优秀品质,引导学生向善、务实、求美;理解关键语句,感受文章的意蕴和本课重点;分析人物形象,品析人物情感设计。

设计意图和思路:引导学生结合阅读感受探究与老王交往中值得深思的问题;引导学生细读文本,揣摩人物形象,梳理全文的感情脉络,进而体会作者的写作意图,深入解读主题。

读书是为了明理,学习一篇课文,要让学生在情感态度与价值观上有所增益,能够更好地关心别人,关注生活,关注人生,净化思想。由书本向现实生活的思维拓展,是使学生加深对课文理解的途径,也是书本学习的目的。语文学习的外延和生活的外延是相等的。挑战自我作业中的第6题"结合文章内容和生活实际谈一谈我们应该怎样对待生活中的弱势群体?"把课本和生活有机地结合在一起,同时锻炼学生的表达能力。

"老王"阶梯作业设计案例

163中学　王丹

一、阶梯作业原文

（一）核心基础（必做题）

给下列词语中加下划线的字注音并根据拼音写汉字。

惶恐（　）　　肿胀（　）　　取缔（　）　　伛着（　）　　阴翳（　）
zhì（　）笨　　愧 zuò（　）　　镶 qiàn（　）　　荒 pì（　）　　侮 rǔ（　）

（二）课前探究（选做题）

解释文中出现的词语，便于理解文章内容。
1. 田螺眼　　2. 干校　　3. 墨存

（三）能力提升（必做题）

1. 下面加下划线字注音有误的一项是　　　　　　　　　　　　　　　　（　）
　A. 伛偻（yǔ）　　攥着（zuàn）　　愧怍（zuò）
　B. 惧惮（dàn）　　憎恶（zèng）　　侮辱（wū）
　C. 孤孀（shuāng）　　滞笨（zhì）　　眼翳（yì）
　D. 疮疤（chuāng）　　骷髅（kū）　　诘问（jié）

2. 下列关于文学常识及作品内容的表述，不完全正确的一项是　　　　（　）
　A. 现代作家萧红的《回忆鲁迅先生》，敏锐地捕捉到了鲁迅先生许多的生活细节，向读者展现了一个生活化、真实化的鲁迅，可谓中国现代怀人散文的经典。
　B. 《老山界》一文歌颂了红军不畏艰难险阻的坚强意志和革命乐观主义精神。
　C. 当代文学家杨绛的小说《老王》，以作者一家与老王的交往为线索，刻画了一个穷苦卑微但心地善良、老实厚道的"老王"形象，表达了作者一家对老王那样不幸者的关心、同情和尊重。
　D. 《孙权劝学》注重以对话表现人物，言辞简洁，内容丰富，生动传神，富于情味。长篇叙事诗《木兰诗》是南北朝乐府民歌，塑造了木兰女扮男装、代父从军、保卫国家的巾帼英雄形象。

3. 下列句子没有语病的一项是　　　　　　　　　　　　　　　　　　（　）
　A. 杨绛先生的晚年，仍然精力充沛，充满了创作的激情。
　B. 随着新媒体发展和信息化提速，使人们的阅读方式发生了翻天覆地的变化。

C.面对校园欺凌,相关专家呼吁尽快建立防控机制,以便及早干预、发现和制止。
D.互文是古诗文中常采用的一种修辞方法,它能起到使文句更加整齐和谐、更加精练的表达效果。

(四)挑战自我(限时挑战,参考时间8分钟,12分钟,15分钟)

阅读课文《老王》(选段),回答问题。

①有一天,我在家听到打门,开门看见老王直僵僵地镶嵌在门框里。往常他坐在蹬三轮的座上,或抱着冰侲着身子进我家来,不显得那么高。也许他平时不那么瘦,也不那么直僵僵的。他面色死灰,两只眼上都结着一层翳,分不清哪一只瞎,哪一只不瞎。说得可笑些,他简直像棺材里倒出来的,就像我想象里的僵尸,骷髅上绷着一层枯黄的干皮,打上一棍就会散成一堆白骨。我吃惊地说:"啊呀,老王,你好些了吗?"

②他"嗯"了一声,直着脚往里走,对我伸出两手。他一手提着个瓶子,一手提着一包东西。

③我忙去接。瓶子里是香油,包裹里是鸡蛋。我记不清是十个还是二十个,因为在我记忆里多得数不完。我也记不起他是怎么说的,反正意思很明白,那是他送我们的。

④我强笑说:"老王,这么新鲜的大鸡蛋,都给我们吃?"

⑤他只说:"我不吃。"

⑥我谢了他的好香油,谢了他的大鸡蛋,然后转身进屋去。他赶忙止住我说:"我不是要钱。"

⑦我也赶忙解释:"我知道,我知道——不过你既然来了,就免得托人捎了。"

⑧他也许觉得我这话有理,站着等我。

⑨我把他包鸡蛋的一方灰不灰、蓝不蓝的方格子破布叠好还他。他一手拿着布,一手攥着钱,滞笨地转过身子。我忙去给他开了门,站在楼梯口,看他直着脚一级一级下楼去,直担心他下楼梯摔倒。等到听不见脚步声,我回屋才感到抱歉,没请他坐坐喝口茶水。可是我害怕得糊涂了,那直僵僵的身体好像不能坐,稍一弯曲就会散成一堆骨头。我不能想象他是怎么回家的。

⑩过了十多天,我碰见老王同院的老李。我问:"老王怎么了?好些没有?"

"早埋了。"

"呀,他什么时候……"

"什么时候死的?就是到您那儿的第二天。"

他还讲老王身上缠了多少尺全新的白布——因为老王是回民,埋在什么沟里。我也不懂,没多问。

我回家看着还没动用的那瓶香油和没吃完的鸡蛋,一再追忆老王和我对答的话,琢磨他是否知道我领受他的谢意。我想他是知道的。但不知为什么,每想起老王,总觉得心上不安。因为吃了他的香油和鸡蛋?因为他来表示感谢,我却拿钱去侮辱他?都不是。几年过去了,我渐渐明白:那是一个幸运的人对一个不幸者的愧怍。

(1)第①段画线句子用了什么描写方法?有怎样的表达效果?
(2)老王送来"香油和鸡蛋"并不是要钱,但还是"站着等我"拿钱,这体现了老王此时怎样的心理和性格特点?

(3)最后一段"不知为什么,每想起老王,总觉得心上不安","我"内心不安的原因你觉得最合理的一项是（ ）

A. 因为他重病了我还吃了他的香油和鸡蛋。
B. 因为他来表示感谢,我却拿钱去侮辱他。
C. 因为他去世十多天,我不仅不知晓,还没去看望他家人,感觉自责。
D. 因为我觉得我对他的关心不够,甚至不如他对我的关照,感觉有愧。

二、阶梯设计依据和理念

1.《语文课程标准》要求(七年级)

识字与写字:认识常用汉字,写字姿势正确,保持良好的书写习惯。

阅读:养成默读习惯,每分钟不少于500字,能较熟练地运用略读和浏览的方法,扩大阅读范围。在阅读中了解叙述、描写、说明、议论、抒情等表达方式。

鉴赏:欣赏文学作品,有自己的情感体验,初步领悟作品的内涵,从中获得对自然、社会、人生的有益启示。能对作品中感人的情境和形象说出自己的体验,品味作品中富于表现力的语言。

2. 本节课重难点

重点:①理解人物形象(人物品质)。
　　　②文章线索。
　　　③品味作者描写老王的语句。

难点:探究作者对老王心怀"愧怍"的深刻原因。

3. 设计理念

"双减"政策下,作业以"精"为主,题量不宜过多。

三、阶梯作业设计意图和思路

(1)时长:20分钟。
(2)梯度:由易到难。
(3)内容:字音字形、病句修改、文学常识、阅读理解。
(4)形式:书写、单选题、简答题。

四、其他说明

(1)"双减"政策下,作业以"精"为主,题量不宜过多。总时长不超过20分钟。
(2)将本课知识点与本单元知识点相结合,题型尽量贴近中考题型(如单选题)。
(3)题目难度由易到难,依次递增。必做、选做结合,设置挑战题型,逐步提升学生的能力与信心。
(4)课前、课中、课后紧密结合。
(5)评价等级(必做题)。

①全部正确,8分钟内完成阅读——A+。
②错误1~2个——A。
③错误3~4个——B+。
④错误5~6个——B。
⑤其余——C。

"用加减消元法解方程组"阶梯作业设计案例

163 中学　张敏

一、阶梯作业原文

(一) 基础过关作业

1. 方程组 $\begin{cases} 2x-3y=1 \\ 2x+5y=-2 \end{cases}$ 中，x 的系数特点是_____；方程组 $\begin{cases} 5x+3y=8 \\ 7x-3y=4 \end{cases}$ 中，y 的系数特点是_____。这两个方程组用_____法解比较方便。

2. 用加减法解方程组 $\begin{cases} 2x-3y=5 & ① \\ 2x-8y=-3 & ② \end{cases}$ 时，①-②得_____。

3. 已知 $\begin{cases} x+y=1 \\ x-y=3 \end{cases}$，则 $2xy$ 的值是_____。

4. 在等式 $y=kx+b$ 中，当 $x=0$ 时，$y=2$；当 $x=3$ 时，$y=3$；则 $k=$_____，$b=$_____。

5. 用加减法解下列方程组：

(1) $\begin{cases} x+3y=6 \\ 2x-3y=3 \end{cases}$ 　　(2) $\begin{cases} 2a-3b=2 \\ 5a-2b=5 \end{cases}$

(3) $\begin{cases} y-1=3(x-2) \\ y+4=2(x+1) \end{cases}$ 　　(4) $\begin{cases} \dfrac{x}{3}+\dfrac{y}{4}=1 \\ \dfrac{x}{2}-\dfrac{y}{3}=-1 \end{cases}$

(二) 能力提升作业

6. 已知 $\begin{cases} 2x+y=7 \\ x+2y=8 \end{cases}$，则 $\dfrac{x-y}{x+y}=$_____。

7. 方程组 $\begin{cases} 4x-3y=k \\ 2x+3y=5 \end{cases}$ 的解与 x 和 y 的值相等，则 k 等于(　　)。

8. 已知关于 x、y 的方程组 $\begin{cases} x+2y=a+1 \\ 4x+3y=a-1 \end{cases}$ 满足 $x+y=1$，求 a 的值。

9. 已知 x、y 是有理数，且 $(|x|-1)^2+(2y+1)^2=0$，则 $x-y$ 的值是多少？

二、阶梯作业设计依据和理念

（1）《数学课程标准》对本节课的要求：了解二元一次方程组及其相关概念，会解简单的二元一次方程组；能灵活选择代入消元法或加减消元法解二元一次方程组，将未知转化为已知，体会"消元思想"及"化未知为已知"的化归思想。

（2）数学学科核心素养：运算能力的培养，方程思想的应用。

（3）教学目标分析。

①知识技能：会用加减消元法解二元一次方程组。

②数学思考：在计算中体会数学的基本思想。

③问题解决：探究用加减消元法解二元一次方程组。

④情感态度：让学生在探究中感受数学知识的实际应用价值，养成良好的学习习惯。

（4）教学重点：用加减法解二元一次方程组。

（5）教学难点：探索如何用加减法将"二元"转化为"一元"的消元过程。

作业是课堂教学的延伸，在"双减"政策的要求下，作业要精简、高效。阶梯作业的第一部分为基础过关作业，第1题的第一个空是直接用加法解方程组，第二个空是直接运用减法，加强学生对系数的识别能力，较直接，很浅显；第2题是用加减法解题；第3、4题是简单的变式练习，其实还是解方程组；第5题的设计意图是加强学生对方程组解题过程的理解与应用，是依照《数学课程标准》要求，让学生进行书写练习，并进行规范，题目设置由易到难，课堂上已经对书写的步骤进行了规范，这样设置便于检验课堂的学习效果。第二部分是能力提升作业，在解方程组的基础上进行变式训练，对于转化思想的运用，以及学生的举一反三能力的提高都有益处，每道题都有一定的梯度，从易到难，逐步递进，让不同层次的学生有不同的收获、不同的学生在数学的学习中有不同的发展。

本节课要培养的数学学科核心素养主要是计算能力。培养学生解二元一次方程组的计算能力是学生学习数学的基本技能，应用适当的方法准确求未知数的值，按照解方程组的步骤，在运算法则的基础上灵活运用，并重视检验结果的正确性，为以后学习用二元一次方程组解应用题做好铺垫。

"用加减消元法解方程组"阶梯作业设计案例

163 中学　郭博函

一、阶梯作业原文

（一）基础作业

1. 填空题

(1) 已知方程组 $\begin{cases} 7x-4y=4 & ① \\ 8x-3y=-1 & ② \end{cases}$ 方程②－①得_____。

(2) 若 $x-y=2$，则 $7-x+y=$ _____。

(3) 已知 $\begin{cases} x=3 \\ y=4 \end{cases}$ 是方程组 $\begin{cases} ax+by=7 \\ 6a+5y=2 \end{cases}$ 的解，那么 $a^2+2ab+b^2$ 的值为_____。

2. 选择题

(4) 方程组 $\begin{cases} 3x+y=8 \\ 2x-y=7 \end{cases}$ 的解是(　　)。

A. $\begin{cases} x=-3 \\ y=-1 \end{cases}$　　B. $\begin{cases} x=-1 \\ y=3 \end{cases}$　　C. $\begin{cases} x=3 \\ y=-1 \end{cases}$　　D. $\begin{cases} x=-3 \\ y=1 \end{cases}$

3. 用加减消元法解下列方程组

(5) $\begin{cases} 5x+2y=25 \\ 3x+4y=15 \end{cases}$　　(6) $\begin{cases} 3m+2n=13 \\ 5m-n=0 \end{cases}$

（二）能力提升作业

(7) 用加减消元法解方程组 $\begin{cases} 3a-2b=6 & ① \\ 5a+3b=-2 & ② \end{cases}$ 时，把①×3＋②×2，得_____。

(8) 已知二元一次方程组 $\begin{cases} 2x+y=7 & ① \\ x+2y=8 & ② \end{cases}$，那么 $x+y=$ _____，$x-y=$ _____。

(9) 已知使 $3x+5y=k+2$ 和 $2x+3y=k$ 成立的 x、y 的值的和等于2，求 k 的值。

二、教材分析

设计依据和理念如下。

(1)《数学课程标准》对本节课的要求：了解二元一次方程组及其相关概念，会解简单的二元一次方程组。

(2)能灵活选择代入消元法或加减消元法解二元一次方程组,将未知转化为已知,体会"消元思想""化未知为已知"的化归思想。

(3)数学学科核心素养:运算能力的培养,方程思想的应用。

三、教学目标分析

1. 教学目标

①知识技能:会用加减消元法解二元一次方程组。

②数学思考:在计算中体会数学的基本思想。

③问题解决:能够用加减消元法解二元一次方程组,能够"化未知为已知"。

④情感态度:让学生在探究中感受数学知识的实际应用价值,养成良好的学习习惯。

2. 教学重点

用加减法解二元一次方程组。

3. 教学难点

探索用加减法将"二元"转化为"一元"的消元过程。

四、阶梯作业设计意图

作业是课堂的延伸,在"双减"政策的要求下,作业要精简高效。本节课阶梯作业的第一部分是基础作业:第1题是复习带入法解方程组并与本课内容做对比;第2题是运用加减法的某部分过程,加强对系数的识别;第3题是简单的应用,依照《数学课程标准》要求,让学生练习书写,并进行规范;第4题的设计意图是加强学生对方程组解题过程的理解与应用。第二部分是能力提升作业,能够提高学生转化思想的运用能力。每道题从易到难,逐步递进,让不同层次的学生有不同的收获。

"平行四边形"阶梯作业设计案例

163中学　李红梅

一、阶梯作业原文

（一）基础夯实作业

1. 在 □ABCD 中，AB = 3 cm，BC = 5 cm，则 AD = _____，CD = _____。
2. 已知 □ABCD 的周长为 32，AB = 4，则 BC = _____。
3. 在 □ABCD 中，∠B = 50°，则 ∠A = _____，∠D = _____。
4. 在 □ABCD 中，∠A + ∠C = 120°，则 ∠B = _____，∠D = _____。

（二）能力提升作业

5. 如图1所示，在 □ABCD 中，AD = 5，AB = 3，AE 平分 ∠BAD 交 BC 边于点 E，则线段 BE、EC 的长度分别为（）。

　　A. 2和3　　B. 3和2　　C. 4和1　　D. 1和4

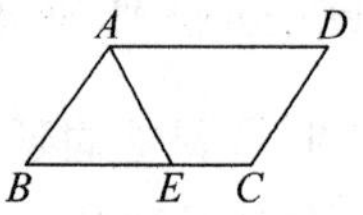

图1

6. 如图2所示，在 □ABCD 中，AB = 8，AD = 12，∠A、∠D 的平分线分别交 BC 于 E、F，则 EF 的长为 _____。

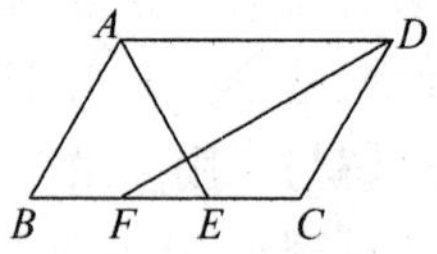

图2

（三）挑战自我作业

7. □ABCD 一内角的平分线与边相交并把这条边分成长为 6 和 8 的两条线段，则 □ABCD 的周长是 _____。

8. 如图3所示，在 □ABCD 中，E 为 AD 中点，CE 交 BA 的延长线于 F。求证：AB = AF。

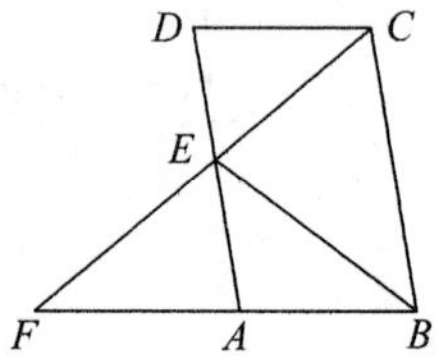

图3

二、阶梯作业设计分析

（一）教材分析

1. 本节课《数学课程标准》要求

理解平行四边形的概念，探索并证明平行四边形的性质定理，掌握平行四边形的对边相等、对边平行、对角相等的性质。

2. 学科核心素养的体现

将平行四边形的概念作为核心概念,在概念学习的过程中培养学生的数学抽象、直观想象的素养;在性质应用的过程中,提高学生运用数学知识解决实际问题的能力,培养学生的推理能力和逻辑思维能力。

(二)教学目标分析

(1)知识与能力:使学生掌握平行四边形的概念,掌握平行四边形对边相等、对角相等的性质,会根据概念或性质进行有关的计算和证明。

(2)过程与方法:通过有关证明及应用,使学生了解基本的数学思想方法,逐步学会分别从题设或结论出发,寻求论证思路,学会用综合法证明问题,从而提高学生分析问题、解决问题的能力。

(3)情感态度与价值观:通过学习四边形与平行四边形的概念之间和性质之间的联系与区别,使学生认识特殊与一般的辩证关系、个性与共性之间的关系等,体会事物之间总是相互联系又相互区别的,进一步培养辩证唯物主义思想。通过对平行四边形性质的探究,使学生经历观察、分析、猜想、验证、归纳、概括的认知过程,培养学生良好的个性思维品质,在活动中发展学生的探究意识和有条理的表达能力。

(4)教学重点:理解并掌握平行四边形的概念及其性质。

(5)教学难点:根据平行四边形的性质进行简单的计算和证明。

(三)阶梯作业设计的意图和思路

设计的梯度:分为基础夯实作业、能力提升作业、挑战自我作业三个层次。

作业时长:15分钟。

作业形式:书面答题。

设计依据:《数学课程标准》。

基础夯实作业:根据本节课的学习内容,以教材23页练习为原型设计一组全体学生必会题目,直接应用平行四边形对边相等、对角相等的性质。有助于所有学生巩固消化本节课所学知识,有利于对所学知识加深理解。

能力提升作业:对于能力较强的学生,布置了2道能力提升题,是平行四边形对边相等、对角相等性质的提升训练。有助于提升学生的知识运用能力,将已有知识融会贯通,让书本上的知识真正成为学生自己的智慧,并构建良好的知识体系。

挑战自我作业:为学优生布置了2道挑战自我题。第一题在能力提升作业2道题的基础上没给图形,变成一道双解题,提高学生的变式能力。第二题是一道证明题,既可以帮助学生梳理、掌握本节课平行四边形的知识,同时还能够让学生综合运用平行线的性质、全等证明等知识。让学生充分发挥数学在各方面培养中所需要的思维能力和创新能力,提升数学推理能力。

针对作业批改时出现的问题,在讲评时根据学生的知识水平、学习能力、学习态度和学习成绩,挑选不同的学生进行提问,使重点与易错点相结合,进行强化训练,及时跟踪测试。教师在辅导时要有针对性地进行讲解，在课后服务时进行分层教学、分层练习，在晚辅导课中给学生提供合作学习的氛围。同时，教师要有目的地批阅学生的作业，不能只是判断对与错、好与差，更要注重过程与方法，既要善于发现学生练习中的优点和思维中的亮点，还要善于发现学生出现差错的原因，同时加强个别辅导。教师在批改作业时要多做激励性、指导性、启发性的批注，指导学生思考，肯定学生的成就。对完成作业可能产生的疑难点，要进行适当的点拨、引导，以避免学生在写作业时出现目的不清、难以下手的情况。通过布置阶梯作业这种因材施教的教学实践活动，激发学生学习数学的热情，从而提升学生的学习能力与分析能力。

Unit 3　Where did you go?
Part A　Let's try & Let's talk 阶梯作业设计

163中学　唐文艳

一、阶梯作业原文

（一）核心基础作业

Task 1：Chinese – English Translation.

接到来自……的电话＿＿＿＿＿＿＿＿＿＿＿＿＿＿＿＿＿＿＿＿＿＿＿＿

伤到某人的脚＿＿＿＿＿＿＿＿＿＿＿＿＿＿＿＿＿＿＿＿＿＿＿＿＿＿＿

发生什么＿＿＿＿＿＿＿＿＿＿＿＿＿＿＿＿＿＿＿＿＿＿＿＿＿＿＿＿＿

从……跌落＿＿＿＿＿＿＿＿＿＿＿＿＿＿＿＿＿＿＿＿＿＿＿＿＿＿＿＿

五一劳动节＿＿＿＿＿＿＿＿＿＿＿＿＿＿＿＿＿＿＿＿＿＿＿＿＿＿＿＿

骑马＿＿＿＿＿＿＿＿＿＿＿＿＿＿＿＿＿＿＿＿＿＿＿＿＿＿＿＿＿＿＿

看起来像＿＿＿＿＿＿＿＿＿＿＿＿＿＿＿＿＿＿＿＿＿＿＿＿＿＿＿＿＿

Task 2：Multiple – choice questions.

（　　）1.—Where ＿＿＿＿ you ＿＿＿＿ last Saturday?
A. did, went　　　B. did, go　　　C. do, go

（　　）2. You can see he photos ＿＿＿＿ the Labour Day holiday.
A. to　　　　　　B. at　　　　　　C. from

（　　）3. The little girl ＿＿＿＿ her bike and hurt her leg.
A. fell down　　　B fell down from　C. fell from

（　　）4. I can't see anything. What ＿＿＿＿?
A. is happened　　B. happened　　　C. was happened

（　　）5. You didn't ＿＿＿＿ to school. What's wrong?
A. came　　　　　B. come　　　　　C. comes

Task 3：Use the correct form to fill in the blanks.

1. Jack ＿＿＿＿（fall）down from his bike by accident.

2. Tom is a fat boy and he always ＿＿＿＿（eat）much food.

3. She ＿＿＿＿（happen）to meet her old friend in the street last Friday.

4. We ＿＿＿＿（see）lots of flowers in the garden and enjoyed ourselves.

5. The little boy got ＿＿＿＿（hurt）when he rode his bike.

(二)能力提升作业

Task 4：Communication application.

选择合适的句子，补全对话。

从 A－G 选项中选出能填入空白处的最佳选项补全对话(选项中有两项多余)。

A：I heard that you got hurt last weekend. __1__.

B：Oh, I was so careless and fell down from the horse. __2__

A：I'm sorry to hear that. __3__

B：Sure, I will stay at home this afternoon. __4__.

A：Ok, I will take some new CDs about the movies. We can watch them at your home.

B：__5__. I can't wait your visit.

> A. You can come at any time.
> B. What happened?
> C. Sounds good.
> D. Can I come and visit you this afternoon.
> E. And I hurt my leg.
> F. I will stay at home.
> G. How can you fall from the horse?

Task 5：Reading comprehension.

Yesterday Jack went to the park with his father and mother. They took some sandwiches and bananas and we wanted to have a picnic. There was a hill in the park and there were a lot of monkeys on the hill. The monkeys were very funny. They ran and jumped all the time. Suddenly, a monkey ran quickly to a little girl, grabbed the bananas from her and ran away. Some other monkeys ran to her and soon they ate them up! The little girl was very angry with those naughty monkeys.

根据短文内容判断正误。正确的在括号中填"A"，错误的填"B"

(　　)1. Jack with his parents went to the park last Sunday.

(　　)2. Jack's family took some sandwiches and bananas to the park.

(　　)3. They met some funny monkeys in the park and the monkey are silent all the time.

(　　)4. A monkey ran quickly to Jack and grabbed the bananas from Jack.

(　　)5. The little girl was very angry with those naughty monkeys because they grabbed the apples from him.

(三)挑战自我作业

Task 6：Make your own dialogue by using the given sentence patterns.

A：Where did you do last night?

B:I went to a forest park.
A:Where did _____ do last night?
B:He/she _____.
A:What did _____ do there?

Optional Task:Interview your partners about their weekend using the follow sentences. Then fill the form. At last do a report. (fifteen minutes)

Where did you go last weekend?

What did you do there?

Name	Where did you go last weekend?	What did you do there?

_____

_____

_____

_____

二、阶梯作业布置意图及完成标准

1. 核心基础作业

布置意图：

学习巩固本节课的词汇及用法，通过汉译英、单项选择、适当形式填空考查学生对重点词汇和知识点的掌握情况。

完成标准：

在完成过程中引导学生注意单词的规范拼写，如大小写，注意人称的变化形式和动词过去式的规则变化与非规则变化。

建议用时:5 分钟。

2. 能力提升作业

布置意图：

考查学生的交际能力和阅读能力，以及对上下文的判断能力和文章信息的捕捉能力。

完成标准：

完成过程中应该注意认真画出根据，确保问题回答得精准。

建议用时:10 分钟。

3. 挑战自我作业

布置意图：

练习编对话，使学生充分理解课堂所学句型并巩固课堂所学词汇，从而更好地吸收课堂知识。通过学习并反复练习对一般过去时的询问和回答，使学生树立正确的价值观，热爱生活，珍惜时间，认真过好每一天。

选做作业的布置能够有效练习学生的写作，培养学生独立思考和构思的综合素质，使其有效运用课堂所学习的知识。

分层作业（hierarchical operation）让具有差异性的学生在基础和能力上各得其所，真正关注到每一名学生的成长和进步。

完成标准：

注意语篇中的词汇拼写与运用，句子语法一般过去时使用要求恰当准确，能够将所学内容运用到写作中。

建议用时：7分钟。

课上以采访的形式锻炼学生说和写的能力，课后以小作文的形式锻炼学生熟练运用所学的一般过去时及写作能力。

建议用时：8分钟。

三、阶梯作业设计说明

（一）设计依据和理念

1. 本节课《英语课程标准》要求

（1）知识与技能。

四会词汇：went、camp、went camping、fish、went fishing、rode、hurt。

三会词汇：fell、off、Labour Day、mule、Turpan、could、till。

重点句型：①—Where did you go? —I went to a forest park.
②—Did you go to Turpan? —Yes, we did.

（2）过程与方法。

情景教学法，探究、合作交流。

（3）情感态度与价值观。

自由地谈论去过的地方和做过的事情，激发学生对过去经历的美好回忆。学会分享，增进友谊。

（4）学科核心素养（德育渗透）。

通过学习并反复练习对一般过去时的询问和回答，使学生树立正确的价值观，热爱生活，珍惜时间，认真过好每一天。

2. 本节重难点

重点：（1）能听、说、读、写过去式单词 went、rode、hurt 和词组 went camping、went fishing 等；能正确使用动词过去式。

(2)能利用"Where did you go?""What did you do?"互相询问去过的地方和做过的事情,并能根据实际情况灵活作答。

难点:(1)掌握本部分的新单词并利用过去式的变化进行描述。

(2)灵活运用"Where did you go?""What did you do?"谈论去过的地方和做过的事情。

3. 设计理念

根据《英语课程标准》和教学参考的要求制定学习目标,结合六年级学生的基本学情设计既凸显重点又简单易懂的题目,夯实第一课时重点学习的内容。三个梯度的设计给每一梯度的学生施展的空间,也符合"双减"政策的要求。

(二)设计思路

(1)时长:30分钟。

(2)梯度:设计了三个梯度。第一、第二梯度是本课学习的重点内容,学生必须掌握。第三梯度的内容供写作能力比较突出的学生完成。

(3)内容:符合本节课的教学目标要求,紧密结合课后习题的设置。教学参考书中要求"要把握好本单元人文主题的适切度,不要拔高要求"。本次作业设计中倡导学生自由地谈论去过的地方和做过的事情,激发学生对过去经历的美好回忆。同时,引导学生学会分享,多与他人沟通。

(4)形式:本单元以学生活动经历为主题,引导学生利用所学的一般过去时掌握本单元重点词汇、短语和句型。习作要求是"注意抓住重点,写出特点",要求学生根据自己的表达需要确定习作的重点内容,所以本节课的作业设计很好地实现了从阅读到表达的有序过渡。另外,在题目的设计上实现了学习目标之间的渗透,分层工作更是彰显了不同层次的学生应该因材施教。例如,最后一部分选做作业,以小作文的形式对课上内容进行巩固,既考查了学生的课上听课效果,也锻炼了学生的写作能力。

Unit 3　Where did you go?
Part A　Let's try & Let's talk 阶梯作业设计案例

163 中学　武则旭

一、阶梯作业原文

(一)核心基础作业

Task 1：Multiple-choice questions.

(　　) 1. Which pair of the words with the underlined letters has different sounds?
　　A. b<u>ea</u>ch　cl<u>ea</u>ned　　B. b<u>ou</u>ght　c<u>ou</u>ld　　C. t<u>oo</u>k　w<u>oo</u>l

(　　) 2. Which of the following words has a different sound from the underlined letter of the word "r<u>o</u>de"?
　　A. h<u>o</u>tel　　　　B. <u>o</u>ff　　　　C. <u>o</u>ver

(　　) 3. Which of the following words has the same sound as the underlined letter of the word "f<u>e</u>ll"?
　　A. w<u>e</u>nt　　　　B. bask<u>e</u>t　　　　C. <u>e</u>njoy

(　　) 4. Which pair of the words with the underlined letters has different sounds?
　　A. <u>wh</u>at　<u>wh</u>ere　　B. <u>h</u>our　<u>h</u>urt　　C. <u>th</u>ere　<u>th</u>ose

(　　) 5. Which word of the following doesn't have the same stress as the others?
　　A. basket　　　　B. labour　　　　C. hotel

Task 2：Use the correct form to fill in the blanks.

1. Tom and Mary _____ (come) to China last month.
2. Mike _____ (not go) to bed until 12 o'clock last night.
3. Tom _____ (want) to learn Chinese last year.
4. Last week we _____ (see) many apples on the farm.
5. My mother _____ (not do) housework yesterday.

(二)能力提升作业

Task 3：Communication application.

Sarah：Where did you go __1__ the winter holiday?
Amy：My family and I __2__ to Sanya.
Wu Yifan：__3__? Did you like it?

Amy: Yes, it was so warm.

Sarah: Hainan is far __4__ here. How did you go there?

Amy: We went there __5__ plane.

Wu Yifan: __6__ the beach? What did you do there?

Amy: It was beautiful. I took lots of pictures, and I also went swimming.

Sarah: __7__ great! Can I see your pictures __8__?

Amy: Sure.

1. _____ 2. _____ 3. _____ 4. _____
5. _____ 6. _____ 7. _____ 8. _____

Task 4: Sentence pattern transformation.

1. My family and I went to Shanghai over the winter holiday.（对画线部分提问）

_____ _____ to Shanghai over the winter holiday?

2. I took a lot of pictures and I also went swimming.（改为同义句）

I took _____ pictures and I went swimming, _____.

3. What was the park like?（改为同义句）

_____ _____ the park?

4. They went to the countryside by air.（改为否定句）

They _____ _____ to the countryside by air.

5. —Did the students of Class One have an English test yesterday?（做出肯定回答）

—_____, they _____.

（三）拓展延伸作业

Task 5: Use the correct form to fill in the blanks.

| be   visit   build   look it up   American |

There is a guest __1__ the school. The school changed a lot. There __2__ no library in the old school. There was only one small __3__ on a hill. People could see stars and the moon at night. Wu Binbin said the __4__ took about five days to get to the moon in 1969. And he __5__ on the Internet to know that.

1. _____ 2. _____ 3. _____ 4. _____ 5. _____

二、阶梯作业布置意图及完成标准

1. 核心基础作业

布置意图：

学习巩固本节课的语音训练，通过单项选择、适当形式填空考查学生对重点词汇和知识点的掌握情况。

完成标准：

完成过程中引导学生注意单词的读音及词性。

建议用时:7 分钟。

2. 能力提升作业

布置意图:

考查学生的交际能力和句型转换能力,以及对上下文的判断能力和文章信息的捕捉能力。

完成标准:

在完成过程中引导学生回归教材及句式表达。

建议用时:8 分钟。

3. 拓展延伸作业

布置意图:

任务型阅读可以既提高阅读能力,也提高词汇能力。

完成标准:

在完成过程中应该注意文章连贯性及词性转换。

建议用时:5 分钟。

三、作业设计说明

(一)设计依据和理念

1. 本节课《英语课程标准》要求

知识目标:能听懂"Let's try"并完成"Tick or cross"。

能力目标:能理解 Let's talk 并能听说认读"mule、hotel、rode、Turpan、hurt、What happened? Where did you go? It looks like a mule"单词和句子。

情感目标:学生对英语学习产生浓厚兴趣,对他人给予问候和关心。

过程与方法:情景教学法,信息化手段。

2. 本节重难点

重点:能掌握重点句式及表达方法。

难点:学会对他人情况进行询问,区别一般现在时和一般过去时。

3. 设计理念

根据《英语课程标准》及"双减"政策,有梯度、有针对性地展开教学工作。阶梯作业能够很好地结合学情,既保证学生的学习效率,又保证学习的难度和深度。在最短的时间内,做最有针对性的训练,提升知识运用能力,让书本上的知识真正成为学生的智慧。

(二)设计思路

(1)梯度。

第一梯度:核心基础作业。学生在学习过程中,不仅要注意单词的用法,还要了解发音及发音规律,同时要加强对词性的掌握。

第二梯度:能力提升作业。考查学生的交际能力和句型转换能力。

第三梯度:挑战自我作业。任务型阅读可以提高阅读能力和词汇能力。

(2)内容。

作业设计要突出基本知识和基本能力的巩固与运用。要难易适度,不出偏题、怪题、难题,要针对教学目标和学生的学习现状精心设计,不拔高要求,更不能好高骛远。扎扎实实,切合实际,获得继续开展教学活动或者改进教学活动的有效信息,提高教学效果。

作业布置要针对课堂教学的达成度来精心安排,不能按照备课时的作业设计生搬硬套。因为课堂教学具有生成性,备课时的作业仅仅是个准备而已,不是一成不变的。如果硬是把早已设计好的作业在讲课之后立即布置下去,就会造成重复低效或者匹配不当,导致作业布置的有效性大大降低,进而加重学生的课业负担。

作业设计贯穿备课、课堂教学、课后巩固练习、预习和复习等教学环节,而作业布置一般安排在课堂教学的后段或者课外,有的当堂完成,当堂达标;有的课后完成,反馈教学效果,以利于后续教学活动的设计。所以,作业设计和作业布置不是一回事,要严格分开、灵活掌握、科学安排,只有这样才能够体现以学定教,顺学而导,构建开放而有活力的教学过程。

(3)建议用时:15~20分钟。

Unit 3　Where did you go?
Part A　Let's try & Let's talk 一课阶梯作业设计案例

163 中学　彭美琦

一、阶梯作业原文

（一）核心基础作业

任务1：单项选择。

(　　) 1. —_____—I fell off my bike last night.

A. What happened

B. What did you do

C. What were you doing?

(　　) 2. —How _____ you like my dog? Tom?

　　　—It's very pretty. I _____ it very much.

A. Am, am like　　B. do, like　　C. do, like

(　　) 3. —Where _____ you just now?

　　　—I _____ at home.

A. were; was　　B. were; were　　C. was; were

(　　) 4. —She _____ swim two years ago. But now she swims well.

A. can't　　B. couldn't　　C. don't

(　　) 5. People _____ go by bus at that time.

A. didn't　　B. weren't　　C. can't

任务2：词汇——同根词检测。

1. went _____（动词原形）_____（现在分词）
2. rode _____（动词原形）_____（现在分词）
3. hurt _____（动词原形）_____（现在分词）
4. ate _____（动词原形）_____（现在分词）
5. took _____（动词原形）_____（现在分词）

（二）能力提升作业

任务3：根据句意补全句子。

1. The little girl _____ (fall) off the bed yesterday.
2. Let's go _____ (fish) after class, shall we?
3. My mother _____ (ride) a bike to work this morning.
4. There are five _____ (horse) on the farm.
5. We went there by _____ (planes).

任务4：从A-G选项中选出能填入空白处的最佳选项补全对话（选项中有两项是多余的）。

Amy：____1____

John：I fell off my bike last Saturday and hurt my foot.

Amy：____2____ Are you all right?

John：I'm OK now. Come and look at my photos from the Labour Day holiday.

Amy：____3____

John：Mt. Tianshan, Xinjiang. I rode a horse. Look, it's very small.

Amy：Oh, yes. It looks like a mule! ____4____

John：Yes, we did. We saw lots of grapes there, but we couldn't eat them. ____5____

A：Where did you go?
B：What happened?
C：They won't be ready till August.
D：That's too bad!
E：Sounds good.
F：Did you go to Turpan?
G：How is everything going?

1._____ 2._____ 3._____ 4._____ 5._____

（三）挑战自我作业

任务5：小话题作文。

用所给单词造句，运用一般过去时。

fall off, look at, look like, lots of, be ready, ride a horse, go fishing, hurt my foot

谚语积累：

As the saying goes,"Bad luck often brings good luck".

俗话说,"塞翁失马焉知非福"。

二、阶梯作业完成标准

1. 核心基础作业

在完成过程中引导学生注意单词的规范拼写，如大小写。

建议用时：5分钟。

2. 能力提升作业

在完成过程中应注意认真画出根据,确保问题回答得精准。

建议用时:10分钟。

3. 挑战自我作业

注意语篇中的词汇拼写及运用,句子语法使用要求恰当准确,能够将所学内容运用到写作中。

建议用时:8~10分钟。

三、作业设计说明

(一)设计依据和理念

1. 本节课《英语课程标准》要求

知识目标:能听懂"Let's try"并完成"Tick and cross"。

能力目标:能理解"Let's talk"并能听说认读下列句子。

What happend?　　Are you all right?　　I'm OK now. Where did you go?

It looks like a mule. Did you go to Turpan?　　Yes, we did.

情感目标:学生能够积极、主动地参与课堂活动。

过程与方法:情景教学法,PPT信息化手段。

2. 本节重难点

①重点:能听说认读单词 fell off、mule、could、till、Labour Day、Turpan。

理解"Let's talk"部分的内容并能听说认读学习目标中的句子。

②难点:能理解"Let's talk"并能听说认读下列句子。

What happend?　　Are you all right?　　I'm OK now.

Where did you go?　　It looks like a mule.

Did you go to Turpan?　　Yes, we did./No, we didn't.

3. 设计理念

学生提升知识水平不仅需要在课堂上积极参与学习、收获知识,还要在课后以作业练习的形式进行知识的巩固训练,提升知识运用能力,让书本上的知识真正成为自己的智慧。因此,布置阶梯作业需要充分结合学生的实际学习能力,因材施教,分层教学。要能够帮助学生巩固知识,并且构建良好的知识体系,能够良好地运用知识解决问题。

(二)设计意图和思路

(1)梯度。

第一梯度:核心基础作业。学习巩固本节课的词汇和用法,通过单项选择、词根检测考查学生对重点词汇和知识点的掌握情况。

第二梯度:能力提升作业。考查学生的交际运用能力、对上下文的判断能力和文章信息的捕捉能力。

第三梯度:挑战自我作业。练习编对话,使学生充分理解课堂所学句型并巩固课堂所学词汇,从而更好地吸收课堂知识。

(2)内容。

①阶梯作业要注重层次性。

阶梯作业不仅体现在学生要分层,作业的内容也要分层。在不同的教学阶段,教师根据学生的个体差异,设计出有层次的练习题,使每名学生均得到最好的发展,有效解决"吃不了"与"吃不饱"的问题。

②阶梯作业要体现循序渐进性。

阶梯作业要体现循序渐进性,知识的难易程度由浅入深、环环相扣,课后作业的设计也要层层深入,由封闭到开放,循序渐进,由简单到复杂,由理解到运用,不仅体现在每节课的课后作业上,还要体现在单元之间和模块之间。例如,教师布置课后作业时可以由浅入深,先布置简单的词汇、单选,其次布置难度稍大一点的交际运用,最后利用造句、简单话题作文的形式将知识融入其中,使学生在不知不觉中通过有效的课后作业既掌握了新的课堂知识,又对以前学到的知识有了巩固和提高。这样的作业布置方式,使作业自然地融入教学系统中,成为有机的整体。

③阶梯作业要注重思维能力的拓展。

课堂时间有限,要想将所有的知识都消化吸收,有效的课后作业练习尤其重要。阶梯作业除了层次性、循序渐进性,还要注重拓展学生的思维能力。所以教师在布置作业时,可以采取拓展型作业的方式将设置的作业与学生的生活实际联系在一起,通过这种方式有效提高学生的思维能力。例如,让学生注意观察自己周围的生活,并将与所学内容相关的事情记录在作业本上。这样将作业和生活相结合,不仅能够提升写作的质量,而且有利于学生思维能力的培养。

(3)建议用时:15~20分钟。

人教版英语八年级上册
Unit 5 Do you want to watch a game show? Section A 1a – 2d 阶梯作业设计案例

163 中学　翟鹏

一、阶梯作业原文

（一）基础夯实作业

Task 1：Translate the TV shows into English.

1. 肥皂剧 _____

2. 脱口秀 _____

3. 体育节目 _____

4. 情景喜剧 _____

5. 才艺表演 _____

6. 游戏节目 _____

Task 2：Complete the sentences according to the given information.

1. I don't _____（介意）singing competitions, but sometimes they can be a bit boring.

2. Tom can't _____（忍受）her sister because she always keeps him waiting.

3. Lily _____（弄清）how to work out the maths problem with the help of her mother yesterday.

4. I am _____（plan）to fly kites with my friends this weekend.

5. *My People, My Country* is an _____（education）film that is popular among us students.

6. Can you imagine what _____（happen）to the world in fifty years?

（二）能力提升作业

Task 3：Complete the dialogue by using one word each blank.

A：What did you do in class today, Sarah?

B：We had a ___1___ about TV shows. My classmates like game shows and sports shows.

A：Oh, I ___2___ stand them. I love soap operas. I like to follow the story and see what ___3___ next.

B: Well, I don't ___4___ soap operas. But my favorite TV shows are the news and talk shows.

A: They're boring!

B: Well, they may not be very exciting, but you can ___5___ to learn a lot from them. I hope to ___6___ be a TV reporter one day.

1._____ 2._____ 3._____ 4._____ 5._____ 6._____

（三）挑战自我作业

Task 4: Make your own dialogue by using the given sentence patterns.

A: Do you plan to _____?

B: Yes. _____. I watch it every night.

A: Why?

B: Because I hope to _____.

Optional Task: Make a survey on the questions and write a report.

- What do your friends plan to watch this weekend?
- Why do they want to watch it?

_____

_____

_____

_____

二、阶梯作业设计理念及依据

《英语课程标准》要求，八年级学生要有明确的学习需要和目标，对英语学习表现出较强的自信心；能用简单的语言描述自己或他人的经历，能表达自己的观点；能就熟悉的生活话题交流信息和简单的意见；能尝试使用不同的教育资源，从口头和书面材料中提取信息，扩展知识，解决简单的问题并描述结果；能在学习中互相帮助，克服困难；能合理计划和安排学习任务，积极探索适合自己的学习方法；在学习和日常交际中能注意到中外文化差异。

三、教学内容介绍

本单元的教学目标是谈论对不同类型的电视节目或电影的看法与偏好（Talk about preference）和制订计划（Make plans）。本节通过将学生带入"谈论电视节目"的语境中，呈现不同电视节目类型的表达方式，以及句型 A：What do you think of…? B：I don't mind them. / I can't stand them. / I love watching them. 用来表达对各类电视节目的偏好。本部分还呈现了谈论计划和安排的句型，例如，A：Do you want to watch the news? B：Yes. I do. / No, I don't. A：What do you plan to watch on TV tonight? B：I plan to watch *Days of*

Our Past. 主要学习不定式做宾语的用法。本部分出现的几个不定式有：want to do、plan to do、expect to do、hope to do 等。

四、设计目的

1. 基础夯实作业

让学生巩固本节课已学的重点词汇和表达。通过汉译英练习和补全句子练习检查学生对重点知识的掌握情况。学生在完成过程中要注意单词拼写、字母书写及填写词汇的正确形式。

2. 能力提升作业

考查学生对语篇的理解能力及根据上下文语境补全语篇的能力。完成过程中要注意前后文的语篇含义，注意词汇搭配的正确使用并填写单词的正确形式。

3. 挑战自我作业

锻炼学生用英语表达自己喜欢的电视节目并阐释原因，考查学生在对话中使用目标词汇和目标句型的能力。句子和语篇中的词汇拼写、语法使用要求准确，书写清晰工整，可以有效将话题内容加入写作任务中。

总之，设计阶梯作业的目的就是让学习具有差异性的学生在基础和能力上各得其所，真正关注每一名学生的成长和进步。分层布置可以在帮助学生掌握基础知识的同时，运用英语将已有的知识经验和他们的实际生活联系起来，使学生真正体会到写作业的乐趣和运用语言的成就感。

六年级下学期
Unit 1 Part A Let's try & Let's talk
阶梯作业设计

163 中学 尚笑

一、阶梯作业原文

（一）核心基础作业

任务一：将下列形容词原级变为比较级。
tall _____   short _____   long _____
old _____   young _____   big _____

任务二：单项选择。
(   )1. —How tall are you?   —I'm 1.6 meters tall. I'm _____ than you.
A. tall   B. taller   C. tallest
(   )2. The building(大楼) is so _____. It's about 200 meters tall.
A. taller   B. tallest   C. tall
(   )3. —What _____ are your shoes?   —My shoes are _____.
A. size;size 35 B. size;Size 35   C. big;size 35
(   )4. —How old is the girl?   —She is _____.
A. 6 years old   B. 6 year old   C. 6-year-old
(   )5. —Is that book _____?   —No, it's not _____.
A. yours, mine   B. your;mine   C. yours;me

（二）能力提升作业

任务三：句型转换。
1. Jane is the tallest girl at school.（同义句转化）
   Jane is _____ _____ the other girls at school.
2. The tree is five meters.（对画线部分提问）
   _____ _____ is the tree?
3. My shoes are size 35.（对画线部分提问）
   _____ _____ are your shoes?
4. Jane is tall and Kite is tall too.（同义句转化）

_____ Jane _____ Kite are tall.

5. Some dinosaurs are smaller than our school bags. (同义句转化)

Our school bags are _____ _____ some dinosaurs.

任务四：词性转换。

1. Jack is _____ (tall) than Sam.

2. The box is much _____ (long) than the others.

3. Both of _____ (we) like eating vegetables.

4. There are more _____ (dinosaur) over there.

5. What size are _____ (you) shoes?

任务五：交际运用，填入一个适当的单词补全对话。

Zhang Peng: Look! That's the tallest dinosaur in this hall.

Mike: Yes, it is. How __1__ is it?

Zhang Peng: __2__ 4 metres.

Mike: Wow! It's taller than __3__ of us together.

Zhang Peng: Look! There __4__ more dinosaurs over there!

Mike: They're all __5__ big and tall.

Zhang Peng: Hey, this dinosaur isn't tall! I'm taller than this one.

Mike: Oh, yes. How tall are you?

Zhang Peng: I'm 1.65 metres.

1. _____ 2. _____ 3. _____ 4. _____ 5. _____

（三）挑战自我作业

任务六：阅读理解。

Pat Hogan was travelling around the country in his car. One evening he was driving along a road looking for a small hotel. When he saw an old man at the side of the road, he stopped his car and said to the old man, "I want to go to the Sun Hotel. Do you know it?"

"Yes," the old man answered, "I'll show you the way."

He got in to Pat's car, and they drove for twelve miles. When they came to a small house, the old man said, "Stop here."

Pat stopped and looked at the house. "But this isn't a hotel." he said to the old man.

"No," the old man answered, "this is my house. And now I'll show you the way to the Sun Hotel. Turn around and go back nine miles. Then you'll see the Sun Hotel on the left."

(   ) 1. Where was Pat looking for?

A. The Sun Hotel

B. The Moon Hotel

C. The Star Hotel

(   ) 2. Whom did Pat meet?

A. A policeman

B. An old man

C. An old woman

(　　)3. Where did the old man take Pat to?

A. The Sun Hotel

B. A supermarket

C. The old man's house

(　　)4. How far did Pat drive after the old man got on his car?

A. Five miles

B. Twelve miles

C. Three miles

(　　)5. How far was the hotel from where Pat saw the old man?

A. Twelve miles

B. Nine miles

C. Three miles

任务七：思维导图(选做)。

请同学们根据课文内容绘制思维导图。

二、阶梯作业设计意图及完成标准

1. 核心基础作业

任务一设计意图：巩固本节课的词汇及用法，通过词形转换填空，考查学生对重点词汇和形容词比较级变化规则的掌握情况。通过比较级的练习，鼓励学生与他人做比较时取长补短，提升自己。（建议用时：2分钟）

任务二设计意图：巩固本节课的词汇及用法，单项选择考查学生对重点词汇和知识点的掌握情况以及语言运用能力。（建议用时：3分钟）

完成标准：

在完成过程中引导学生注意单词的规范拼写和形容词比较级的变化规则与运用。

2. 能力提升作业

任务三设计意图：句型转换考查学生的语言运用能力和思维发展创新能力，对画线部分提问和同义句是重点，也是难点。（建议用时：3分钟）

任务四设计意图：巩固本节课的词汇及知识点，词性转换考查学生对重点词汇和知识点的掌握情况。（建议用时：2分钟）

任务五设计意图：考查学生的交际能力和阅读能力，以及对上下文的判断能力和文章信息的捕捉能力。（建议用时：5分钟）

完成标准：

在完成过程中引导学生注意单词的规范拼写和形容词比较级的变化规则与运用，并根据情境完成正确表达。

3. 挑战自我作业

任务六设计意图:考查学生的交际能力和阅读能力,以及对上下文的判断能力和文章信息的捕捉能力。(建议用时:5分钟)

任务七设计意图:思维导图能够使学生充分理解课堂所学句型并巩固课堂所学词汇,从而更好地吸收课堂知识。选做作业能够有效培养学生的总结概括能力、独立思考能力等综合素质,使其对课堂所学知识进行有效的整合运用,以此帮助学生巩固所学知识,激发学生的学习兴趣,提高学生的英语素养。(建议用时:5分钟)

完成标准:

通读全文,学生能够运用扫读和精读等阅读技巧,带着问题在文中寻找正确答案。

三、阶梯作业设计说明

(一)设计依据和理念

1. 本节课《英语课程标准》要求

知识与技能:能够掌握针对身高提问的句型、形容词比较级的变化规则和句型结构;能够按照正确的意群及语音、语调朗读对话;能够理解对话大意,在任务情景中运用句型比较人或动物的外貌特征。

过程与方法:情景教学法,探究、合作交流,任务教学法。

情感态度与价值观:学会用英语比较身高、年龄,发现差别。通过形式多样的活动,帮助学生巩固所学知识,激发学生的学习兴趣,提高学生的英语素养。

学科核心素养(德育渗透):通过比较级的学习,鼓励学生与他人做比较时取长补短,提升自己。

本节重难点如下。

重点:(1)能够听、说、读、写形容词比较级和相关句型词组。

(2)能够利用"How tall...?"询问身高并根据实际情况灵活作答。

难点:(1)能够运用本部分的新单词及形容词比较级的句型描述身高。

(2)能够在任务情景中运用句型比较人或动物的外貌特征。

2. 设计理念

根据《英语课程标准》和教学参考的要求制定学习目标,结合六年级学生的基本学情设计既凸显重点又简单易懂的题目,夯实六年级上册第六单元有关形容词的用法,继续拓展升华重点学习的内容。三个梯度的设计给每一梯度的学生以施展的空间,符合"双减"政策的要求。因此,阶梯作业的布置尤为重要,不但要显示出梯度并与教材紧密结合,还要根据学情进行合理的设计。从基础入手,巩固课堂新知;融入能力提升,拓展思维能力,提升学习力;挑战自我,进行对比升华。

三个梯度的设计,第一、第二梯度为本课学习的重点内容,学生必须掌握,第三梯度的内容供阅读能力较强的学生完成。

本项阶梯作业设计符合本节课的教学目标要求,紧密结合课后习题的设置。遵循教学目标，突出重难点，并且很好地实现了从阅读到表达的有序过渡。在题目的设计上实现了学习目标之间的渗透，分层工作更是彰显了对不同层次的学生应该因材施教。分层作业让具有差异性的学生在基础和能力上各得其所，真正关注到每一名学生的成长和进步。

（二）问题分析与改进

一是部分学生在学习态度上有些懈怠，作业完成质量有待提高。改进措施：教授学生具体的做作业的方法，使其在完成作业的同时注重书写规范，培养学生检查作业的意识。

二是我校学生学习成绩两极分化严重，缺乏学习主动性和学习目标，学生接受能力有限，作业完成率有待提升。改进措施：在潜能生转化上多下功夫。

三是潜能生有1/3已接近学优，学习劲头较足，自我管理能力逐步加强，但是另有2/3的学生需要重视作业质量，虽然成绩进步不明显，但是有向好的意识，学习持久性还需进一步提高。改进措施：要多关注这部分学生，提升其学习能力，培养良好的学习习惯，使其进入学优生的行列。

作业的改革与创新绝非一朝一夕之功，需要我们在日常教学中不断地探索和研究，只有这样我们才能设计出既能激发学生作业兴趣，又能培养学生学科素养和综合实践能力的创新型、个性化的作业。教者若有心，学者必得意，心之所向，身之所往。相信每一位教育工作者都能在困惑和反思中不断钻研、共励共进，在减负增效的教育之路上砥砺前行。

"比热容"阶梯作业设计

163中学　蒋昆宁

一、阶梯作业原文

（一）基础夯实作业

1. 同学们在做"比较水和沙子的吸热能力"的实验，如图1所示。

①在实验中，加热相同时间的目的是_____。

②小组探讨：实验中需要测量的物理量有_____、_____、_____。需要的测量工具有_____、_____、_____。

③实验方法有：_____和_____。

④实验结论是：_____。

设计思路：在两个相同的金属盒内加入水和沙子，用酒精灯加热相同的时间，比较它们的末温，就能比较它们的吸热能力。

图1

2. 水的比热容为 4.2×10^3 J/(kg·℃)，将 2 kg 的水倒掉一半，剩下的水的比热容是_____，水结冰后它的比热容将_____（选填"不变""改变"）；初温为 20 ℃、质量为 1 kg 的水吸收 2.1×10^5 J 的热量后温度将升高到_____℃。

3. 在培育秧苗时，农民常常在傍晚时分在秧田里_____一些水，这是由于水的_____，_____较多的_____，可以使夜间秧苗的温度不致下降得太低。

4. 比热容是物质的一种_____；其定义式是_____；单位为_____。

（二）能力提升作业

为研究物质的某种特性，小明选取水、煤油两种物质做实验，表1记录了实验测量的数据及老师帮助小明求得的有关数据。请你分析表1中的内容，回答以下问题。

表1

物质	质量 m/kg	初温 t_0/℃	末温 t/℃	升高温度 $t-t_0$/℃	吸收热量 Q/J
水	0.05	10	15	5	1 050
	0.05	10	20	10	2 100
	0.10	10	20	10	4 200

续表

物质	质量 m/kg	初温 t_0/℃	末温 t/℃	升高温度 $t-t_0$/℃	吸收热量 Q/J
煤油	0.05	12	17	5	525
	0.05	12	22	10	1 050
	0.10	12	22	10	2 100

1. 可初步得到的结论是(答出两点即可)：
   ① _____ ；
   ② _____ 。

*2. 为了进一步描述物质的这一特性，你认为表1中项目栏中应增添的一项内容是：_____。

（三）挑战自我作业

1. 下列与内能有关的说法,正确的是(　　)
   A. 内能的变化必须通过做功才能实现
   B. 同一物体的机械能增加,其内能也增加
   C. 内能可以通过做功转变为机械能
   D. 热传递一定是从内能多的物体传到内能少的物体

2. 下列现象中,利用内能做功的是(　　)
   A. 冬天在户外时,两手相互搓一会儿就暖和了
   B. 刀在砂轮的高速摩擦之下溅出火花
   C. 火箭在"熊熊烈火"的喷射中冲天而起
   D. 盛夏,在烈日之下的柏油路面被晒熔化了

3. 图2为物质三态的分子模型,观察模型,说一说物质分子在固态、液态、气态时的区别有哪些,请列举出两点。

(a) 固体中，分子间的作用力很大，分子只能在各自的平衡位置附近做微振动　　(b) 液体中，分子在某位置振动一段时间后，可能移到另一个位置附近振动　　(c) 气体中，分子间的作用力几乎为零，分子可以在空间中到处移动

图2

① _____ ；
② _____ 。

4. 小星家的太阳能热水器,水箱容积是200 L。小星进行了一次观察活动:某天早

上,他用温度计测得自来水的温度为20 ℃,然后给热水器水箱送满水,中午时"温度传感器"显示水箱中的水温为45 ℃。请你求解下列问题:

①水箱中水的质量,水吸收的热量。

*②如果水吸收的这些热量由燃烧煤气来提供,而煤气灶的效率为40%,求至少需要燃烧多少煤气(煤气的热值为4.2×10^7 J/kg)?

二、阶梯作业设计理念及依据

《物理课程标准》要求,比热容这个概念属于一级主题"能量"下六个二级主题中的"内能"主题,要求学生这节课通过实验了解比热容,尝试用比热容说明简单的自然现象。本节课阶梯作业明确了学生的学习目标,尊重了学生的认知差异,体现出作业的层次、梯度,循序渐进,摒弃了机械重复的练习。作业中设计适量的题组,更能使知识系统化、集成化。大部分学生对这种作业比较感兴趣,在完成作业的过程中有探索和思考。

三、教学内容介绍

教材首先从"同种物质吸收热量的多少与哪些因素有关"这一问题引领学生借助生活经验,设计实验探究:比较不同物质的吸热能力,并适时引出比热容概念。为了深化学生对"比热容是物质的一种吸热(放热)本领的特性"的理解,教材列出常见物质的比热容表,讨论这种重要特性在生产、生活中的广泛应用,尤其关注水的比热容大这种特性的应用。为了具体帮助学生认识比热容的意义,认识热量是内能改变的量度,教材还特别采用算术法引导学生归纳出物质受热吸收热量和散热时放出热量的公式。本节课是对热现象的进一步深化学习,学生经历从对宏观热现象的观察分析到推理计算获得微观实质理解的过程,这是一个很重要的研究方法。

四、阶梯作业设计目的及意图

1. 基础夯实作业

探究实验是这节课"比热容"概念的重要引入过程,是基础。作业中"比较水和沙子的吸热能力"及问题"加热相同时间的目的是什么",相同的考查目的、不同以往的问法,强化了加热时间长短表示物体吸收热量的多少的实验方法,又强调了控制变量法、知识网络化。

2. 能力提升作业

锻炼学生分析问题、解决问题的能力,且开放式答案可以使学生的思维更灵活,"答出两点即可"。最后一问打"*",让学生敢于联想、敢于创新,提高灵活运用知识的能力,效果很好。

3. 挑战自我作业

作为非典型章测试,要体现知识的整合、题型的全面、难度的适当。有概念辨析,有易混淆知识点对比,有综合审题能力考查,有开放性问答,有一至两步计算。热量计算题中不直接给出水的质量而是用容积取代,因为学生对体积、面积的单位换算掌握不好,需要加强训练。煤气灶效率的计算可能就目前学生的水平来说略有困难,是需要一定习题量才能掌握的。幂指数的运算能力也有待提高。

学生是学习的主体,分析学生是作业设计的一个重要环节。承认学生的个体差异,分层、有针对性地布置作业,这就是阶梯作业的初衷。本节课阶梯作业的设计由浅入深,分散难点,步步引导;基础题、典型题仍然是作业的主角。

"利用化学方程式的简单计算"阶梯作业设计

163中学　杨晓英

一、阶梯作业原文

(一)核心基础作业

1. 电解水的方程式 $2H_2O \xrightarrow{\text{通电}} 2H_2\uparrow + O_2\uparrow$，下列说法中错误的是（　　）

　A.氢气和氧气的体积比是2∶1

　B.18 g水可产生2 g氢气和16 g氧气

　C.反应物水与生成物氢气、氧气的质量比是2∶2∶1

　D.通电后，每两个水分子可生成两个氢分子和一个氧分子

2. 在化学反应式中，A＋B＝C＋D，已知5 g A与2 g B恰好完全反应时，生成4 g C和3 g D，则当生成物的总质量是2.1 g时，参加反应的B的质量为（　　）

　A.0.6 g　　　B.1.5 g　　　C.1.05 g　　　D.0.1 g

3. 铝在氧气中燃烧生成氧化铝。在这个反应中，铝、氧气、氧化铝的质量比是（　　）

　A.27∶32∶102　B.27∶24∶43　C.4∶3∶2　D.108∶96∶204

(二)能力提升作业

4. 用加热高锰酸钾的方法制取3.2 g氧气，需要多少克高锰酸钾？（利用五部法解题）

5. 某工厂生产需要100 kg氢气作燃料，需要氧气的质量是多少？能生成水的质量是多少？（利用五部法解题）

(三)挑战自我作业

6. 将40 g高锰酸钾装入大试管中，加热反应一段时间后，冷却称量，得到剩余固体质量是36.8 g。

　(1)列出相关反应的化学方程式：_____。

　(2)根据质量守恒定律，生成氧气的质量是：_____。

　(3)被分解的高锰酸钾的质量是：_____。

　(4)反应后剩余的固体中存在_____种物质，质量分别是_____。

二、阶梯作业设计理念依据

初中化学是化学学习的启蒙阶段,是化学学习的基石。化学是一门研究物质的组成、结构、性质及变化规律的科学,掌握和应用化学科学,对于工农业生产、科技、能源、社会、环境及人类的生活都十分重要。教师要激发学生学习化学的兴趣,还要对学生进行阶段性的考核,那么作业设计就起到尤为重要的作用。在当下"双减"政策背景下,作业要有阶梯性,能够符合所有学生的学习程度。

三、教学内容介绍

本单元是初三化学的重点,从本单元起,学生对化学的学习将由生成何种物质向生成多少物质方面展开。质量守恒定律的学习是义务教育阶段学生开始定量认识和研究化学的转折点,是学生书写化学方程式的基础。化学方程式是化学学习中的重要用语,根据化学方程式的简单计算能够从反应物、生成物的质量关系研究物质的化学变化,所以要想学好化学方程式,就要学好整单元的内容。

四、阶梯作业设计目的

1. 核心基础作业

让学生先复习化学方程式的意义,从方程式的意义角度联系本节课的学习。根据化学方程式中各物质之间的质量关系求解简单问题,通过三道题的反复练习,可以对方程式中各物质之间的质量比有一个很好的认识。

2. 能力提升作业

以两个常规例题的计算来说明计算的具体步骤和方法,巩固学生对解题格式的理解。两道题分别代表利用化学方程式解题的两种类型:用一定量的反应物最多可得到生成物的质量,要制取一定量的生成物需要反应物的质量。使学生对本课题内容理解得更加全面。

3. 挑战自我作业

这个部分是针对成绩较好的学生设置的,学生如果掌握了利用化学方程式的简单计算,就可以做这道题。这道题利用的是差量法的计算,更加贴合中考考试题型,让学生及早了解中考考试模式,对于后期学习有很大的帮助。

"社戏"一课阶梯作业设计

125 中学　彭凯

一、阶梯作业原文

（一）基础性作业（必做）

1. 正音正字理解词语

(1) 给加点的字注音

撮（　　）　偏僻（　　）　行辈（　　）　照例（　　）　欺侮（　　）

(2) 根据注音写汉字

dài（　　）慢　礼 shù（　　）　cuān duo（　　）（　　）　fú（　　）水

(3) 根据意思写词语

（　　）：指出嫁的女儿回娘家看望父母。

（　　）：从旁鼓动人做某事。

（　　）：隐隐约约，若有若无。

（　　）：(月亮等)明亮而洁白。

2. 小圳同学非常喜欢鲁迅先生和他的作品，特意整理了本文的文学常识，请你帮他完成下面的任务。

《社戏》是一篇_____（体裁），选自《　　　　》（《鲁迅全集》第一卷）。作者鲁迅，字豫才，原名_____，浙江绍兴人。伟大的文学家、思想家、革命家，新文化运动的重要参与者，中国现代文学的奠基人。1918年以"鲁迅"为笔名发表了我国现代文学史上第一篇白话小说《_____》。代表作有小说集《_____》《_____》，散文集《_____》，散文诗集《野草》，杂文集《华盖集》等，对"五四运动"以后的中国文学产生了深刻而广泛的影响。

（二）提高性作业（选做）

3. 通读全文，仿照示例，用四字短语概括本文所写的几件事。

_____→_____→_____→夏夜行船→
_____→_____→_____→_____

（三）拓展性作业（选做）

4. 八年级拟开展"传承文化之美"系列活动，活动中的一些任务请你完成。

汉字是音、形、义的统一体，每个汉字所承载的文化内涵令其魅力无穷。

△ 祇 社 社
A　B　C　D

"社"是象形兼会意字。甲骨文写作"△",像原始祭社之形。金文另加义符"示"和"木"。小篆从土从示会意。隶变后楷书写作"社"。

《说文·示部》:"社,地主也。从示、土。"①"社"的本义是社神,即土地神,引申为土地神的神像、牌位;②也引申指祭祀土地神的场所、日子和祭礼;③祭社时人们聚集在一起,故又引申指集体性的组织、团体,如诗社、报社等。

根据资料,你觉得上图中字体为小篆的是_____(填字母选项);"社戏"的"社"应该是第_____种解释,古诗中的"社"也常用作此义,如陆游的"_____,衣冠简朴古风存"。

二、阶梯作业设计分析

(一)教材分析

本课是八年级下册第一单元第一课。本单元课文的内容定位在"文化生活"上,这体现了语文同社会文化生活的密切联系。文化生活是人类社会生活的重要内容,是人类精神活动的高级形式。语文除了是交际和学习的最重要的工具之外,还是人类文化的重要组成部分。因此,语文教学除了教会学生使用语文工具外,还有引导学生认识和把握人类文化的重要任务。培养学生对文化生活、文学艺术的广泛兴趣和鉴赏能力,是语文教学的目标之一。课文《社戏》以"社戏"这一江南水乡文化活动为线索,表现了"我"的一段童年生活经历。课文通过"我"和少年伙伴们夏夜行船、船上看戏、月下归航等情节的描写,展示了"我"的一段天真烂漫、童趣盎然的江南水乡文化生活经历。

《语文课程标准》强调了学生的心灵品悟和个性解读。《社戏》这篇课文容易引起学生的心灵共鸣,多年来这篇课文一直是精读课文,目的就是激发学生热爱生活的情趣,深深地打动学生的心灵。学习这篇课文时,学生与文本、学生与学生、学生与教师之间的碰撞将使他们获得丰富的情感体验。因此,这篇课文在这一学段、这一单元中的地位是极其重要的。

(二)教学目标分析

通读第一单元的单元导读、第一课的预习提示,以及课后的思考探究,我们可以发现,本单元及本课所强调的关键词有民俗、表达方式、品味语言、概括文意。

在课文中,作者记叙了一段幼时看社戏的经历,表达了对童年美好生活的回忆和留恋之情。本文的景物描写细致逼真,充满江南水乡的诗情画意。引导学生领会作者是如何抓住特点描写景物,又是如何融情入景的,这是本文教学的重点。本文结尾对"豆"与"戏"的评价、赞美与前面对"豆"与"戏"的描写似乎有些矛盾,引导学生理解这一问题是本文教学的难点。

基于以上教学内容和八年级学生已经具备一定的语文知识基础和一定的学习方法等学情考虑,将"社戏"一课的教学目标定位于:

1. 知识目标

体会江南水乡文化生活,适当引导学生关注自己家乡的文化习俗。

2. 能力目标

(1)引导学生有感情地朗读课文,梳理详略,加深理解。通过反复的朗读加深对课文内容的理解。

(2)领会小说景物描写的特色,理解本文景物描写对表达中心思想的作用。体会景物描写的诗情画意和抒情作用。揣摩文中的美词佳句,体会作者对童年生活的独特感受。

(3)学习小说采用白描的手法,通过人物的语言、行动来刻画人物的方法。

3. 情感目标

体会农家少年的淳朴善良、好客能干和"我"与农家小朋友的真挚感情。

为了突出重点,突破难点,完成本课的教学目标,确定了三个层次的阶梯作业:一是基础性作业,以正音正字理解词语和文学常识为主;二是提高性作业,让学生整体感知课文内容;三是拓展性作业,使学生了解传统文化之美,增强文化自信。

(三)阶梯作业的设计意图、学科核心素养和能力维度

1. 基础性作业

设计意图:

(1)考查重点字音、字形、字义的掌握情况。

(2)巩固、积累文学常识,增强文字常识趣味性。

学科核心素养:

(1)语言的建构和运用。

(2)思维的发展和提升。

能力维度:

识记、理解。

2. 提高性作业

设计意图:

整体感知课文内容,把握故事情节,明确行文线索。

学科核心素养:

(1)语言的建构和运用。

(2)思维的发展和提升。

能力维度:

识记、理解。

3. 拓展性作业

设计意图：

说文解字，掌握字形字体，了解传统之美，增强文化自信。

学科素养：

(1) 语言的建构和运用。

(2) 思维的发展和提升。

(3) 审美的鉴赏和创造。

(4) 文化的传承和理解。

能力维度：

理解、分析综合、表达应用、探究。

部编版语文九年级下学期"唐雎不辱使命"阶梯作业设计

125中学　王爱雯

一、阶梯作业原文

（一）课内书面练习

1. 根据页下注释总结文中一词多义和词类活用现象，找出文中的通假字

2. 用现代汉语翻译下列句子，注意加点词语的意义

(1) 寡人欲以五百里之地易安陵，安陵君其许寡人！

(2) 虽然，受地于先王，愿终守之，弗敢易！

(3) 今吾以十倍之地，请广于君，而君逆寡人者，轻寡人与？

(4) 夫韩、魏灭亡，而安陵以五十里之地存者，徒以有先生也。

3. 用原文语句填空，理清文脉

```
         ┌ 起因 ┬ 易地被婉拒——秦王"①_____"（神态描写）
         │      └ "唐雎使于秦"
         │
唐雎不辱  ┤ 发展 ┬ 秦王质问恐吓："轻寡人与"（语言描写）
  使命    │      └ 唐雎坚决捍卫："虽千里不敢易也，岂直五百里哉"（语言描写）
         │
         │ 高潮 ┬ 秦王"②_____"（神态描写），以天子之怒威吓
         │      └ 唐雎不惧，以"③_____"（语言描写）针锋相对
         │
         └ 结局 ┬ 唐雎："挺剑而起"（动作描写）
                └ 秦王："④_____"（神态、动作描写）
```

（二）语言表达训练

(1) 读读诵诵：课前根据课文朗读音频准确、有节奏、流利地朗读全文。注意表现不同人物的语气和神情。

(2) 读读背背：结合语境挑选重难点实词，小组间互相出题，考背实词解释。

(3) 读读译译：小组合作，一人诵读原文，一人白话翻译。

(4) 读读想想：通读全文，对比分析人物的语言和行为，体会人物的感情，说说安陵君、唐雎、秦王三个人各自的形象特点。

(三) 拓展实践应用

(1) 演一演：根据课文内容，小组内分角色演一演，体会人物情感。

(2) 画一画：长跪是怎样的坐姿？用简笔画画出古人的各种坐姿，给同学们讲一讲。

(3) 读一读：《战国策》善于述事明理，描写人物形象逼真，无论是个人陈述还是双方辩论，都具有很强的说服力。感兴趣的同学可以阅读其他经典篇目，体会其语言的精湛，丰盈思想之翼。

(4) 比一比：本文通过人物语言塑造了唐雎这一"士"的形象。搜集我国古代著名使臣的相关事迹，结合当代外交官的相关事迹，感受他们论辩的语言智慧，从外交实力与国力发展间的关系谈谈你的理解和体悟。

二、阶梯作业设计分析

(一) 教材分析

本单元所选课文都是古代文学的经典之作。有先秦诸子散文、历史散文，有古代论学名篇，从不同角度记录了一定历史阶段的社会状况和历史人物的思想面貌，对学生了解历史、审视现实大有裨益。学习本单元，要引导学生领悟古代诗文的思想内涵和艺术特色，感悟作品的积极精神，从中得到有益的启示。要立足于现代社会，审视作品的当代意义。在教学中，要把握每篇作品的创作背景、体裁特点和不同风格。要认真指导学生研读课文，对一些重点、难点问题进行深入探讨。要坚持诵读教学，引导学生在诵读中熟悉课文，加深对作品内容的理解，培养学生的文言语感。此外，指导学生积累文言实词，掌握其意义，了解文言虚词的用法，也是不容忽略的教学重点。

《唐雎不辱使命》选自《战国策》，是一篇历史故事。《战国策》是战国时期各国史料的汇编，主要记述了当时策士阶层的权谋和言行。本文是《战国策·魏策》的最后一篇，记述了韩魏被秦国灭了之后，安陵小国君臣针对强秦所做的最后一次外交抗争，安陵国使者唐雎面对骄横凶暴的秦王，机智勇敢、不畏强暴、敢于斗争，从而维护了个人和国家尊严，凸显了士阶层"转危为安，运亡为存"（刘向《〈战国策〉书录》）的历史作用。虽然从历史上看，这种外交胜利是短暂的、有限的，但唐雎大义凛然的气概和英勇无畏的精神，却永远彪炳青史，令人感佩。全文以对话为主，生动地塑造了唐雎和秦王两个人物形象。故事性较强，学生易于理解和接受。本文的语言描写、对比衬托手法的运用对学生的写作也有一定的启发。

(二) 教学目标分析

按照《语文课程标准》的要求："学习文言文，要能够借助注释和工具书理解课文的基本内容，背诵一定数量的名篇。"根据单元学习要求和课后练习安排，确定教学目标、教学重点、教学难点。

1. 知识与技能目标

(1) 了解时代背景，理解本文故事发生的历史背景。

(2)借助工具书、课下注释及古文知识积累,初步体会课文大意,反复诵读,尤其要读准多音字。

(3)在理解文意的基础上诵读课文,注意表现不同人物的语气和神情。

2. 过程与方法目标

(1)把握本文对话体的特征,理解人物语言形象化、个性化的特点。

(2)把握文章精辟的语言,学习本文通过对话渲染与烘托等文学手法描写人物形象的写作方法。

(3)培养复述、翻译、朗读的能力和严密的思维能力。

3. 情感态度与价值观目标

(1)学习唐雎不畏强暴、敢于斗争、善于斗争的精神。

(2)探讨唐雎不畏强权、为国赴难精神的现实意义。

(三)阶梯作业设计的意图

初中阶段的文言文教学,在整个初中语文教学的内容中占据着重要的地位。对初中文言文作业的安排,要遵循文言文本身的特点及初中学生的学习规律,也要结合当下文言文教学与考查的实际。既要让学生静下心来背诵文言文的经典,掌握文言文的重点字词,理解文言文内容,也要让学生大胆地展示自己的想法,在积极有效的作业环节中强化文言文的知识。让文言文作业不再枯燥,使学生愉快、主动地完成。阶梯作业的设计意图及核心素养见表1。

表1

教材	部编九年级下册语文	单元	第三单元	课题	《唐雎不辱使命》	课时	3课时
作业类型	作业内容	设计意图				核心素养	
课内书面练习	1. 根据页下注释总结文中一词多义和词类活用现象,找出文中的通假字	初中阶段的文言文教学,要重视知识积累,落实文言现象。文言文中的文言现象一般分为通假字、古今异义、一词多义、词类活用等,在初中阶段考查的重点就这些,所以在教学活动中,重点归纳整理这几部分。每学习一课,教师都要安排学生梳理本课的文言现象。分类整理,可以重点识记,提高识记的效率				学科素养: ☑语言的建构和运用 能力维度: ☑识记	

续表

教材	部编九年级下册语文	单元	第三单元	课题	《唐雎不辱使命》	课时	3课时
作业类型	作业内容	设计意图				核心素养	
课内书面练习	2. 用现代汉语翻译下列句子,注意加点词语的意义	《语文课程标准》要求学生在学习文言文的过程中掌握一定的文言实词,能理解其在文言文中的意义,进而掌握它在现代语境中的使用方法。本题旨在通过翻译练习,促使学生理解和把握文中重要语句、重点词语的意义				学科素养: ☑语言的建构和运用 能力维度: ☑识记 ☑理解	
	3. 用原文语句填空,理清文脉	思维导图的结构化思考、图示化展示能够提高学生的记忆能力、阅读能力和创新能力。此类题目能够帮助学生厘清文章脉络,提炼文章的主题				学科素养: ☑思维的发展和提升 能力维度: ☑理解 ☑分析综合	
语言表达训练	1. 读读诵诵:课前根据课文朗读音频准确、有节奏、流利地朗读全文。注意表现不同人物的语气和神情	本文句式丰富多彩:有长有短,有整有散,有质疑,有陈述,有判断,有斩钉截铁之决然,有柔中带刚之委婉。朗读时,悉心体会不同句式的不同语气,有利于准确把握人物的心态、意向或情感				学科素养: ☑语言的建构和运用 ☑思维的发展和提升 ☑审美的鉴赏和创造 能力维度: ☑识记 ☑理解 ☑表达应用 ☑探究	
	2. 读读背背:结合语境挑选重难点实词,小组间互相出题,考背实词解释	不同学情的学生对解词的掌握程度不同,可请掌握比较好的学生担任实词解释小老师,同龄的学生之间更懂对方的需求,这种方法既有新鲜感,又能调动学生学习的积极性,促进同学之间的交流				学科素养: ☑语言的建构和运用 ☑思维的发展和提升 能力维度: ☑识记 ☑理解	
	3. 读读译译:小组合作,一人诵读原文,一人白话翻译	文言文和现代语言不同,甚至差异较大,学生可以在翻译句子的过程中不断强化理解				学科素养: ☑语言的建构和运用 ☑思维的发展和提升 能力维度: ☑识记 ☑理解	

续表

教材	部编九年级下册语文	单元	第三单元	课题	《唐雎不辱使命》	课时	3课时
作业类型	作业内容	设计意图				核心素养	
语言表达训练	4.读读想想:通读全文,对比分析人物的语言和行为,体会人物的感情,说说安陵君、唐雎、秦王三个人各自的形象特点	引导学生在熟读课文的基础上,抓住描写人物语言和行为的词句,通过人物情绪的变化,理解人物性格				学科素养: ☑语言的建构和运用 ☑思维的发展和提升 能力维度: ☑理解 ☑分析综合 ☑鉴赏评价	
拓展实践应用	1.演一演:根据课文内容,小组内分角色演一演,体会人物情感	依据"多元智能"理论,在设计作业时,要充分尊重学生的个性化发展 让爱好表演的学生根据课文内容自编短剧,在体悟人物情感的同时提升表达能力,丰富文化传承的形式 让有画画天分的学生通过绘形生动形象地展现古代人不同坐姿的文化内涵,既拓展了学生的知识面,又激发了学生探究的热情 根据不同的兴趣爱好设计各异的作业,能让学生体会到其中的乐趣和成功的喜悦。在学习过程中有情感的投入,有内在动力的支持,就能从学习中获得积极的情感体验,有利于再学习				学科素养: ☑语言的建构和运用 ☑思维的发展和提升 ☑审美的鉴赏和创造 ☑文化的传承和理解 能力维度: ☑识记 ☑理解 ☑分析综合 ☑鉴赏评价 ☑表达应用 ☑探究	
	2.画一画:长跪是怎样的坐姿?用简笔画画出古人的各种坐姿,给同学们讲一讲						
	3.读一读:《战国策》善于述事明理,描写人物形象逼真,无论是个人陈述还是双方辩论,都具有很强的说服力。感兴趣的同学可以阅读其他经典篇目,体会其语言的精湛,丰盈思想之翼	积极引导学生阅读,由课文拓宽至其他优美篇章,开展形式多样的阅读活动,如"读书分享会""朗诵比赛",依据学情不同,分组比赛,调动学生的阅读热情				学科素养: ☑语言的建构和运用 ☑思维的发展和提升 ☑审美的鉴赏和创造 ☑文化的传承和理解 能力维度: ☑理解 ☑鉴赏评价 ☑表达应用	

续表

教材	部编九年级下册语文	单元	第三单元	课题	《唐雎不辱使命》	课时	3 课时
作业类型	作业内容		设计意图			核心素养	
拓展实践应用	4. 比一比：本文通过人物语言塑造了唐雎这一"士"的形象。搜集我国古代著名使臣的相关事迹，结合当代外交官的相关事迹，感受他们论辩的语言智慧，从外交实力与国力发展间的关系谈谈你的理解和体悟		语文是工具性与人文性的统一，要注重培养学生的文学素养，涵养灵魂。通过查阅书籍、上网等形式，了解古今外交事迹及我国外交历史。这不但能够丰富学识，增强思辨能力，更能激发学生的爱国热情			学科素养： ☑语言的建构和运用 ☑思维的发展和提升 ☑文化的传承和理解 能力维度： ☑分析综合 ☑鉴赏评价 ☑表达应用 ☑探究	

"北京的春节"阶梯作业设计

125 中学　王宁

一、阶梯作业原文

（一）A 类基础性必做题

1. 拼一拼，写一写

腊八这天，人们把 suàn bàn（　　）放到 gāo cù（　　）里，封起来，为过年吃 jiǎo zi（　　）用。除夕真热闹，家家户户灯火 tōng xiāo（　　）。大年初一，人们最重要的活动就是 bǐ cǐ（　　）hè nián（　　）了。

2. 在正确的读音下面画"√"

正月（zhēng　zhèng）　　蜜饯（jiàn　zhàn）　　掺和（shèn　chān）

分外（fèn　fēn）　　间断（jiàn　jiān）　　万象更新（gēng　gèng）

3. 补全本课出现的四字词语，并完成练习

万（　　）更（　　）　　万（　　）得（　　）　　（　　）然（　　）同

独（　　）心（　　）　　悬（　　）结（　　）　　色味（　　）（　　）

日夜（　　）（　　）　　无（　　）顾（　　）

（1）上面的词语中，可以用来形容两种事物毫无共同之处的是_____。

（2）新年到，大人小孩都穿上了新衣新鞋，显出一派_____的气象。（选词填空）

4. 按课文内容填空

《北京的春节》的作者是中国现代著名作家_____，他的主要作品有_____、_____、_____等。课文是按照_____顺序写老北京人过春节的，其中详写了_____、_____、_____这三天人们的活动，表达了作者对中国传统文化的_____。

（二）B 类提升性选做题

1. 根据"热闹"的不同意思造句

①（景象）繁盛活跃：_____。

②使场面活跃，精神愉快：_____。

2. 我是小诗人,试试填一填

过年就是贴对子,
红红火火的,
把祝福和吉祥带回家。
过年就是吃饺子,
白白胖胖的,
把温馨和团圆带回家。
过年就是放鞭炮,
花花绿绿的,
把喜庆和欢乐带回家。
过年就是_____,
_____的,
把_____带回家。

3. 不同的节日有不同的习俗,你还知道哪些节日的习俗?写一写

_____
_____

(三)C类拓展性挑战题(2选1)

1. 你能找到哪些与"春节"有关的古诗呢?比一比,看谁找得多。
2. 除夕这一天,家家户户都要享受丰盛的年夜饭,请你描述一下一家人吃年夜饭时的热闹场面吧!

二、阶梯作业设计分析

(一)教材分析

本单元课文内容介绍了我国的节日习俗,表达了从古至今人们热爱生活、向往美好的情感。

《北京的春节》对老北京过春节的热闹景象和风俗进行了介绍。全文共14个自然段,以时间为经线,以人们的活动为纬线结构全文。作者先介绍北京的春节从腊月初旬就开始了:人们熬腊八粥、泡腊八蒜、购买年货、过小年……做好过春节的充分准备。紧接着,详细描述过春节的三次高潮:除夕夜家家灯火通宵,鞭炮声日夜不绝,吃团圆饭、守岁;初一男人们外出拜年,女人们在家接待客人,小孩逛庙会;十五观花灯、放鞭炮、吃元宵。最后写正月十九春节结束。

文中列举了大量的老北京过春节的习俗,情趣盎然。全文内容安排有序、脉络清晰、衔接紧密、详略得当,语言表达朴实简洁、生动形象、耐人寻味,字里行间处处透出人们欢欢喜喜过春节的心情,反映出老北京人热爱生活、追求美好生活的心愿。

(二)教学目标

1. 知识与技能

自主学习字词,能正确读准字音,正确书写"饺子、通宵、鞭炮"等词语。

2. 过程与方法

默读课文,了解课文是按时间顺序描写老北京人过春节的,能分清文章详略,体会这样写的好处。

3. 情感态度与价值观

(1)对比文中孩子们过春节的情景,说说自己是怎样过春节的。
(2)抓住重点词语,通过朗读体会老舍"京味儿"语言的特点。

(三)《语文课程标准》对本学段的目标要求

(1)对学习汉字产生浓厚的兴趣,养成主动识字的习惯。
(2)硬笔书写规范、端正、整洁,养成良好的书写习惯。
(3)能借助词典理解词语的意义。能联系上下文和自己的积累,推想课文中有关词句的意思,体会其表达效果。
(4)在阅读中揣摩文章的表达顺序,体会作者的思想感情,初步领悟文章基本的表达方法。在交流和讨论中提出自己的看法,做出自己的判断。
(5)阅读叙事性作品,了解事件梗概,能简单描述自己印象最深的场景、人物、细节,说出自己的喜欢、憎恶、崇敬、向往、同情等感受。

(四)阶梯作业设计的意图

A类基础性必做题:根据《语文课程标准》,设置本环节的目的在于,培养学生良好的写字习惯,巩固课堂所学字词,结合学生已有知识,加强对拼音等基础知识的日常训练。帮助学生积累并运用词语,从而达到学以致用的目的。

B类提升性选做题:字、词、句的理解运用,语段、文章的归纳概括等。目的在于提高学生阅读理解的能力,锻炼语言表达及概括的能力。让学生了解中国的传统节日、文化习俗,培养对祖国的热爱之情。

C类拓展性挑战题:课外阅读延伸、迁移类小练笔等。目的在于拓展课外阅读,增加积累,增广见闻。在说说写写的潜移默化中提高学生的语文综合素养。学生在描写场面时,要抓住印象深刻的场景,结合人物的语言、动作、神态等描写,将点、面结合,把吃年夜饭这一镜头写得生动具体。

"黄河颂"阶梯作业设计

125中学 张秀芳

一、阶梯作业原文

（一）核心基础作业

1. 下列加点字注音及字形完全正确的一项是（　　）

A. 澎湃(pài)　　山巅(diān)　　九曲连环(qǔ)

B. 哺育(bǔ)　　气魄(pò)　　发扬滋长(zī)

C. 浊流(zhuó)　　宛转(wǎn)　　一泄万丈(xiè)

D. 屏嶂(zhàng)　　豪迈(mài)　　伟大艰强(jiān)

2. 下列句子中加点词语的意思是否一样？请说明理由。

A. 用你那英雄的体魄　　　　B. 多少英雄的故事

3.《黄河颂》的押韵富有特色，形成了自然和谐的韵律。请圈出韵脚，写出押的韵是_____。

我站在高山之巅，/望黄河滚滚，/奔向东南。/惊涛澎湃，/掀起万丈狂澜；/浊流宛转，/结成九曲连环；/从昆仑山下/奔向黄海之边；/把中原大地/劈成南北两面。

4. 填空。

《黄河颂》中，人们凝望黄河的视角依次为：远镜头—（　　）—（　　）—（　　）—横向，（　　）结合，（　　）交错，构成一幅雄浑开阔、气势磅礴、坚不可摧的立体画卷。

（二）能力提升作业

1. 下列对《黄河颂》的理解有误的一项是（　　）

A. 这是一首赞美中华母亲河的颂歌，诗人借黄河歌颂了中华民族自强不息的伟大精神。

B. "望黄河滚滚"的"望"字，一直统领到"用你那英雄的体魄/筑成我们民族的屏障"，既有写实的成分，也有雄奇瑰丽的想象。

C. 全诗都以第二人称"你"来称呼黄河，使感情抒发得更为直接、真切、浓烈。

D. 歌词分为两个部分，前一部分写黄河景色，后一部分抒发了豪迈的思想感情。

2. 根据你对黄河精神的理解，将下面句子补充完整，并使之形成对偶句。

竿峙的奇峰，曾经阻挡过你决胜千里的蹄踏，_____，凿开通往天堑的道路。

逶迤的峻岭，_____，是你扬起飞瀑的利刃，劈开锁住关峡的门闩。

(三)挑战自我作业

课后开展"歌颂黄河"的综合性学习活动,请你积极参与,并完成下列任务(二选一)。

1. 画中黄河

中国油画大师林建自2001年至今,每年赴黄河流域写生创作。数年间,先后创作了《奔腾》《辉煌》《风雨》《黄沙》《竭》《霾》《痕》《融》系列油画。请同学们首先欣赏林建的油画作品,然后写一段解说文字,带着爸爸妈妈一起欣赏(100字以内)。

2. 保卫黄河

黄河是我们的母亲河,但是污染威胁着她的健康。针对黄河严重的生态危机,你能设计出一个恰当的保卫黄河的作业,激发同学们的环保意识吗?

二、阶梯作业设计分析

1. 教材分析

《语文课程标准》规定:诵读诗词,有意识地在积累、感悟和运用中,提高自己的欣赏品味和审美情趣;每学年练笔不少于1万字;教师要为学生的自主写作提供有利条件和广阔空间,减少学生写作的束缚,鼓励自由表达和有创意的表达;在语文学习过程中,培养爱国主义感情、社会主义思想道德和健康的审美情趣,发展个性,培养合作精神,逐步形成积极的人生态度和正确的价值观;要培植热爱祖国语言文字的情感,增强语文学习的自信心,养成良好的语文学习习惯,初步掌握学习语文的基本方法。

《黄河颂》是部编版七年级下册第二单元的第一篇课文。这个单元所选的五篇不同体裁的文学作品都是以"家国情怀"为主题的。家国情怀是人类共有的一种朴素情感,它意味着热爱祖国的大好河山,热爱家乡的土地、人民,愿意为保家卫国奉献自己的一切……它是国家和民族的精神凝聚力。《黄河颂》写于1938年秋冬,当时,日寇的铁蹄肆意践踏着中华大地,诗人和战友们常在大西北的黄河两岸行军,在敌后游击根据地活动。祖国雄奇的山川,游击健儿英勇的身姿强烈地感动着诗人。1939年春,在家国存亡的生死关头,在抗日烽火燃遍祖国大地之时,光未然创作了组诗《黄河大合唱》。

学习《黄河颂》,要让学生反复朗读、涵咏品读,使其"浸泡"在作品的氛围中,在整体感知课文思想内容的基础上,揣摩精彩段落和关键词句,调动起体验与想象,在把握作品情景、感受作者情怀的同时,培养崇高的爱国主义情操。

2. 教学目标分析

知识与能力:了解本篇文章作家的作品,积累文章重点词语,指导学生把握诗文基调,培养学生诗歌赏读的能力。

过程与方法:引导学生通过各种方式的朗读及在了解创作历史背景的基础上感知诗歌的内涵,合作探究诗歌所表现的伟大民族精神和强烈的爱国热情。

情感态度与价值观:激发学生的民族自豪感和为中华民族伟大复兴而努力学习的

自信心。

教学重点：通过反复朗读课文，深入理解蕴含在诗歌中的思想感情；通过合作交流，理解诗歌用平实的语言表达深厚浓郁的爱国情怀。

教学难点：引导学生理解诗歌赞颂的黄河精神和中华民族的伟大精神内涵。

三、阶梯作业设计意图

1. 教学重点阶梯设计的体现

（1）核心基础作业。

在作业的第一阶梯，以提高学生的"听、说、读、写"能力为出发点，设计汉字音、形、义的知识、基本的语法和修辞知识、常用的段落和篇章结构知识、基本阅读和写作方法知识等，使学生在量的积累的基础上产生质的飞跃，形成语文素养的基础。

（2）能力提升作业。

语文教学必须在大量的语言实践过程中，培养学生查字典、朗读、说话、听话、作文等基本技能；让学生学会运用多种阅读方法和常见的语言表达方式，能掌握常用的思维方式，善于把自己独特的思维结果用规范的语言进行加工和表述，初步具备收集和处理信息的能力。因此，在作业的第二阶梯，设计考验学生综合能力的文章内容理解正误的选择题和对主题理解的仿写题，使学生能根据不同语言材料，在不同的场合适当地使用语言，最终形成良好的语文能力。

（3）挑战自我作业。

为了让学生领略中华文化的博大精深，吸收民族的文化智慧，做文化的传播者，在作业的第三阶梯，把油画作品欣赏、写作、演讲结合起来，融合写作类、欣赏类和演说交际类作业，发挥学生的主观能动性，锻炼学生的思维能力，实现了"智育"与"美育"的跨学科融合，使学生在观察、写作、表达中受到高尚情操和趣味的熏陶，提高学生的文化品位和审美情趣，同时在向父母的讲述中做中华黄河文化的传承者和推广者。

语文学科除了要注重学生核心素养的提升，还肩负着培养德智体美劳全面发展的社会主义建设者和接班人的使命。因此，在第三阶梯的作业中设计保护母亲河的作业，使学生在综合能力、创新思维、文明素养的培育上有更多进益。

2. 作业难度设计意图

（1）核心基础作业。

核心基础作业以教材例题的变式题为主，重在巩固基础知识并能进行简单运用，侧重满足中等生和潜能生的选择需求，这样能够将作业的激励功能充分地发挥出来，让所有学生均能够体会到成功解决问题的快乐。针对潜能生先设计一些相对简单、基础的作业，如音、形、义、听、说、读之类的作业，为了提升作业的趣味性，可以变换形式，如选择、填空、圈点勾画式解题等，让他们也能获得语文学习的积极体验，从而形成良性循环，逐步提升学习信心。

（2）能力提升作业。

班级中中等学习能力的学生占大部分，因此在基础知识上增加一定的难度，以灵活性为主,侧重满足中等生及以上的选择需求。例如,在基础部分可以进行渗透,整合字音、字形,让学生在不同的语境中理解同一词义,总结归纳写作方法等。在能力提升作业中,采用选择题,让学生通过对文章内容的理解,选出最佳答案。在写法探究中,可以把写作方法的运用与写作能力的提升进行整合,让学生在写作实践中理解方法的运用。同时,教师要进行个性化建议和指导,多鼓励、多引导,促进学生对新知的学习和能力的迁移。

(3)挑战自我作业。

每个班级都会有一部分各方面能力都特别优秀的学生,很多班级都采用小组合作的方式进行学习。在挑战自我作业中,以开放性、综合性、创新性的题目为主,侧重满足优等生的选择需求。同时,在信息资讯和媒体高度发达的时代背景下,教师应掌握先进的工具和方法,充分利用影像、文字、图画等各类媒体,帮助学生拓宽学习视野,开发作业的新路径,通过各种方式丰富语文作业的内容,增加学生完成作业的乐趣。例如,"画中黄河""保卫黄河"的作业需要学生做讲解员、出方案,把学科融合和实践探究纳入作业范畴,需要学生充分整合学科知识,在搜集、调查、研究、整理中完成,这既给优秀的学生提供了发挥引领作用的空间,也能让潜能生在任务的完成过程中、团队的合作中得到提升,充分发挥学生的长处,使学生在合作中由课堂到社会,完成知识能力的迁移,增强学生的社会责任感。在完成这些作业的时候,还可以让学生采用做作品集、在家长监护下利用有声APP录制自己的作业作品等方式,这样不但能够丰富作业类型,还能够提升学生利用现代化手段的能力。

"矩形"阶梯作业设计案例(第一课时)

125中学　张秀英

一、阶梯作业原文

(一)必做题

1. 核心基础作业

(1)矩形定义中有两个条件　　　　　　　　　　　　　　　　　　(　　)

①有一个角是直角　②两组对边相等　③平行四边形　④三个角是直角

A. ①③　　　　　B. ②④　　　　　C. ①④　　　　　D. ②③

(2)矩形具有而平行四边形不具有的性质是　　　　　　　　　　　(　　)

A. 对边相等

B. 对角相等

C. 对角互补

D. 对角线互相平分

(3)在 Rt△ABC 中(图1),∠ABC = 90°,点 D 为斜边 AC 的中点,AC = 24,则 BD 的长为_____。

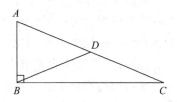

图1

(4)在矩形 ABCD 中(图2),对角线 AC 和 BD 相交于点 O,且 AD = 6,AB = 8,求△AOB 的周长是多少?

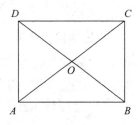

图2

2. 能力提升作业

(5)已知矩形 ABCD 的两条对角线 AC、BD 相交于点 O,∠AOD = 120°(图3),猜想 AC 和 AB 的数量关系并证明。

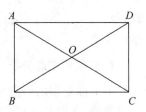

图3

(二)选做题

3. 挑战自我作业

(6)在矩形 $ABCD$ 中(图4),DE 平分 $\angle ADC$,交 BC 于点 E,$BE=3$,$AE=5$,求矩形的周长及对角线的长。

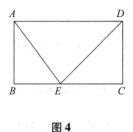

图4

二、阶梯作业设计分析

(一)教材分析

矩形是在学习了平行四边形的性质和判定的基础上,通过图形的变换,将平行四边形一个角变为直角后形成的特殊平行四边形。《数学课程标准》中要求让学生经历和体验矩形性质的探索过程,丰富学生的数学活动经验,进一步培养和发展学生的合情推理能力;通过对矩形性质等相关问题的证明和计算,进一步培养和发展学生的演绎推理能力。平行四边形整个这一章从培养学生推理论证能力的角度来说,处于一个巩固和提高阶段,教学中要重点把握逻辑推理的核心素养的落实。

(二)教学目标分析

1. 三维目标分析

(1)知识与技能:理解矩形的概念及其与平行四边形的关系;探索并证明矩形的性质定理,并能运用它们进行证明和计算。

(2)过程与方法:通过经历矩形性质定理的探索过程,以及对相关问题的证明和计算,进一步培养、发展学生的合情推理能力和演绎推理能力。

(3)情感态度与价值观:通过分析矩形和平行四边形的区别和联系,使学生进一步认识特殊与一般的关系,形成认真勤奋、严谨求实的科学态度,体会数学的特点,了解数学的价值。

2. 重点和难点分析

本节课矩形的概念是基础,矩形的性质是重点。由于矩形和平行四边形概念交错、容易混淆,所以把握好它们之间的区别和联系是本章的难点。学生在应用时会出现错用、混用、多用、少用条件的问题,教师可以帮助学生结合知识结构图,分清矩形与平行四边形的从属关系,梳理清楚定理条件和结论,攻克难点。

(三)阶梯作业设计意图

1. 教学重点的体现

本节课的作业分为必做题和选做题,必做题五道,选做题一道,共计六道题。所有题目都紧紧围绕重点知识——矩形的定义、矩形的性质、矩形的推论及例题拓展而次第展开。

核心基础作业共设计四道题:两道选择题、一道填空题和一道解答题。其中第一题从知识层面引导学生对矩形概念中的两个条件进行突出的记忆和理解。第二题是帮助学生回顾矩形的性质,对本节课的重点知识进行强化训练,进一步明确矩形的性质与平行四边形的性质的区别和联系,深化对矩形性质的理解。第三题旨在巩固矩形的推论,也就是根据"直角三角形的斜边中线等于斜边的一半"这个直角三角形的性质而设计的,因为这个性质非常重要,它的应用非常广泛,今后在求线段长和线段倍分关系时经常会用到。第四题是运用矩形的两条性质、推论及前面学过的勾股定理进行推理的计算题,也是本节课重点知识的全面整合。本题旨在训练学生综合运用相关知识解决问题的能力,进一步培养学生的演绎推理能力,通过规范的书写训练,及时把握学生存在的问题:一是知识点本身掌握的情况,二是学生书写中存在的表达错误,以便在后续教学中及时进行补救和纠正。

能力提升作业设计了一道题,设计本题的依据是教材中例题开展的变式拓展训练,目的是引导学生对例题中的图形进行更加深入的挖掘,探讨这个图形本身还蕴藏着其他许多重要的结论,为发展学生的思维能力提供一个很好的螺旋式上升的训练场。同时,将课内问题延伸到课外,极大地调动了学生钻研数学的积极性,提高了他们探索数学的兴趣。

自我挑战作业的题是选做题,这是一道综合性的推理计算题,虽然用到勾股定理和等腰三角形的性质及判定知识,但也是紧紧围绕矩形的重要性质而展开的。

2. 作业难度设计的体现

作业整体按照核心基础作业、能力提升作业和自我挑战作业三个阶梯层次来设计,形式上从选择题到填空题再到解答题(计算和证明),由易到难,拾级而上。

(1)结合教学目标的具体要求进行阶梯作业设计。

教学目标中对矩形定义的具体要求:明确矩形是特殊的平行四边形,知道矩形定义是探索矩形性质的出发点。对矩形性质的具体要求:经历对矩形性质的理性思辨和整理归纳过程,形成对矩形性质的完整认识,明确性质的条件和结论,能在不同情境和复杂问题中,综合应用性质解决问题。对推论的具体要求:理解并应用其解决简单的问题。

(2)结合学情进行阶梯作业设计。

我校学生的整体状况是基础弱、底子薄;大多数学生对教师的依赖性强,自主学习管理能力弱,这种现状要求教师在布置课后作业时更应关注夯实基础。但也有少部分学生能力突出。因此,在注重巩固基础知识的同时,对学有余力的学生也要坚持提优培养，避免这一部分学生出现"吃不饱"的现象。选做题就是为程度好的学生设计的自我挑战训练。解决这道推理计算题需要的知识不仅有矩形的性质、勾股定理，还有等腰三角形的性质和判定，在知识上是个大综合。同时，这道题解题过程的书写要规范、严格。

总之，阶梯作业在面向大多数学生夯实基础的同时，也要通过选做题来关注优等生的培养，使不同层次的学生得到不同的发展。

3. 学科核心素养的体现

结合八年级学生的学段特点及本节课知识内容，培养学生逻辑推理的数学学科核心素养是这节课的主旨。本节课的作业中第一题和第三题是单纯复习本节课重点知识，第二题通过理性思辨帮助学生更好地辨析矩形性质和平行四边形性质的区别；第四、六题通过推理计算及规范严谨的书写，进一步巩固和培养学生的演绎推理能力以及严谨、科学的学习态度。第五题通过分析、猜想产生结论，探索形成论证思路，并进行严谨的逻辑推理论证，从而进一步培养和发展学生的合情推理及演绎推理能力。通过阶梯作业培养学生逻辑推理的数学学科核心素养，落实"双减"政策。

"锐角三角函数"阶梯作业设计(第一课时)

125中学 冯晓雪

一、阶梯作业原文

(一)必做题

1. 核心基础作业

(1) 把△ABC 三边的长度都扩大为原来的 3 倍,则锐角 A 的正弦函数值 (　　)

A. 不变 　　　　　　　　B. 缩小为原来的 $\frac{1}{3}$

C. 扩大为原来的 3 倍 　　D. 不能确定

(2) 在 Rt△ABC 中,∠C = 90°,AB = 5,AC = 4,则 sinA = (　　)

A. $\frac{3}{5}$ 　　B. $\frac{4}{5}$ 　　C. $\frac{3}{4}$ 　　D. $\frac{4}{3}$

(3) 在 Rt△ABC 中,∠C = 90°,BC = 2,sinA = $\frac{2}{3}$,则边 AC 的长是 (　　)

A. $\sqrt{13}$ 　　B. 3 　　C. $\frac{4}{3}$ 　　D. $\sqrt{5}$

(4) 如图 1 所示,已知点 P 的坐标是 (a,b),则 sinα 等于 (　　)

A. $\frac{a}{b}$ 　　　　　　　　B. $\frac{b}{a}$

C. $\frac{a}{\sqrt{a^2+b^2}}$ 　　　　D. $\frac{b}{\sqrt{a^2+b^2}}$

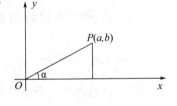

图1

2. 能力提升作业

(5) 在 Rt△ABC 中(图2),∠ACB = 90°,CD⊥AB 于点 D,已知 AC = $\sqrt{5}$,BC = 2,那么 sin∠ACD = (　　)

A. $\frac{\sqrt{5}}{3}$ 　　　　　　B. $\frac{2}{3}$

C. $\frac{2\sqrt{5}}{5}$ 　　　　　　D. $\frac{\sqrt{5}}{2}$

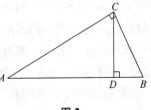

图2

（6）在菱形 $ABCD$ 中（图3），$DE \perp AB$ 于点 E，$BE = 16$ cm，$\sin A = \dfrac{12}{13}$，求此菱形的周长。

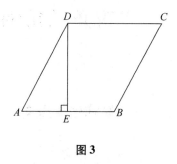

图 3

（二）选做题

3. 挑战自我作业

（7）已知：在 $\triangle ABC$ 中（图4），$\angle BAC = 120°$，$AB = 10$，$AC = 5$，求 $\sin \angle ACB$ 的值。

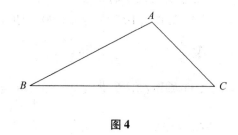

图 4

二、阶梯作业设计分析

（一）教材分析

锐角三角函数这一章是在学生已学习一次函数、反比例函数、二次函数及相似形的基础上学习的，它反映的不是数值与数值的对应关系，而是角度与数值之间的对应关系，对学生来说是个全新的领域。本节课中正弦函数的概念是研究本章内容的起点，它为后面研究余弦函数和正切函数的概念提供思想和方法上的引导。《数学课程标准》中要求让学生经历探索和认识锐角三角函数概念的过程，并能用锐角三角函数解直角三角形。通过三角形的图形，理解正弦三角函数的求法，培养学生直观想象核心素养，提升数形结合的能力。通过正弦函数的计算，培养学生数学运算核心素养，进一步发展学生的运算能力，促进数学思维发展。重视正弦函数的概念教学，让学生真正理解它的意义，是后面学习的基础和保障。

（二）教学目标分析

1. 三维目标分析

知识与技能：理解锐角正弦的意义，了解锐角与锐角正弦值之间的一一对应关系，进一步体会函数的变化与对应的思想。会根据锐角正弦的意义解决直角三角形中已知边长求锐角正弦，以及已知正弦值和一边长求其他边长的问题。

过程与方法：经历锐角正弦意义的探索过程，体会从特殊到一般的研究问题的思路和数形结合的思想。

情感态度与价值观：通过锐角三角函数的学习，进一步认识函数，培养学生的观察、比较、分析、概括等逻辑思维能力。

2. 教学重点和难点分析

本节课的重点是理解锐角正弦函数的概念并能用它进行简单的计算，难点是理解锐角正弦是锐角与边的比值之间的函数关系。教师可以让学生由特殊角入手展开讨论，自然过渡到一般角，并从具体情境中抽象出正弦的概念，结合多个实例从不同角度深化理解，帮助学生突破难点。

（三）阶梯作业设计的意图

1. 教学重点阶梯设计的体现

本节课的作业分为必做题和选做题，必做题六道，选做题一道，共计七道题。题目的设计主要以运用正弦函数的定义进行计算为主，有基础、有拔高。

核心基础作业设计了四道选择题。第一题考查了学生对正弦的定义的理解。第二题和第三题都是直接应用定义进行计算，第二题是根据锐角正弦的定义解决直角三角形中已知边长求锐角正弦的问题，第三题是已知正弦值和一边长求其他边长的问题，这两道题都与例题相近，既是对教材知识的巩固，又是对重点内容的强化。第四题是在直角坐标系中考查定义。四道题从不同角度考查了定义，体现了教学重点。

能力提升作业设计了两道题，分别是第五题和第六题。第五题的设计意图是让学生明白求一个角的正弦值，除了用定义直接求外，还可以转化为求和它相等角的正弦值（等角的正弦值相等）。第六题的设计是以菱形为背景的，是菱形和锐角正弦的综合考查，既体现了教学重点，又培养了学生分析问题和灵活解决问题的能力。

自我挑战作业设计了一道选做题，这是一道需要学生灵活选择辅助线的题，设计意图是让学生明白用定义求一个角的正弦值，一般要找到或构造这个锐角所在的直角三角形。这道题的设计既体现了教学重点（锐角正弦的定义），又体现了知识的灵活性和掌握做题方法的重要性。

2. 作业难度设计的意图

作业按照梯度设计，从核心基础作业到能力提升作业再到自我挑战作业，由易到难，由选择题到解答题，让不同的学生得到不同的发展。

首先,根据教材进行梯度设计。教材对锐角三角函数的要求是能用它进行计算,所以我按照教材的例题和课后练习题的难度设计了基础题。同时又设计了能力提升作业和挑战自我作业,为学生学习解直角三角形奠定基础。

其次,根据学生的现状进行梯度设计。因我校外来务工子女较多,学生两极分化较为严重,所以设置阶梯作业,既能让基础薄弱的学生夯实基础知识,又能让中等、中等偏上的学生及尖子生的能力都有所提高。

3. 学科核心素养的体现

结合本节课的知识内容和九年级学生的学段特点,本节课主要是培养学生的直观想象和运算能力。本节课的作业中第一、二、三题是将教材例题进行同类型改编,主要培养学生的直观想象能力。第五、六、七题不只是对学生数学运算能力的培养,更是对学生综合能力的考查。

阶梯作业"减量不减质",能够培养不同程度学生对学习的兴趣,使其在不同层面体验到成就感,让作业不再成为负担,实现减负增效。

"一元一次不等式组"阶梯作业设计

125中学　李向翠

一、阶梯作业原文

（一）核心基础作业（必做题）

1. 解下列不等式组，并把解集在数轴上表示出来

(1) $\begin{cases} 2x-1>0 \\ x+1 \leqslant 3 \end{cases}$　　(2) $\begin{cases} -3(x-2)-7>3 \\ 2(x-1)+3>3 \end{cases}$

（二）能力提升作业（必做题）

2. 填空

(1) 不等式组 $\begin{cases} 2x-1>3 \\ 5-2x \leqslant 1 \end{cases}$ 的解集是_____。

(2) 如果不等式组 $\begin{cases} x>m \\ x>3 \end{cases}$ 的解集是 $x>3$，则 m 的取值范围是_____。

（三）挑战自我作业（选做题）

3. 已知：关于 x、y 的二元一次方程组 $\begin{cases} 2x+y=1+2a　① \\ x+2y=2-5a　② \end{cases}$ 的解满足不等式组 $\begin{cases} x-y>0 \\ x+y<1 \end{cases}$，求 a 的取值范围。

二、阶梯作业设计分析

（一）教材分析

本节课在教科书中位居一次方程（组）和一元一次不等式之后，与前面的知识既有联系又有差异，是前面知识的延伸。《数学课程标准》中要求教师指导学生类比解方程（组），获得解不等式（组）的步骤，在教学中充分发挥知识间的正向迁移作用，培养学生的划归思想和数学运算能力。

(二)教学目标分析

1. 三维目标

(1)知识与技能:了解一元一次不等式组及解集的概念,会用数轴表示不等式组的解集,会解一元一次不等式组。

(2)过程与方法:通过探索一元一次不等式组解集的过程,初步掌握类比的学习方法。

(3)情感态度与价值观:通过观察、类比获得数学结论,体验数学活动中充满着探索性和创造性。

2. 教学重点

了解一元一次不等式组及解集的概念。

3. 教学难点

利用数轴解不等式组。

类比方程组的解集,讨论不等式组的解集,两者之间既有相同之处又有很大区别,所以找到不等式组的解集是这节课的重点。借助画数轴找"公共部分",容易确定一元一次不等式组的解集,可以突破难点。

(三)阶梯作业设计意图

1. 教学重点的体现

本节课的作业有五道题,分为必做题和选做题两大部分,难易程度分三个梯度,都是围绕本节课的重点和难点设计的。

必做题由核心基础作业和能力提升作业两部分组成,包括两道计算题和两道填空题。核心基础作业的两道计算题选自课后习题,目的是规范学生的书写,熟悉解一元一次不等式的过程,同时添加了用数轴表示解集,体现了数学学习的数形结合思想。能力提升作业中的两道题改编自教材中的课后习题,其中的填空题第一小题是学生易错题,设计意图是让学生深刻体会一元一次不等式组解集中"公共部分"蕴含的思想,加深对一元一次不等式组解集的理解。填空题第二小题是利用数轴找解集,让学生体会数学中具体与抽象相结合的思想,对于 $m<3$ 与 $m=3$ 要进行分情况讨论,体现数学学习的严谨性。挑战自我作业是选做题,这道题要在方程组的基础上,利用不等式的方法来解决,是新旧知识相结合的题,设计目的是充分发挥心理学中的正向迁移作用,可以起到很好的温故而知新的效果。另外,这道题在解方程组的过程中,可直接利用方程①和方程②的加减得出 $(x+y)$ 和 $(x-y)$ 的值,锻炼学生灵活解决问题的能力,提高创新意识。

2. 作业难度设计的体现

根据本节课的学习目标、重点和难点,作业设计在总体紧扣本节课程内容的同时又不乏对旧知识的深化,同时为下节课的学习内容做好引领作用。

本节课的教育对象是七年级学生,学生有一定的学习经验,但一部分学生的自控力较差,知识来源全靠课堂,知识巩固依赖作业。每个班学生的成绩良莠不齐,学习能力也千差万别。鉴于以上学情,在设计作业时,既要做到知识的巩固,又要做到课堂的延伸,同时还要让不同层次的学生都有收获。因此,将作业分为三层——核心基础作业、能力提升作业、挑战自我作业,满足不同层面学生的需求,同时在知识梯度上做到难易结合、层层递进。

3. 学科核心素养的体现

核心基础作业提高了学生的运算能力及规范书写能力;能力提升作业培养了学生的几何直观能力和分类讨论思想,使其学会用直观形象的方法解决抽象问题;挑战自我作业通过分析探索过程,锻炼了学生解决综合问题的能力,使其能够体会知识间的相互转化。本节课阶梯作业符合"双减"政策下的内容精、负担轻、快乐学习的宗旨。

"有理数的乘方"阶梯作业设计

125 中学　赵婷婷

一、教材分析

"有理数的乘方"一课的主要内容是在生活实践经验的基础上,通过类比、归纳理解乘方的意义,掌握有理数乘方的运算方法。有理数的乘方是第七章的难点,是除了加、减、乘、除外的第五种运算,正像整数乘法是相同加数相加的简写形式,乘方则是相同因数相乘的简写形式。学生根据自己的生活经验,结合实例应有的计算结果,并通过观察、类比、归纳、知识迁移等探求乘方的运算方法。乘方是有理数的一种基本运算,是在学生学习了有理数的加、减、乘、除运算的基础上来学习的,它既是有理数乘法的推广和延续,又是后续学习有理数的混合运算、科学记数法和开方的基础,起到承前启后、铺路架桥的作用。本节课能够为今后开展混合运算的教学做好铺垫,能让学生初步了解并体会转化的数学思想,逐步养成观察并发现规律的意识。

根据"有理数的乘方"在教材中的地位及作用,我将本节课的重点定为理解有理数乘方的意义,并能够进行有理数的乘方运算。由于六年级学生刚学习了负数,在有理数符号运算方面存在着一定的不足,所以我将本节课的难点定为掌握有理数乘方运算的符号法则,如$(-a)^n$和$-a^n$的区别、意义。

要想有清晰的前进方向,首先要有明确的目标。根据上述教材内容及已经确定的重难点,制定本节课的三维教学目标。

1. 知识与技能

让学生理解并掌握有理数的乘方、幂、底数、指数的概念及意义;能够正确进行有理数的乘方运算。

2. 过程与方法

在生动的情景中让学生获得有理数的乘方的初步体验;培养学生观察、分析、归纳、概括的能力;经历从乘法到乘方的推导过程,从中感受转化的数学思想。

3. 情感态度与价值观

让学生通过观察、推理,归纳出有理数的乘方的符号法则,增进学生学好数学的自信心;让学生经历知识的拓展过程,培养学生的探究能力与动手操作能力,体会与他人合作交流的重要性。

二、阶梯作业原文

一、基础巩固作业

(一)选择题

1. $(-2)^3$ 的值是 (　　)
   A. -8 　　B. 8　　 C. -6　　 D. 6

2. 下列计算正确的是 (　　)
   A. $2^3 = 2 \times 3 = 6$ 　　　　B. $-3^2 = -3 \times (-3) = 9$
   C. $(-2)^3 = -8$ 　　　　　　D. $\left(-\dfrac{2}{3}\right)^2 = \dfrac{4}{3}$

3. 一个有理数的平方一定是 (　　)
   A. 正数　　B. 负数　　C. 非正数　　D. 非负数

4. 对于式子 $(-3)^6$ 与 -3^6,下列说法中,正确的是 (　　)
   A. 它们的意义相同　　　　　　B. 它们的结果相同
   C. 它们的意义不同,结果相等　　D. 它们的意义不同,结果也不相等

(二)填空题

5. 在 2^4 中,底数是_____,指数是_____;在 $(-2)^4$ 中,底数是_____,指数是_____;在 -2^4 中,底数是_____,指数是_____。

6. 3^2 的底数是_____,指数是_____,结果是_____。
   $(-3)^3$ 的底数是_____,指数是_____,结果是_____。

7. 算式 $(-2) \times (-2) \times (-2) \times (-2)$ 用幂的形式可表示为_____,结果为_____。

8. $(-2)^3 =$ _____;$\left(-\dfrac{1}{2}\right)^3 =$ _____;$\left(-2\dfrac{1}{3}\right)^3 =$ _____;$0^3 =$ _____。

二、自主提高作业

9. 一个数的立方等于它本身,则这个数是 (　　)
   A. $1,-1$　　B. $-1,0$　　C. $0,1$　　D. $1,-1,0$

10. 一个数的平方等于它的倒数,则这个数一定是 (　　)
    A. 0　　B. 1　　C. -1　　D. ± 1

11. 若 $x^2 = 9$,则 x 的值是_____;若 $a^3 = -8$,则 a 的值是_____。

12. $(-2)^3,(-2)^4,(-2)^5$ 的大小关系用"<"号连接可表示为 _____。

三、拓展延伸作业

13. $(-1)^{2019} + (-1)^{2020} =$

14. 若 $\left(a - \dfrac{1}{2}\right)^2 + |b - 2| = 0$,则 $a^b =$

15. $-\dfrac{3}{4}, \dfrac{5}{9}, -\dfrac{7}{16}, \dfrac{9}{25},$ _____ , ……

16. 计算

(1) $\left(-\dfrac{1}{2}\right) \times (-4)^2$　　　　(2) $-3^4 \div (-3)^4$

三、阶梯作业的设计意图

(一) 基础巩固作业设计

本节课的重点是加深学生对底数、指数及有理数的乘方的意义的理解。基础巩固作业是课堂教学的概念、法则、定理等知识的直接应用,学生能够通过复习教材有关内容完成作业,因而是较简单的层次。

基础巩固作业中的第 2 题是易错题,通过这道题能够检测学生是否掌握了有理数的乘方的意义。

(二) 自主提高作业设计

这部分作业是理解性作业,这类作业一般要求学生在理解知识的基础上,能对知识进行一定的"再加工"。

第 9 题和第 10 题需要学生自行理解、归纳得到答案,锻炼了学生的归纳能力。

第 11 题能够锻炼学生的逆向思维。已知幂求底数,这个时候如果是偶次方就一定要考虑两个答案,奇次方则不用考虑,这个思考的过程需要学生通过乘方的意义自己探索得来,所以这也是一个难点的突破。

第 12 题更是对有理数的乘方的符号法则的运用的一个提升,这道题能够让学生通过练习总结出底数为负数、指数为偶数和奇数对应的符号的规律,让学生对有理数的乘方的符号法则加深理解。

(三) 拓展延伸作业设计

这部分作业是探究性作业,这类作业一般要求学生能对所学知识进行"深加工",有很好的综合能力,能够培养学生思维的灵活性和独创性。

第 15 题考查学生的观察能力。利用乘方的意义,逆向推得 $2^2=4, 3^2=9, 4^2=16$,从而发现规律。

第 4 题和第 16 题计算中的第 2 题的问题设计层次、目标虽有差异,但反映的只是同一教材内容在深度和广度上的差异,这种差异是阶梯式的,能满足不同层次学生的要求,有利于低层次学生向高一层次目标迈进。可以让一部分学生"跳一跳,能摘到果子",从而获得成就感,体验成功的快乐,并激发其进一步学习数学的欲望。

分层设计、分类评价学生的作业,为每一名学生创设了"天天向上"的机会。阶梯作业最大限度地顾及学生的个性差异和内在潜力,较好地处理了面向全体学生与兼顾个别学生的矛盾,充分体现了因材施教、情知统一的教育教学原则,有利于各层次学生的充分发展,有利于提高教学质量。

人教版英语六年级上册
Unit 3　Part C 阶梯作业设计

125 中学　柴晓蕾

一、阶梯作业原文

（一）单词拼写：按要求填空

1. dictionary(复数)_____
2. visit(现在分词)_____
3. I(宾格代词)_____
4. swim(现在分词)_____
5. leaf(复数)_____

（二）匹配题：给下列句子选出合适的图片

A.

B.

C.

D.

6. Mid-Autumn Festival is on August 15th. _____
7. We are going to make the mooncakes. _____
8. —What are you going to do this evening?
   —We are going to get together and have a big dinner. _____
9. Robin and I are going to read a poem. _____

（三）用括号里所给词的适当形式填空

10. Mike can't _____ swimming tomorrow. (go) He _____ to do his homework. (have)

11. The girls _____ going to swim this afternoon. (be)

12. Mike often _____ TV in the evening. (watch) And he's going to _____ clothes this evening. (wash)

13. Lisa _____ to the zoo every weekend. Look! She is _____ to the zoo on foot. (go)

二、阶梯作业设计分析

（一）教材分析

人教版英语六年级上册的第三单元，单元的话题是"My weekend plan"，通过不同的场景，提供了表达活动计划、地点和时间的句型结构。Part C 主要围绕"中秋节"这一话题展开，通过阅读文本学习单词和词组 get together、mooncake、poem、Mid-Autumn Festival，了解吴一凡中秋节的安排。《英语课程标准》强调，教师应有计划地组织内容丰富、形式多样的课外活动，促进学生的英语学习。新课程背景下的英语作业定位于课堂的"深化"，即以任务为中心，以英语语言为载体，充分激发学生的聪明才智与学习兴趣，使学生在做作业的过程中综合运用语言，促进学生富有个性、健康有效地发展。

（二）教学目标分析

1. 三维目标

（1）知识目标：能够听、说、认读单词和短语 get together、moon cake、poem、Mid-Autumn Festival；能够通过阅读训练提高在语篇中捕捉信息和思考的能力。

（2）能力目标：能够在图片的帮助下正确理解并按照正确的意群及语音、语调朗读吴一凡的日记；能够运用本单元所学核心句型口头描述并写出自己中秋节的安排。

（3）情感目标：培养学生合理安排自己学习与生活的能力；树立需要在活动前做好合理计划的意识，鼓励自己"做中学"。

2. 教学重点

能够听、说、认读单词和短语 get together、mooncake、poem、Mid-Autumn Festival；能够口头描述自己和吴一凡的中秋节安排。

3. 教学难点

能够根据例词提示在文段中找到更多双音节词或多音节单词，知道重音位置并能正确朗读出来。

（三）阶梯作业设计的意图

1. 教学重点阶梯设计的体现

针对本节课单词的教学重点设计了三个不同层次的作业。第一层次为基础层次，让学生完成基本的词形变化，既考查学生的单词拼写，也能让学生识记词形变化。第二层次是词汇基本运用题，通过句子与图片的选择搭配，让学生掌握所学词汇在句中的使用规则。第三层次设计了词汇综合运用填空，对单词的拼写、语境和词汇固定搭配进行综合考查。

2. 作业设计的意图

在尊重个体差异，让学生个性和综合运用能力得到发展的基础上，对学生作业进行阶梯式设计。学生的个体差异决定了对每个学生个体的教学目标的不同，而英语教学目标的不同，使得教师必须花心思探索阶梯式作业。我要求 Level C 的学生能够基本认读、理解所学知识，认真完成听读作业及基础词汇与句型的默写；要求 Level B 的学生能够理解并背诵所学内容，完成默写和仿写作业；要求 Level A 的学生能够在理解的基础上灵活运用所学语言，完成一些创造性的作业，如编对话、写短文、改变人称复述短文等。同时，鼓励各层次的学生在完成本层次作业的同时，根据自己的实际情况选做其他层次的作业。当然，在具体操作时，要注意保护学生的自尊心，避免让潜能生产生自卑心理。

3. 学科核心素养的体现

初中英语学科核心素养包括语言能力、思维品质、文化意识和学习能力四个方面。本节课涉及中国传统节日——中秋节，是文化意识方面很好的体现，在作业中设计的图片与句子的搭配，既能促进学生掌握词汇，也能让学生通过图片和句子更好地了解中秋节。

Unit 7　Teenagers should be allowed to choose their own clothes.　Section A 1a – 2d 阶梯作业设计

125 中学　高春茹

一、阶梯作业原文

（一）核心基础作业

Task 1：Translate Chinese into English.

1. 驾照_____
2. 没门；不可以_____
3. 被允许做某事_____
4. 兼职工作_____
5. 打耳洞_____
6. 选择自己的衣服_____
7. 足够认真_____
8. 剪头发_____
9. 拍许多照片_____
10. 使用闪光灯_____

（二）能力提升作业

Task 2：Choose the best answer according to the sentences.

(　　)1. Which of the following words has the same sound as the underlined letters of the word "l<u>i</u>cense"?
　　A. s<u>i</u>lly　　　　B. earr<u>i</u>ng　　　　C. w<u>i</u>sely

(　　)2. Which pair of the words with the underlined letters has different sounds?
　　A. pi<u>e</u>rce　 earr<u>i</u>ng　　B. fla<u>s</u>h　 <u>s</u>afety　　C. <u>s</u>moke　 bo<u>th</u>

(　　)3. Which of the following words doesn't have the same stress as the others?
　　A. agree　　　　B. museum　　　　C. homework

(　　)4. —Teenagers shouldn't work on weekends.
　　　—_____. They need time to do homework.
　　A. I agree.　　　B. I don't agree.　　C. Yes, I do。

(　　)5. The girl's mother was angry with her because she got her ears _____.
　　A. pieces　　　　B. pierced　　　　C. to pierce

(　　)6. As middle school students, they _____ to follow all the school rules.
　　A. shouldn't be asked　　B. should be asking　　C. should be asked

(　　)7. —Hey! All the visitors _____ use a flash in the history museum.

—Sorry, I will put my camera in my handbag.

  A. couldn't   B. needn't   C. mustn't

( ) 8. "Every _____ and move we make today will shape the world of the future." said President Xi Jinping at the World Economic Forum(WEF).

  A. choose   B. choice   C. chose

( ) 9. Yang said, "The vaccine(疫苗) has proved effective in _____ people _____ seven to eight kinds of the corona virus."

  A. protect; away   B. protecting; from   C. protection; from

Task 3: Complete the dialogue by using one word each blank。

A: I'm really excited about seeing the famous paintings __1__ Picasso.

B: Me, too! I'm glad Mr. Smith __2__ the art museum for our school trip this year.

A: I'm going to bring my new camera to take lots of photos!

B: Oh, no. Mr. Smith says we must not take photos. It's not allowed in the museum.

A: That's too bad! Do you think we may be __3__ to take photos if we don't use a flash?

B: Hmm... I think they just want to protect the paintings. So if you don't use a flash, then it may __4__ OK.

A: Yeah. I think we should be allowed to do that. I'll bring my camera __5__.

1. _____ 2. _____ 3. _____ 4. _____ 5. _____

(三)挑战自我作业

Task 4: Make your own dialogue by using the given sentence patterns.

Example:

A: Do you think sixteen-year-olds should be allowed to drive?

B: Yes. I agree. / No, I disagree.

A: Why?

B: Because...

Yours:

A: Do you think teenagers should...?

B: Yes. I agree. / No, I disagree.

A: Why?

B: Because...

二、阶梯作业设计分析

（一）教学分析

1. 教材分析

本节课教学内容选自新目标英语九年级全一册 Unit 7 Teenagers should be allowed to choose their own clothes. —Section A(1a-2d)部分，课型是一节听说课。

本单元的核心话题是"规则"，从青少年日常行为规范入手，引出新目标语言的学习，使学生谈论哪些事情是允许青少年做的，哪些事情是不允许做的，表达同意和不同意的理由，并通过一系列的听、说、读、写活动逐步深入，继而谈论学生熟悉的校规和家规。此话题贴近学生的生活实际，易引发学生的共鸣，从而激发他们的学习热情。最后，升华本单元的主题，鼓励学生勇于表达自己的观点和意见。

Section A(1a-2d)以听说训练为主要学习形式，使学生在情境交际中理解掌握本节课重点词汇，并熟练运用"should(not)be allowed to do"谈论应该被允许和不应该被允许做的事情，旨在训练学生在听的过程中捕捉细节信息的能力，而后针对本单元语法和句型进行控制性口头操练，完成最基本的语言输出，使学生掌握基本的语言知识和语言技能，从而培养学生的英语交际能力。

2. 学情分析

九年级的大部分学生已经掌握了一定的英语基础知识和听、说、读、写的能力，能认识到英语学习的重要性和英语学习的特点，并能够通过使用英语来表达他们对某些事情的看法和观点。学生在七年级下册第四单元"Don't eat in the class"中学过部分规则，在八年级下册第一单元"What's the matter？"中学过情态动词 should 的用法，在九年级第五、六单元已经学习了被动语态，所以本单元的内容是学生非常熟悉且与学习生活紧密相关的话题。因此，掌握 should(not)be allowed to do 难度不大。可以让学生结合实际生活自由谈论各种规章制度，还可以根据实际情况对各种家规、校规进行修改，并为一些组织机构制定新的规章，体现"为用而学、在用中学、学了就用"的新课程理念。

（二）教学目标

1. 知识与技能

知识目标：

理解并正确运用本节课重点词汇：license、safety、smoke、part-time、pierce、earring、flash。

技能目标：

熟练运用"should(not)be allowed to do"谈论应该被允许和不应该被允许做的某事。

熟练运用"I agree/ disagree"或"I don't agree"表达自己的观点。

2. 过程与方法

在教学过程中教师可以利用图片和视频等方式导入目标语言，给学生创设语境，让学生直观地理解重点词汇和句型,通过建立语境和语义之间的关系,促进理解、加深记忆。在学习过程中,学生可以通过 guess、pair work、free talk 等形式发现语言的规律,并能运用规律对所学知识举一反三、活学活用,用得体的语言谈论青少年应该遵守的各种规则,并提出自己的观点。本节听说课教学主要遵循"五步教学法",即让学生通过感知、理解、操练、体验、运用形成理性语言技能的认知过程。

3. 情感态度与价值观

通过了解和反思自己的言行举止是否符合中学生日常行为准则,规范自己的言行,养成自觉遵守规则的良好习惯和优良品德;正确看待"家规""班规""校规"等,对周围世界进行比较客观的认识和评价。

4. 教学重点与难点

重点:掌握本节课所学的词汇、句型及语法知识,并能进行综合运用。

Eg:—I think sixteen-year-olds should be allowed to drive.
—I agree./I disagree. I think sixteen is too young.
—Do you think teenagers should be allowed to work at night?
—Yes, I do./No, I don't.

难点:含情态动词 should 的被动语态结构"should (not) be allowed to do"。

(三)阶梯作业设计的意图

为落实"双减"政策,提质增效,教师一方面要积极打造高效课堂,另一方面要优化作业设计,所以在课内和课外分别进行了阶梯式教学。根据《英语课程标准》,将作业分为三个层次:核心基础作业、能力提升作业、挑战自我作业。

1. 教学重点阶梯设计的体现

核心基础作业主要是要求学生能够牢固掌握重点词汇和句型,包括语音、语义、语境,在语篇对话中能够独立理解、领会情感态度,为进一步学习和听力训练奠定基础。易于使学生记住关键词汇,提高听力能力。

能力提升作业要求学生可以根据听力材料信息完成听力任务,并能够准确地运用句型表达原文语句,而后和小组同学进行模仿练习,从而达到语言输出的目的。

挑战自我作业对学生提出了更高的要求,使学生可以针对本节关于"规则"的话题进一步拓展进行自由讨论,并能阐述出同意或不同意的理由。在情感方面也要求学生做出客观评价,正确认识和看待规则。

2. 作业难度设计意图

核心基础作业由短语测试形式体现出来,希望学生能够夯实基础词汇,正确拼读单词,能理解、运用原文短语,预期达到95%以上的正确率。

能力提升作业共设计了两个题型:单项选择和交际填空。单项选择题包含语音、语法、短语运用、词汇变形、情感态度等。交际填空选自原文对话,既能考查学生对于课内文章的掌握程度,又能体现出学生对于重点句型的综合运用能力。两个题型难易适中,都比较贴近中考,适合备考的九年级学生,预期达到90%以上的正确率。

挑战自我作业是一个开放性的交际对话,首先给学生一个例句,然后让学生运用should(not) be allowed to 的句型进行模仿练习,并勇于表达自己的观点和看法,为本单元的写作任务做铺垫。在这个作业项目中也可以设置分层,预期90%的学生可以独立列出一个规则,80%的学生可以列出多个规则,70%的学生思维可以拓展到课外规则中,能清楚地表明观点并叙述理由。

3. 学科核心素养的体现

在语言能力方面结合学生的年龄特点及知识能力,鼓励他们积极主动参与教学活动,学习语言技能。通过"规则"核心话题让学生表达观点态度,锻炼了学生在思维品质方面的思辨能力,可以用英语进行多元的思维活动。学习和巩固阶段也渗透了文化意识,如在对话中引导学生在博物馆等公共场所中不能使用闪光灯。课后阶梯作业的设计结合了学生现阶段的实际生活,注重培养学生的学科核心素养。

What did you do last weekend? Section B 阶梯作业设计案例

125 中学　杨和涛

一、阶梯作业原文

（一）核心基础作业

Task 1：将下列短语翻译成英文

1. 去看电影_____
2. 去划船_____
3. 在湖边露营_____
4. 上个周末_____
5. 在周六上午_____
6. 为了英语测试学习_____
7. 当导游_____
8. 告诉某人关于某事_____
9. 生活习惯_____
10. 有点累_____

Task 2：汉译英，每空一词

1. 我现在有一点累了。

   I'm _____ _____ tired.

2. 我昨天晚上熬夜看电视。

   I _____ _____ late to watch TV.

3. 在这个博物馆里有超过二百种蝴蝶。

   There are _____ 200 _____ of butterflies.

4. 多么有趣的游戏啊！

   _____ an _____ game it is!

5. 上周末你在做什么？

   _____ _____ you do last weekend?

（二）能力提升作业

Task 1：用所给单词的适当形式填空

1. Mary _____ (finish) her homework very late last night.
2. Mike _____ (walk) to school last term.
3. They _____ (move) to Harbin 2 years ago.
4. Sarah _____ (stop) the car on the street yesterday.

5. What _____ Jane _____ (do) last night?

Task 2：选择一个合适的单词填入空格内

1. Edward, you _____ (played/ are playing) well in the basketball match yesterday.

2. I _____ (was/ am) not in the office now. You can come here after 4:00 p.m.

3. —You _____ (speak/ spoke) very good French!
   —Thank you very much.

4. I _____ (studied/ will study) in Sichuan Language School in 2014. It was a great time.

5. We _____ (visit/ will visit) the Sun Island next Friday.

（三）挑战自我作业

Task 1：补全对话，每空一词

A: Hi, Lisa. _____ was your weekend?

B: Great, thanks.

A: _____ did you do?

B: I worked _____ a guide at the Natural History Museum.

A: Really? _____ interesting!

B: Yeah, it was _____. They have a butterfly house with over 200 kinds of butterflies! I told the _____ about them and their _____ _____. Did you have a good weekend?

A: Yeah, it was good, but I'm kind of tired now. I _____ _____ late to watch the soccer game.

Task 2：以"My Last Weekend"为题，写一篇短文，介绍你是如何度过上个周末的（选做任务）

写作提示：

1. 具体活动(did my homework, went to the cinema, went to the beach, went boating, visited my grandparents, studied for a test…)。

2. 表达感受(great, interesting, fun, tired, busy…)。

3. 情节完整，条理清晰，适当加入细节，使内容更充实，行文连贯。

My Last Weekend

_____

_____

_____

_____

_____

二、阶梯作业设计分析

(一)教材分析

本阶梯作业是人教版英语七年级下册的第十二单元 What did you do last weekend? 其中 Section B 的作业设计。教师可以在复习 Section A 的同时引入新词汇,以活动的方式帮助学生整合新的学习内容。本课教学内容与学生的日常生活密切相连,学生在学习过程中能够积极参与其中。

(二)教学目标分析

1. 知识与能力

学生能够掌握一些与日常活动相关的词汇和短语,如 camp、lake、beach、badminton、tent、forest、natural、fly a kite、put up,以及一些表达感受的单词或短语,如 tired、get a surprise、scared 等。

学生还需要掌握询问对方活动的问题并正确表述自己经历过的活动:What did you do last weekend? I did my homework. Who visited her grandma? Where did she go last weekend? She went to a farm. Who did she go with? She went with her classmates.

2. 过程与方法

在作业设计中以循序渐进的方式对学习的内容进行巩固和提升。学生经过单词、短语的背诵默写,到原文重现句子中的运用,再到具体练习中的适当形式变形,掌握每个单词和短语的用法。

学生在完成作业的过程中,通过背诵、回忆、实践、体验、探究的方式总结和完成各项内容,并通过接触、理解、操练、运用语言等环节,逐步实现语言的内化和整合,从而提高实际运用语言的能力。

3. 情感态度与价值观

通过记录自己的生活,让学生学会观察生活,热爱生活,养成和谐、健康、向上的品格。

4. 教学重点和难点

掌握一些与日常活动相关的词汇和短语;能够用"What did you do last weekend?"询问对方的活动,并可以使用"I did my homework."等类似的句型进行回答。在询问和回答时要注意一般过去时态的使用。

能够用一般过去时描述自己的日常生活并表达感受。

(三)阶梯作业设计的意图

1. 教学重点阶梯设计体现

根据《英语课程标准》的要求,教学重点呈阶梯设计,体现在核心基础作业、能力提升作业和挑战自我作业三个层面。

核心基础作业这个层面主要体现在学会和掌握一些与日常生活息息相关的词汇及短语。目的是让学生通过背诵掌握更多词汇,通过课文中的重点句型填空体会这些词汇或短语是如何在句子中运用的,为之后的写作练习打好基础,扫除词汇障碍。

能力提升作业这个层面主要体现在本单元一般过去时的使用,利用词汇的适当形式填空,让学生巩固一般过去时的用法,关注动词在一般过去时句型中的变化。在选词填空环节,让学生以对比的方式体会一般过去时和其他时态在运用时的区别,并学会观察句子,注意时间状语等句子成分对于时态的提示,为写作练习扫除时态障碍。

挑战自我作业这个层面主要体现在学生对于本课学习内容的内化和转换,让学生学会描述自己的日常生活,并能够表达自己的真情实感。给予他们适当的提示,在引导下让学生将本单元的学习内容以写作的形式进行知识输出,把所学的知识转化为能力。

2. 作业难度设计的意图

本节课的话题是谈论上周的生活。根据教材,学生需要掌握有关活动的词汇或短语,并可以根据活动谈论自己的感受。本节课的内容比较贴近生活,学生并不陌生,因此学生可以根据自己切实的生活谈论话题并提出观点。通过作业引导学生在描述日常生活时注意六要素的运用,让他们描述的内容更充实、具体且条理清晰,特别要提示他们注意时态的运用,将本单元的一般过去时合理地应用到自己的作品中。由于七年级学生的生活经验和写作经验有限,因此在设计作业的过程中要给予他们一定的提示,不要把生活记录成流水账,要使用形容词或副词来表达自己的感受,让自己的生活记录更加丰富多彩,更具有可读性。

3. 学科核心素养的体现

阶梯作业的设计目的是关注学生的个体差异,使不同程度的学生都能够有所提升。学生在完成作业的过程中,可以根据自己掌握的内容从容完成并获得一定的成就感,激发学生学习的积极性。同时,阶梯作业将学科核心素养融入了每个环节和任务。

核心基础作业的布置,主要目的是提高学生的语言能力,让他们了解一些关于日常生活的词汇和短语,通过简单的背诵和默写或者是在汉译英填空中的实际应用,理解和掌握这些与日常生活息息相关的基本词汇。

能力提升作业的布置,主要目的是培养学生的文化意识,了解中文和英文的语法区别,通过适当形式填空体会英语中动词的过去式变化;通过选词填空学会观察,找出线索,选对时态。

挑战自我作业的布置,主要目的是培养学生的学习能力。其中包括对话重现,使学生在具体的语境中合理地进行交际沟通;选做任务考查的是学生的综合语言运用能力,为学生提供展示学习成果的机会,激励学生用英语表达,特别是用英语获取、处理、表达信息及情感,使学生能够通过语言实践内化语言,提升语言运用能力,促进学生的认知能力、思维能力、想象力和创造力等素质综合发展。

人教版初中英语八年级下册
Unit 1 What's the matter? Section A(1a – 2d)
阶梯作业设计

125 中学　张巍

一、阶梯作业原文

（一）核心基础作业

Task 1：将下列中文译成英文

1. 背疼_____
2. 胃疼_____
3. 发烧_____
4. 感冒_____
5. 牙疼_____

6. 躺下休息_____
7. 看医生_____
8. 量体温_____
9. 看牙医_____
10. 拍 X 光片_____

Task 2：用所给词的适当形式填空

1. Do you take _____ (you) temperature?
2. I have a _____ (tooth). I have to see the dentist.
3. If you cut _____ (you), you should put some medicine on it.
4. On my way home, I found an old man _____ (lie) under the tree.
5. That's _____ (probable) why we shouldn't give up.

（二）能力提升作业

Task 3：填入一个适当的词补全对话，每空一词

A: What's the ___1___, Mr. Smith?

B: I'm not feeling well. I can't do any work, doctor.

A: Do you have a ___2___.

B: No, I don't have a cough.

A: Do you sleep well at night?

B: Yes, I sleep very well.

A: Do you have ___3___ every morning?

B: No, I don't have breakfast. And I have only a little food for lunch and supper because

I want to keep fit.

A：Oh, I see. There is ___4___ serious. You need to eat more food and have three ___5___ a day. And do some exercise every day.

B：OK. I will do like that.

A：I hope you will get better soon.

B：Thank you so much.

1. _____ 2. _____ 3. _____ 4. _____ 5. _____

（三）挑战自我作业

Task 4：根据以下身体不适给予合理的建议,并选择一项与同伴合作编写对话

Give some advice：

have a fever _____

have a headache _____

have a sore throat _____

have a toothache _____

Dialogue：

A：What's the matter with you? ／ What's wrong with you?

B：I have _____ .

A：Maybe you should _____ .

B：OK. Thank you very much.

二、阶梯作业设计分析

（一）教材分析

本节课的内容是人教版初中英语八年级下册 Unit 1 What's the matter? 其中 Section A(1a-2d)的一节听说课。《英语课程标准》的四级目标：能听懂简单故事的情节发展，理解其中主要人物和事件；能引出话题并进行几个话轮的交谈；能用简单的语言描述自己或他人的经历，如能和他人结对活动询问身体情况；能在教师的指导下参与角色表演等活动，如能利用教师提供的医疗用具及目标语言采取小组扮演医生和病人的形式进行活动。教材以"What's the matter?"为话题，以描述身体不适和提出合理建议进行展开，要求学生掌握和运用"What's the matter?"和"What should …do?"等语言表达。本课教学内容与学生的实际生活密切相关，易于学生使用英语与他人进行交流，在学习活动过程中，能够促进学生之间和师生之间的情感交流，增进彼此的情谊。

（二）教学目标分析

1. 知识与能力

学生能够在情境中正确使用与身体部位和疾病有关的词汇：foot、head、neck、throat、

stomach、tooth、fever、cough、headache、toothache。

学生能够掌握询问常见健康问题、表达病痛并给予合理建议的语言结构和交际用语：

A：What's the matter with…? / What's wrong with…?

B：I have a …　He/She has a …

A：What should I/he/she do?

B：You/He/She should/shouldn't…

2. 过程与方法

以学生为中心，开展 guessing game、pair work、group work、role play 等教学活动。

学生能够通过对图片中场景的观察和判断，利用听力部分所提供的文字信息，对图片中人物的身份以及他们有可能发生的语言内容和行为表现进行预测。

学生在学习过程中能够通过体验、参与、实践、合作与探究等方式发现和总结英语语言规律，培养语言能力，锻炼思维品质，树立文化品格，提高学习能力。

3. 情感态度与价值观

培养学生关注自身及他人身体健康的意识，并知道如何养成健康的生活习惯。

4. 教学重点和难点

掌握与身体及常见疾病相关的词汇；能够用 What's the matter with…? What's wrong with…? 询问健康问题，并用 I have a fever/sore throat/ stomachache/toothache 等表达病痛；同时用 You should（not）do…等给予合理的建议。

掌握听前预测、听说话者语气分析与判断及听关键词推理等不同的听力策略。

（三）阶梯作业设计的意图

1. 教学重点阶梯设计的体现

根据《英语课程标准》的要求，教学重点呈阶梯设计，体现在核心基础作业、能力提升作业和挑战自我作业三个层面。

核心基础作业这个层面主要体现在掌握与身体及常见疾病相关的词汇和语言表达。其目的是为学生掌握听力部分所涉及的语言表达做铺垫，为后续能够听懂接近自然语速的简单语段、识别主题、获取主要信息扫除障碍。

能力提升作业这个层面主要体现在学会谈论自己及他人的健康状况，掌握询问他人健康问题及表达病痛的语言表达。其目的是使学生能够在给定的话题内进行几个话轮的交谈，用简单的语言描述自己或他人的经历。

挑战自我作业这个层面主要体现在了解基本的医学常识，懂得常见病的基本处理方式。学会根据他人不适的情况，给予合理建议的语言表达。其目的是能够在教师的指导下参与角色扮演的活动。有利于青少年了解常见的基本卫生知识，促使他们养成良好的生活习惯。

2. 作业难度设计的意图

本节课的话题是健康。根据教材，学生需要掌握有关疾病的单词，并能针对疾病提出合理的建议。本节课的内容是之前学生没有接触过的,因此他们没有一定的知识储备,让学生在 45 分钟内掌握较多单词的发音及其含义有一定的难度。另外,由于八年级学生年龄和生活经验的限制,在谈论如何给出合适的建议时,会遇到一定的困难。因此,作业设计需要加强话题词汇和语言表达的考查,询问健康和描述自身不适的句式结构的巩固,以及学生使用英语给予他人合理建议的能力训练。

3. 学科核心素养体现

阶梯作业的设计使不同程度的学生都学有所获,真正关注到每名学生的成长和进步。学生在完成阶梯作业的过程中获得了成就感,提高了学习的积极性。同时,阶梯作业的设计充分体现了初中英语学科核心素养的各个维度。

核心基础作业的布置,主要目的是提高学生的语言能力,其中包括与身体部位和疾病有关语言表达的训练,通过汉译英练习和补全句子练习检查学生对重点知识的掌握情况。

能力提升作业的布置,主要目的是培养学生的语篇理解能力及根据上下文语境补全语篇的学习能力。同时,训练学生思维品质的方式包括根据提供的文字信息进行分析、推理和判断,以及用英语进行多元思维的训练,使学生形成良好的英语语感,获取实用的语言技能交际策略。

挑战自我作业的布置,主要目的是培养学生的学习能力,其中包括询问他人身体状况的交际策略及给予合理建议的情感策略。同时,锻炼学生的语言能力,与同伴编写对话的过程中还可以培养学生的团队合作精神。

英语作业是英语课程教学实施的重要组成部分,是英语课堂教学的重要延伸,更是实现英语有效教学的一个关键环节。在"双减"政策背景下,作业改革将面临一系列新的挑战。如何进行作业建设,才能在有限的时间内有效地对课内学习内容进行巩固,与此同时保证学生学习质量,做到减量不减质,还需要继续去探索。阶梯作业的实践并不是对传统作业的否定,而是对它的一种继承和发展。教学是一条漫长的钻研之路,只有不断求索,才能带着学生一起探究学习的乐趣。教师要立足《英语课程标准》,进一步深研教材,力求将英语学科核心素养的培养根植到生动的课堂和课后作业中去,减负增效,促进每一名学生的发展。

"电功率"阶梯作业设计

125中学 李源

一、阶梯作业原文

（一）核心基础作业

1. 电功率的定义：_____。
2. 电功率的物理意义：_____。
3. 电功率的国际单位为_____，符号为_____；1 kW = _____ W，1 W = _____ mW。
4. 电功的定义式为 W = _____，电功率的定义式为 P = _____，对于纯电阻电路可推导出 P = _____ = _____，W = _____ = _____。
5. 下列说法中错误的是（　　）
   A. 电功率是表示电流做功快慢的物理量
   B. kW、W 都是电功率的单位
   C. 消耗电能多的用电器功率大
   D. 电流做功的过程就是电能转化成其他形式的能的过程
6. 一只电热水壶的铭牌上标着"220 V　1 000 W"的字样，它正常工作时，电流是多少？
7. 一个小灯泡的两端加 2.5 V 电压时电流是 0.3 A，它在这种情况下通电 2 min，电流做了多少功？消耗的电能是多少？

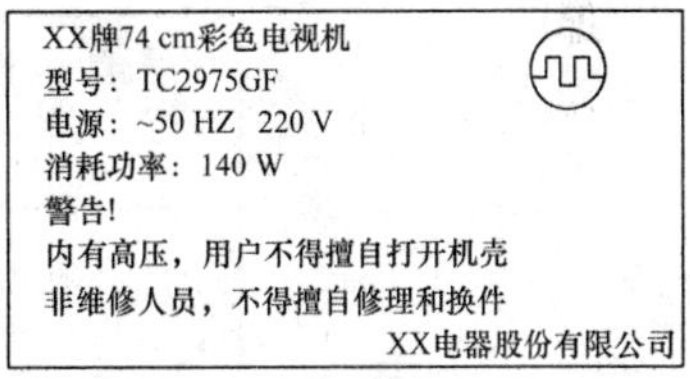

```
XX牌74 cm彩色电视机
型号：TC2975GF
电源：~50 HZ  220 V
消耗功率：140 W
警告！
内有高压，用户不得擅自打开机壳
非维修人员，不得擅自修理和换件
XX电器股份有限公司
```

图1

8. 如图1所示，电视机的电功率为_____，3 h 电视机要消耗多少 kW·h 电能？合多少 J？
9. 以下为研究电功率与电压关系的实验图(图2)及数据(表1)。

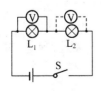

图2

表1

	发光情况	电压/V
"2.5 V　0.3 A"灯泡	暗	2.4
"3.8 V　0.3 A"灯泡	亮	3.6

(1) 通过_____表示电功率的大小，这是一种_____方法。

(2)选择_____规格的两只灯泡组成串联电路的目的是_____
_____。
(3)请你分析现象及数据得出结论：_____
_____。

10. 以下为研究电功率与电流关系的实验图(图3)及数据(表2)。

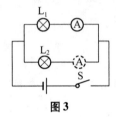

图3

表2

	发光情况	电压/V
"2.5 V 0.3 A"灯泡	暗	2.4
"3.8 V 0.3 A"灯泡	亮	3.6

(1)选择_____规格的两只灯泡组成并联电路的目的是_____。
(2)请你分析现象及数据得出结论：_____。

（二）能力提升作业

1. 参照教材93页，利用电能表测家里电饭锅的电功率。你所用到的测量工具有哪些？写出你的检测方法，并写出电饭锅电功率的表达式。

2. 电能表表盘上标有 3 000 imp/kW·h 的字样(imp 表示电能表指示灯闪烁的系数)，将某用电器单独接在该电能表上，正常工作 30 min，电能表指示灯闪烁了 300 次，该用电器在上述时间内消耗的电能是_____，该用电器的功率是_____W。

3. 调查家里有哪些用电器，将调查情况填入表3中，并计算家中一个月需要交多少电费。将你的调查结果与同学和老师分享、交流。

表3

电器名称	额定功率	每天工作时间

4. 应用所学知识，为节约用电，你在购买家用电器时会怎样选择？通过互联网或其他形式查找资料，你发现有哪些节电小妙招？

5. 如图4所示，导体A、B是由同种材料做成的，A和B等长，但A比B的横截面积大，当S闭合后，在相同时间内，下列叙述正确的是　　　　　　　　　　　　　　（　　）

A. 电流通过 A、B 所做的功是 $W_A > W_B$
B. 电流通过 A、B 所做的功是 $W_A < W_B$
C. 电流通过 A、B 所做的功是 $W_A = W_B$
D. 无法比较电流通过 A、B 时做功的大小

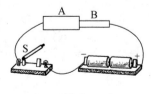

图4

6. 在如图5所示的电路中,电源两端电压保持不变,电阻 R_2 的阻值为 10 Ω。当开关 S 闭合后,电压表的示数为 2 V,电流表的示数为 0.4 A。电阻 R_1 的电功率 P_1 = _____;电阻 R_2 的电功率 P_2 = _____;电路中的总电功率 $P_总$ = _____。

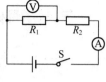

图 5

7. 某家用电暖器其外观如图6所示,其简化电路图如图7所示。当闭合开关 S、S_1 时,电路的电功率 P_1 为 880 W,当闭合开关 S、S_1 和 S_2 时,干路中的电流为 10 A。闭合开关 S、S_1 时,电路中的电流 I_1 = _____;闭合开关 S、S_2 时,R_2 的电功率 P_2 = _____;S、S_1、S_2 都闭合时,电路中的总电功率 $P_总$ = _____。

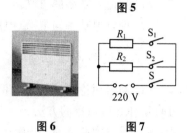

图 6　　　图 7

（三）挑战自我作业

一名学生用干电池做电源,把 L_1"2.5 V　0.3 A"和 L_2"3.8 V　0.3 A"两只灯泡连成如图8所示的电路进行探究,得到的数据见表4。另一名学生在原有器材基础上继续探究,连接方式如图9所示,闭合开关 S,看到 L_1 一闪即灭,经检查发现灯丝断了,请你说明原因及改进方法。

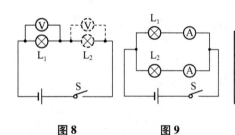

图 8　　　图 9

表 4

	发光情况	电压/V
"2.5 V　0.3 A" L_1	暗	1.8
"3.8 V　0.3 A" L_2	亮	2.7

二、教材分析

《物理课程标准》对于本节课有如下要求:结合实例理解电功率的概念,结合实例和通过实际探究,理解电功率与电流、电压的关系,能够利用电功率、电功的计算公式进行简单计算。"电功率"是在学习了电流、电压、电阻、电能之后的又一个电学概念,本节课具有承前启后的作用,既是对电能知识的深化,又为后续"小灯泡的电功率"课程的学习奠定基础。电功率是生活中用电器铭牌上的一个重要指标,在生产和生活中都有广泛的应用。

教材中安排的"用电器铭牌的识别"学习内容,着重培养了学生应用物理知识和科学方法处理生活中与物理相关的问题的能力。教材增加了与日常生活和社会实际紧密联系的学习内容,密切了知识与社会的联系。讨论交流电流过大的原因,这一内容可以锻炼学生将所学知识应用于生活实际的能力。

三、教学目标分析

（一）知识与技能

（1）知道电功率的含义。
（2）理解电功率与电流、电压的关系，并能进行简单的计算。

（二）过程与方法

（1）通过讨论交流日常生活电路中电流过大的原因，培养学生应用知识的能力，学习收集和处理信息的方法。
（2）通过实验探究，知道电功率与电流、电压的关系。让学生体验电能表转盘转动快慢和电功率之间的关系，提高学生的观察能力、动手能力、分析和概括能力。

（三）情感态度与价值观

培养学生细心观察周围事物的能力，使学生懂得科学就在我们身边，通过相关社会实践活动，渗透《物理课程标准》中"从生活走向物理，从物理走向社会"的理念，培养节约用电的意识和习惯。

（四）重点：理解电功率的概念

（五）难点：怎样探究电功率与电压、电流的关系

四、阶梯作业设计意图

本节课的重点是理解电功率的概念，因此，在核心基础作业中设置了与电功率相关的必会基础知识的填空题，还有一道关于电功率这一概念的理解的选择题。在能力提升作业中布置了一个测量家里电饭锅电功率的活动，通过这个活动学生能够更加深刻地理解电功率的概念。还有一道题是利用电能表测量电功率的计算，这道题围绕生活中的问题展开，在锻炼学生计算能力的同时，能够让学生感受到物理在生活中无处不在。

本节课的难点是探究电功率与电压、电流的关系的实验，在核心基础作业中，有这个实验的基础知识点的回顾，通过这一内容可以夯实基础。在挑战自我作业中布置了实验中可能遇到的问题，让学生针对这些问题提出解决的方法，可以锻炼学生分析问题、解决问题的能力。

核心基础作业有三道计算题，这三道题是对本节课新学的三个公式的应用。计算能力是理科学习中必备的一项能力，也是一部分学生的薄弱之处，所以在平时的作业中应加强练习。在能力提升作业中也有三道计算题，这三道题相对复杂，需要结合欧姆定律、串并联电路的电流、电压特点解答，具有一定的综合性，需要一定的分析能力。

在能力提升作业中设置了调查家里电器的电功率和使用时间，计算家里一个月的电费,并与同学、老师交流的内容,这一设计目的是让学生能够留心观察身边的事物,将所学知识与生活实际相联系,用所学知识解决生活中的问题,并养成与他人合作、交流的习惯。能力提升作业还布置了让学生通过互联网或其他形式查找资料,了解如何选择家用电器,以及在使用家用电器时节约用电的小妙招,通过这一设计,可以提高学生查阅资料、收集信息的能力,并形成节约用电的意识,了解节约用电的具体方法。

"汽化和液化"阶梯作业设计

125 中学　张艳平

一、阶梯作业原文

（一）核心基础作业

1. 夏天扇扇子，身上会感到凉爽。这是因为　　　　　　　　　　　　　　（　　）
   A. 液化吸收热量　　　　　　　　　　B. 汽化吸收热量
   C. 液化放出热量　　　　　　　　　　D. 汽化放出热量
2. 下列哪项措施不能加快液体的蒸发　　　　　　　　　　　　　　　　　（　　）
   A. 降低液体的温度　　　　　　　　　B. 提高液体的温度
   C. 增大液体的表面积　　　　　　　　D. 加快液体表面上的空气流动
3. 被 100 ℃水蒸气烫伤比被 100 ℃的开水烫伤更严重，这主要是因为　　　（　　）
   A. 开水的温度比水蒸气的温度低　　　B. 水蒸气液化时放出热量
   C. 开水不易散热　　　　　　　　　　D. 水蒸气散热慢
4. 有些饭店在洗手间外安装了热风干手器，打开它就有热风吹到手上，使手上的水很快蒸发掉，使水快速蒸发的原因是　　　　　　　　　　　　　　　　　（　　）
   A. 加快了水面空气的流动并提高了水的温度
   B. 提高了水的温度并增大了水的表面积
   C. 加快了水面空气的流动并增大了水的表面积
   D. 加快了水面空气的流动，提高了水温并增大了水的表面积
5. 烧开水时，从开水壶嘴中冒出的"白气"是　　　　　　　　　　　　　（　　）
   A. 水蒸气　　　　　　　　　　　　　B. 小水珠
   C. 热空气　　　　　　　　　　　　　D. 以上说法都不对

（二）能力提升作业

1. 关于蒸发和沸腾，下述正确的是　　　　　　　　　　　　　　　　　　（　　）
   A. 蒸发和沸腾都要在一定的温度下才能发生
   B. 蒸发和沸腾都需要吸热
   C. 蒸发是剧烈的汽化现象，沸腾是缓和的汽化现象
   D. 蒸发是只在液体内部发生的汽化现象，沸腾是只在液体表面发生的汽化现象
2. 金属块在冰箱中被冷冻后，取出放一会儿，发现变湿了。用干毛巾擦净，等一会儿金属块又变湿了，原因是　　　　　　　　　　　　　　　　　　　　　（　　）

A. 金属块在冰箱中吸收的水继续往外渗透
B. 空气中的水蒸气液化成水附着在金属块表面
C. 空气中的水附着在金属块表面
D. 空气中的水汽化成水蒸气附着在金属块表面

3. 有一种说法是"水缸穿裙子,天就要下雨了"。水缸"穿裙子"是指,在盛水的水缸外表面,齐着水面所在位置往下,出现了一层均匀分布的小水珠。关于出现小水珠的原因,下列说法中正确的是（   ）

A. 水缸有裂缝,水才渗出来　　　　B. 是水的蒸发现象
C. 是水蒸气的液化现象　　　　　　D. 是水分子的液化现象

4. 演示实验图如图1所示,该实验所揭示的物理原理是（   ）

A. 气体液化时放热
B. 液体汽化时吸热
C. 固体熔化时吸热
D. 气体凝华时放热

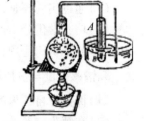

图1

（三）挑战自我作业

1. 把温度计的玻璃泡用棉花包上,沾上酒精。酒精蒸发时温度计的示数将_____（填"上升"或"下降"）,这是因为蒸发_____。

2. 2005年10月12日,"神舟六号"载人飞船成功发射。为了使发射台的铁架不被火箭向下喷射的高温火焰所熔化,工作人员在台底建造了一个大水池。当高温火焰喷到水中时,产生了迅速扩散的庞大的白色"气团",在这一过程中包含的物态变化是_____和_____。（填写物态变化名称）

3. 戴眼镜的人从寒冷的室外进入温暖的室内,镜片上会蒙上一层小水珠,这是室内的水蒸气遇到冷的镜片_____而成的。

4. 在"观察水的沸腾"的实验中,某个实验小组观察到沸腾前和沸腾时水中气泡上升过程中的两种情况,如图2、图3所示,图_____是水在沸腾前的情况,图_____则是水沸腾时的情况。

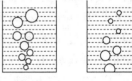

图2　　图3

二、阶梯作业设计分析

（一）教材分析

本课所讲的蒸发是汽化的一种形式,蒸发过程要吸热及现象解释是学习的一个难点,另一个难点是关于液化产生的条件及"白气"形成的原因。影响蒸发快慢的因素和认识液化现象是本课的重点。引导学生把握重点,了解蒸发过程要吸热及水蒸气遇冷、温度降低到一定程度时就会液化这两种现象,除了设计好演示和随堂小实验外,还应在阶梯作业中让学生根据生活经验,充分发挥想象,相互交流启发,展开讨论,并引导他们分析、归纳,培养学生的发散性思维。

（二）教学目标分析

1. 知识与技能

(1) 知道汽化的两种方式——蒸发和沸腾，知道蒸发现象。

(2) 知道蒸发快慢与表面积、温度、气流有关。

(3) 知道蒸发过程中吸热及其应用。

(4) 知道液化现象。

(5) 懂得应用所学知识解释日常现象。

2. 过程与方法

(1) 通过实验探索，培养学生的观察、实验能力和分析解决问题的能力。

(2) 培养学生分析概括、归纳总结和应用所学知识解释日常现象的能力。

(3) 初步认识应用控制变量法研究物理问题的方法。

3. 情感态度与价值观

(1) 保持对自然界的好奇心，乐于探索自然现象和日常生活中的物理道理。

(2) 在解决问题的过程中，有克服困难的信心和决心，有主动与他人合作的精神。

(3) 关心科学发展前沿，具有可持续发展的意识，有用科学服务于人类的使命感与责任感。

（三）阶梯作业设计意图

八年级学生已经学会了如何正确使用温度计，掌握了两种相反的物态变化方式——熔化和凝固，同时也具备了初步的探究实验能力。他们对物理现象具有直觉的兴趣，对物理活动具有操作的兴趣，对物理知识具有因果关系及概括性的认识兴趣。他们喜欢活跃的课堂形式，热衷于讨论、归纳、分析、争辩等思维活动，兴趣广泛，求知欲强，探究和讨论的风气较浓厚。但他们易于用生活观念代替物理概念，学习物理的思维障碍表现为凝固性、片面性和干扰性障碍。为了克服学生的思维障碍，阶梯作业中应多让学生接触真实、具体的物理情境，提高其从真实、具体的物理情境中获得信息的辨识能力，让学生暴露出错误观念并加以纠正。阶梯作业设计要体现以学生为主体，教学过程活动化的观念。本节课的内容处在物理知识的启蒙阶段，阶梯作业针对八年级学生的特点，从激发学习兴趣出发，采用小组合作的探究实验形式，通过观察、讨论、发表见解，使学生既体验了成功，又增强了合作、互助的能力，还可以弥补班额较大时对弱势学生关注的不足。同时，结合多媒体教学手段，让全体学生积极参与，多动脑、动手、动眼、动口，突出学生的主体性、教师的主导性。阶梯作业使学生乐于探索自然现象和日常生活中的物理学道理。

阶梯作业中不仅渗透了科学思想和方法教育，还注重学生能力的培养。由各种看得见、摸得着的现象引入蒸发和液化，体现了学习物理知识的新理念：生活—物理—生活。例如，让学生从熟悉的晒衣服的例子中，猜测出影响蒸发快慢的因素，然后用影响蒸发快慢的因素来解释干手器等学生熟悉的生活现象。但要从现象中得出结论，还需通过实验来认识。阶梯作业着重引导学生设计实验,从中观察、分析并得出结论,培养了学生自主思维的能力。

本节课也体现了学习物理知识的认知过程——由简单到复杂、由形象思维到抽象思维。物理课堂教学除了传授知识、培养能力外,还应注重知识的形成过程,提高学生的科学素养,本节课力图体现这一点。例如,"蒸发吸热"和"液化现象"由学生用简单的器材进行实验探索,帮助学生逐步了解物理学的重要研究方法——观察和实验法。"影响蒸发快慢的因素"使学生初步了解控制变量法,初步认识科学及其相关技术对于社会发展、自然环境及人类生活的影响。

阶梯作业将教学活动的重点放在指导学生主动获取知识上。利用学生生活经验创设的情境,引导学生参与积极思维、主动探索、动手实验等一系列活动来获得新知。同时,阶梯作业通过展现生活实例来培养学生应用物理知识解释生活现象的能力,从而突破教学难点。这样既能够增长知识,又能够培养能力,还能够激发学生学习物理的浓厚兴趣。

"溶解度"阶梯作业设计

125 中学　李娜

一、阶梯作业原文

"溶解度"第一课时

(一)核心基础作业

1. 固体的溶解度

(1)溶解度的定义。

在_____,某固态物质在_____溶剂里达到_____时所溶解的_____。

(2)溶解度的含义。

20 ℃时 NaCl 的溶解度为 36 g 含义为_____

或_____。

(3)影响固体溶解度的因素。

①_____和_____的性质(种类);②_____。

大多数固体物质的溶解度随温度升高而_____,如_____。

少数固体物质的溶解度受温度的影响_____,如_____。

极少数物质的溶解度随温度升高而_____,如_____。

2. 溶解度曲线

观察图1,完成下列填空题。

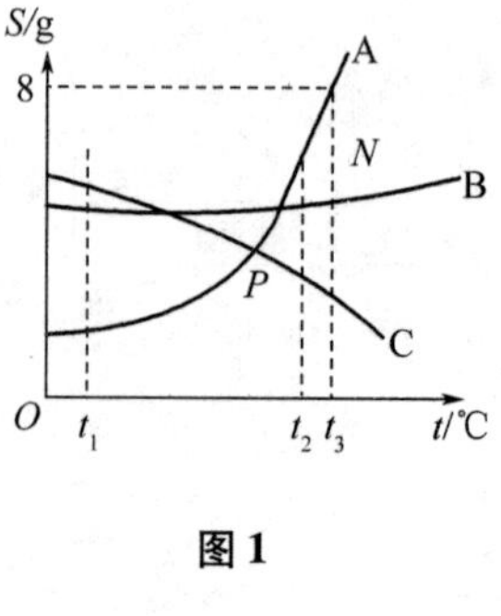

(1)t_3 ℃时 A 的溶解度为_____。

(2)P 点的含义为_____。

(3)N 点为 t_3 ℃时 A 的不饱和溶液,可通过_____、

_____、_____的方法使它变为饱和。

(4) t_1 ℃时 A、B、C 的溶解度由大到小的顺序为_____。

图1

(5)从 A 溶液中获取 A 晶体可用_____方法。

(6)从 B 溶液中获取晶体,适宜采用_____方法。

(7)t_2 ℃时 A、B、C 的饱和溶液各 W 克,降温到 t_1 ℃会析出晶体的有_____;无晶体析出的有_____。

(8)除去 A 中的泥沙用_____法;分离 A 与 B(含量少)的混合物,用_____方法。

3. 气体的溶解度

(1)气体溶解度的定义。

在压强为_____和_____时,气体溶解在_____时的_____。

(2)影响因素。

①_____。

②_____(温度越_____,气体溶解度越_____)。

③压强(压强越_____,气体溶解度越_____)。

(二)能力提升作业

1. 选择题

(1)使不饱和溶液变为饱和溶液,最可靠的方法是　　　　　　　　　(　　)

A.升高温度　　　　　　　　　　B.加入溶质

C.降低温度　　　　　　　　　　D.倒出一部分溶液

(2)下列叙述正确的是　　　　　　　　　　　　　　　　　　　　　(　　)

A.物质的水溶液一定是无色透明的

B.冰水混合物是饱和溶液

C.饱和溶液是纯净物,不饱和溶液是混合物

D.矿泉水是溶液

(3)同一温度下,从100 mL饱和食盐水中取出10 mL,下列说法正确的是(　　)

A.溶液变稀　　　　　　　　　　B.溶液由饱和变为不饱和

C.仍为饱和溶液　　　　　　　　D.以上均不对

(4)生活中的下列现象不能说明气体溶解度随温度升高而减小的是(　　)

A.打开啤酒瓶盖有大量泡沫逸出　B.烧开水时沸腾前有气泡逸出

C.喝下汽水感到有气味冲到鼻腔　D.夏季黄昏池塘里的鱼常浮出水面

(5)测定某温度下某物质的溶解度时所用溶液必须是(　　)

A.浓溶液　　　　　　　　　　　B.稀溶液

C.饱和溶液　　　　　　　　　　D.不饱和溶液

(6)与固体物质的溶解度大小无关的是(　　)

A.溶质的性质　　　　　　　　　B.溶剂的种类

C.溶液的多少　　　　　　　　　D.温度的高低

(7)t ℃时,某物质的溶解度为10 g,则 t ℃时该物质的饱和溶液中,溶质、溶剂、饱和溶液间的质量比为(　　)

A.1∶9∶10　　　　　　　　　　B.1∶10∶11

C.9∶1∶10　　　　　　　　　　D.10∶1∶11

(8)下列说法正确的是(　　)

A.20 ℃时20 g某物质溶解在100 g水里形成溶液,则20 ℃时某物质的溶解度是20 g

B. 20 ℃时20 g某物质溶于水制成饱和溶液,则20 ℃时该物质的溶解度是20 g

C. 20 g某物质在100 g水里恰好制成饱和溶液,所以该物质的溶解度为20 g

D. 20 ℃时100 g水里最多只能溶解20 g某物质,则20 ℃时该物质的溶解度为20 g

(9)影响固体在水中溶解度大小的外界条件是 (　　)

A. 加入水的多少　　　　　　　B. 加入溶质的多少

C. 是否进行震荡和搅拌　　　　D. 温度的变化

(10)含有碳酸钠的湖泊在冬季结冰时,湖底常有碳酸钠晶体析出,这是因为 (　　)

A. 碳酸钠难溶于水

B. 碳酸钠的溶解度随温度升高而增大

C. 碳酸钠的溶解度随温度升高而减少

D. 温度变化对碳酸钠的溶解度影响不大

2. 填空题

(1)夏天把一盆冷水放在太阳底下晒一段时间,盆边会出现一些小气泡,这是因为_____。当汽水瓶打开瓶盖时,有大量气泡从瓶中逸出,这是因为_____。

(2)如图2所示,四个圆分别表示浓溶液、稀溶液、饱和溶液、不饱和溶液的集合,A、B、C、D集合分别表示:

A:_____;

B:_____;

C:_____;

D:_____。

(3)0 ℃时,氧气的溶解度为0.049,这说明在0 ℃,当氧气的压力为_____时,_____水中最多可溶解_____的氧气。

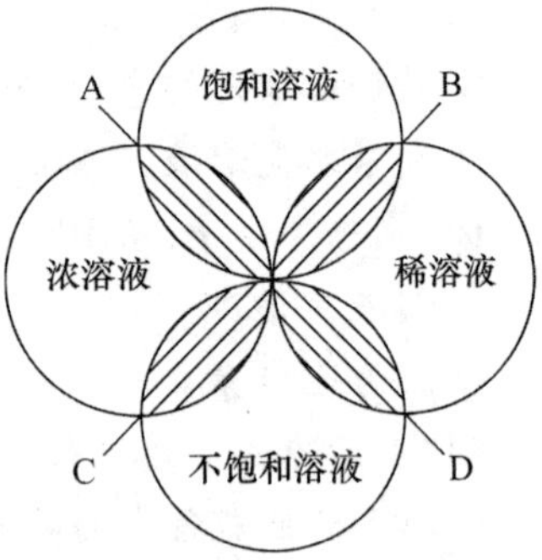

图2

(三)挑战自我作业

A、B、C三种物质的溶解度曲线如图3所示,试回答:

(1) A、B溶解度受温度影响最大的物质是_____,溶解度随温度升高而减小的物质是_____。

(2)温度为_____℃时,A、C两种物质的溶解度相等。

(3) t_2 ℃时,三种物质的溶解度由大到小的顺序是_____。

(4)相等质量的三种物质的饱和溶液,当温度从 t_4 ℃降至 t_1 ℃时,溶液中析出晶体最多的物质是_____,无晶体析出的是_____。

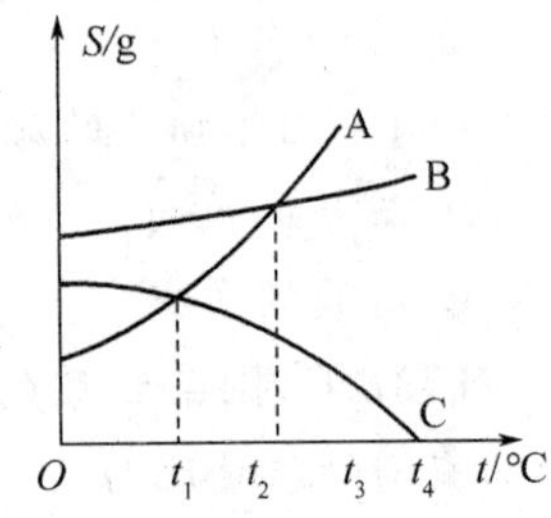

图3

"溶解度"第二课时——溶解度曲线

（一）核心基础作业

甲、乙两种固体物质(不含结晶水)的溶解度曲线如图4所示,下列叙述错误的是（   ）

A. t_1 ℃时,甲、乙两种物质的饱和溶液中溶质质量一定相等

B. t_2 ℃时,甲的溶解度大于乙的溶解度

C. 甲中含有少量乙,可以用冷却热饱和溶液的方法提纯甲

D. t_2 ℃时,向60 g甲固体中加入50 g水,充分搅拌后能得到105 g溶液

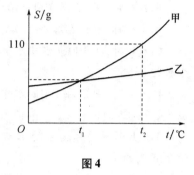

图4

(1)提纯问题。

①甲中含有少量乙,可用_____的方法提纯甲。

②乙中含有少量甲,可用_____的方法提纯乙。

(2)某物质在某温度的溶解度问题。

①t_2 ℃时,甲的溶解度是_____。

②t_2 ℃时,向60 g甲固体中加50 g水,充分搅拌能得到_____g溶液。

③某温度时,向50 g水中加入甲可得到80 g饱和溶液,则甲在该温度下的溶解度为_____。

④把100 g溶质质量分数为10%的乙溶液从30 ℃降温到10 ℃,其质量分数为_____(假设10 ℃时,乙的溶解度为25 g)。

(3)溶解度相等(或不等)问题。

①t_1 ℃时,甲、乙的溶解度为_____。

②t_1 ℃时,甲、乙饱和溶液溶质质量分数为_____。

③t_1 ℃时,等质量的甲、乙饱和溶液中所含溶质质量为_____。

④t_1 ℃时,分别将甲、乙的饱和溶液蒸发等质量的水,析出甲、乙的质量为_____。

(4)降温问题。

①t_2 ℃时,将甲、乙两种饱和溶液分别降温到 t_1 ℃,所得溶液_____(填"是"或"不是")饱和溶液。

②将 t_2 ℃_____g甲的饱和溶液降温到 t_1 ℃,会析出(110-a)g晶体。

③t_2 ℃时,将等质量的甲、乙两种物质的饱和溶液分别降温至 t_1 ℃,析出晶体的质量甲_____乙(填">""="或"<")。

④t_2 ℃时,将甲、乙两种饱和溶液降温到0 ℃,甲溶液的溶质质量分数_____乙溶液的溶质质量分数。

(二)能力提升作业

1. 甲、乙两物质的溶解度曲线如图 5 所示,下列叙述中正确的是 （ ）

A. t_1 ℃时,甲、乙各 100 g 溶液中均含有 30 g 溶质

B. t_1 ℃时,甲和乙溶液中溶质的质量分数一定相等

C. t_2 ℃时,在 100 g 水中放入 60 g 甲,所得溶液溶质的质量分数为 37.5%

D. t_2 ℃时,分别在 100 g 水中各溶解 20 g 甲、乙,同时降低温度,甲先达到饱和

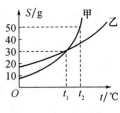

图 5

2. a、b 两种固体物质的溶解度曲线如图 6 所示。下列说法不正确的是 （ ）

A. a 的溶解度大于 b 的溶解度

B. 在 t ℃时,a、b 的饱和溶液中溶质的质量分数相同

C. 把 t ℃时 b 的饱和溶液升温至 40 ℃,其溶液中溶质的质量分数不变

D. 10 ℃时,分别用 100 g 水配制 a、b 的饱和溶液,所需 a 的质量小于 b 的质量

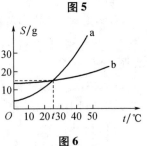

图 6

3. a、b 两种固体物质(不含结晶水)的溶解度曲线如图 7 所示。下列说法正确的是 （ ）

A. a 的溶解度受温度影响较大

B. t_1 ℃时,将 a、b 两物质饱和溶液分别升温到 t_2 ℃,b 的质量分数大于 a

C. 将 t_2 ℃时 b 的饱和溶液降温至 t_1 ℃,一定能得到 b 的饱和溶液

D. t_1 ℃时,a 溶液的溶质质量分数一定等于 b 溶液的溶质质量分数

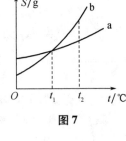

图 7

4. A、B 两种固体物质的溶解度曲线如图 8 所示。下列说法错误的是 （ ）

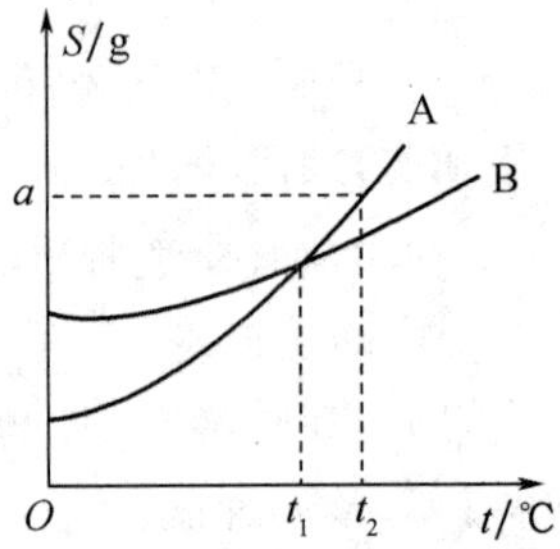

A. t_1 ℃时,A、B 的溶解度相等

B. t_2 ℃时,A 的饱和溶液中溶质的质量分数为 $\dfrac{a}{100} \times 100\%$

C. t_1 ℃时,等量的 A、B 的饱和溶液所含溶质质量相等

D. 将 t_2 ℃时 B 的饱和溶液降温到 t_1 ℃时,溶液变稀了

图 8

5. a、b、c 三种物质的溶解度曲线如图 9 所示。t_1 ℃时,现取 a、b、c 三种物质各 20 g 加入 100 g 水中,充分溶解后,得到 a、b、c 三种物质的混合物。下列说法正确的是 （ ）

A. t_1 ℃时,a 溶液中的溶质质量分数最大

B. 将其都升温至 t_2 ℃时,c 溶液中的溶质质量分数最小

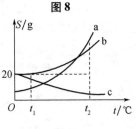

图 9

C. t_1 ℃时,a、b溶液均为不饱和溶液

D. 将其都升温至 t_2 ℃时,a、b溶液中溶质的质量分数变大

6. 甲、乙、丙三种固体物质(均不含结晶水)的溶解度曲线如图10所示,下列说法正确的是（ ）

A. 甲、乙、丙三种物质的溶解度由大到小的顺序是甲＞乙＞丙

B. 降低温度可以使丙的不饱和溶液为饱和溶液

C. 将 t ℃的三种饱和溶液降温到 0 ℃,所得溶液中溶质质量由大到小的顺序是丙＞乙＞甲

D. t ℃时,三种物质的饱和溶液中溶质质量分数由大到小的顺序是甲＞乙＞丙

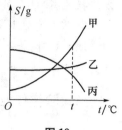

图 10

7. a、b、c三种物质的溶解度曲线如图11所示,下列说法正确的是（ ）

A. a物质的溶解度一定小于b的溶解度

B. 40 ℃时,a、b两种物质的饱和溶液中溶质的质量分数相同

C. c物质一定是熟石灰的溶解度曲线

D. 三种物质的饱和溶液分别从 40 ℃降温到 20 ℃,a、b析出的晶体质量相等

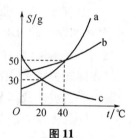

图 11

（三）挑战自我作业

1. (2021年中考题)甲、乙两种固体物质(均不含结晶水)的溶解度曲线如图12所示,结合图示判断,下列说法正确的是（ ）

A. 甲的溶解度大于乙的溶解度

B. 乙中混有少量甲,用冷却热的饱和溶液的方法提纯乙

C. t_1 ℃时,甲、乙饱和溶液中溶质的质量分数相等

D. t_2 ℃时,甲、乙溶液中所含溶质的质量一定相等

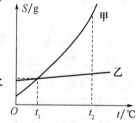

图 12

2. (2020年中考题)甲、乙两种固体物质(均不含结晶水)的溶解度曲线如图13所示,下列说法正确的是（ ）

A. t_2 ℃时,甲的溶解度为 70 g

B. 乙中含有少量的甲,可用蒸发溶剂的方法提纯乙

C. t_2 ℃时,甲、乙两种物质的溶液分别降温到 t_1 ℃,析出晶体的质量甲一定大于乙

D. t_2 ℃时,甲的溶液降温到 t_1 ℃,一定能得到甲的饱和溶液

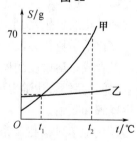

图 13

3. (2019年中考题)分析图14的溶解度曲线,判断下列说法错误的是（ ）

A. t_2 ℃时,KNO_3 的溶解度为 110 g

B. KNO_3 中含有少量 NaCl 时,可以用冷却热饱和溶液的

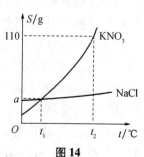

图 14

方法提纯 KNO_3

C. 将 t_2℃时 KNO_3 的饱和溶液降温到 t_1℃，一定会析出 $(110-a)$g 晶体

D. t_2℃时，等质量的两种物质的饱和溶液中，含 KNO_3 的质量一定比含 NaCl 的质量大

二、阶梯作业设计分析

（一）教材分析

"溶解度"这一课的内容在整个初中化学学习中占有举足轻重的地位。本课内容不仅是初四学生学习中面临的第一个难点内容，也是中考的必考知识点。《化学课程标准》对于溶解度学习的要求：了解饱和溶液及溶解度的含义；利用溶解性表或溶解度曲线，查阅有关物质的溶解性或溶解度；依据给定的数据绘制溶解度曲线。依据《化学课程标准》的要求及本节课的学习内容，教师应引导学生探究溶解度曲线，引领学生学习分析数据、比较数据，体会溶解度曲线对于数据处理的意义。另外，本课还简单地介绍了气体的溶解度，并结合有关汽水的讨论，说明了气体溶解度与温度和压强的关系。教师应引导学生体会溶解度在生活中的广泛应用，用所学知识解决实际问题，从而激发学生的学习热情。

化学学科核心素养要求学生具有宏观辨识与微观探析能力。溶液的形成就是微观的粒子运动下导致宏观的溶解扩散的现象，教师应引导学生透过现象看本质，从而更好地理解溶液，为本节课溶解度的学习做好铺垫。

化学学科核心素养要求学生具有变化观念与平衡思想。溶液的饱和与不饱和正是变化与平衡的相互转化。当外界条件改变时，饱和溶液与不饱和溶液能够相互转化，一种物质的饱和溶液还能够溶解其他物质，这种变化与平衡是本课的重难点，只有掌握了这种转化的思想，学生才能更好地认识溶解度曲线。

化学学科核心素养要求学生具有证据推理与模型认知能力。溶解度曲线的运用就可以看成是溶解度的模型的建立，让枯燥生硬的数字变成具体的图像，通过图像建立数字之间的联系，让学生更容易接受和掌握。教师要充分挖掘曲线的特点和规律，引导学生理解和归纳。

化学学科核心素养要求学生具有科学探究与创新意识。溶解度的学习，正是用实验引入的。室温下，100 g 的水中溶解硝酸钾多还是氯化钠多？教师要引导学生学会发现问题并解决问题。化学是一门以实验为基础的科学，化学的学习和研究离不开实验。教师的鼓励与引导，是学生开启实验学习的钥匙。

化学学科核心素养要求学生具有科学精神与社会责任。化学知识来源于生活，又高于生活，我们要不断学习和探索化学知识，将其应用于社会生活。对于溶解度的学习，也正是如此。生活中的很多现象都可以用溶解度的知识加以解释，如汽水的制作与气体溶解度息息相关。

综上，本节课内容的讲解要紧扣《化学课程标准》，以溶解度为主线，以培养学生的化学学科核心素养为宗旨展开。

(二)教学目标分析

(1)知识与技能:学习溶解度的概念。

(2)过程与方法:初步学会运用比较、归纳、概括等方法对获取的信息进行加工。初步学习绘制和分析溶解度曲线,体验数据处理过程,学习数据处理方法,并能用图表和化学语言表达相关信息。

(3)情感态度与价值观:利用所学知识解释生产、生活中的实际问题,体会知识学习与生活实际的紧密联系。

本节课的教学重点是溶解度的定义及溶解度的四要素,教学难点是溶解度曲线的理解和应用。

(三)阶梯作业设计的意图

1. 教学重点阶梯设计的体现

在核心基础层面,重点是让学生掌握固体溶解度的定义:在一定温度下,某固态物质在100 g溶剂里达到饱和状态时所溶解的质量。理解溶解度和溶解性的区别,溶解度是衡量溶解的限度的化学量。学生在掌握溶解度定义的基础上要熟知溶解度的四要素:温度、100 g溶剂、饱和状态、单位是g。教师在讲解时要交代清楚溶解度的含义、影响溶解度的因素,以及气体溶解度的概念和影响因素。溶解度曲线的绘制也是本课的重点内容,教师应引导学生了解数据处理的方法,体会表格法和图示法的不同,使其初步了解溶解度曲线的含义。

在能力提升层面,本课的重点是根据溶解度相关知识解决实际问题。教师在讲解时应多列举生活中的实例,并引导学生利用溶解度知识区分饱和溶液与不饱和溶液以及浓溶液与稀溶液之间的关系。教师在讲解气体溶解度影响因素时,更应该注重与实际生活相结合,解释生活中的常见现象。学生理解溶解度曲线的能力应提升一个层次,能够根据溶解度曲线解决提纯问题、升温降温问题。

在挑战自我层面,主要是对溶解度曲线的再次深化理解,能够利用溶解度曲线上点、线、面的关系突破中考题。根据溶解度曲线的走向,判断物质溶解度随温度变化的关系。能够比较不同溶液升温或者降温对于溶质质量和溶剂质量的影响。

对于所学内容的重难点进行阶梯设计,可以使学生由浅入深、循序渐进地理解和消化相关知识,符合学生的学习规律,也符合中考的要求,能够逐步提升学生的学习能力、解题能力和运用知识的能力。

2. 作业难度设计的意图

根据教学目标和教学重难点,以及学生的学习现状,我将作业设置为核心基础作业、能力提升作业和挑战自我作业三个层次。在本课的学习中学生容易出现以下问题。

①概念辨析存在问题。因此,我在核心基础作业中设置了溶解度定义的填空、气体溶解度定义的填空。在能力提升作业中设置了概念理解判断、饱和溶液与不饱和溶液以及溶液浓稀的辨析。

②易将具体事实上升为一般规律。例如,认为物质的溶解度都随着温度的升高而增大。因此,我在核心基础作业中对于溶解度曲线和物质的溶解规律进行了归纳。在挑战自我作业中,也设置了物质溶解度受温度影响的辨析。

③数据处理和识图中存在问题。学生不能够根据溶解度正确认识溶液、溶剂和溶质质量的关系。因此,我在核心基础作业中设置了溶解度曲线中各种点的数据的判断,在能力提升作业中设置了溶质、溶剂、溶液质量比的习题。在挑战自我作业中,更是选用了溶解度曲线的中考题。

④理解影响物质溶解能力的因素时出现困难。影响物质溶解能力的因素有温度、溶质的性质、溶剂的性质。学生往往会觉得溶剂的多少、是否搅拌也会影响物质溶解能力。归根结底,还是对于概念的理解不够透彻。因此,在阶梯作业中设置了相应的习题对学生加以训练。

结合学生容易出现的问题,设置相应的作业,既有针对性,又可以对症下药、解决问题。教师根据作业的批改反馈,查找集中问题,展开后续的复习和教学,会更有针对性和实效性。

3. 学科核心素养体现

阶梯作业的布置既要体现"双减"政策下的提质增效,又要提升学生的学科核心素养。在阶梯作业的布置中,我十分注重提升学生的化学学科核心素养。

(1)宏观辨识与微观探析。

例题:下列叙述正确的是 (　　)

A. 物质的水溶液一定是无色透明的

B. 冰水混合物是饱和溶液

C. 饱和溶液是纯净物,不饱和溶液是混合物

D. 矿泉水是溶液

解析:此题正确答案为D。溶液的形成是溶质的粒子运动到溶剂粒子中的过程,宏观上是扩散,微观上是粒子的运动。由不同分子构成的是混合物,是溶液。冰水混合物中只有水分子,为纯净物。此题的设置,考查了学生对溶液定义的辨析,提升了学生宏观辨识与微观探析的学科核心素养。

(2)变化观念与平衡思想。

例题:使不饱和溶液变为饱和溶液,最可靠的方法是 (　　)

A. 升高温度　　　B. 加入溶质　　　C. 降低温度　　　D. 倒出一部分溶液

解析:此题正确答案为B。本题考查了饱和溶液与不饱和溶液的相互转化问题,溶液的饱和与不饱和不是固定不变的。对于大部分物质,增加溶质、降低温度、蒸发溶剂都可以使不饱和溶液变为饱和溶液。但是,对于氢氧化钙需要升高温度。这种相互转化,就是一种动态平衡的思想,此题能够培养学生的变化观念与平衡思想。

(3)证据推理与模型认知。

阶梯作业中关于溶解度曲线的问题,都能够提升学生的模型认知能力。溶解度曲线的建立,本身可以看成是一种化学模型建立。通过溶解度曲线,学生可以推知物质的

溶解规律及不同物质间的联系。溶解度曲线问题是中考的考点,应该多加练习。

(4)科学态度与社会责任。

例题:生活中的下列现象不能说明气体溶解度随温度升高而减小的是 （　　）

A. 打开啤酒瓶盖有大量泡沫逸出

B. 烧开水时沸腾前有气泡逸出

C. 喝下汽水感到有气味冲到鼻腔

D. 夏季黄昏池塘里的鱼常浮出水面

解析:此题正确答案为A。本题考查的是气体溶解度与温度的关系,温度升高,气体溶解度减小。A选项是压强减小,气体溶解度减小。此题中出现的实例,都是生活中的具体事例,既贴近生活,又能激发学生的学习热情。此题设置的目的是让学生体会化学与生活的密切联系,从而培养学生的科学态度和社会责任感,有助于学生树立正确的学习观。

总之,阶梯作业的设置,无论是从课堂教学的角度还是从学生发展的角度来看,都是一种行之有效的作业布置手段。这是需要教师不断研究、不断创新的长久课题。我会在今后的教学中不断探索、不断总结、不断改进,争取有所突破。

Unit 7 How much are these socks? Section A1a—2e 阶梯作业设计

进修附中 王米嘉

一、指导思想与理论依据

《英语课程标准》指出,英语教学应体现交际性,要结合学生的年龄特点和生活实际,创设交际情景,通过大量的语言实践,使学生获得综合运用英语和语言技能进行交际的能力。针对教材容量大的特点,为了使教学面向全体学生,采用课堂小组合作学习模式,以信息技术融入学科教学为手段,以课堂为依托来实现教学目标。

二、教材分析

本单元的中心话题是购物,主要语言功能项目是询问价格、谈论衣物、提供帮助、感谢他人。本节课为本单元第一课时——听说课,语言技能和语言知识几乎都是围绕着中心话题来展开的。Section A 从呈现服装词汇开始,通过看和听的方式输入信息,引出本单元的重点语法 How much is…? It's…How much are…? They are…接着出现颜色、形状、大小的形容词来描绘服装的特点。教材中设计的 Pair work,用来循环操练询问价格的重要句型,并突出本单元的语法重点和难点"How much is the brown sweater? How much are these socks?"之后,通过一段购物对话,引导学生初步综合运用所学语言落实新知。

三、学情分析

针对我校七年级的大部分学生英语应用能力有待提高,部分学生存在不自信、羞于表现等思想顾虑,但又希望得到他人的肯定等现状,在教学中应尽量让这部分学生参与到活动中来,为其提供更多说英语的机会,减少他们的恐惧感;有一些学习困难的学生缺少丰富的语言基础,完成某些任务对他们来说有一定的难度,教师应采用分层教学和整体教学相结合的方式完成教学任务,通过学生间的合作学习,促进小组成员之间的互动学习,培养团队意识,努力提高他们综合运用英语的能力。教师应借助计算机辅助教学,将平面的语言文字内容直观化、具体化、形象化,训练学生的形象思维和抽象思维能力,使其深入理解语言,积累生活的经验,提高语言表达能力。

四、教学目标

1. 语言知识目标

(1)能掌握下列词汇:socks、T-shirt、shorts、sweater、trousers、shoe、skirt、dollar、big、small、short、long、woman、need、look、pair、take。

(2)能掌握以下句型:

① —How much is this T-shirt? —It's seven dollars.

② —How much are these socks? —They're two dollars.

③ —Can I help you?

④ —Here you are. —Yes, please. —Thank you.

2. 语言能力目标

能掌握在购物时的一些常用语言,并在真实或模拟的语境下,运用所学的语言进行购物交际。培养学生听取关键数字、价格信息的能力;培养学生用所学语言知识谈论衣物和价格的能力。

3. 情感态度与价值观目标

本节课的学习内容涉及穿着,比较贴近学生的生活,易于激发学生的主动性和学习兴趣;同时,通过购物的对话练习,教学生学会如何感谢他人,培养合作意识;培养学生树立正确的金钱观,学会合理消费。

五、教学重难点

1. 教学重点

(1)掌握一些服装、颜色、形状、大小的词汇及有关数字的表达。

(2)熟练运用数字,正确表示价格。

(3)熟练并正确使用句型 How much is…? /It's…/How much are they? /They are…。

2. 教学难点

(1)指示代词 this、that、these、those 的适当使用。

(2)How much 引导的问句及回答,以及句子中的主谓一致。

六、教学方法与策略

利用 PPT、视频、音频等手段与演示法、练习法、情景教学法、合作学习法、任务型教学法相结合,提高学生的参与感,启发学生对本节课话题的学习兴趣,使其产生学习的主动性。本单元可采用自主学习、小组合作学习、repeating 和 cooperation 的学习策略,利用教学图片和多媒体课件来展开问答式的口语交际活动,让学生谈论服装的价格和各自对服装的喜好。

七、阶梯作业原文

(一)核心基础作业

Task 1. Translate Chinese phrases into English.

1. 多少钱
2. 七美元
3. 白色的包
4. 红色的裙子
5. 一双黑色的鞋子
6. 给你
7. 需要一件给男孩的毛衣
8. 我买两双

Task 2. Complete the sentences according to the given information.

1. Do you like that white _____(夹克衫)?
2. The _____(长的) socks are mine.
3. My mother's favorite color is _____(黄色).
4. The girl wants the green _____(短裤).
5. Those trousers are twenty _____(美元).
6. He _____(需要) shoes for the party.
7. I want to take two _____(双) of shoes to school.
8. —How much is the bag? —It's 30 _____.(元)

(二)能力提升作业

Task 3: Complete the dialogue by using one word each blank.

A: Can I ___1___ you?

B: Yes, please. I ___2___ a sweater for school.

A: OK. What color do you want?

B: Blue.

A: How about this one?

B: It looks nice. How much is it?

A: Nine dollars.

B: I'll take it. How much are those yellow socks?

A: Two dollars ___3___ one pair and three dollars for two pairs.

B: Great! I'll ___4___ two pairs.

A: Hear you are.

B: Thank you.

A: ___5___ welcome.
1._____ 2._____ 3._____ 4._____ 5._____

Task 4: Fill in the blanks(is/am/are).

1. How much _____ a pair of shoes?
2. How much _____ these shoes?
3. How much _____ the trousers?
4. This pair of shoes _____ nice.
5. These shoes _____ nice.

(三)挑战自我作业

Task 5: Make your own dialogue by using the given sentence patterns.

Sample:

A: <u>What can I do for you?</u>
B: <u>I'm looking for</u> a sweater for my mom's birthday gift.
A: Oh, we have many sweaters in different colors. <u>What color do you like?</u>
B: My mom likes red best. Do you have red ones?
A: Yes, <u>what about this one?</u>
B: It looks nice. <u>How much is it?</u>
A: 55 dollars.
B: <u>What's the price of the yellow sweater?</u>
A: It's 50 dollars.
B: OK, <u>I'll take the red one.</u>

A: _____ for you?
B: I am looking for _____.
A: Oh, we have many _____. What color do you like?
B: _____ How much _____?
A: _____ 30 yuan.
B: What's the price of _____?
A: _____
B: _____

(四)选做任务

1. How much 的用法
(1)—How much _____ these <u>socks</u>? = What's the <u>price</u> of these socks?
   —_____ twenty dollars. 这条裤子20美元。

如:How much _____ this sweater?
= _____ the _____ of this sweater?
回答:_____ 60 yuan. 它 60 元。
总结:询问物品的价格用_____。How much is/are...? 中的 be 动词由_____决定。如:The shorts are 30 dollars. (提问)_____ _____ _____ the shorts?
(2)How much + _____, how many + _____。如:How _____ food, how _____ students.
总结:how much + _____ +...是对_____的_____进行提问。how many + _____ +...? 是对_____的_____进行提问。
如:He has ten pencils. (提问)
_____ _____ _____ he _____?
His cousin has some sweaters. (提问)
_____ _____ _____ his cousin have?
Anna has much water. (提问)
_____ _____ _____ does Anna have?

2. 仔细观察一下所学的衣物名称,想一想,试着写出哪些衣物是以单数形式出现的?哪些又是以复数形式出现的?
单数:_____
复数:_____

八、阶梯作业布置意图

1. 核心基础作业

巩固本节课已学的重点词汇和表达方式。旨在帮助学生总结归纳课文中的重点短语和句型、句式,通过汉译英的反复训练,帮助学生夯实应知应会的基础知识。

2. 能力提升作业

(1)考查学生的语篇理解能力及根据上下文语境补全语篇的能力。
(2)检验学生对重点句型和语法功能的掌握程度。

3. 挑战自我作业

锻炼学生用英语购物的对话应用,考查学生在对话中使用目标词汇和目标句型的能力。将已有的知识经验和他们的实际生活联系起来,使他们真正体会到做作业的乐趣和运用语言的成就感。

4. 选做任务

针对我校学生的学情,选做任务的内容设置旨在进一步加强词型、句型用法的练习,同时为下一节课的学习做好准备。阶梯作业让具有差异性的学生在基础和能力上各得其所,真正关注到每名学生的成长和进步。

"质量守恒定律"阶梯作业设计

进修附中　王春慧

一、阶梯作业原文

（一）核心基础作业

1. 下列对质量守恒定律的理解,正确的是　　　　　　　　　　　　　　　（　　）
   A. 30 g 水受热蒸发成 30 g 水蒸气
   B. 参加反应的氢气和氧气的体积之和一定等于生成水的体积
   C. 反应物的质量等于生成物的质量
   D. 参加化学反应的各物质的质量总和,等于反应后生成的各物质的质量总和

2. 下列实验不能用质量守恒定律解释的是　　　　　　　　　　　　　　　（　　）
   A. 蜡烛燃烧后质量减轻
   B. 镁条在燃烧后生成的氧化镁质量大于原镁条的质量
   C. 10 g 水结冰后体积变大但质量仍为 10 g
   D. 木炭在空气中燃烧后生成的二氧化碳质量比原木炭质量大

3. 对某化学反应前、后的判断中,不正确的是　　　　　　　　　　　　　（　　）
   A. 物质的质量总和一定相同　　　　B. 元素的种类和质量一定相同
   C. 物质的分子个数一定相同　　　　D. 原子的总数和质量一定相同

4. 下列实验不能够直接用于验证质量守恒定律的是　　　　　　　　　　　（　　）

A

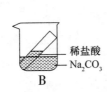
B

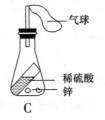
C

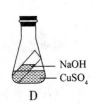
D

5. 实验室验证质量守恒定律的实验装置图如图 1 所示,下列说法错误的是　　　　　　　　　　　　　　　　　　　　　　　　　　（　　）

   A. 反应结束后,天平指针指向分度盘中央
   B. 烧杯内铁钉表面有红色物质析出,溶液由蓝色变成浅绿色
   C. 该反应中铁钉的质量增加了,所以不符合质量守恒定律
   D. 该反应不生成气体,所以反应装置不需要密闭

图1

6.化学反应前后一定发生改变的是　　　　　　　　　　　　　　（　　）
　A.原子的种类　　　　　　　　　B.分子的种类
　C.原子的质量　　　　　　　　　D.原子的数目

7.在化学反应的前后可能发生改变的是　　　　　　　　　　　　（　　）
　A.元素的种类　　　　　　　　　B.原子的数目
　C.分子的数目　　　　　　　　　D.各物质的总质量

8.A、B装置验证质量守恒定律的实验如图2所示,请回答:
（1）用A图完成实验,将橡皮塞的玻璃管灼烧至红热后迅速塞紧橡皮塞,锥形瓶内观察到的现象有:_____。
（2）整个实验过程中气球的变化情况为:_____。
（3）B装置内发生的化学反应符号表达式为:_____。

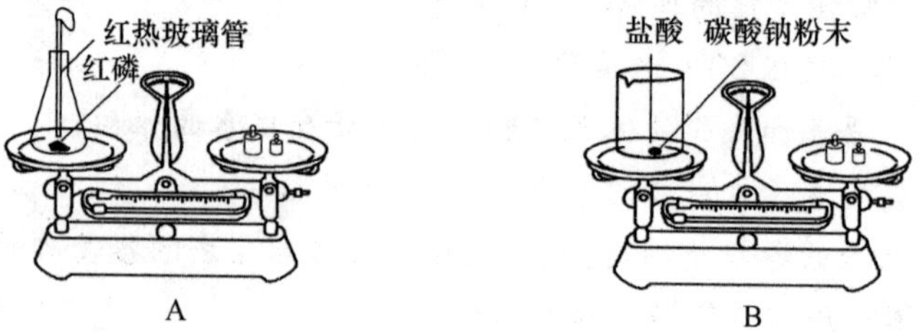

图2

（二）能力提升作业

1.工业上制备氢气的微观示意图如图3所示,其中不同的"球"代表不同的原子。下列说法不正确的是　　　　　　　　　　　　　　　　　　　　　（　　）

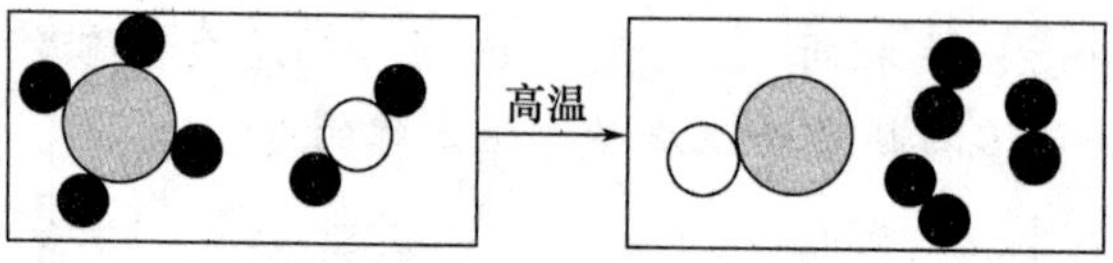

图3

A.图中●●表示氢分子
B.反应前后,原子的种类、数目不变
C.该反应中参加反应的两种分子的个数比为1∶1
D.该反应前后共涉及两种单质和两种化合物

2.化工厂将生产用食盐(NaCl)和水配成食盐水,然后电解。电解食盐水不能得到的产物是　　　　　　　　　　　　　　　　　　　　　　　　　　（　　）
　A.NaOH　　　　　B.HNO_3　　　　　C.H_2　　　　　D.Cl_2

3.实验证明x气体在空气中燃烧有水生成,仅根据此结果,对x的成分推测正确的是　　　　　　　　　　　　　　　　　　　　　　　　　　　　　（　　）
　A.x是氢气　　　　　　　　　　　B.x是甲烷

C. x 含有氢元素　　　　　　　　D. x 含有氢、氧两种元素

4. 镁带在耐高温的密闭容器中(内含空气)加热,下列图中能正确表示容器内所有物质的总质量(m)与时间(t)变化关系的是　　　　　　(　　)

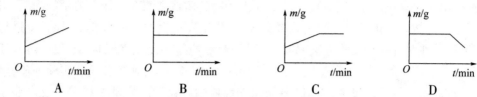

5. 将 6.1 g 干燥纯净的氯酸钾和二氧化锰的混合物放在试管中加热,直至氯酸钾完全分解为止。冷却后,称得剩余固体的质量为 4.2 g,根据_____定律,可知制得氧气_____g。二氧化锰在反应中起_____作用。

（三）挑战自我作业

用下列装置进行证明质量守恒定律实验。

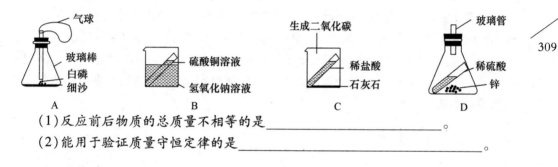

(1)反应前后物质的总质量不相等的是_____。
(2)能用于验证质量守恒定律的是_____。

（四）中考链接

氢气和氧气发生反应的微观模拟图如图4所示,请回答下列问题。

(1)在B图中将相关粒子图形补充完整。
(2)A图所示物质属于_____(填物质分类),从微观角度说明理由:_____。

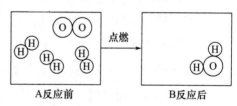

图4

(3)画出比氧元素多一个周期少一个族的元素原子结构示意图_____。

二、阶梯作业设计分析

（一）教材分析

从学科知识上看,质量守恒定律是物质发生化学变化所遵循的一项基本规律,是化学家在对参加化学反应的各物质的质量进行定量研究的过程中总结出来的。它的发现是化学发展史上的一个里程碑,为从定量角度研究化学变化提供了基本依据,使定量研究逐渐成为化学研究的主要方法,有力地促进了化学的发展。同时,质量守恒定律也是

自然界最重要的基本定律之一,为哲学上的物质不灭原理以及物质和运动的永恒性提供了坚实的自然科学基础,在科学史上具有重要地位,对此应有足够的认识。

在质量守恒定律的内容中,教材不是从定义出发,把质量守恒定律强加给学生,而是首先提出在化学反应中,反应物的质量同生成物的质量之间存在什么关系的问题,引发学生思考。然后以化学史上的实验事实,进一步激发学生的探究兴趣,引导学生进行假设,再设计并实施一些实验方案,如红磷燃烧前后质量的测定、铁钉与硫酸铜溶液反应前后质量的测定等实验。学生通过亲身经历科学探究过程,观察和记录实验现象,经过由此及彼、由表及里的思考,得出"参加化学反应的各物质的质量总和等于反应后生成的各物质的质量总和"这一规律。

对质量守恒定律的探究,是学生首次进行定量的化学探究活动。在进行课堂探究时,教师应预先做好准备,确保实验能够顺利进行且现象明显。如果学生自己提出一些实验方案,经教师审查并同意后,也可进行实验。该探究可以分小组进行,目的是使每名学生都能边操作、边观察、边思考,得到更多的锻炼机会。

探究之后教材又给出了碳酸钠与盐酸反应前后质量的测定、镁条燃烧前后质量的测定这两个实验。通过测定敞开体系中化学反应前后的质量变化情况,使学生能够透过不同情况下测量结果的表象,更为深入地认识化学反应前后的质量关系的本质。让学生在探究的基础上通过比较、判断,不断地揭示矛盾和解决矛盾,激起学生更强烈的求知欲。结合学过的内容,从微观的角度对质量守恒定律进行解释,最终揭示这个定律的来源与本质。

(二)教学目标分析

1. 知识与技能

(1)知道质量守恒定律的含义。

(2)能用微粒观点说明质量守恒定律的本质原因。

2. 过程与方法

通过实验探究,进一步提高科学探究的能力。

3. 情感态度与价值观

通过对质量守恒定律的实验探究,逐步形成透过现象认识本质的辩证唯物主义观点。

(三)教学重难点

1. 教学重点

理解质量守恒定律的内容,能够运用质量守恒定律解释和说明简单的问题。

2. 教学难点

通过实验探究得出结论,认识质量守恒定律的本质,实现从定性到定量地认识化学反应。

（四）阶梯作业设计意图

1. 教学重点阶梯设计的体现

（1）核心基础作业。

质量守恒定律是学生开始定量认识和研究化学变化的转折点，是书写化学方程式和进行化学计算的基础。核心基础作业在巩固基础理论知识的同时，能够进一步加强学生对质量守恒定律实质的理解，从而使其灵活地运用所学知识解决问题。

（2）能力提升作业。

课堂的时间有限，要想将所有的知识都消化吸收，有效的课后作业练习尤其重要。阶梯作业除了要注重分层性、循序渐进性，还要注重拓展学生的思维能力。因此，通过能力提升作业将作业与学生的生活实际联系在一起，有效提高学生的思维能力。

（3）挑战自我作业。

挑战自我作业中的实验题通过实验验证质量守恒定律，能够激发学生的学习兴趣，使学生主动完成作业。合理开发教材资源，深入挖掘智力潜力，积极注重发散思维的作业是贯彻实施新课程理念的手段。根据教学内容适量布置开放作业，让学生"各有说法"，让不同层次的学生都"有话可说"。

教师要从学生的实际情况、个体差异出发设计作业，让每个学生都能有所收获，不断提高学习化学的兴趣。

2. 学科核心素养体现

（1）宏观辨识与微观探析。能从不同层次认识物质的多样性，并对物质进行分类；能从元素和原子、分子水平认识物质的组成、结构、性质、变化，形成"结构决定性质"的观念；能从宏观和微观相结合的视角分析与解决实际问题。

（2）变化观念与平衡思想。能认识物质是运动和变化的，知道化学变化需要一定的条件，并遵循一定规律；认识化学变化的本质是有新物质生成，并伴有能量的转化；认识化学变化有一定限度，是可以调控的；能多角度、动态地分析化学反应，运用化学反应原理解决实际问题。

（3）证据推理与模型认知。具有证据意识，能基于证据对物质组成、结构及其变化提出可能的假设，通过分析推理加以证实或证伪；建立观点、结论和证据之间的逻辑关系；知道可以通过分析、推理等方法认识研究对象的本质特征、构成要素及其相互关系，建立模型；能运用模型解释化学现象，揭示现象的本质和规律。

（4）科学探究与创新意识。认识科学探究是进行科学解释和发现、创造、应用的科学实践活动；能发现和提出有探究价值的问题；能从问题和假设出发，确定探究目的，设计探究方案，进行实验探究；能在探究中合作，面对"异常"现象敢于提出自己的见解。

（5）科学精神与社会责任。具有严谨求实的科学态度，以及探索未知、崇尚真理的意识；赞赏化学对社会发展的重大贡献，具有可持续发展意识和绿色化学观念，能对与化学有关的社会热点问题做出正确的价值判断。

给学生铺一条路，让他们自己往前走；给学生一个提示，让他们自己去探索；给学生一个梦想,让他们自己去创造。当教育适合学生时,学生就会忘记自己在学习,甚至忘记自我。在忘我的时刻,学习将不再是一种负担,而是一种乐趣。这是对印度哲学家奥修说过的"当鞋合脚时,脚就被忘记了"这句话最好的诠释。

"光的传播"阶梯作业设计

进修附中　李爱杰

一、阶梯作业原文

（一）核心基础作业

知识点1　光源

(1)定义：_____的物体称为光源。

(2)请列举三个光源的例子：_____、_____、_____。

(3)请列举三个不是光源的例子：_____、_____、_____。

知识点2　光是怎样传播的

(1)光在_____中沿直线传播,光在两种介质的交界面发生_____和_____。

(2)光沿直线传播的实例：_____、_____、_____。

(3)小孔成像的性质：_____。

(4)光可以传递_____和_____。

知识点3　光传播的速度

(1)光在真空中是_____传播的。光在真空中传播的速度是_____ m/s。光在其他介质中传播的速度都_____光在真空中传播的速度。

(2)光与声的相同点：_____、_____；

光与声的不同点：_____、_____。

（二）能力提升作业

考点1　光源

1.下列哪个物体不属于光源　　　　　　　　　　　　　　　　　　（　　）

　A.点燃的蜡烛　　　　　　B.璀璨的宝石

　C.奥运圣火　　　　　　　D.初升的太阳

2. 下列物体属于光源的是 ( )
   A. 自行车尾灯 B. 月亮
   C. 交通红绿灯 D. 高楼大厦的玻璃墙

考点2　光是怎样传播的

3. 下列说法中正确的是 ( )
   A. 光在透明介质中沿直线传播
   B. 光的传播速度是 3×10^8 km/s
   C. 影子的形成说明光在同种均匀介质中是沿直线传播的
   D. 早晨我们在海边看到日出，这是光的直线传播现象

4. 下列四个现象中，由光的直线传播形成的是 ( )
   A. 水中倒影 B. 筷子在水面处"折断"
   C. 手影 D. 光的色散现象

5. 太阳通过树叶间的空隙，在地上形成许多圆形的光斑，这些圆形光斑是 ( )
   A. 树叶的虚像 B. 树叶的实像
   C. 太阳的虚像 D. 太阳的实像

6. 小铎在学习"光的传播"时，观看了老师的演示实验，过程如下：①将激光射向水中，观察到光线是条直线（图1）；②在A点处用漏斗向水中慢慢注入海波溶液，观察到光线变成曲线；③经过搅拌后，观察到光线又变直。小铎根据上述实验现象得出下列结果，正确的是 ( )
   A. 光的传播需要介质 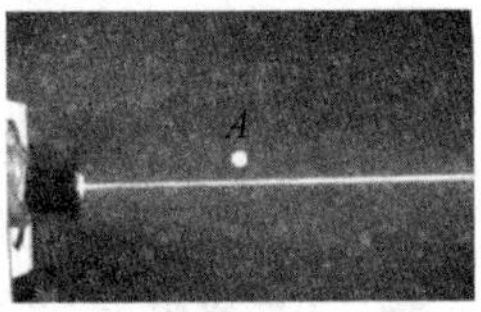
   B. 光只有在水中才能沿直线传播
   C. 光在海波溶液里不能沿直线传播
   D. 光在同种均匀介质中沿直线传播

图1

7. 用自制针孔照相机观察烛焰（图2），以下四种说法中错误的是 ( )
   A. 薄膜上出现烛焰的像是倒立的
   B. 薄膜上烛焰的像可能是放大的，也可能是缩小的，还有可能是等大的
   C. 保持小孔和烛焰的距离不变，向后拉动内筒，增加筒长，烛焰的像变大
   D. 保持小孔和烛焰的距离不变，向后拉动内筒，烛焰的像更明亮

图2

8. 小铎同学找来一个空的易拉罐，在易拉罐底部的中央敲一个小孔，将易拉罐的顶部剪下去后，蒙上一层塑料薄膜，这样就制成了一个针孔照相机。将点燃的蜡烛置于小孔前某一位置，观察并研究小孔成像的特点（图3）。
   (1) 小铎开始实验时，眼睛从右侧看过去，无论怎样调

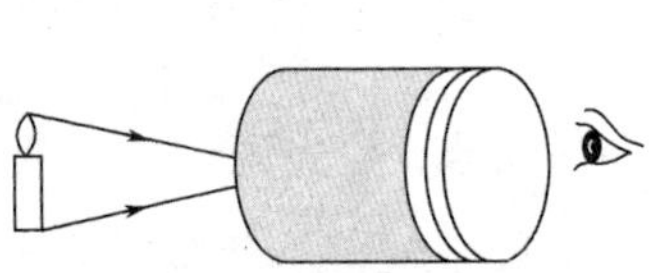

小孔成像

图3

节易拉罐与蜡烛的距离,屏上都看不见烛焰的像,只能看见一片光亮,最有可能的原因是 (　　)

A. 小孔扎成了三角形　　　　B. 小孔扎成了正方形
C. 小孔太大　　　　　　　　D. 小孔太小

(2)改正错误后重新进行了实验,小铎看到了烛焰在塑料薄膜上所成的像,该像是烛焰的_____(选填"正"或"倒")立的_____(选填"实"或"虚")像。

(3)实验中观察到烛焰的像偏小,为了增大烛焰的像,在不更换原有易拉罐的情况下可采取的办法是_____。

(4)晴朗夏日的树下,小轩看到地上有许多圆形的光斑,他与同学们讨论,大家一致认为光斑是太阳经树叶间的细小缝隙形成的像,太阳的大小是一定的,但圆形光斑的大小却不一样,其原因是_____。

考点 3　光传播的速度

9. 光从太阳传到地球约需要 8 min 20 s,则太阳与地球之间的距离大约是_____ m。月球到地球的距离为 3.8×10^5 km,在地面向月球发射一束激光,地面接收到激光经反射回来的信号,共经历_____ s。(结果保留两位小数)

(三)挑战自我作业

1. 枯井中的青蛙在井底 O 点"坐井观天",青蛙通过井口观察范围正确的是 (　　)

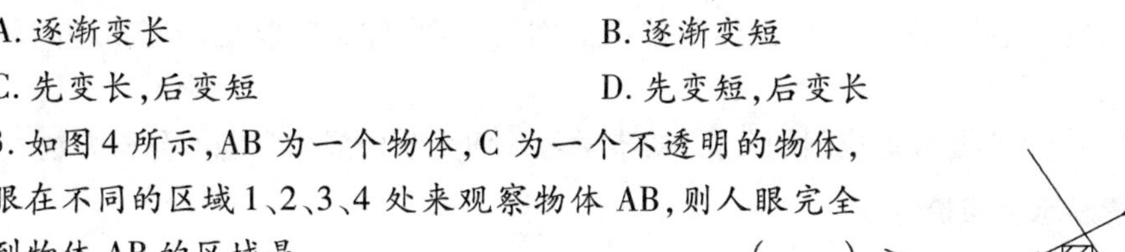

2. 晚上,一个人沿马路经过一盏路灯,人的影子将会 (　　)

A. 逐渐变长　　　　　　　　B. 逐渐变短
C. 先变长,后变短　　　　　D. 先变短,后变长

3. 如图 4 所示,AB 为一个物体,C 为一个不透明的物体,若人眼在不同的区域 1、2、3、4 处来观察物体 AB,则人眼完全看不到物体 AB 的区域是 (　　)

A. 1 区域　　　　　　　　　B. 2 区域
C. 3 区域　　　　　　　　　D. 4 区域

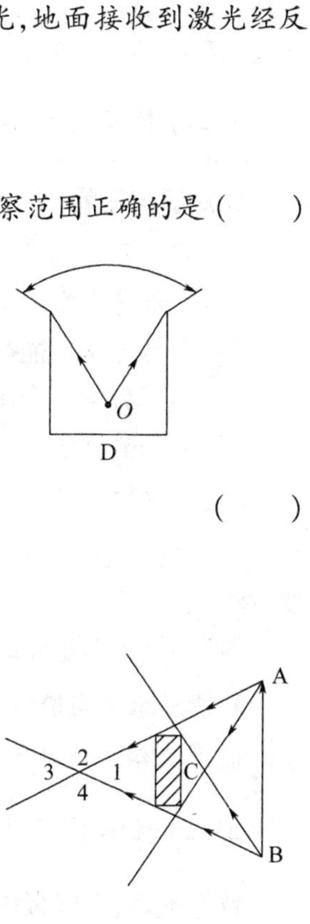

图 4

4. 在易拉罐底部戳一个小孔,将易拉罐的顶部剪下去后蒙上一层半透明的塑料薄膜,这样就制成了一个针孔照相机。

(1)利用它观察窗外景物时,孔对着_____,薄膜对着_____。(均选填"窗外"或"眼睛")

(2)为了研究小孔大小对成像的影响,小轩又设计了四种有不同形状孔的卡片甲,并用另一张卡片乙覆盖在甲上,如下图所示。接着,从图示位置沿箭头方向水平移动乙,改变孔的大小,观察光斑形状的变化情况,能满足实验要求的是_____,你这样选择的依据是_____。

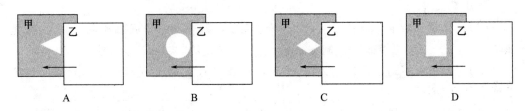

二、阶梯作业设计分析

（一）教材分析

本节课是学生学习光学知识的第一节课,是本章的基础,也是整个光学的基础。光的直线传播是几何光学的基础,又是研究光的反射、折射现象的必备知识。本节课内容包括光源、光线、光的直线传播、光沿直线传播的条件、光的直线传播的应用、光的传播速度几项内容。

（二）教学目标分析

1. 知识与技能

(1)几乎所有的学生能说出什么是光源。
(2)大部分学生能说出光沿直线传播的条件。
(3)大部分学生能列举光的直线传播现象。
(4)小部分学生会画影子成因、小孔成像成因的光路图。
(5)大部分学生能说出光在真空中可以传播,且记住光速值。

2. 过程与方法

通过观察光在气体、液体、固体中传播的实验现象,体会实验是研究物理问题的重要方法。

通过影子、小孔成像成因的分析,初步学习几何光学中成像问题的分析方法。

3. 情感态度与价值观

通过探究性学习活动,使学生获得成功的喜悦,乐于学习物理。

（三）教学重难点

教学重点:光的直线传播条件。
教学难点:影子、小孔成像成因的分析。

（四）阶梯作业设计的意图

1. 教学重点阶梯设计的体现

（1）核心基础作业。

光现象在日常生活中非常普遍，学生在实际生活及小学科学课程中对之已经有了一些感性认识，教科书在八年级上学期安排这一部分内容，旨在让学生将对光的初步认识转化为理性认识，理解一些光的形成、传播规律及其应用，初步建立自身的光学知识结构。为了巩固这一重点内容，核心基础作业设置了基本理论知识的填空题。

（2）能力提升作业。

为了进一步提高学生应用知识的能力和准确的语言表达能力，在能力提升作业中，围绕三个考点——光源、光是怎样传播的、光传播的速度设置了以选择和填空为主要形式的9个题目，其中1~2题是光源的认识的基本题目，3~4题是光的传播的基本考点的基础题目，5~7题以培养学生的探究兴趣和创新思维能力为重点。由于光学内容所需要的教学工具较为简单，学生进行知识学习所需的起点较低，教科书提供了较为丰富的学生探究活动方案，目的是突出科学探究与科学内容并重的编写理念。第8题引导学生从物理课堂走向生活，从而拉近物理知识与生活的距离。指导学生对生活中的有关物理现象进行分类和归纳，总结出相关联的物理知识，得出物理概念的规律，实现从生活走向物理的认识过程。物理离不开计算，通过第9题的光速的计算，训练了学生对光速的记忆和对速度的计算，培养了学生的理性思维。

（3）挑战自我作业。

1~3题难度较大，在实施的过程中，可以分层次进行，一部分学生完成即可。学生认识事物的过程往往局限于概念的理解，用理性的思维去解释问题，对于初中生来说确实比较困难。光路图在光学这部分占的比重较大，后续光的反射、折射的学习中离不开画光路图。在没有反射、折射这些干扰，只有直线传播的这个环节训练学生准确、规范地画光路图很有必要，同时要教会学生用物理的思维理解问题、解决矛盾。

2. 学科核心素养体现

新课程改革对教育教学工作提出了新的要求和教学目标，在素质教育改革目标的推动下，学科核心素养这一新型的教育概念应运而生。学科核心素养是教师培养学生品质素养的重要方面，它包含了人文精神和社会角度，学科教育是培养学生核心素养的主要途径。在初中物理教学中，教师应从物理观念、物理思维、科学探究、科学态度与责任四个方面培养学生的核心素养。

（1）物理观念。

物理观念是指初中生在物理学习的过程中形成的对物理知识的基本认知，并且能够将其转化为相关的物理能力，可以让学生用物理的观念看待生活，帮助学生更好地认识和了解自然及社会。

能力提升作业中的1、2、4题就是让学生在了解了什么是光源的基础上，认识生活中为人们所用的光源，并分析生活中与其相关的现象。

(2)物理思维。

物理知识相对来说比较抽象,对学生的逻辑思维有很高的要求,只有具备一定的逻辑思维能力,才能学好物理知识。学生只有养成物理思维,才能将抽象的知识进行转化,不断地总结物理知识的规律,进而促进物理学习效率的提升。能力提升作业的7、8题就是在理解了光沿直线传播的基础上,画出光路图,也就是只有理性思维方式才能解决的问题,如果仅限于概念的理解上,这个问题的解决就会很困难。对于初学物理的初三的学生来说,用理性思维方法解决问题是必须要训练的。

(3)科学探究。

初中物理学科的特点就是实验性强,其中涉及多数的物理知识都需要经过实验验证,也就是说实验探究能力也是物理学科核心素养的重要构成要素。经过实验探究,不仅可以指导学生加强对物理知识和技能的学习,而且可以促进学生个人素质及综合能力的发展和提升。能力提升作业的第8题和挑战自我作业的第4题就是为了提高学生观察实验、分析问题并解决问题的能力而设置的题目,并且在探究的基础上促进学生总结归纳能力的提高。

(4)科学态度与责任。

科学态度和精神是初中物理学科核心素养中的重要内容,需要经过长期的综合以及自我反思和提升才能养成。在课堂教学中,教师要指导学生树立科学责任观念,养成良好的科学态度。例如,能力提升作业的第6、8题,在解决问题时,可以让学生实际操作,本着尊重科学的态度,学会动手操作,用实事求是的科学态度对待自己在课堂上遇到的问题。

在新的教育背景下,初中物理学科核心素养的培养已经成为一项重要的教学任务,教师必须充分地明确核心素养的要素,并从学生的实际学习情况出发,使用有效的教学手段和策略,促进学生物理学科核心素养的培养。

Grade 8A　Unit 6 I'm going to study computer science. Section A 1a – 2d 阶梯作业设计

进修附中　曲丽

一、阶梯作业原文

(一)核心基础作业

Task 1: Translate the phrases into English.

1. 长大;成熟;成长_____
2. 计算机程序设计员_____
3. 公共汽车司机_____
4. 篮球运动员_____
5. 继续写故事_____
6. 确信;对……有把握_____
7. 确保;查明_____

Task 2: Complete the sentences according to the given information.

1. I want to be an _____ (工程师), so I'm going to study math really hard.
2. Amy dreams of being a _____ (小提琴家). She practices violin every day.
3. I want to be an actress _____ (因为) I want a job that's fun.
4. You must _____ (确保) you try your best when you join in the singing competition.
5. Tom hurt his leg, but he _____ (继续) climbing the mountains.
6. Tu Youyou is one of the greatest women _____ (science) in China.
7. I am good at _____ (play) the piano. I'm going to be a _____ (piano) when I grow up.
8. Mike, I can't go swimming with you. I have to take _____ (act) lessons.

(二)能力提升作业

Task 3: Complete the dialogue by using one word each blank.

A: What are you reading, Ken?
B: *The Old Man and the Sea* ___1___ Hemingway.

A: Wow, now I know _____2_____ you're so good at writing stories.

B: Yes, I want to be a writer.

A: Really? How are you going to become a writer?

B: Well, I'm going to keep on _____3_____ stories, of course. What do you want to be?

A: My parents want me to be a doctor, but I'm not _____4_____ about that.

B: Well, don't worry. Not everyone knows what they want to be. Just make sure you try your _____5_____. Then you can be anything you want!

A: Yes, you're right.

1._____ 2._____ 3._____ 4._____ 5._____

（三）挑战自我作业

Task 4: Make your own dialogue by using the given sentence patterns.

Example:

A: What does Cheng Han want to be?

B: He wants to be…

A: How is he going to do that?

B: He is going to…

Yours:

A: What does your friend _____?

B: He wants to be _____.

A: How is he going to do that?

B: He is going to _____.

Optional Task: Answer the questions and write a passage—My Dream.

1. What do you want to be when you grow up?
2. How are you going to do that?

二、阶梯作业设计分析

（一）教材分析

根据《英语课程标准》规定，通过听、说、读、写的训练，使学生获得英语基础知识和为交际初步运用英语的能力，激发学生的学习兴趣，为进一步学习打好基础。英语学科核心素养包括语言能力、思维品质、文化意识和学习能力四个维度。语言能力就是用语言做事的能力，即在社会情境中借助语言，以听、说、读、看、写等方式理解和表达意义的能力。要进一步发展学生的语言意识和英语语感；使其掌握英语语言知识并在语境中整合性运用所学知识；理解口语、书面语所传递的意义，识别并赏析其恰当表达意义的手段；有效使用口语、书面语传递意义和进行人际交流。思维品质是指思考辨析能力。文化意识的重点在于理解各国文化内涵。学习能力主要包括元认知策略、认知策略、交际策略和情感策略。

本单元通过复习和学习一些关于职业的词汇,用 be going to 谈论长大以后打算做什么并引导学生简单描述自己的梦想及实现方式。本节课是本单元的第一课和重点课,学好本节将为进一步学习一般将来时打下良好的基础。

（二）教学目标分析

本节课旨在通过听、说、读、写等活动为学生营造愉快的英语交流环境,培养其语言运用能力,并借助话题进行情感态度与价值观的教育,使学生的思想感情得到升华。

1. 知识与技能

掌握本课重点词汇：computer programmer、engineer、cook、pianist、scientist、violinist。

掌握本课主要句型：—What are you going to be when you grow up?

—I'm going to be an engineer.

—How are you going to do that?

—I'm going to study math hard.

掌握语法：用 be going to 表示一般将来时。

2. 过程与方法

培养学生用英语谈论自己的梦想,提高学生听、说、读、写等能力。通过小组活动,培养合作意识和团队协作能力。

3. 情感态度与价值观

通过谈论将来打算做什么及准备怎样实现目标,让学生考虑自己的将来,及早为将来做好准备,激励学生为实现梦想而努力。培养学生学习英语的兴趣以及团结协作精神。

4. 教学重难点

教学重点：

(1)学习并掌握一般将来时的构成。

(2)通过在不同情景中练习,熟练运用一般将来时态。

教学难点：

(1)用英语表达自己的梦想及如何实现。

(2)提高听力能力和听力技巧,并进行听后复述,从而提高语言的综合运用能力。

（三）阶梯作业设计的意图

1. 教学重点阶梯设计的体现

为夯实基础、突出重点,阶梯作业的设计依据任务型教学法,逐步递进呈现,主要分以下三个部分。

(1)核心基础作业。

主要题型有短语翻译成英文、根据提示信息补全句子。

其目的为巩固本节课已学的重点词汇和表达。通过汉译英练习和补全句子练习检查学生对重点知识的掌握情况，让学生在练习中加深对生词的理解并熟练运用，培养学生学习英语的浓厚兴趣，养成主动记单词的习惯。

（2）能力提升作业。

主要题型为中考交际应用——补全对话。

其目的是让学生学习并掌握一般将来时的构成。重点考查学生的语篇理解能力以及根据上下文语境补全语篇的能力，从而为中考做准备。

（3）挑战自我作业。

题型是用主要句型完成对话，以及选做题——完成短文《我的梦想》。

锻炼学生熟练运用一般将来时，用英语表达自己喜欢的职业、阐释原因及如何使其实现，考查学生在对话中使用目标词汇和目标句型的能力。针对本课的重点词组和知识点进行巩固练习，相对于简单的读背短语和知识点而言，设计一定的习题更能检查学生的语言理解与运用能力。同时，选做题的设计，使部分学生勇于挑战自我，培养学生的探究能力。

2. 作业难度设计的意图

本节听力内容以不同人物的口吻描述自己的未来计划及实现方式，目的在于让学生通过听力培养获取关键信息及感知生词语义的能力。听力难度从词的层面上升到了句型层面。听力内容的难点在于让学生感知"What do you want to be when you grow up?"及"How are you going to do that?"两个句型，同时掌握核心句型"be going to…"的用法。因此，通过对学生听力技能的训练和口语表达能力的培养让他们感知两个句型及"be going to"的用法，并引导学生初步学习与职业相关的词汇，简单描述自己的梦想及实现方式。为突破难点，使学生能够用英语表达如何实现梦想，布置了选做任务：Answer the questions and write a passage—My Dream。旨在从最简单的单词到词组再到句子，从听、说、读等多种形式反复操练重点句型，巩固所学知识，最后落实到写，提高语言的综合运用能力，让学生学会清楚、正确地表达自己的梦想。

由于部分学生的基础比较薄弱，理解和应用能力有待提高，因此需要加强句型操练、对话表演、同伴互助等教学方式，从而让学生在课堂学习中不断获得完成此任务所必需的知识、能力、技能，为最终完成任务做全面的准备。

3. 学科核心素养体现

首先，阶梯作业整体采用任务型教学，其倡导体验参与，培养学生的自主学习能力。核心基础作业中的根据提示信息补全句子，既复习了七年级下册 Unit 4 中学到的关于职业的词汇，又在语境中重现了各种职业，如科学家、钢琴家、工程师、小提琴家等，以及 be good at、try one's best、be going to 等句型短语，为后面谈论职业理想的写作做铺垫。通过反复输入，设计情境，让学生对话题有初步的感知并能够简单运用，不仅达到了以旧带新的目的，而且有效地激发了学生的学习兴趣。

能力提升作业中的补全对话，引自教材原文，具有明确的目标意识，使学生能够监控、反思、调整和评价自己的学习，使英语思维得到发展和提升，从而树立英语学习的自信心。

挑战自我作业中的运用主要句型改编完成自己的新对话,可以帮助学生运用英语,将已有的知识经验和他们的实际生活联系起来,使他们真正体会到做作业的乐趣和运用语言的成就感。

其次,选做作业让学生运用所学来描述自己的理想职业及如何实现。该作业紧扣本节课主要话题,对学生来说既是一个综合能力的检测和提高,也是核心素养下的思维品格和文化品格的培养。让学生树立人生目标,把梦想转化成现阶段学习的动力,从而突破本课重难点 be going to 句型,达成本课的情感目标,同时对学生进行爱国主义教育。

总之,分层设计作业,让具有差异性的学生在基础和能力上各得其所,真正关注到每名学生的成长和进步。通过阶梯作业的设置,让学生成为真正的"主角",让学生时刻处在体验、实践、参与、合作与交流的活动中,不断提升学生的学习能力,培养学生积极的情感态度,丰富学生的学习生活,使学生的文化意识、生活意识等素养都得到全面发展。

"生活中常见的盐"阶梯作业设计

进修附中　陶帅

一、阶梯作业原文

（一）核心基础作业

1. 日常生活中所说的盐，通常指_____（主要成分是_____）；在化学中的盐，是指一类_____的化合物。除食盐外，生活中常见的盐还有_____等。工业用盐如_____（化学式_____，通常为_____色固体，有毒，有_____味，水溶液呈_____性），误作食盐用于烹调，可引起中毒。

2. 氯化钠是由_____构成的。

3. 氯化钠的用途。

(1) 在生活中，氯化钠是重要的调味品，每人每天约需_____食盐。但长期食用过多的食盐不利于人体健康。此外还可用食盐腌渍食物，腌制成的食品不仅风味独特，还可以_____。

(2) 医疗：_____（100 mL_____中含有_____）。

(3) 工业：以氯化钠为原料来制取_____等。

(4) 农业：_____。

(5) 公路上的积雪也可以用氯化钠来消除。

4. 实验活动：粗盐中难溶性杂质的去除。

(1) 溶解。

此操作中用到的实验仪器：_____；玻璃棒的作用：_____。

(2) 过滤。

此操作中用到的实验仪器：_____。

实验注意事项：一贴_____；

二低_____，

_____；

三靠_____，

_____，

_____；

玻璃棒的作用：_____。

(3)蒸发。

此操作中用到的实验仪器：_____。

玻璃棒的作用：_____。

实验注意事项：蒸发皿中_____的时候，停止加热。

(4)计算产率。

精盐产率=_____。

玻璃棒的作用：_____。

5.氯化钠在自然界中分布很广，除海水里含有大量氯化钠外，盐湖、_____和_____也是氯化钠的来源。

6.冰城的冬天雪很大，雪给人们带来乐趣的同时也给人们的出行带来不便。下列有关叙述错误的是（　　）

A.融雪剂中的氯化钠可以清除道路上的积雪

B.清雪用的铁铲由纯铁制成

C.机械化清雪大大提高了清雪的速度和质量

D.雪融化是物理变化

7.下列生活中常见物质的主要成分，不属于盐的是（　　）

A.消毒用的高锰酸钾　　　　B.配制波尔多液的硫酸铜

C.建筑用的熟石灰　　　　　D.碱面中的碳酸钠

8.下列过程中没有发生化学变化的是（　　）

A.盐酸腐蚀碳酸钙　　　　　B.海水晒盐

D.生石灰放入水中　　　　　C.浓硫酸滴在布料上

（二）能力提升作业

1.下列物质的应用正确的是（　　）

A.用食盐腌渍食品　　　　　B.用火碱制氯化钠

C.用食盐配制生理盐水　　　D.用石灰石改良酸性土壤

2.下列关于氯化钠的叙述不正确的是（　　）

A.氯化钠易溶于水

B.0.9%的氯化钠溶液用作医疗上的生理盐水

C.氯化钠易潮解

D.食盐加碘可防治碘缺乏症

3.下列实验现象描述正确的是（　　）

A.硫在氧气中燃烧：产生明亮的蓝紫色火焰，放热，生成有刺激性气味的气体

B.碳在空气中燃烧：发白光、放热，生成一种能使澄清的石灰水变成白色、浑浊的气体

C.铜丝浸入硝酸银溶液中：紫红色固体表面有银白色固体产生，溶液由蓝色变为无色

D.向滴有酚酞溶液的氢氧化钠溶液中通入适量的二氧化碳，溶液由红色变无色

4. 下列对一些事实的解释不正确的是 （   ）

选项	事实	解释
A	NaCl 固体不导电	NaCl 固体中没有离子
B	水 0 ℃时结冰,而海水 1.9 ℃才会结冰	海水中含有盐,是混合物,其凝固点比水低
C	Na₂SO₄ 溶液和 CuSO₄ 溶液颜色不同	溶液中所含阳离子不同
D	盐酸和稀硫酸都能使紫色石蕊试液变红色	盐酸和稀硫酸中都含有大量的氢离子

5. 对下列事实的微观解释正确的是 （   ）

选项	事实	解释
A	KNO₃ 溶液能导电	溶液中存在自由移动的粒子
B	KCl 溶液和 KMnO₄ 溶液颜色不同	溶液中阴离子不同
C	打开浓盐酸试剂瓶,瓶口有大量白雾	白雾是不断运动的盐酸分子
D	NaOH 溶液、Ca(OH)₂ 溶液均显碱性	溶液中都含有离子

6. 为除去下列物质中的杂质(括号内为杂质),下列方法正确的是 （   ）

选项	物质(杂质)	操作方法
A	CuO(Cu)	通入足量 CO,并加热
B	CaO(CaCO₃)	加入足量水,过滤,洗涤干燥
C	NaOH[Ca(OH)₂]	通入足量二氧化碳
D	CuSO₄ 溶液(H₂SO₄)	加入过量 CuO 粉末,充分反应后过滤

（三）自我挑战作业

1. 图 1 中的 A—G 是初中化学常见的物质,其中 B 的饱和溶液升温会有白色固体 B 析出,A、B、C、D 分别属于不同类别的化合物,E 是赤铁矿的主要成分,G 是电解水产生的一种气体,A 是光合作用的原料,F 是世界上年产量居第二位的金属(图中用横线或弧线表示两种物质之间能发生化学反应,用箭头表示一种物质可以转化为另一种物质,部分反应物和生成物以及反应条件已略去,图中部分反应需在溶液中进行)。请回答下列问题:

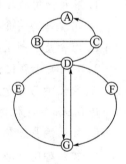

图 1

(1) 分别写出 A、B 物质的化学式(或溶质的化学式)。

　　A._____　　B._____

(2) E 与足量 D 反应的实验现象为_____。

(3) F 转化为 G 的化学方程式为_____。

(4) 用所学知识在图中再补充出物质之间的两个转化关系。

2. 某金属氧化物样品成分为氧化铜和氧化铁,还有少量杂质(杂质不溶于水,不与酸反应且不含氧元素),小明同学取一定量样品加入 100 g 溶质质量分数为 9.8% 的稀硫酸中,恰好完全反应后过滤,得到滤液 106 g 和滤渣 2 g,则该样品中氧元素的质量分

数为 （　　）
A. 55%　　　B. 60%　　　C. 70%　　　D. 20%

3. 绘制氯化钠相关知识的思维导图。

二、阶梯作业设计分析

（一）教材分析

本节课的内容在知识方面除几种常见的盐之外,还有复分解反应;在方法方面包括化合物分类的方法等;在技能方面有蒸发等混合物提纯的实验操作。

关于盐的知识由食盐引出,食盐是生活中人们最常见的盐,把盐等同于食盐是较常见的误解,本节课在一开始就提醒学生注意这二者的区别,加深学生对盐类概念的理解。

本节课主要介绍四种盐——氯化钠、碳酸钠、碳酸氢钠、碳酸钙。课题1的内容为氯化钠,介绍了氯化钠的用途、在自然界的存在及晒制,并指出粗盐中含有的主要杂质及初步提纯的方法,为本单元的实验活动"粗盐中难溶性杂质的去除"做铺垫。

学生已经了解了生活中常见的盐——氯化钠。通过之前的学习,学生已经初步建立了"性质决定用途,用途体现性质"这一基本观念,并且具备了一定的实验操作技能和科学探究的能力,这些综合能力的提升对于盐的学习起到了积极的作用。

本节课内容涉及面广,要求学生具有很强的综合运用能力。教师应从提高学生学习能力和研究能力的角度设计教学过程,通过搜集资料、提取信息、合作探究、互动交流等多种学习方式,帮助学生建构知识体系,掌握学习方法,提升研究能力。

（二）教学目标分析

1. 知识与技能

（1）了解氯化钠的组成及其在生活中的主要用途。
（2）知道氯化钠的分布及提纯方法。

2. 过程与方法

培养学生材料收集、整理问题、分析问题的能力。

3. 情感态度与价值观

认识到化学与生产、生活有着密切的关系。

4. 教学重点

了解氯化钠的性质、分布及用途。

5. 教学难点

过滤、蒸发等分离提纯实验的基本操作技能。

（三）阶梯作业设计的意图

本节课为"生活中常见的盐"的第一课时,学习的是学生最熟悉的一种盐——氯化钠。学生凭借生活经验对氯化钠已经有了初步的了解,知道它的一些物理性质、分布和应用。通过课前兴趣作业——自己做一顿饭和家庭实验——"氯化钠融雪剂",以及氯化钠用途的资料查询,学生对氯化钠有了更深刻的了解。课堂中通过教师引导,学生可以基本掌握氯化钠的相关知识。

在本节课的阶梯作业中,核心基础作业为简单的填空和选择题,让学生进行必知必会知识点的填写,强化学习内容,落实教学重点,使学生掌握氯化钠的性质、用途、分布及氯化钠的提纯实验内容。

能力提升作业通过变式习题、综合性习题的训练,以及新旧知识的交替出现、结合出现,培养学生知识整合的能力,有助于其综合能力的提高。

自我挑战作业设置了中考题型——推断题和技巧计算,这两道题具有很强的综合性,从多角度培养学生分析问题、理解问题、解决问题的能力,同时培养学生的计算能力和逻辑推理能力。最后,布置了绘制思维导图作业,激发学生的学习兴趣,使作业更有趣味性。

此次阶梯作业学生完成得较好,每个层次的学生都有了很大的收获,充分体现了面向全体同学,善待每一个学生。设置多样化的作业,让学生将写作业作为一种乐趣,既扩大了课堂容量,也实现了提质增效。

"切线长"阶梯作业设计

进修附中　董红梅

一、阶梯作业原文

（一）核心基础作业

1. 一根钢管放在"V"形架内,其横截面如图1所示,钢管的半径是 25 cm。

(1) 如果 $UV=28$ cm,VT 是多少?

(2) 如果 $\angle UVW=60°$,VT 是多少?

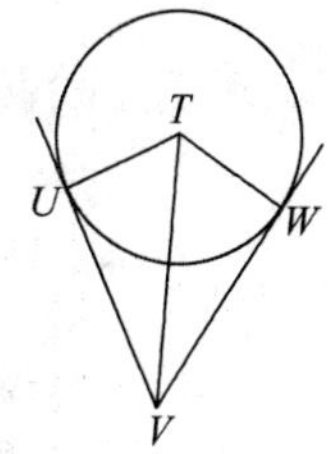

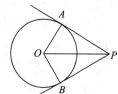

图1

2. PA、PB 是 $\odot O$ 的两条切线,切点是 A、B(图2)。如果 $OP=4$,$PA=2\sqrt{3}$,那么 $\angle AOB$ 等于　　　　（　　）

A. 90°

B. 100°

C. 110°

D. 120°

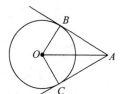

图2

3. AB、AC 是 $\odot O$ 的两条切线,B、C 是切点(图3)。若 $\angle A=70°$,则 $\angle BOC$ 的度数为　　　　（　　）

A. 130°

B. 120°

C. 110°

D. 100°

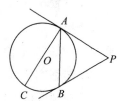

图3

4. 已知 PA、PB 是 $\odot O$ 的切线,A、B 为切点,AC 是 $\odot O$ 的直径,$\angle BAC=25°$(图4),求 $\angle P$ 的度数。

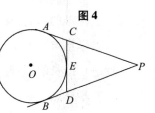

图4

（二）能力提升作业

1. P 为 $\odot O$ 外一点,PA、PB 分别切 $\odot O$ 于 A、B,CD 切 $\odot O$ 于点 E,分别交 PA、PB 于点 C、D(图5)。若 $PA=15$,则 $\triangle PCD$ 的周长是多少?

图5

2. P 是⊙O 的直径 AB 的延长线上一点，PC、PD 切⊙O 于点 C、D（图6）。若 $PA=6$，⊙O 的半径为2，求 $\angle CPD$。

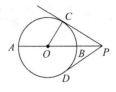

图6

（三）挑战自我作业

△ABC 是一张三角形的纸片，⊙O 是它的内切圆，点 D 是其中的一个切点，已知 $AD=10$ cm（图7）。小明准备用剪刀沿着与⊙O 相切的任意一条直线 MN 剪下一块三角形（△AMN），则剪下的 △AMN 的周长是多少？

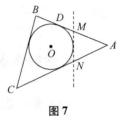

图7

二、阶梯作业设计分析

（一）教材分析

本节课主要研究切线长的概念及切线长的定理，是在学生已学过点与圆的位置关系、直线与圆的位置关系、切线的判定和性质后进行的。它既是前面知识的应用，也是后面学习的基础，同时在证明线段相等、角相等、线段成比例方面有重要作用。本节课通过学习切线长的概念，培养学生的分类思想；学生通过几何直观图形观察，对定理进行猜想和证明，在解决问题的过程中，合情推理，探索思路，整理结论。通过对例题的学习，让学生认识到现实生活中蕴涵着大量和图形有关的问题，可以抽象成数学问题，利用建模的思想解决实际问题，从而培养学生直观想象、逻辑推理、数学建模的数学学科核心素养。

（二）教学目标分析

1. 知识与能力

了解切线长的定义，掌握切线长的定理，并能够利用它进行相关计算；在运用切线长定理的解题过程中，进一步渗透方程的思想，熟悉用代数的方法解几何问题。

2. 过程与方法

经历画图、度量、猜想、证明等数学活动过程，发展合情推理能力和初步的演绎推理能力，培养学生有条理地、清晰地阐述自己的观点的能力。

3. 情感态度与价值观

了解数学的价值，对数学有好奇心和求知欲，在数学学习活动中获得成功的体验，锻炼克服困难的意志，建立自信心。

4. 教学重点

理解切线长的定理。

5. 教学难点

应用切线长定理解决问题。

（三）阶梯作业设计的意图

1. 教学重点阶梯设计的体现

核心基础作业以选择题和简单的计算题形式呈现，学生可以应用定理解决问题。

能力提升作业的形式为证明题，学生可以灵活应用定理解决问题，要注重书写过程。

挑战自我作业的形式为证明题，学生可以综合使用定理解决问题。

2. 作业难度设计的意图

通过完成梯度作业，使学生初步学会从数学的角度提出问题、理解问题，并能运用所学的知识和技能解决问题，发展应用意识。引导和培养学生形成分析基本图形的意识，以及从复杂图形中分解出基本图形的必要性，并树立解决问题的信心，使不同层次的学生能够解决不同的问题，在学习中有所收获。

3. 学科核心素养体现

通过简单的几何图形培养学生的直观想象素养；通过几何证明习题培养学生的逻辑推理素养；通过切线长定理图解决实际问题，培养学生的数学建模素养。

"在流体中运动"阶梯作业设计

进修附中　朱桂艳

一、阶梯作业原文

(一)核心基础作业

1. 气体和液体有很强的流动性,统称为_____。

2. 伯努利原理:对于_____的液体和气体,在_____的地方压强小,在_____的地方压强大。

3. 刮大风时,会使我们的伞向上飞,这是因为风从伞上方经过时,空气流速_____,压强_____,伞下方空气流速_____,压强_____,从而使伞受到一个向_____的压强差。

4. 飞机的机翼上凸下平,当飞行时,机翼上方的空气流速_____,压强小,下方空气流速_____,而压强_____,这一压强差,就使飞机获得了向上的升力。

5. 运动型轿车和跑车的尾部设计安装了一种"气流偏导器",它的上表面平直,底部呈弧形凸起,相当于一个倒置的翅膀,这主要是让车在高速行驶时,由于气流偏导器上表面气流速度_____下表面气流速度,上表面气压_____(选填"大于""小于"或"等于")下表面气压,在压强差的作用下使车获得一个向_____的压力差。从而能使车轮较好地抓住地面。

6. 在地铁或火车站台上等候车辆时,要求乘客要离开站台 1 m 以上,其主要原因是(　　)

A. 车辆过来时风太大
B. 车辆过来时带来好多飞尘
C. 车辆驶过站台时,车速快,压强小,使人被压向车辆造成危险
D. 车速快带动空气流速加快,压强减小,使人被压向车辆造成危险

(二)能力提升作业

7. 泰山站是继长城站、中山站、昆仑站之后中国的第四个南极科学考察站,于2014年2月8日正式建成开站。泰山站采用轻质材料装配而成,为避免被南极强横风吹得移位,其独特的支架悬空形状发挥了作用。泰山站的悬空形状接近于(　　)

A　　B　　C　　D

8.【探究目的】初步了解流体的压强与流速的关系。

【提出问题】气体的压强是不是与气体的流速有关系?有什么关系?

【设计实验和进行实验】(1)取两张白纸,让其平行地自然下垂,向两纸中间用力吹气(图1)。

(2)你观察到的现象是_____。

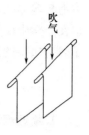

图1

【分析和论证】你通过本实验可以得出的初步结论是_____。

【评估与交流】请你联系实际,举出两个生产、生活中与此知识相关的实例:_____、_____。

9.我们经常可以看到这种现象:汽车在马路上快速驶过以后,马路两边的树叶会随风飘动。如图2所示,马路两边的树叶会沿着A、B、C哪一个方向飘动?请你猜想并说明理由:_____。

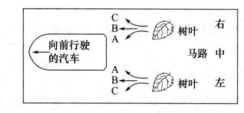

图2

(三)挑战自我作业

10.动手做一做:取一根长吸管,从中间切开一个口,如图3所示折成直角,一端插在水中,向水平管中吹气,你观察到什么现象?原因是什么?(可以将实验过程及讲解以视频的形式发到班级物理群中)

11.上网查一查:通过互联网查询人类探索飞行的历程,了解生活中更多的与伯努利原理有关的现象或实验。

图3

二、阶梯作业设计分析

(一)教材分析

本节课的主要内容:通过实验探究流体压强与流速之间的关系,分析飞机升力产生的原因,联系实际用流体压强与流速的关系解释一些现象。

本节课是压强与浮力的一个过渡。上一章所学的液体压强和大气压强的知识,是流体在静止状态时有关压强的一些现象和规律,通过本节课的学习,会使学生进一步认识到:当流体流动时,流体的压强还跟流速有关。流体压强与流速的关系是流体力学中的基本规律,在生活和科学技术中有许多应用,如飞机的升力等。另外,由于升力和浮力有较多的共同点,学生在学了升力之后学习浮力,既有利于学生用类比的方法学习,也便于学生比较二者的区别。总之,本节课的内容与浮力、液体压强、大气压共同构成了较为完整的知识体系。

(二)教学目标分析

1. 物理观念

(1)知道流体的压强与流速的关系。

(2)了解飞机的升力是怎样产生的。

2. 科学思维

(1)通过实验探究,认识流体的压强与流速的关系。

(2)通过对鸟类羽翼模型的观察和探究,认识升力。

3. 科学探究

(1)让学生亲历流体压强与流速关系的实验探究过程,锻炼学生的实验操作能力和观察能力。

(2)让学生经历发现流体压强与流速关系的过程,培养学生分析、解决问题的能力和语言表达能力。

4. 科学态度与责任

(1)通过探究活动,学习合作与交流。让学生体验学习的乐趣,获得成功的喜悦,提高探索的能力。

(2)学会从简单的物理现象中归纳出物理规律,培养学生观察、比较、分析、归纳等学习方法和科学的思维观,培养学生的创新精神。

(3)关注科技的两面性,树立正确的科学观,学会用辩证的思维看待问题,同时加强安全教育。

(三)教学重难点

重点:知道流体压强与流速的关系。

难点:认识升力,解释流体压强与流速的关系相关的现象。

(四)阶梯作业设计的意图

1. 教学重点阶梯设计的体现

(1)核心基础作业。

本节课的重点是让学生知道流体压强与流速的关系,为了巩固这一重点内容,我设置了基本理论知识的填空题(第1、2题),同时还设置了与实际生活事例相结合的三个填空题(第3、4、5题)和一个选择题(第6题),这些题既能巩固基础理论知识,又能进一步加强学生对重点知识的理解,同时还能增强应用理论知识解决实际问题的能力,从而让学生活学活用,对知识的学习做到融会贯通。

(2)能力提升作业。

在核心基础作业的基础上,为了进一步提高学生应用知识的能力和准确的语言表达能力,我设置了三道比较典型的题,其中一道选择题(第 7 题)、一道实验探究题(第 8 题)和一道语言表述题(第 9 题)。语言表述题既能巩固重点,又能突破难点,使学生能够掌握解释流体压强与流速的关系相关的现象的方法,提升语言表达能力,训练理性思维能力;而选择题的设置,能够提高学生对重点知识的辨析能力,当科学知识与自己的认知发生冲突时,还能深刻理解科学知识的内在含义,从而把准确的理论知识内化为己有,提高科学素养和能力;另外,实验探究题的目的在于培养科学探究能力以及学生对知识和方法的迁移能力。引导学生从物理课堂走向生活,从而拉近物理知识与生活的距离,促进学生观察、思考身边一些现象的意识的萌发,让学生能够真正体会到物理知识的有趣和有用,从而更加积极主动地学习物理。

(3)挑战自我作业。

挑战自我作业中设置了"动手做一做"和"上网查一查"两项作业。这种开放的作业形式是非常受学生欢迎和喜爱的,也是最能调动学生积极性的一种有效方式。网络中相关知识的应用和神奇的实验无疑会对激发学生的求知欲起到不可估量的作用,一旦学生的好奇心被调动起来,注意力就会自然而然地集中到研究的问题上来。

2. 作业难度设计的意图

通过本节课内容的学习,大部分学生已经知道了流体压强与流速的关系(重点),也能初步地解释流体压强与流速的关系相关的现象(难点),但是还不熟练,表述也不完整,部分学生没有掌握解释现象的表达方法,因此设置有梯度的作业来满足不同层次学生的发展需要。

初中生具有强烈的好奇心、求知欲和表现欲,喜欢动手动脑,但思维方式仍然主要是形象思维,欠缺理性化的思维,理解抽象物理模型和生活现象还比较困难。流体的压强与流速关系的许多现象,对学生来说既熟悉又陌生,充满了神秘感,因此作业的设置要能够抓住学生的兴奋点。教师在评析作业时,可以逐步引导学生通过观察、讨论、交流、汇报等方式进行理性分析,学生就会由感性认识上升到理性认识,从而促进抽象思维的发展。

3. 学科核心素养体现

物理学科核心素养是学生在接受物理教育过程中逐步形成的适应个人终身发展和社会发展需要的必备品格和关键能力,是学生通过物理学习内化的带有物理学科特征的品质,是学生科学素养的关键成分。

(1)形成基本物理观念。

第 1 题到第 6 题都是对基本知识和基本技能的考查。学生不仅要学习基本知识的概念和规律等,还要通过物理知识的学习,形成从物理的视角认识事物和解决问题的思想方法与价值观,这应该成为根植于学生头脑中的物理基本观念。

(2)形成良好科学思维。

科学思维是形成并运用于科学认识活动,对感性认识材料进行加工处理的方式与途径的理论体系。物理学科教学要通过对学生科学思维的训练,引导学生尊重事实和证据,有实证意识和严谨的求知态度,理性务实,逻辑清晰,能运用科学的思维方式认识事物、解决问题、规范行为等。

第5题启发学生通过新授课中鸟翼模型的学习来思考:如果将鸟翼上下颠倒,将会怎么样呢?这样的事实又怎么能为我们所用呢?既培养了学生的逆向思维,又有利于发展学生的创造性思维。

第7题考查了学生的读图能力,促使学生在生活中捕捉物理知识的同时,掌握一种物理语言的表达方式。这道题的情境事实学生可能不太了解,但通过读图,很容易建构起物理思维,提高解决问题的能力。

(3) 培养科学探究能力。

科学探究是物理学科重要的学习方法,其可以有效地激发学生学习物理的兴趣,引导学生认识物理与生活、技术、社会、环境之间的紧密联系,培养学生学以致用的习惯和能力,让学生体会探究的乐趣,进一步发展学生的科学思维和科学探究能力。

第3题、第5题、第6题、第8题、第9题、第10题都考查了学生的科学探究能力。

中考一方面要考查学生的基础实验和实验技能,另一方面更加重视实验能力的检测,而实验能力的培养在提高学生的科学探究能力方面起着重要的作用。第8题有效地提高了学生观察实验、分析问题并解决问题的能力。

第9题考查的是学生的科学探究能力。本题通过一个生活中的实际情景,让学生借助"流体的速度与压强的关系"这一物理知识进行科学合理的猜想,同时也考查学生对知识和方法的迁移能力以及对物理问题的完整表述能力,在回答猜想依据时既要回答气体的流速变大、压强变小,又要考虑流体两旁的气体压强不发生变化,两者的差异是树叶运动的原因。另外,还考查了力和物体运动状态的关系。

物理学是一门以实验为基础的自然科学,把物理实验留作家庭作业无疑是一种既具有挑战性又具有强大吸引力的作业形式。第10题让学生自己在家利用废旧物品进行科学探究,在这样的活动中更能促进学生动手能力、观察能力、分析能力、总结归纳能力的提高。

(4) 培养正确科学态度。

物理教学不能"为知识而知识",而应将知识作为育人的载体,充分挖掘知识建构过程中蕴含的情感因素和内在价值,通过相应活动培养学生强烈的家国情怀、积极的人生态度、实事求是的科学精神。

第3题、第5题、第6题、第9题和第10题的内容取材于学生所熟悉的生活实际,所以学生在平时的学习过程中应紧密结合学过的物理知识,学会从物理的视角去观察生活、生产和社会中的各类物理问题,关心社会,关心生活,提高自己的科学素养,同时提高自己的观察能力、理解能力和应用能力,真正做到"从生活走向物理,从物理走向社会"。

第6题能让学生认识到科学规律的利与弊,学会辩证地看待问题,同时能渗透自觉遵守社会规章制度和具有安全意识的教育。

在学生自制器材进行实验探究的过程中,难免会遇到挫折或失败。有的学生克服了困难,这种成功绝对是一种别样的享受;有的学生可能会中途放弃,但是在作业交流汇报时,他会得到教师和同学的鼓励,这也许会促使其再次尝试,直到成功,这个经历会成为其人生中最宝贵的财富。

九年级语文下册第一单元阶梯作业设计

进修附中　孙宏磊

一、阶梯作业设计

（1）全体学生在本单元中选择自己喜欢的现代诗歌，配上恰当的背景音乐，有感情地朗诵，并分享自己的阅读感受，然后写在积累本上。

（2）全体学生搜集自己喜欢的现代诗，摘抄在积累本上，并写上摘抄理由。

（3）部分学生自由撰写一篇现代诗。提示：诗歌要分段建行，不限字数，格律自由，要有高度的概括性、鲜明的形象性、浓烈的抒情性及和谐的音乐性。要善于发现、善于观察生活中的细枝末节，要借助物象、修辞及丰富的想象力，抒发自己真挚的情感。

二、阶梯作业设计分析

（一）教材分析

《语文课程标准》指出，语文课程应激发和培育学生热爱祖国语文的思想感情，引导学生丰富语言积累，培养语感，发展思维，初步掌握学习语文的基本方法，养成良好的学习习惯，具有适应实际生活需要的识字写字能力、阅读能力、写作能力、口语交际能力，正确运用祖国语言文字。应通过优秀文化的熏陶感染，促进学生和谐发展，使他们提高思想道德修养和审美情趣，逐步形成良好的个性和健全的人格。语文课程是学生学习运用祖国语言文字的课程，学习资源和实践机会无处不在，无时不有。因而，应该让学生多读多写，日积月累，在大量的语文实践中体会、把握运用语文的规律。

本课程通过教师讲授、范读和学生自主学习、反复诵读相结合的方式，重在通过朗读激发学生的学习和创作热情，教师通过范读，引发学生内在的求知欲，学生在教师有效的过程指导下开展诵读活动，并以师生平等的交流和互动为前提，以教材篇目为抓手，有效提高对语文知识的把握力和创新力，力求提高语文素养和应试能力。

诗歌需要反复朗读，才能识其意，悟其情。这就需要教师根据实际情况，采取相应的策略来督促学生充分朗读并进一步理解诗歌，体会情感，努力实现情感的共鸣。

（二）教学目标分析

1. 知识与能力

（1）能流畅、有感情地朗诵诗歌，在熟读、理解的基础上背诵全诗。

（2）画出主要意象进行品鉴，在此基础上体味诗歌意境及理解诗歌主旨。

2. 过程与方法

（1）了解（类型）诗歌的特点，掌握解读、写作这类诗的方法。

（2）自主设计个性阅读目标，在完成目标的过程中获得独特的感受与体验，发展个人想象力与创造力。

3. 情感态度与价值观

在阅读鉴赏活动中，结合作者相关资料和时代背景，对作品进行现代阐释和理解，加深对个人与社会、个人与自然关系的思考和认识。不断充实精神生活、完善自我人格、提升人生境界。

4. 教学重难点

（1）教学重点：注意诵读和体味，抓住诗中饱含诗人情感的具体形象，深入领会诗歌的情感内涵与思想意蕴。

（2）教学难点：借助诗歌精练的语言，展开想象与联想，尽情创作。

（三）阶梯作业设计的意图

1. 教学重点阶梯设计的体现

现代诗是用现代汉语抒写我们对所生活的这个时代的感受，与古诗相比，虽都为感于物而作，但一般不拘格式和韵律。现代诗形式自由，意涵丰富，意象经营重于修辞运用，完全突破了古诗"哀而不怨"的特点，更加强调自由开放和直率抒情。本单元作业设计的目的如下。

（1）可以让学生再次感受文本的声韵之美，也可以培养学生的想象力，有利于提高学生的朗读能力、赏鉴能力。

（2）让学生搜集优秀诗作并摘抄到积累本上，既是对好词好句的积累，也是对学生审美能力的锻炼，又可为后期的写作做积淀。

（3）加深对文本的理解，学习本单元作者写现代诗的方法，学以致用，发展个人想象力与创造力。

2. 作业难度设计的意图

人教版教材九年级下册第一单元的教学目的在于通过欣赏诗歌，陶冶情操，净化心灵，加深对祖国和家乡的情感，学会品味、揣摩文学艺术语言，提高语言运用能力和文学素养。

依据《语文课程标准》，应该通过优秀文化的熏陶感染，促进学生和谐发展，使他们提高思想道德修养和审美情趣，逐步形成良好的个性和健全的人格，并要激发和培育学生热爱祖国语文的思想感情，引导学生丰富语言积累，培养语感，发展思维，初步掌握学习语文的基本方法，养成良好的学习习惯。因此，本单元的作业设计应适应不同学情，让全体学生能够体会诗歌中的思乡、爱国之情，让大多数学生能够掌握一定的实际生活需要的识字写字能力、阅读能力、写作能力、口语交际能力。

3. 学科核心素养体现

通过学习诗歌,学生可以在许多优秀诗歌作品中体会到作者所表达的强烈情感和独到的思想,借作品中所表达的思想感情对自身的不足进行反省,使学生在积累知识的同时提高自身文化素养。

"数轴"阶梯作业设计

进修附中 李颖

一、阶梯作业原文

(一)应知应会作业

1. 规定了原点、正方向和_____的直线叫作数轴。

2. 在数轴上表示的两个数中,_____的数总比_____的数大。

3. 在数轴上,表示 +2 的点在原点的_____侧,距原点_____个单位;表示 −7 的点在原点的_____侧,距原点_____个单位;两点之间的距离为_____个单位长度。

4. 大于 −3.5 小于 4.7 的整数有_____个。

5. 下列说法错误的是 (   )

A. 数轴上表示 −5 的点离开原点 5 个单位长度

B. 规定了原点、正方向和单位长度的直线叫作数轴

C. 有理数 0 在数轴上表示的点是原点

D. 表示百分之一的点在数轴上不能表示

6. 下列结论正确的有(   )个。

① 规定了原点、正方向和单位长度的直线叫作数轴;② 最小的整数是 0;③ 正数、负数和零统称有理数;④ 数轴上的点都表示有理数。

A. 0   B. 1   C. 2   D. 3

7. 画出数轴并标出表示下列各数的点,并用"<"把下列各数连接起来。

$-3\frac{1}{2}, 4, 2.5, 0, 1, 7, -5$

(二)能力提升作业

1. 在数轴上,把表示 3 的点沿着数轴向负方向移动 5 个单位,则与此位置相对应的数是_____。

2. 与原点距离为 2.5 个单位长度的点有_____个,它们表示的有理数是_____。

3. 有理数 a、b、c 在数轴上的位置如图 1 所示,用"<"将 a、b、c 三个数连接起来_____。

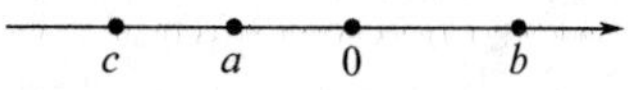

图1

(三)自我挑战作业

1. 在数轴上到表示 -2 的点相距 8 个单位长度的点表示的数为_____。

2. 已知 M 点和 N 点在同一条数轴上,又已知点 N 表示 -2,且 M 点距 N 点的距离是 5 个长度单位,则点 M 表示的数是多少?

二、阶梯作业设计分析

(一)教材分析

数轴是一个重要的概念,是以后学习平面直角坐标系的基础,这是学生第一次学习数形结合的思想。

(二)教学目标分析

这节课要求学生掌握数轴的概念,理解数轴上的点和有理数的对应关系;会正确地画出数轴,利用数轴上的点表示有理数;能够领会数形结合的重要思想方法;会用数轴上的点表示有理数,能说出数轴上已知点所表示的数。

(三)阶梯作业设计的意图

阶梯作业的第一部分以基础练习为主,让学生通过练习进一步掌握所学的知识点,能够熟练应用所学知识解决基础问题。应知应会作业中的第 1、2、7 题都是直接应用知识点来解决问题,其他题的设计增加了简单的应用,初步体现了数形结合的思想。能力提升作业涉及了数轴点的移动问题,拓宽了学生的思路。其中第 2 题到原点的距离问题可以为学习绝对值的知识做铺垫,同时也为自我挑战作业的问题解决打下基础。能力提升作业的第 3 题由数字比较大小迁移到字母在数轴上比较大小,让学生体会到数形结合解决问题的重要性。自我挑战作业中的题需要学生认真思考才能完成,可以鼓励学生画出数轴,数轴更加直观,有利于问题的解决。

根据教材重难点的要求,本次作业的重点在于让学生通过应知应会作业练习并掌握"数轴"这节课的知识点,通过能力提升作业和自我挑战作业让学生拓宽思路,有所提升。

Unit 3　Where did you go? Section A 24－25 阶梯作业设计

进修附中　曹艳玲

一、阶梯作业原文

一、核心基础作业

(一)将下列短语译成英语

1. 从……上摔下来　　　　　6. 去吐鲁番
2. 看起来像　　　　　　　　7. 骑自行车
3. 准备　　　　　　　　　　8. 假期
4. 看(动作)　　　　　　　　9. 去钓鱼
5. 许多　　　　　　　　　　10. 在八月

(二)单项选择

(　　)1. I like the countryside very much because I can eat _____ food there.
A. fresh　　　　　B. terrible　　　　　C. bad

(　　)2. —I'm going to visit Dalian with my friends. —_____! Traveling is a good way to relax ourselves.
A. Sounds well　　　B. Sound good　　　C. Sounds great

(　　)3. —Mike, how did you go to America? —I went there _____ air. It can save time to go there.
A. on　　　　　　B. by　　　　　　C. take

(　　)4. —Is there any interesting news? —Yes, there is _____ information on the Internet.
A. many　　　　　B. a lot　　　　　C. lots of

(　　)5. —Where did you go _____? —I visited my grandparents with my family.
A. last week　　　B. next month　　　C. on weekends

二、能力提升作业

(三)词性转换

1. I _____ (buy) a gift for my mother last weekend.
2. The river in this place is so (beauty) _____.
3. We took a lot of _____ (picture) in the park.
4. Where _____ (do) he want to go every holiday?

5. I _____ (real) like the beach, I want to visit Sanya again.

6. Huawei Mate 50 is for (sell) _____.

7. They eat _____ (lot) of fish every day.

(四)翻译句子

1. 你刚才怎么了？What _____ to _____ you just now?

2. 直到今天早晨他们才准备好去旅行。They _____ be _____ to take a trip till this morning.

3. 露西看上去像他的母亲。Lucy _____ _____ her mother.

4. 我们想要买许多新鲜的水果。We want to buy _____ _____ fresh fruit.

5. 约翰和他的父母在上周去了森林公园。John and his parents _____ to the _____ park last week.

三、挑战自我作业

(五)阅读短文，用方框中所给词或短语的正确形式填空，使文章通顺、连贯、合理(每空只能填一个单词或一个短语，每个单词或短语限用一次)

| cousin　grandparent　cleaning　get together　visit |

Hi, I'm Lisa. This is my plan for this Saturday. In the morning, I'm going to do my homework. Then I'm going see a film about __1__ the moon. In the afternoon, my family are going to __2__ at my __3__ house. My grandma and grandpa are going to make dumplings for us. I'm going to play with my __4__, Denis and Alice. Denis likes singing very much. Alice likes drawing pictures. In the evening, I'll help my mum __5__ the house. I like doing housework with my family and It's a kind of exercise too!

1. _____ 2. _____ 3. _____ 4. _____ 5. _____

二、阶梯作业设计分析

(一)教材分析

教材的主要内容及编排目的：本册教材共4个单元，2个综合复习单元。每单元分为A、B、C 3个部分，A、B部分要求掌握，C部分可以选学。A部分为学习内容，学习时按照先学后演、先听后说、读后合作3个步骤实施教学活动；B部分是A部分语言的拓展，主要目的在于复习巩固和拓展所学；C部分多为布置任务和趣味训练。

1.《英语课程标准》的要求

(1)语言知识要求：了解并在实际运用中体会和领悟常用词汇、句型的基本结构和表意功能。

(2)情感态度要求：有较明确的英语学习需要和积极主动的学习态度。

(3)语言技能要求：在日常交际中能听懂对话和小故事，能就简单的话题进行交流，能读懂小故事，能写便条和简单的书信。

(4)学习策略要求：互助学习；合理计划和安排学习任务，探索适合自己的学习方法;能从口头和书面材料中提取信息,解决简单的问题。

(5)文化意识要求:对中外文化差异有较深的理解和认识,并乐于接受西方文化。

2. 学科核心素养的体现

激发学生学习英语的兴趣,使学生树立学习英语的自信心;培养语感,打好基础;初步具备简单交流的能力;养成良好的学习习惯;培养学生的观察、记忆、思维、想象、创新能力;适当介绍中西方文化,培养学生的爱国精神,增强国际意识,为学生的进一步学习奠定良好的基础。

(二)教学目标分析

1. 三维目标

根据教材的内容和《英语课程标准》要求,确定本单元的教学三维目标。

(1)知识与技能目标:能够听、说、认读 Let's talk 中的"三会"单词和句型并完成填充句子的练习;特别要能看懂、会朗读句子;能够完成部分 Let's try 的练习并能正确、流利、响亮地朗读 Let's talk 的短文,完成课内练习。

(2)过程与方法目标:能用英语介绍自己上个周末的活动。

(3)情感态度与价值观目标:了解同学的周末活动,加强与同学之间的口语交流。

2. 教学的重点与难点

教学重点:

(1)听、说、认读句子:What happened? Are you all right? I'm OK now. Where did you go? Did you go to Turpan? Yes, we did.

(2)理解重点句型,并能运用过去式谈论假期活动。运用句型"Where did you go?""What did you do?"询问并回答有关假期去过的地方及做过的事情。

教学难点:

(1)能听、说、认读 fell、off、mule、could、till、Labour Day、Turpan 等词汇。

(2)能听懂 Let's try 的内容,并完成对应的训练题。

(3)能理解 Let's talk 的内容,并能熟练朗读对话。

(三)阶梯作业设计的意图

作业是英语课堂的延伸,是检验学生英语语言知识和应用能力的有效途径。《英语课程标准》明确提出,中学英语学科的教学活动不应局限在课堂上,还要扩展到课堂外的学习和生活中。要改变过分强调机械记忆的状态,鼓励学生积极参与、探索和实践英语的语言应用,培养学生收集和处理信息、获取新知识、分析和解决问题、交流协作的能力。再加上"双减"政策提出的新要求,中学英语教师必须设计更加丰富多样、层次分明、目标多元、符合语言学习规律的英语作业。

所谓阶梯作业,一方面指的是要促进学生循序渐进地阶梯式提升,避免揠苗助长,又不能长期原地踏步;另一方面则是指看到学生在能力素养方面的差异,并将学生划分为不同层次,然后为不同层次的学生布置差异化的作业,这些作业之间形成了一种阶梯。由此可见，为了布置好阶梯作业，教师必须丰富作业的形式。形式丰富的阶梯作业能够更好地满足不同学生的学习需求，提升学校教育的质量，降低作业带给学生的心理压力，有助于"双减"政策在中学英语教学中的落实。

　　设置核心基础、能力提升、挑战自我三个层面作业的意图是让不同层次的学生都能得到有效的练习，进而掌握所学的英语知识。例如，在学习 Where did you go? Part A 第一课时 Let's try & Let's talk 时，对于能力层次较低的学生，可以要求他们将 Let's talk 简单地读出来，然后对照着简易图片说出 Join 在新疆都做了什么，第二天上课的时候分享。能力层次处于中等的学生，则要脱离其他辅助材料，将 Let's talk 用英语写下来。对于能力层次较高的学生，则鼓励他们自行创编一个去旅行的故事，在故事中把自己出游的路线描述出来。这样不同能力层次的学生都可以完成适合他们能力水平的、形式和内容都比较丰富的作业，既降低了作业负担，又促进了全体学生的成长。

在阶梯作业中提升学生素养
——"勾股定理"阶梯作业案例

萧红中学　母东文

一、教学情况介绍

1. 教材分析

本节课是九年义务教育课程人教版教科书八年级第二十四章第一节"勾股定理"第一课时。勾股定理是初中几何中重要的定理之一,它揭示的是直角三角形中三边的数量关系。它在数学的发展中起着重要的作用,在生产实际中有着广泛的应用。勾股定理是继等腰三角形之后,对三角形基本知识的再探索和认识,同时为今后学习四边形中有关矩形和正方形的知识打下坚实的基础。

2. 教学目标

(1)学生能准确说出勾股定理的内容。

(2)学生会初步运用勾股定理进行简单的计算和实际运用。

(3)在探索勾股定理的过程中,让学生经历"观察—猜想—归纳—验证"的数学思想,并体会数形结合和由特殊到一般的思想方法。

(4)通过讲学科故事,介绍勾股定理在中国古代的研究和发展历程,激发学生热爱祖国的情感,激励学生发奋学习,积极参与社会公共生活的核心素养。

3. 学情分析

学生在学习了等腰三角形之后,了解了等腰三角形的有关性质、判定,接下来学习直角三角形的相关知识。学生在掌握了一元二次方程、二次根式之后,掌握勾股定理的证明方法及实际应用,更加深刻地认识代数和几何相结合的有关知识。提升学生的思维探索能力,加强学生对知识的认知,并将所学知识运用到实际生产生活中,让学生体会到数学知识来源于生活,并为生产生活服务。

二、阶梯作业原文

(一)核心基础作业

1. 求图1中未知数 x、y 的值。

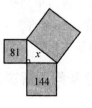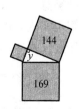

图1

（二）能力提升作业

2. 在 △ABC 中，∠C = 90°。
(1) 若 $a = 15, b = 8$，则 $c = $ _____ 。
(2) 若 $c = 13, b = 12$，则 $a = $ _____ 。

（三）挑战自我作业

3. 若直角三角形中，有两边长是 5 和 7，则第三边长的平方为_____。

注意：核心基础作业要求全体学生都做，在快速完成核心基础作业的基础上可以完成能力提升作业，学有余力的学生可以完成挑战自我作业。

三、阶梯作业设计分析

核心基础作业中的"地板图"能够提升学生对于所学知识的认识，通过学习，使学生感受到数学来源于生活并服务于生活这一基本数学理念。提升学生发现知识、理解知识并获得知识的能力。

勾股定理在以后的计算过程中，经常会出现有关整数的平方运算。通过能力提升作业使学生了解、熟识并能够熟练运用勾股数，提高学生的计算能力。

挑战自我作业是巩固学生基本知识和基本技能的作业，是一道双解问题，开放性问题在数学中是很重要的知识点，所包含的主要思想是分类讨论的数学思想。通过分类讨论的数学思想，使学生深刻地体会数学知识的严谨性。

核心基础作业考查的是本节课最基本的知识点，预计完成时间为 3 分钟。能力提升作业使学生了解和认识勾股定理的应用，并通过构造直角三角形来解决问题，预计完成时间为 3 分钟。对于所有学生来说，平均完成时间大约为 6 分钟。对于潜能生来说，平均完成时间大约为 10 分钟。挑战自我作业是为学有余力的学生布置的，大约 5 分钟可以完成。这样可以使潜能生能在较短的时间内完成相应的作业，也能使学优生在学有余力的情况下"吃得饱"。挑战自我作业能够促进学生对于知识进行探索，使学生发现所学知识的内涵和外延，更好地调动学生的主观能动性，提升学生对于数学的兴趣。

阶梯作业的布置，使每一名学生都能按时完成作业，学生了解知识、体会知识，并会运用知识解决实际问题。阶梯作业的设计要根据学生的实际，采用灵活多样的方法，因人而异；要有梯度和区分度，分开层次，让不同情况、不同程度的学生都得到提高，都感到满意。可根据学生特点，将每个伴学小组的学生分为两个层次：a 层的学生紧扣教材侧重完成 a 档核心基础作业；b 层学生侧重完成 b 档能力提升作业或适当完成挑战自我作业。当然，不同层次的学生可以按照自身的情况进行调整，完成相应的作业。

四、阶梯作业讲评及问题解决策略

1. 讲评的设计

核心基础作业：教师与学生共同参与伴学小组活动，课堂上要对进行展示的学生给予表扬和肯定。

能力提升作业:提升学生的数字感。

挑战自我作业:作业要全批全改,投影展示,学生讲解,教师补充。

2. 问题解决的策略

(1)夯实学生数学学习基础。

教师要夯实学生数学学习基础,帮助学生增加知识储备。

(2)积极采用合作学习形式。

教师要积极地采用合作学习形式开展初中数学教学工作,从而提升数学教学的总体质量。在当前的教学工作中,各种教学模式已在数学教学中得到广泛应用,其中合理地应用合作学习教学模式将会为学生营造一种良好的学习氛围,促进学生的全面发展。学生存在差异,每个人的学习能力都是有限的,且每个学生的知识储备各不相同。采用合作学习教学模式,会使学生互帮互助、相互促进,弥补自身的不足。教师要根据学生的学习能力、日常表现及兴趣爱好等,为学生科学合理地分组,让学生以小组为单位研究讨论数学问题,激发学生的合作精神和团结意识,营造良好的学习氛围和竞争的学习环境,激发他们的学习潜能,使之主动融入学习过程中,提升自身的参与度,这对显著提升初中数学的教学效率有深远的影响。

(3)为学生开展分层教学。

教师要采用分层教学模式来开展数学教学。数学知识具有一定难度,学生的学习效果也不同,只有注重对学生因材施教,才能促进学生的全面发展,让学生接受更加专业的数学教育,这就体现出采用分层教学模式的重要性。通过伴学小组,让每个层次的学生在学习中都有进步的空间,确保每个层次的学生都能在完成任务的同时提升自身的学习质量,促进自身的全面发展。

作业是课堂学习的延续,有效的作业既可以达到巩固所学知识的目的,又可以拓展学生的视野。将每次作业留得适当、留得完美是教师的职责与使命,我们将努力做好每次作业的预留与批改工作,使教育教学质量得到更好的提升,为光荣的教育事业增光添彩。

核心素养视域下
阶梯作业的实践
研究

第五篇
阶梯作业优秀案例（阶梯作业布置与批改案例）

九年级语文学科阶梯作业的布置与批改案例

萧红中学　杨茜

一、教学情况介绍

（1）《醉翁亭记》是人教版部编教材九年级上册第三单元第二篇文言文。本单元所选课文多是古代游记或名胜记，都是历来的名篇佳作。

（2）《语文课程标准》要求学生具有独立阅读的能力，能借助工具书阅读浅显文言文，能初步理解、鉴赏文学作品，受到高尚情操与趣味的熏陶。因此，首先要从引领学生积累文言文词汇、诵读全文入手。在这个过程中帮助学生厘清思路，理解景物描写的方式和作用。

（3）《醉翁亭记》是欧阳修被贬滁州时的作品，作者虽然被贬，但表现出了乐观旷达的情怀。学习这篇文章，教师要引导学生感受作者寄情山水、与民同乐的情怀，领会作者把对山水和对民众的爱倾注到一篇游记中，使学生在欣赏优美风景的同时，还能受到情感的熏陶与人生的启迪。

二、阶梯作业案例

初中语文九年级书面作业案例见表1。

表1

单元名称	文言文复习			课题	《醉翁亭记》专题	节次	2课时
作业类型	作业内容					布置目的	
基础性作业（必做）	1.文言文核心基础过关 (1)整理文言文基础知识笔记，解释加点词语。					层次要求： 通过补充表格训练巩固学生对文言文基础知识的识记能力；理解文言文的词句含义；提升文言文阅读能力。 学科素养： ☑语言的建构和运用 ☑思维的发展和提升 □审美的鉴赏和创造 □文化的理解和传承 能力维度： ☑识记 ☑理解 ☑分析综合 □鉴赏评价 □表达应用 □探究 题目来源：教材书下注解	
	原句	解释	原句	解释			
	望之蔚然而深秀者		杂然而前陈者				
	峰回路转		宴酣之乐				
	有亭翼然临于泉上者		觥筹交错				
	醉翁之意不在酒		颓然乎其间者				
	负者歌于途		树林阴翳				
	伛偻提携		而不知太守之乐其乐也				
	泉香而酒洌		太守谓谁				

续表

单元名称	文言文复习	课题	《醉翁亭记》专题	节次	2课时
作业类型	作业内容				布置目的
基础性作业（必做）	(2)《醉翁亭记》的作者是_____,字____,自号_____,又号_____。 (3)奠定《醉翁亭记》全文抒情基调的千古名句是_____,_____。 2. 文言文能力提升作业 翻译以下文言文名句。 (1)醉翁之意不在酒,在乎山水之间也。 _____ (2)日出而林霏开,云归而岩穴暝。 _____ (3)有亭翼然临于泉上者,醉翁亭也。 _____ (4)宴酣之乐,非丝非竹,射者中,弈者胜。 _____ (5)苍颜白发,颓然乎其间,太守醉也。 _____ (6)山水之乐,得之心而寓之酒也。 _____ (7)人知从太守游而乐,而不知太守之乐其乐也。 _____ (8)醉能同其乐,醒能述以文者,太守也。 _____				层次要求： 考查学生对文言文名句的翻译能力。 学科素养： ☑语言的建构和运用 ☑思维的发展和提升 □审美的鉴赏和创造 □文化的理解和传承 能力维度： ☑识记 ☑理解 ☑分析综合 □鉴赏评价 ☑表达应用 □探究 题目来源：教材书下注解及教师用书
	3. 古诗文默写过关 请在阅读笔记横线上填上相应名句。				层次要求：考查学生对古诗文名句的识记能力和理解分析能力。 学科素养： ☑语言的建构和运用 ☑思维的发展和提升 ☑审美的鉴赏和创造 ☑文化的理解和传承
	出处	名句	阅读感受	易错诗句	
	刘长卿《长沙过贾谊宅》	①_____, _____。	诗人溯古思今,把自己的遭遇同贾谊、屈原两位先哲联系在一起。	⑥秋草独寻人去后,_____。	
	杜甫《月夜忆舍弟》	②_____, _____。	借身处乱世家书难寄,表达对兄弟的牵挂与忧虑。	⑦_____,月是故乡明。	
	韩愈《左迁至蓝关示侄孙湘》	③_____, _____。	直接表白自己的志向,表达为匡正祛邪义无反顾的勇气。	⑧云横秦岭家何在,_____。	
	温庭筠《商山早行》	④_____, _____。	用名词展示各种画面,凸显旅人早行之意。	⑨_____,凫雁满回塘。	

续表

单元名称	文言文复习	课题	《醉翁亭记》专题	节次	2课时
作业类型	作业内容			布置目的	
基础性作业（必做）	反思：正如欧阳修所说"⑤_____"，诗人在古诗文名句中写景、叙事，看似写景、叙事，实为表达强烈的情感，在鉴赏古诗文名句时，应透过景与事，走进诗人的心灵。 （参考答案：①汉文有道恩犹薄，湘水有情吊岂知。②寄书长不达，况乃未休兵。③欲为圣明除弊事，肯将衰朽惜残年。④鸡声茅店月，人迹板桥霜。⑤醉翁之意不在酒。⑥寒林空见日斜时。⑦露从今夜白。⑧雪拥蓝关马不前。⑨因思杜陵梦。）			能力维度： ☑识记☑理解☑分析综合 ☑鉴赏评价☐表达应用 ☐探究 题目来源：创编	
拓展性作业（选做）	【古诗文挑战自我作业】 请你参与"亭亭皆有情·探寻亭文化"阅读活动，完成下面的题目。 【甲】 　　环滁皆山也。其西南诸峰，林壑尤美，望之蔚然而深秀者，琅琊也。山行六七里，渐闻水声潺潺，而泻出于两峰之间者，酿泉也。峰回路转，有亭翼然临于泉上者，醉翁亭也。作亭者谁？山之僧智仙也。名之者谁？太守自谓也。太守与客来饮于此，饮少辄醉，而年又最高，故自号曰醉翁也。醉翁之意不在酒，在乎山水之间也。山水之乐，得之心而寓之酒也。 （选自欧阳修《醉翁亭记》） 【乙】 　　　　妙赏亭 　　　　　　[明]祁彪佳 　　寓山之胜，不能以寓山收，盖缘身在山中也。子瞻于匡庐道之矣。此亭不暱于山，故能尽有山。几叠楼台，嵌入苍崖翠壁。时有云气往来缥缈，披层霄而上。仰面贪看，恍然置身天际，若并不知有亭也。倏然回目，乃在一水中。激石穿林，泠泠传响，非但可以乐饥，且涤十年尘土肠胃。夫置屿于池，置亭于屿，如大海一沤然。而众妙都焉，安得不动高人之欣赏乎！ （选自祁彪佳《寓山注》） 1.亭之址·有讲究 (1)根据文意，用"/"给下面句子断句。（限断两处） 寓山之胜不能以寓山收盖缘身在山中也。 (2)解释下面加点字的意思。 ①山水之乐，得之心而寓之酒也。_____ ②安得不动高人之欣赏乎！_____ (3)请从【乙】文中找出直接写妙赏亭建造位置的句子。 （参考答案：(1)寓山之胜/不能以寓山收/盖缘身在山中也。(2)寓：寄寓、寄托。安：怎么。(3)夫置屿于池，置亭于屿，如大海一沤然。）			层次要求：通过文言文断句、重点字解释和问题解答，提高学生对文言文基础知识的识记能力。 学科素养： ☑语言的建构和运用 ☑思维的发展和提升 ☑审美的鉴赏和创造 ☑文化的理解和传承 能力维度： ☑识记☑理解☑分析综合 ☑鉴赏评价☐表达应用 ☑探究 题目来源：改编自2020年浙江中考题	

续表

单元名称	文言文复习	课题	《醉翁亭记》专题	节次	2课时
作业类型	作业内容			布置目的	
拓展性作业（选做）	2.亭之景·有情味 请用现代汉语仿写《醉翁亭记》，可以仿写任意片段。 ＿＿＿＿＿＿＿＿＿＿＿＿＿＿＿＿ ＿＿＿＿＿＿＿＿＿＿＿＿＿＿＿＿ ＿＿＿＿＿＿＿＿＿＿＿＿＿＿＿＿ ＿＿＿＿＿＿＿＿＿＿＿＿＿＿＿＿ ＿＿＿＿＿＿＿＿＿＿＿＿＿＿＿＿ ＿＿＿＿＿＿＿＿＿＿＿＿＿＿＿＿ ＿＿＿＿＿＿＿＿＿＿＿＿＿＿＿＿ ＿＿＿＿＿＿＿＿＿＿＿＿＿＿＿＿ ＿＿＿＿＿＿＿＿＿＿＿＿＿＿＿＿ ＿＿＿＿＿＿＿＿＿＿＿＿＿＿＿＿			层次要求：通过句子翻译训练学生对文本的理解能力。 学科素养： ☑语言的建构和运用 ☑思维的发展和提升 ☑审美的鉴赏和创造 ☑文化的理解和传承 能力维度： ☑识记 ☑理解 ☑分析综合 ☑鉴赏评价 ☑表达应用 ☑探究 题目来源：创意写作	

三、作业批改情况

（1）对于文言文核心基础知识这类识记类作业的批改通常采用书面默写、课堂检测、当堂批改的方式，确保达到学生基础知识"堂堂清"的目标。

（2）对于课堂笔记、课后小结、思维导图的设计等即时性生成作业，则采取小组审核、互助批改后集中展示的方式。

（3）关于挑战自我层面的作业，这一课主要布置了课外阅读能力延伸和仿写类文字内容。对于这类作业一般采取面批形式，便于了解学生的答题思路，及时关注学生思维的发展并触发其灵感。

四、问题处理的构想

1. 讲评的设计

在初中文言文教学的过程中，针对班级学生的语文水平不同，能力存在着差异的特点，从不同层次的学生都能在完成作业的过程中获得成功体验的角度出发，采取作业分层布置的方式；在讲评过程中，采取课堂即时讲评、面批引导批改、互助激励订正的策略，让不同层次的学生选择适合自己的作业习题，在激励和引导下完成作业，从而使学生的学习积极性得到保护，个性得到张扬，能力得到展示，成绩得以提高。

2. 问题解决的进一步策略

作业的批改方式主要分为课上讲评，课下当面批改，课后服务中"伴学互助小组"的订正、及时反馈等。

课上讲评主要针对核心基础部分"堂堂清"的内容，第一时间掌握学生对于文言文基础知识的识记、背诵、默写、理解程度。这个环节可以由教师通过当堂小测、考背、随堂检查笔记、学案等方式完成，也可以通过互助小组成员之间的互助检查完成。批改情况都要有集中的记录单加以记载。

课下当面批改则由教师与学生一对一的方式来完成。这个环节中可以更有效、更直观地看出学生对文章内容、重要知识点的掌握、理解甚至延伸程度，教师可以有所选择、有所侧重地对学生加以点拨和引导。

课后服务中的小组互助是我校"伴学互助小组"的一大特色，通过数个学习小组将学生组织在一起，在组长的引领下针对作业中出现的难题、易错题、重点题进行汇总整理。基础知识组长负责检测学生基础知识，能力题目小组合作解决问题，难题、重点题汇总给教师课上重点讲解。

阶梯性地布置作业，把自主权还给学生，鼓励学生根据自己的学习能力和兴趣选择"积累、拓展、创作"性的作业目标，达到了适当、适宜，使不同层次的学生完成作业不再有困难的目标。同时，及时有效地批改作业，带着感情批改作业，互动互助订正作业，既提高了学生的"多元智能"，又能引导学生向进步的方向发展。这样的作业布置与批改，使学生不但扎实掌握了知识技能，而且体验到了成功的快乐。

"世事洞明皆学问，人情练达即文章。"作为一名语文教师，以上是我在语文阶梯作业布置与批改实践中的所想、所做和所感。让我们的语文作业符合"生活即语文"的内涵，通过巧妙地布置作业、用心批改作业达到"随风潜入夜，润物细无声"的效果。

"分子和原子"阶梯作业的布置与批改

125中学 宋颖

一、教学情况介绍

对于初三的学生来说,分子、原子究竟是什么样的粒子,他们缺乏对相关概念的理解,所以,这节课的教学目标就是要从学生熟悉的典型生活经验出发,引导他们思考和讨论,从而了解"物质是由分子、原子等微观粒子构成的"这一核心课题,并帮助学生进一步认识和理解分子运动的特点,从而能用分子的观点解释生产、生活中的一些常见现象。

本节课主要采用教师引导、学生为主、师生协作、以实验为基础、以思维为重点的合作探究教学形式,指导学生转变学习方式,即要主动地、富有个性地学习,注重学习过程,在快乐的学习中实现学习目标。

(1)通过创设问题情境,用一些宏观现象创设探究氛围,激发学生的探究欲望。

(2)通过演示实验和学生实验,提高学生的想象能力和分析推理能力。

(3)多媒体辅助教学,采用实验探究与计算机模拟相结合的方法展示分子、原子的行为特征,把学生的思维引向分子、原子的微观世界,使学生形成清晰的分子、原子印象。

二、作业布置的目的

为了在减轻学生课业负担的同时,还能做到关注不同层面的学生的能力发展,我在布置作业时进行了阶梯作业的设计。考虑到本节课学生初步认识微观世界,要学会用微观粒子的观点分析和解决问题,我设计了基础必做题,涵盖了本节课中需要学生掌握的化学名词和化学原理,目的是让潜能生准确地了解本节课的学习重点,夯实基础。提升选做题的简答题,让学生通过回答用分子的观点解释生活中的现象的问题,引导其从不同的角度进行思考,通过不同的现象感悟分子的性质,使学生思考和解决问题的能力得到有效提升。化学源于生活,又回归于生活,这部分题的设置达到了让中等生乐学、善学、主动学的目的。能力提升题部分包括两道实验题(可任选其一)。通过课堂上学生和教师一起完成的演示实验与学生实验,学生已经具备了实验的基本操作方法和分析实验的能力,作为课堂实验的延伸,这部分的实验作业是非常有必要的。化学是一门以实验为基础的学科,学生对知识的掌握和能力的形成,完全是在感受和体验中实现的。

三、阶梯作业原文

课题一 分子和原子(第一课时)

一、基础必做题

(一)知识点填空
1. 物质是由_____、_____等微粒构成的。
2. 分子的性质和概念：
(1)通常分子的_____和_____都_____。
(2)分子总是在不断_____着,在受热的情况下,分子能量_____,分子运动_____。
(3)分子之间有_____:相同质量的同一种物质在固态、液态、气态时所占体积不同,是因为分子间_____。
(4)同种物质的分子性质_____,不同种物质的分子性质_____。

(二)选择题
1. 下列事实不能用分子的性质解释的是 ( )
A. 刮风时尘土飞扬
B. 墙内开花墙外香
C. 将 $25m^3$ 的石油气装入 $0.024m^3$ 的钢瓶中
D. 50 mL 酒精和 50 mL 水混合后的体积小于 100 mL
2. 某同学为探究分子的特性,设计了如下四个实验,其中能说明分子在不断运动的是 ( )
A. 100 mL 酒精和 100 mL 水混合在一起体积小于 200 mL
B. 品红放入水中,整杯水逐渐变红
C. 在过氧化氢溶液中加入二氧化锰后得到了氧气
D. 两支分别装有相同体积空气和水的注射器,前者比后者容易压缩

二、提升选做题

简答题:用分子、原子知识解释下列有关问题。
(1)香水、汽油要密封保存。
(2)湿衣服在阳光下比在阴凉处干得快。
(3)6 000 L 氧气在加压的情况下可装入容积为 40 L 的钢瓶中。

三、能力提升题(以下两题任选一个)

1. 家庭实验,感受分子性质
在两个玻璃水杯中分别加入等量的热水和凉水,分别滴加 1～2 滴墨水(红墨水或者其他颜色的墨水),观察有什么现象。通过这些现象,请你推测分子有哪些性质。

2. 自主实验,感受分子性质

利用家中的物品进行实验,证明分子的性质。写出设计过程、实验现象及结论。(实验注意安全,必要时可以求助家长)

四、作业批改情况和反馈

1. 基础必做题

学生能够较好地完成此项内容,准确率较高,反映出学生能够理解宏观物质中存在着微观粒子,并理解宏观的现象是因为微观粒子发生了变化。学生在课后能及时复习教材和课堂上学习的内容,对于基本知识点的背诵是比较准确的。

2. 提升选做题

在解释生活中的现象时,学生不能很准确地把现象和分子的观点结合起来,生搬硬套。对于这部分题,学生在答题中存在的问题如下。

(1)语言表述过于简单,表达内容不够完整。例如,第一题学生不能具体地解释香水中的分子从瓶内运动到空气中,造成浪费的结果也表述不出来;第二题学生只能解释为分子在不断运动,不能从温度对分子运动速率影响的角度去进一步分析。学生因为经验不足,不能联系到物质的具体性质和实际生活情况,还需要多加训练,增加知识运用的灵活性。

(2)用分子、原子观点解释现象的时候,切入点找得不够准确,生搬硬套。例如,第一题说闻到香水的香味儿,学生在提到分子运动的同时还提到了分子有香味。在下节课讲授分子定义时才能明确分子只保持化学性质这一问题。第三题有的学生不知道是用分子运动问题还是间隔问题来解释,有些迷茫。因此,还需要帮助学生建立物质三态变化与分子间的间隔之间的关系。

3. 家庭小实验

家庭小实验比较简单,易操作,学生乐于完成,效果也很好。实验仪器的选择、药品的取用量、药品的状态(如块状或粉末状)、实验时的温度等因素都有可能影响实验结果。针对部分选做家庭小实验的学生采取个别指导的方式,请他们在班级展示实验过程。还可以启发和鼓励学生完成更多的家庭小实验,例如:①将少许酒精或者白醋倒入容器内,能闻到它们的气味,说明分子是不断运动的;②将酒精注入容积很小、很细的容器里,观察酒精体积的变化,由于酒精挥发性极强,可以感受到分子是在不断运动的。

九年级化学学科"金属的化学性质"阶梯作业布置与批改案例

萧红中学　于科伟

一、教学情况介绍

(一)教学的内容情况

使学生初步认识金属活动性顺序规律,能用金属活动性顺序对有关的置换反应进行简单的判断,并能利用金属活动性顺序解释一些与日常生活有关的化学问题。

通过活动与探究,培养学生细致观察实验现象的良好行为习惯、从细微实验现象差别分析得出实验结论的能力,形成科学、严谨的治学精神。

(二)作业布置的目的

要使学生理解和应用金属活动性顺序规律,能进行简单的判断,并能利用金属活动性顺序解决一些与日常生活有关的化学问题。

(三)阶梯作业原文

核心基础作业:

1. 常见金属活动性顺序

$$\text{K\ Ca\ Na\ Mg\ Al\ Zn\ Fe\ Sn\ Pb\ (H)\ Cu\ Hg\ Ag\ Pt\ Au} \longrightarrow$$

金属活动性:由强到弱

2. 金属活动性顺序的应用

(1)在金属活动性顺序里,金属的位置_____,它的活动性_____。

(2)在金属活动性顺序里,位于_____的金属能置换出_____(元素)。

(3)在金属活动性顺序里,位于_____的金属能把位于_____的金属从它们的_____里置换出来。

能力提升作业:

往硝酸银和硝酸铜的混合溶液中加入一定量的铁粉,充分反应后过滤。

1. 向滤渣中加入稀盐酸,无气泡产生,推测滤渣和滤液的成分(进行勾选)

	一定有	一定没有	可能有
滤渣	Fe Cu Ag	Fe Cu Ag	Fe Cu Ag
滤液	$Fe(NO_3)_2$ $Cu(NO_3)_2$ $AgNO_3$	$Fe(NO_3)_2$ $Cu(NO_3)_2$ $AgNO_3$	$Fe(NO_3)_2$ $Cu(NO_3)_2$ $AgNO_3$

2. 向滤渣中加入稀盐酸,有气泡产生,推测滤渣和滤液的成分(进行勾选)

	一定有	一定没有	可能有
滤渣	Fe Cu Ag	Fe Cu Ag	Fe Cu Ag
滤液	$Fe(NO_3)_2$ $Cu(NO_3)_2$ $AgNO_3$	$Fe(NO_3)_2$ $Cu(NO_3)_2$ $AgNO_3$	$Fe(NO_3)_2$ $Cu(NO_3)_2$ $AgNO_3$

挑战自我作业:

某小组同学在硫酸铜、硫酸锌混合溶液中加入一定质量的金属镁,试回答下列问题。

1. 一定发生反应的化学方程式_____。

2. 过滤后,得到固体和滤液,若向固体中加入稀盐酸,观察到固体表面有气泡产生,则滤液中可能含有的离子是_____。(填离子符号)

二、作业批改情况

主要问题的数据及问题分析如下。

1. 核心基础作业

第三个空 3 人错误,第四个空 6 人错误,第五个空 4 人错误,第七个空 8 人错误。主要原因是书写不规范和记得不准确。

2. 能力提升作业

第一个空 8 人错误,第二个空 6 人错误,第三个空 7 人错误,第四个空 5 人错误,第七个空 5 人错误。主要原因是溶质、滤渣分不清,对金属活动性顺序有关的置换反应判断不准确。

三、问题处理的构想

1. 讲评的设计

采用小组讨论、互助、教师课上提问、检查再迁移训练巩固的方式进行。

2. 问题解决的进一步策略

针对学生对金属活动顺序判断不明、应用不清的情况,调整作业中的题,把原来的滤渣的处理改成对滤液的处理,再通过有无明显现象的不同的情境,把以前的勾选改成填空,这样更具体有效地解决了作业中出现的问题。调整后的作业如下。

能力提升作业:

往硝酸银和硝酸铜的混合溶液中加入一定量的铁粉,充分反应后过滤。

1. 向滤液中加入稀盐酸,有明显现象,推测滤渣和滤液的成分

	一定有	一定没有	可能有
滤渣			
滤液			

2. 向滤液中加入稀盐酸,无明显现象,推测滤渣和滤液的成分

	一定有	一定没有	可能有
滤渣			
滤液			

最后得出在应用金属活动性顺序时应注意的问题。

基础较弱的学生要明确:

(1)排在氢前面的金属可以置换出酸中的氢而不是氢气。

(2)强氧化性的酸(如浓硫酸及硝酸)与金属发生置换反应不是产生氢气,而是产生水等。

基础较好的学生除了以上两点还要明确:

(1)金属与其他金属的化合物溶液反应时需注意前金换后金,金属的化合物必须可溶于水形成溶液。

(2)钾、钙、钠等金属的活动性较强,与化合物溶液的反应比较复杂,一般不用其直接置换比其不活泼的金属。

初中物理学科阶梯作业布置与批改案例

萧红中学　王萍

在《物理课程标准》要求下,布置物理作业不能仅限于书本知识或理论知识,必须加强课程内容与学生生活及现代社会发展的联系,注重学生的学习经验和兴趣,减少死记硬背、机械训练的内容,倡导有利于学生主动参与、乐于探究、勤于动手的方式和措施,通过作业培养学生收集和处理信息的能力、获取新知识的能力、分析和解决问题的能力以及交流、合作的能力。下面就以"分子动理论"一课的阶梯作业为例,具体介绍我的做法。

一、教学情况介绍

1. 教学内容

选用教材:教育科学出版社出版的义务教育教科书物理九年级上册。

教材分析:

(1)第一章的重点是内能,是在学习宏观物体具有机械能之后,学习能量存在的另一种形式。本节课的内容是这一章的基础,是学生走进微观世界的入门课,也是帮助学生从本质上认识各种热现象的理论基础。

(2)教材首先介绍了分子的大小,从观察实验,分析宏观扩散现象出发,通过推理探索微观世界。依次介绍了分子动理论的三个内容。为学生探究温度和内能的关系以及从分子结构观点理解物体内能的本质奠定基础。

(3)本节课的知识难度不高,但是对于学生从观察宏观现象到认识微观本质,体会物理知识就在我们身边,激发物理学习兴趣有着积极的、不可替代的作用。

学情分析:授课对象为九年级学生。

(1)知识基础。

在学习本节课内容之前,学生已经从化学知识的角度初步认识了分子、原子等微观粒子的存在,从八年级物理"认识运动"中,也知道了"分子运动"的事实,这些都为这节课的学习做好了铺垫。

(2)心理基础。

九年级学生的心智相对更加成熟,主动学习和探索的意愿更加强烈,对于通过实验探究来获取知识的兴趣只增不减,所以在学习过程中需要更多的感性认识作为依托。

(3)能力基础。

初中学生仍以具体形象思维为主,他们对抽象知识的理解能力较弱,特别是对于"从观察宏观现象到认识微观本质"这一过渡存在一定困难,需要教师逐步引导。

从物理学科核心素养来看,具体教学目标如下。

(1)物理观念。

知道物质是由大量分子构成的;知道分子在不停地无规则运动;知道分子间存在相互作用的引力和斥力。

(2)科学思维。

能用分子动理论的观点解释某些生活、生产中的现象;学会从观察和分析宏观现象出发,认知探索微观世界的物理研究方法。

(3)科学探究。

经历对扩散现象、布朗运动的探究,知道分子在不停地做无规则运动;通过分组实验探究、认识分子间存在引力和斥力。

(4)科学态度和责任。

通过学习活动,激发学生探究物质组成奥秘的兴趣。

教学重点:知道分子动理论的三个基本观点,并能用分子动理论解释生活、生产中的现象。

教学难点:依据宏观现象推断其微观本质,反之用微观本质解释生活中的宏观现象。

2. 作业布置的目的

本节课作业内容的设置一方面要注意有助于学生巩固与加深理解所学知识,并形成相应的技能技巧,符合《物理课程标准》和教材的要求;另一方面要注意精心设计,形式要有利于激发学生的学习兴趣,在保证教学质量的前提下,力求少而精。针对学生的不同水平设计必做题和选做题,必做题要求每名学生必知、必会,以概念的理解和应用为主;选做题供学有余力的学生做。使学生的动手能力和思维能力得到全方位的发展(本节课的难度不大,必做题多于选做题)。

二、阶梯作业布置

阶梯作业内容见表1。

表1

作业层次	作业内容	设计意图	时长
核心基础作业(必做)	1.以下事实不属于扩散现象的是 （ ） A. 闻到花香　　　　B. 硼与硅晶制成半导体 C. 齿轮表面渗入碳　D. 冷水与热水合成温水 2.扩散现象的发生是由于 （ ） A. 分子之间有相互作用力 B. 分子永不停息地做无规则运动 C. 分子间斥力大于引力 D. 相互接触的两个物体存在温度差	巩固与加深理解本节所学的概念	4 min

续表

作业层次	作业内容	设计意图	时长
核心基础作业（必做）	3.市教育局明确要求全市所有中小学均为无烟学校，各学校会议室里均张贴了如图1所示的标志，这主要是考虑到在空气不流通的房间里，只要有一个人吸烟，整个房间就会充满烟味，这是因为　　　（　　） 图1 A. 物质是由分子组成的 B. 分子之间有作用力 C. 分子间有间隙 D. 分子在不停地运动 4.下列现象中，能说明分子在不停地做无规则运动的是（　　） A. 冬天，雪花纷飞 B. 八月，桂花飘香 C. 扫地时，灰尘漫天飞 D. 擦黑板时，粉笔灰在空中飞舞 5.下列现象不能用分子动理论知识解释的是（　　） A. 碟子中的酒精蒸发变少 B. 雾霾时，空气中飞舞着PM 2.5颗粒物 C. 水很难被压缩 D. 两个干净的铅块粘在一起	巩固与加深理解本节课所学的概念	4 min
能力提升作业（必做）	6.物质三态的分子模型如图2所示，下列说法中错误的是（　　） 固态物质分子　　液态物质分子　　气态物质分子 图2 A. 物质三态的区别就在于分子间相互作用和分子的运动状态不同 B. 固体中，分子间作用力很大，分子在各自的平衡位置处于平衡状态 C. 固体会因内部分子的运动及结构的变化变成液体 D. 气体中，分子间作用力几乎为零 7.厨师将一勺盐放入汤中，整锅汤都会变成_____，这是_____现象，这种现象说明了_____。	理解概念的同时让学生学以致用，提升解决实际问题的应用能力	5 min

续表

作业层次	作业内容	设计意图	时长
能力提升作业（必做）	8. 把磨得很光的铅片和金片紧紧压在一起，在室温下放置几年后再把它们切开，发现它们彼此进入对方，这说明固体之间也能发生_____现象，这个现象说明了分子是_____的。 9. 小明认为病毒随喷嚏向四周飞散是扩散现象。你认为他的说法是否正确_____（选填"正确"或"不正确"），你判断的依据是_____。	理解概念的同时让学生学以致用，提升解决实际问题的应用能力	5 min
挑战自我作业（选做）	10. 小明将两个表面光滑的铅柱相互紧压，发现两者粘在一起，由此得出分子间存在引力。小华认为此实验不能排除是大气压把两个铅柱压在一起。下列实验中，能帮助小华释疑的是（　　） A. 挂一个钩码，铅柱不分离　　B. 挂两个钩码，铅柱不分离 C. 铅柱略错开，铅柱不分离　　D. 置于真空罩内，铅柱不分离	大气压力和分子力概念的区分，在进一步理解分子力的同时，提升学生的知识综合运用能力	1 min
	11. 动手做：①尝试画出本节课的思维导图；②拍短视频：感受分子力（例如，用注射器压缩水的体积等）	让学生主动参与，乐于探究，勤于动手，培养学生收集和处理信息的能力	3 min

三、作业批改情况

作业主要问题统计见表2。

表2

作业题号	问题分析
1	对物理概念、物理规律理解不透彻甚至错误；审题时对题中关键字、词、句的理解有误
7	语言表述不完整，不严谨
10	物理过程分析错误，思维定式的负迁移
思维导图	大部分学生能做到知识内容的完整性，但缺少对本节课实验方法的归纳和总结

四、问题处理的构想

作业讲评是批改作业的后续工作,是课堂教学的有机组成部分,是不可忽视的教学环节。做好物理作业讲评可以帮助学生纠正错误、巩固双基、规范解题、提高解决物理问题的能力。

1. 讲评的设计

讲评的设计见表3。

表3

讲评层次	讲评内容	处理方式	时长
略讲内容	2~6题、8题	学生自查,小组互查互讲 留给学生一定的时间,让他们自己去思考、领悟,确实解决不了再由教师讲解,这也是培养学生思维品质的重要途径	4 min
	思维导图	学生展示,教师点拨,引导学生总结方法并不断提升	
详讲内容	1题、7题、9题	教师讲解,学生代表讲解 引导学生积极表达,交流解题经验	5 min
	10题	教师讲解 引导学生对涉及的物理情景进行分析归纳,让学生对同一类问题有一个整体感	1 min
表扬鼓励	正确率高的作业 实验小视频 有创意的思维导图	班级展示,全班分享 表扬优秀作业,激发学生学习的积极性。正确评价和适当表扬是对学生学习成绩和态度的肯定或否定的一种强化方式,它可以激发学生的进取心	30 s

经验证明,注意学生作业中所体现的进步或闪光点,哪怕是微小的,也要给予鼓励。虽然这些做法中有些有缺陷,甚至是错误的,但却反映出学生愿意独立地完成作业,能使学生在应用知识时"创造性"的程度不断提高,"模仿性"的因素相对减少,因此有利于学生的智力发展。

2. 问题解决的进一步策略

作业讲评后必须根据反馈的情况进行矫正,这是讲评后的延伸,也是保证教学效果的必要环节。教师要及时依据讲评情况,再精心设计一组针对性的练习题,达到矫正、巩固的目的。

(1) 关于潜能生。

组织概念的背诵,并对核心基础作业进行原题复考,跟踪评价。

(2)关于中等生。

组织整理错题本,做好错题总结。引导学生辨析,找准错因、错源,探究正确思路,做到纠正一例,预防一片,举一反三,触类旁通。使其思维的严密性、批判性、灵活性、深刻性和创造性得到最有效的提升。

(3)关于学优生。

组织针对错题进行变式训练,引导学生思考题目涉及的物理知识,挖掘物理概念、物理规律的内涵和外延;或探讨题目中的已知因素与未知因素之间的内在联系。留给学生必要的思维时空,让学生悟深、悟透。

总之,作业的布置与批改应充分体现新课程以学生为本的概念,充分调动学生的兴趣,促进学生的发展与进步,只有这样的作业才能适应当今的素质教育改革和新课程进一步推进的要求,才能真正提高物理课堂教学的有效性,进而提高学生的物理学科核心素养。

"光源　光的传播"阶梯作业布置与批改案例

萧红中学　郭丹

一、教学情况介绍

(一)教学内容

本节课的教学内容是"光源 光的传播"。光学位于本册教材的第 4 章,本节课是本章的第一节。本节课的目的是通过实验探究"光总是沿直线传播的吗",了解光的传播特点。同时,激发学生的学习兴趣,为以后光的反射和折射的学习做铺垫。本节课内容分为三个板块,分别是"光源""光是怎样传播的"和"光传播的速度",是初中阶段光学知识的基础。

(二)作业布置的目的

学生完成本节课的作业所需要的时间大约为 10 分钟。通过完成作业,巩固本节课所学的主要知识点,包括能自行发光的物体叫光源、光在同种均匀介质中沿直线传播、光在不同介质的交界面发生反射和折射、光传播能量和信息、光传播的速度等,使学生认识到不能绝对化地理解科学规律,要对已有知识持怀疑的态度,只有不断质疑和反思,才能不断接近真理。使学生充分理解"光沿直线传播"是有条件的,理解光在能量方面和信息方面的应用。进一步提升学生对问题的分析理解能力、思维发散能力、举一反三的能力及应用所学知识解决具体问题的能力。

在阶梯作业中,对不同学情的学生有不同的要求。

对于潜能生,只要求完成核心基础作业,将新课的内容进行消化理解和进一步的巩固。核心基础作业内容如下。

(1)光源:_____叫光源。

自然光源有_____;人造光源有:_____。

(2)光的传播规律:光在_____是沿直线传播的。

光在不均匀的介质中发生折射的例子:海市蜃楼、星光闪烁、太阳的视位置比实际位置高、隔着火光看物体抖动、射到白糖水中的激光束变弯曲。

用光沿直线传播解释以下现象。

①激光准直。

②影子的形成。

③小孔成像:小孔成像成_____像,其像的形状与孔的形状_____关。

成像的大小与_____、_____和_____有关。

光线是表示_____的直线,它是一种假想的_____。

光速:光在真空中的速度 C = _____ m/s = _____ km/s;光在空气中的速度约为_____。光在水中的速度为真空中速度的 3/4,在玻璃中的速度为真空中的 2/3。

(3)光传播内容:光传播_____和_____。

对于中等生,要在完成核心基础作业的基础上完成能力提升作业,并根据自己的实际情况,有选择性地完成挑战自我作业,在力所能及的范围内尽量发展自己的能力。能力提升作业如下。

(1)从地球向月球发射一束激光信号,信号到达月球后返回地球共用 2.56 s,则月球与地球的距离是 (　　)

A. 3.84×10^5 km   B. 3.84×10^8 km

C. 7.68×10^5 km   D. 7.68×10^3 km

(2)在一个人走路经过一盏路灯的过程中,灯光照射人形成的影子的长度变化是 (　　)

A. 逐渐变长   B. 逐渐变短

C. 先变长再变短   D. 先变短再变长

(3)下列现象中,可用光的直线传播原理解释的是 (　　)

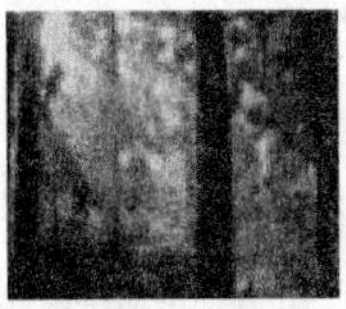

A. 林间光柱    B. 筷子"折断"    C. 放大文字    D. 山的倒影

(4)日食和月食的成因是 (　　)

A. 光的反射   B. 光的折射

C. 光的直线传播   D. 以上三种都有可能

(5)在密林中的地面上看到明亮的光斑,这是 (　　)

A. 太阳的影子   B. 太阳的像

C. 树叶间隙的影   D. 树叶间隙的像

(6)如图 1 所示,在一张不透光的纸上用针扎一个直径约 1 mm 的小孔,让白炽灯发出的光穿过小孔射到白纸上,在白纸上可看到一个清晰的_____形的光斑,这是由于_____产生的,向上移动小孔,像的大小变_____。

(7)在做光学实验时,小明看见老师在纯水中滴入几滴牛奶,这样做的目的是?为达到这个目的,你还有其他妙招吗?请说出一个。

图 1

对于学优生,要求在完成核心基础作业、能力提升作业之外,还要完成挑战自我作业。同时,要在对已有知识理解巩固的基础上,进行有价值的思考和提问。挑战自我作业如下。

(1)在学习了光的知识后,小泽同学按教材上的要求自制了一个针孔照相机。

①针孔照相机的原理是_____。
②在半透明纸上所成的像是_____。
③在使用的过程中如何让半透明纸上成的像变大？
_____。

④小丽有不同的想法，制作了小孔成像的装置。她给两个空罐的底部中央分别打上一个圆孔和一个方孔，实验现象如图2所示。分析比较甲、乙两图，可以得出怎样的结论？
_____。

(2)请你也像小泽同学一样，自制一个针孔照相机，探索其中的奥秘吧！

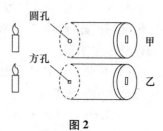

图2

在此基础上，布置动手小实验作业、思维导图设计作业、知识梳理作业，同步实现动手能力、思维能力的分层，让乐于实验、动手能力强的学生有施展的空间，让不同学习能力、动手能力、思考能力的学生都能在作业中巩固已有的知识，发展自己的能力并有不同的收获，让所有学生都有获得感和成就感。

二、作业批改情况

绝大多数学生能按照要求完成相关内容，达到了阶梯作业布置的目的，取得了应有的效果。学优生对于选做作业有自己的思考和质疑，潜能生能很好地完成必做作业的内容。但是学生对于本节课作业的反馈情况也有一些值得反思，如对于阶梯作业梯度的设置不宜过小也不宜过大，适中的梯度会让各个层次的学生得到发展。

能力提升作业中的第二题，全班43人中正确的有22人，错误的有21人；第五题正确的有25人，错误的有18人，这是两道错误率比较高的题目。第二题做错的学生基本都选择了B，主要原因是审题不细，没有关注到"经过"二字，而且对于光沿直线传播的动态问题理解不准确，没有建立动态的物理模型且缺乏生活经验。在讲评的过程中，教师可以采用数学作图的方法与实际课件演示相结合的方法进行处理。

第五题出错率比较高的原因：一是学生对于光斑的理解不准确，误认为是生活中的影子；二是对于知识的理解和应用能力以及生活经验都比较欠缺，没有把密林的缝隙联想到相当于小孔成像中的小孔。教师在讲评的过程中，可以结合小孔成像的实验现象进行分析，并用课件展示，让学生了解光斑基本都是圆形，从感性和理性两个角度理解光斑就是太阳的像这一客观事实，并培养学生善于从生活场景中发现物理知识的能力。

三、问题处理的构想

1. 讲评的设计

本节课阶梯作业的讲评分为三个部分，第一部分是对核心基础作业的讲评，落实基础知识和基本技能，让学生学以致用，能够应用所学知识解决一些有针对性的基础问题；第二部分是对能力提升作业的讲评，可以让学生适当地进行讨论答疑；第三部分是对挑战自我作业的讲评,对学优生进行适时适当的指导。

在讲评的过程中,关注全体学生,以核心基础作业为主,对于出错率比较高的习题进行分析处理,落实本节课的核心基础。对于阶梯作业的其他内容采取整体答疑和讨论交流的方式进行讲评,在提升学生能力的同时,培养他们学好物理的信心和挑战难题、挑战自我的勇气。对于个性问题,可以在课后服务中进行单独答疑。

2. 问题解决的进一步策略

在讲评的过程中,偶尔会有学优生"吃不饱"、潜能生"学不会"等情况出现。对于这样的情况,可以指导潜能生进行错题总结,改进学习方法,与其他同学"结对子",互相帮助、取长补短,同时进行适当的跟踪评价,提高潜能生的学习兴趣和学习动力,使他们乐于学习,能够在物理学习中不断进步。在对学优生的指导中,重点培养学生的自学能力,教师适时适当地进行有针对性的指导。最终实现"抓两头、带中间",在"双减"政策的背景下,利用阶梯作业切实减轻学生的作业负担,实现减负增效。

巧用阶梯作业，实现减负增效

萧红中学　苗秀

一、教学情况介绍

（一）教学内容

本单元教材以"谈论问题及给出建议"为中心话题，围绕"为什么不……"学习和运用几个常见的句型：Why don't you talk to your parents? / My parents don't allow me to hang out with my friends. / You should call him so that you can say you're sorry. / My problem is that I can't get on with my family. /Why don't you sit down and communicate with your brother? 等。Section A 主要学习 allow sb. to do sth.、work out、get on with、argue with、communicate with 等几个常见的动词短语及给出建议的句型。应掌握句型：Why don't you talk to your parents? / My parents don't allow me to hang out with my friends. / You should call him so that you can say you're sorry. 等。Section A 3a 通过杂志专栏上的读者来信及回复介绍了一个孩子的问题以及针对其问题所给出的建议，增加了学生的阅读量。Section B 安排了听、说、读、写的任务，教师在教学中应合理利用教材上的知识进行教学。通过一篇短文"Maybe You Should Learn to Relax!"对学生进行阅读技巧的指导。

（二）作业布置的目的

每天的阶梯作业要求学生在 10~15 分钟完成。设计与布置作业要注重全体学生全面发展与个体差异的统一，一切从学生的实际情况出发，帮助他们进步。

对于潜能生，只要求完成核心基础作业，消化理解并进一步巩固新课内容。

对于中等生，在完成核心基础作业的基础上，完成能力提升作业，并根据自己的实际情况，选择性地完成挑战自我作业，在力所能及的范围内尽量提高自己的能力。

对于学优生，除了要完成核心基础作业、能力提升作业，还要完成挑战自我作业。同时，要在对已有知识理解巩固的基础上，提高阅读及写作能力。

二、阶梯作业原文

（一）核心基础作业：汉译英

1. 建立　　　　　2. 影响

(二)能力提升作业:单项选择

(　　)1. You can't _____ how excited we were when Miss Smith agreed to have a party with us.

A. expect　　　　　　B. hope　　　　　　C. imagine

(　　)2. —It's boring to walk along the seaside alone.
　　　—You _____ go for walks with your friends.

A. be able to　　　　B. could　　　　　　C. have to

(　　)3. —Jenny looks unhappy today.
　　　—Don't be worried. A beautiful song can _____.

A. wake her up　　　B. pick her up　　　C. cheer her up

(　　)4. —Our teacher always ask us students _____ homework carefully.
　　　—It's a good habit.

A. to do　　　　　　B. doing　　　　　　C. do

(　　)5. —The new shopping center near your house always _____ at 9:00 every morning.
　　　—Really? But I found it _____ at 8:00 yesterday.

A. opens; open　　　B. opening; opening　　C. opened; is opened

(三)挑战自我作业:任务型阅读

Waste can be seen everywhere in the school. Some students ask for more food than they can eat and others often forget to turn off the lights when they leave the classroom. They used to say these things could be afforded. Can you agree with them? Waste can bring a lot of problems. Although China is rich in some resources(资源), yet we are badly in need of others, for example, fresh water. It is recently reported by the government that China will have no coal (煤) or oil to use in about 100 years' time. So if we continue wasting our resources, what can we use in the future? Take it seriously. There's no doubt that we must say no to the students who waste things daily. All of us have to stop wasting as soon as possible. In our everyday life, we can prevent waste from happening. For example, turn off the lights when we leave the classroom. It's not hard for everyone to do such things, isn't it? We'd better try not to order more food than we need as well. Little by little, everything will be changed. Waste can be stopped one day, if we do our best.

任务一:阅读短文,根据英文释义及首字母提示拼写单词。

1. e _____ something such as a thing, a fact or a situation that shows what you say
2. c _____ go on

任务二:阅读短文,进行同义句转换,每空一词。

In our everyday life, we can prevent waste from happening.

In our everyday life, we 3. _____ 4. _____ to prevent waste from happening.

任务三：根据短文内容回答问题。

5. Can waste bring a lot of problems?
_____

6. What does the government report recently?
_____

7. How many examples are mentioned to tell us what we can do to prevent wasting?
_____

三、作业批改情况

在此次阶梯作业中出现问题较多的是能力提升作业的第 4 题，对于 ask sb. to do 这个词的用法学生并不陌生，但是运用到不同题干的题中就会顾此失彼，不会答题方法的学生就会被题干误导，通过此项阶梯作业能够让学生了解到培养答题方法的重要性。

本次作业中挑战自我作业的任务三是难点，因为一部分学生不了解文章大意，了解文章大意的学生也会被文章中提出的方法误导。这种题型能够培养学生阅读文章和分析文章的能力。

案例分析——阶梯作业的布置与批改

萧红中学　王天轶

一、教学情况介绍

（一）教学内容

本节课的教学内容是人教版八年级化学第三单元物质构成的奥秘"课题2 原子的结构——原子核外电子的排布"。学习核外电子排布的初步知识，是在学过原子构成、核电荷数、质子数、核外电子数及相互关系的基础上进行的。其目的在于通过对1~18号元素的核外电子的排布情况的介绍，进一步了解元素的性质与原子结构的关系，并为离子化合物的形成及第四单元化合价的学习提供一些说理性依据。

教学的难点在于这部分内容学生从未接触过，既不能套用宏观物体的运动规律去体会微观粒子的运动状态，又不能以宏观物体的运动状态为例来描述原子中核和电子的行为，那么如何帮助学生建立核外电子分层运动的表象想象呢？可以采用思考和讨论相结合的探究式学习方式，有效地创设驱动性问题情景，激发学生的求知欲，使学生在不断地发现问题和解决问题的过程中逐步了解核外电子排布的规律，研究物质的方法从宏观领域向微观领域深入，为学生深入学习化学奠定认知基础，提高科学素养。

（二）作业布置的目的

学生提升知识水平不仅需要在课堂上积极参与学习，收获知识，更要在课后以作业练习的形式进行知识的巩固训练，提升知识运用能力，让书本上的知识真正成为自己的智慧。因此，布置阶梯作业需要充分结合学生的实际学习能力，要能够帮助学生巩固知识，并构建良好的知识体系，使其能够运用知识解决问题。因此，将阶梯作业分为核心基础作业、能力提升作业和挑战自我作业三部分。学生完成本节课的阶梯作业所需要的时间大约为8分钟。

1. 核心基础作业：全体学生都需要完成

预期目的：夯实基础，巩固本节课所学的主要知识点，知道核外电子排布的基本规律，能准确地掌握1~18号原子的核外电子排布。

2. 能力提升作业：除潜能生外所有学生都要完成

预期目的：培养学生分析问题、解决问题的能力，根据金属元素、非金属元素和稀有气体元素的原子最外层电子数目的特点进行分析归纳，将元素的化学稳定性与原子结构的相对稳定性联系起来。

3. 挑战自我作业:有较强的学习能力的学生完成

预期目的:培养学生独立思考、应用所学知识解决实际问题的能力,同时引导学生进行深层次的、有思维深度和广度的思考,根据原子结构示意图可以从原子、离子的判断及化学性质等多角度进行综合分析。

阶梯作业的形式不局限于习题,可以形式多样化。例如,可以布置一些家庭实验的作业、思维导图设计的作业、板块知识梳理的作业,这样可以给乐于动手实验和善于归纳总结的学生提供施展的空间,让具有不同学习能力、动手能力、思考能力的学生都能在作业中找到自己擅长的领域,在巩固所学知识的同时,发展自己的能力并有不同的收获,让所有学生都有满足感和成就感。

二、阶梯作业原文

(一)核心基础作业

1. 下列粒子结构示意图所表示的元素化学性质最稳定的是　　　　　　　　(　　)

　　A (+10) 2 8　　　B (+11) 2 8 1　　　C (+12) 2 8 2　　　D (+17) 2 8 7

2. 下列粒子结构示意图中表示阳离子的是　　　　　　　　　　　　　　　(　　)

　　A (+9) 2 8　　　B (+12) 2 8　　　C (+18) 2 8 8　　　D (+11) 2 8 1

3. 下列四种粒子中,最容易得电子的是　　　　　　　　　　　　　　　　(　　)

　　A (+11) 2 8 1　　　B (+8) 2 8　　　C (+10) 2 8　　　D (+16) 2 8 6

(二)能力提升作业

4. 下列结构示意图表示元素周期表中位于同一横行且都不显电性的粒子是（　　）

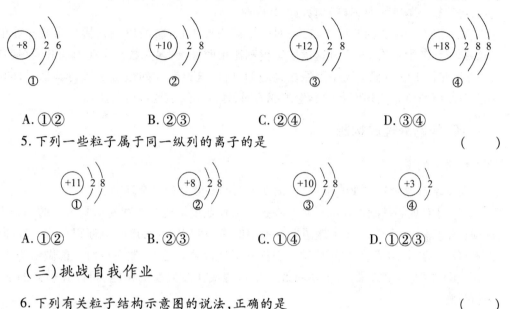

A.①②　　　B.②③　　　C.②④　　　D.③④

5. 下列一些粒子属于同一纵列的离子的是（　　）

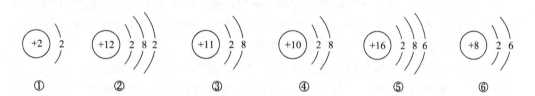

A.①②　　　B.②③　　　C.①④　　　D.①②③

(三)挑战自我作业

6. 下列有关粒子结构示意图的说法，正确的是（　　）

A.①和②的化学性质相似
B.③④⑥对应的元素位于周期表的同一周期
C.①③④具有相对稳定结构
D.③和⑤可以形成 A_2B 型化合物

三、作业批改情况

我任教的两个班级是八年五班和八年六班。从统计数据可以看出，阶梯作业布置的目的基本实现，达到了预期的效果。

八年五班作业的反馈数据和教师预期的基本一致，错误人数随着习题难度的增加而呈阶梯式上升，尤其是核心基础作业的第一题，正确率达到了100%，核心基础作业的第二题和第三题的错误人数分别为4人和7人，说明这个班级学生的基础知识非常扎实。相比较而言，八年六班作业反馈的数据不是特别理想，错题人数随习题难度的变化不是特别规律，核心基础作业的第一题有6人出错，第二题和第三题分别有11人和12人出错，接近班级人数的三分之一，说明八年六班还有三分之一的学生最基本的知识点没有掌握，后续的教学中需要进行基础知识的巩固训练。

核心基础作业的第三题两个班的错误人数都超过了能力提升作业的第四题,这道题考查的知识点是根据原子的核外电子排布判断原子得失电子情况,说明这个知识点对学生而言难度略大,课堂教学中应为学生详细分析讲解,同时,习题也应适当调整,把这道题从核心基础作业调整为能力提升作业。

第六题因为考查的知识点较多,对学生能力要求较高,所以放在挑战自我作业中。从答题统计的数据看,两个班这道题答得都比预期好,错误人数甚至比前面的简单题还少,原因是许多学生都是利用排除法答对的,所以这道题在问法上要进行调整,目的是让只有掌握所有相关知识点的学生才能答对,体现出这道题的区分度。

四、问题处理的构想

1. 讲评的设计

对于本节课阶梯作业的讲评,可根据习题的难度分为三个环节:

(1)针对核心基础作业的讲评。在这部分作业里每道题考查的都是单一的知识点,选项也是直接选择的,只要掌握了题中涉及的唯一知识点,这道题就迎刃而解。教师可以直接给出答案,给学生时间让学生根据答案进行独立思考,然后针对之前做错的学生进行提问,检查自学效果,对于学习效果不理想或比较典型的错题,可以让做对的学生进行讲解。

(2)针对能力提升作业的讲评。这部分习题在题干中考查了两个知识点,两个知识点的交叉部分才是最终的答案,相比较而言难度增大。教师可以让学生分组进行讨论,然后每组选一名代表讲题,教师适当进行归纳补充。

(3)针对挑战自我作业的讲评。这部分习题涉及的知识点多,难度较大,对学生的要求较高。教师可以采取自愿的方式,鼓励学生进行讲解,培养他们挑战自我的勇气,教师可适当进行点拨。如果题的难度过大,教师也可以自己直接讲解。

2. 问题解决的进一步策略

由于本节课学习的知识点比较繁杂,学生掌握起来较吃力,教师可以让学生对阶梯作业的习题进行知识点的提炼,逐一分析每道题考查的知识点,进行归纳整理;对于学优生,可以要求在此基础上总结提升,将本节课涉及的所有考点分类整理归纳,培养其自学能力;对于潜能生,可以采取"一帮一"或"小组合作学习"的模式对他们提供学习上的帮助,同时进行适时的跟踪评价,及时鼓励,提高其学习的兴趣和动力。

在素质教育及"双减"政策的大背景下,题海战术已经被阶梯作业逐渐替代。这种作业方式对于不同层次学生学习能力的提高发挥了十分重要的作用,能够帮助学生巩固旧知识、学习新知识,提高思维能力,确保中学化学教学效益的最大化。

有教无类，因材施教
——浅析阶梯作业的布置与批改

萧红中学　于平平

陈鹤琴老先生曾说："没有教不好的学生，只有不会教的老师。""没有教不好的学生"，是说任何学生都是教师的教育对象，有教无类，但要想"教好"每一个学生，让每个学生在思想、学习上都齐头并进，就需要教师因材施教。

在教学过程中，要针对每个学生的实际情况，设置阶梯作业。结合实际教学工作，我们得出结论：只有将课后作业进行分阶梯设计、布置、批改和讲评，将其全面贯穿于五个维度中，才能最大限度地挖掘学生的潜力，提高学生的能力，提升学生的素养。这五个维度包括：教学内容的分阶梯预设；课后作业的分阶梯布置；作业批改的分阶梯评价；作业讲评的分阶梯提问；作业反思的分阶梯策略。现结合"藤野先生"第一课时的具体案例，做如下分析和思考。

一、因材施教——教学内容的分阶梯预设

本节课的教学内容是《藤野先生》，是人教版八年级上册教材第二单元的第一课。本单元的课文从内容主题看，都与"生活的记忆""重要的他人"有关：或追述自己人生道路上的难忘经历，或展现敬仰之人的品格和精神。

《藤野先生》是一篇回忆性散文，是鲁迅对20世纪初自己在日本留学时一段经历的回顾。文章重点叙述了与藤野先生的交往，歌颂了藤野先生的高尚品格，也提及自己思想变化的原因，洋溢着爱国之情。

本节课的学习目标是了解回忆性散文呈现的人物经历，从文中人物的生平事迹中汲取精神营养，丰富自己的生活体验。抓住回忆性散文内容真实、事件典型、注重细节等特点，掌握阅读方法。学习课文刻画人物的方法，尝试在自己的写作中借鉴运用；品味风格多样的语言，提高赏析能力。其中，"学习课文刻画人物的方法，尝试在自己的写作中借鉴运用"和"品味风格多样的语言，提高赏析能力"是重点也是难点。

在明确教学目标、掌握学情的基础上，对教学内容进行分阶梯预设。在教案中，"作者简介"和"背景介绍"这两个环节旁，我进行了标注，预留给"文学文化常识"题错误率比较高的几个学生；在"字词梳理"这个环节旁，我也进行了标注，预留给近期"字音字形"题容易出错的几个学生；在"概括文章大意"和"划分文章结构"这两个环节旁，我标注了在阅读中"概括文章大意"题型错误率较高的几个学生的名字。

在教学内容确定之时，我就已经根据日常教学中所掌握的学情，提前进行了教学内容的分阶梯预设，目的是把易错点分阶梯预留给目标学生。这样对教学内容进行阶梯

式预设,真正做到了对教学内容胸有成竹,对学生学情了然于心。

二、因应之策——课后作业的分阶梯布置

我在课后作业的布置上,会根据学生平时的能力水平,以及课堂上对所学知识的掌握情况和当堂小测的结果等方面,进行综合考量,在布置课后作业时,采用阶梯作业模式。

完成本节课的课后阶梯作业,所需要的时间为 15～20 分钟。作业内容的设置,既有对本节课"字音字形题"的夯实巩固,也有对本节课"重难点内容"的检测;既有对"典型病句题"的强化训练,也有对本阶段出现错误率较高的"敬辞、谦辞的正确运用"题型的提升拓展。

因此,在课后阶梯作业的布置中,对不同学情的学生,也有不同的要求。

对于潜能生,只要求完成核心基础作业,夯实和巩固字音字形。核心基础作业内容如下。

1.(3分)下列加点字的注音全部正确的一项是　　　　　　　　　　(　　)
 A. 托词(cí)　　教诲(huì)　　不逊(xùn)　　深恶痛疾(wù)
 B. 诘责(jié)　　发髻(jì)　　陌生(mò)　　抑扬顿挫(cuo)
 C. 绯红(fěi)　　解剖(pāo)　　芦荟(huì)　　杳无消息(yǎo)
 D. 订正(dìng)　　匿名(nì)　　瞥见(piě)　　油光可鉴(jiàn)

2.(3分)下列词语中没有错别字的一项是　　　　　　　　　　　　(　　)
 A. 标致　　樱花烂熳　　成群结队　　油光可签
 B. 优待　　烟尘斗乱　　精通时事　　美其名曰
 C. 和蔼　　几次三翻　　好意难却　　抑扬顿挫
 D. 疑惑　　杳无消息　　正人君子　　大而言之

对于中等生,要在完成核心基础作业的基础上,完成能力提升作业,并根据自己的实际情况,选择性地完成挑战自我作业,在学有所及的范围内提升自己的能力。能力提升作业内容如下。

3.(3分)下列句子没有语病的一项是　　　　　　　　　　　　　　(　　)
 A. 人民解放军百万大军,从大约一千余华里的战线上,冲破敌阵,横渡长江。
 B. 浩瀚的大海可以做证:为了这一梦想成真,古老的中华民族,已经等了近百年。
 C. 得到母亲去世的消息,使我很悲痛。
 D. 他的性格,在我的眼里和心里是伟大的,因为他的姓名并不为许多人所知道。

4.(3分)下列句子中标点符号使用正确的一项是　　　　　　　　(　　)
 A. 根据诺贝尔的遗嘱,"诺贝尔奖每年发给那些在过去的一年里,在物理学、化学、生理学、文学、及和平事业方面为人类做出最大贡献的人"。
 B. 当一个印度观众了解到这个姑娘是中国跳水集训队中最年轻的新秀时,惊讶不

已。他说:"了不起,你们中国的人才太多了"!

C."咔嚓!""咔嚓!"……随着照相机的快门声响起,中国第一位成功着舰的航母舰载战斗机飞行员的风采,定格在人们的镜头里,镌刻在共和国的史册上。

D.有时我常常想:他的对于我的热心的希望,不倦的教诲,小而言之,是为中国,就是希望中国有新的医学,大而言之,是为学术,就是希望新的医学传到中国去。

5.(3分)阅读文字,下列各项表述有误的一项是 ( )

中国留学生会馆的门房里有几本书买,有时还值得去一转;倘在上午,里面的几间洋房里倒也还可以坐坐的。但到傍晚,有一间的地板便常不免要咚咚咚地响得震天,兼以满房烟尘斗乱;问问精通时事的人,答道,"那是在学跳舞。"

A."中国留学生会馆的门房里有几本书买"中主语中心语是"门房里"。

B."几本"是数量词,"上午"是名词。

C."可以"是副词,"那"是代词。

D."响得震天"是动宾短语,"学跳舞"也是动宾短语。

6.(3分) 下列各句用语得体的一项是 ( )

A.令爱这次在儿童画展上获奖,多亏您悉心指导,我代表家人感谢您。

B.明日搬新家,为答谢您的祝贺,特于家中备下薄酒,欢迎拜访!

C.某读者在家收到作家的著作后回信:您奉送的新作已经收到,拜读之后受益匪浅,感激之情,无以言表。

D.我们旅行社宾馆大厅设有服务台,欢迎各位旅客垂询。

对于学优生,要求在完成核心基础作业、能力提升作业之外,还要完成挑战自我作业。同时,要在对已有知识理解巩固的基础上,进行有价值的思考和提问。挑战自我作业如下。

7.(3分)下列句子组成语段顺序排列正确的一项是 ( )

①历代仁人志士都把名节操守看得比自己的生命还重,"虽九死其犹未悔"的屈原,"留取丹心照汗青"的文天祥,"清风两袖朝天去"的于谦……

②因此,作为中华优秀传统文化的忠实传承者和弘扬者,共产党人尤重名节操守,并赋予其更高境界。

③中华民族历来都有珍惜名节、注重操守、干净为官的传统。

④崇尚名节操守,在岁月长河中沉淀为一种厚德文化,传承着中华民族的精神基因。

⑤他们正是以崇高的名节操守,获得了世人的传颂。

A.③①⑤④②   B.①③⑤②④

C.①②③⑤④   D.③①②④⑤

8.(3分)对《渡荆门送别》这首诗赏析不正确的一项是 ( )

A.这首诗是李白乘船出蜀至荆门时所作,随着眼前景物的变换,诗人自然地描绘出画卷般的景色,乡思旅情,尽在诗中。

B. 颔联炼字精妙。"随"字表现出群山与平野的位置逐渐变换、推移，写出空间感和流动感；"入"字渲染出江水汇流的磅礴气势，展示了诗人的广阔胸襟。

C. 颈联描写了一幅空阔辽远的月夜云天图，想象大胆奇特，有灵动之感，清韵悠长，表达出诗人豪迈激昂的心情和新鲜的感受。

D. 尾联由欣赏美景转入深沉的乡情之叹，用拟人手法含蓄地表达诗人对故乡山水的无限眷恋之情。

这样，利用这种因应之策，一举多得地实现了基础知识巩固、知识运用能力提升，以及思维迁移能力的拓展。阶梯作业不仅大大增加了学生的学习兴趣，还激发了学生的主观能动性，最大限度地为每一个梯度的学生提供助力，促使各个层面的学生向更高的层次发展。

三、因知勉行——作业批改的分阶梯评价

任何形式的作业，如果没有教师的批改和反馈，都形同虚设。只有及时地对学生的作业进行批改，并给予学生阶梯式评价，他们才会清晰地认识到自身知识模块的欠缺，才能及时做出整改，并明确自己下一步要突破的目标和努力的方向。

每次批阅完作业，课代表在分发时会对作业的完成情况进行总结。课代表在总结时是这样分类的：

(1) 完全不会写的。
(2) 会写但没写完的。
(3) 写完但有错的。
(4) 作答内容完整无误，老师提出表扬的。

看到这样的总结，有的学生信心大增，表示下次还要认真完成作业；有的学生跃跃欲试，期待自己在下次的作业总结中脱颖而出；有的学生后悔自责，慨叹自己的失误。

这时，我会适时补充解读，并进行引导：第一类学生上课时注意力不集中，通过高标准督促，是可以改变的；第二类学生学习规划不合理，通过方法的改进是可以调整的；第三类学生在学习过程中不注意细节，时刻提醒自己细致严谨，是可以减少错误的；第四类学生这一阶段表现比较完美，要戒骄戒躁，再接再厉。

作业的分阶梯评价和总结至关重要，这种评价是建立在作业批改的基础之上的。在作业批改的过程中，我发现：绝大多数学生都能按照要求完成相关内容，实现了阶梯作业布置的目的，取得了应有的效果。学优生对于选做作业有自己的思考和质疑，而潜能生也能很好地完成必做作业的内容。但是，仍然有一些题的错误率比较高。

例如，第3题的错误率最高，总人数43人，正确的有20人，错误的有23人。一部分学生选择了C，此句错误类型为"句子成分残缺"，很多学生答题不细致，没有辨析出"使"字淹没了主语。还有一部分学生选择了D，此句错误类型为"关联词语使用不当"，学生出现错误的主要原因是没有考虑到"性格伟大"与"姓名并不为许多人所知道"两者之间并不存在因果关系，可将"因为"改为"虽然"。

第6题的错误率也很高，总人数43人，正确的有26人，错误的有17人。主要原因

是一部分学生对"敬辞"和"谦辞"的辨析把握不准。大部分出错的学生都选了 B。选项 B 中的"拜访"一词是敬辞，是在自己拜见、访问对方家里时使用的。选项 B 中的语境与此不符。

只有在作业的批改及结果反馈上进行分阶梯评价，才能让表现优异的学生保持优势，士气大增；让因马虎而出错的学生明确自己的问题所在并及时改进；让因注意力不集中而知识掌握不精准的学生及时做出调整；让审题失误，分析选项内容不细致的学生端正态度、注意细节。最终，通过作业批改的分阶梯评价，让每一个梯度的学生都学有所思，学有所获，学有所长。

四、因势利导——作业讲评的分阶梯提问

有了明确的教学目标和预设的学情目标，并不代表着在授课过程中，教师的"梦想"就一定会"成真"。初中阶段，本就是孩子们天马行空的青春期，所以，在实际教学过程中，只有教师想不到的预设，没有学生做不到的激变。这就要求教师随机应变，因势利导。

在本节课授课过程中，我在考查"考订"这一词语时，有个男生居然写成了"烤腚"，引得全班同学哄堂大笑。显然，这个学生对于"考订"这个词做"考核，订正"之意全然不知。这时，我提问了一个很腼腆文静的女生。这个女生基础题型很扎实，但涉及能力提高的部分不爱主动思考。提问她，基于几个原因：一是女生平静的语调能及时叫停全班哄笑的场面，让学生迅速集中注意力；二是考虑到能为同学在这样窘迫的时刻解答问题，会让这个女生更加自信；三是激发这个女生主动探求知识，使其在今后的学习中勤于思考。

这个女生讲解得很到位。首先，她提到，"考"有"检测，考查"之意，而加上了偏旁部首"火"，就变成了"把东西放在火上使之干或熟"。接下来，她又讲到"订"取"改正，订正，修改"之意，而"腚"指"臀部"。如此一来，男生心悦诚服，女生镇定自若，全班掌声雷鸣。掌声中既有对男生的鼓励，也有对女生的肯定。

趁热打铁，我又因势利导，引导这个男生为大家讲解"定"和"订"的区别。这个男生仿佛受到了当时气氛的熏陶，有理有据地进行了讲解，还举了贴合生活实际的例子："订餐"的"订"是指预订，可调整、可变动，而"定餐"的"定"是指确定，不可变动、调整。我们平时在学校里用餐，应选用"订餐"一词。这样，当有事假或病假的时候，老师就可以为我们退餐了。

这样，在作业讲评时，采用分阶梯提问，力求"一课三得"。"一课"即一个主线：夯实基础，突破重点。"三得"即三个目标：潜能生"拽上来"，中等生"拔一拔"，学优生"举上去"。在习题讲评时，对学生进行分阶梯提问，有的放矢，因势利导，分层提高，又共同进步。

五、因人而异——作业反思的分阶梯策略

在教学过程中，面向全体学生讲授新课，布置作业，评价反馈，难免偶尔会有学优生"吃不饱"、潜能生"学不会"等问题出现。为解决这个问题，我校打造了一种新型教学

模式——"伴学互助",良伴帮助,伙伴协助,朋伴互助,打破枯燥乏味的学习环境,营造积极生动的学习氛围,让学生成为每一个环节的主角。

在下一步阶梯作业的设计布置方面,将做出一些调整。例如,对于阶梯作业中题型的设置,可以再灵活一些,以达到顺应中考最新动向。又如,对于阶梯作业中各个阶梯之间跨度的把握,也要更精准,让各个层次的学生都得到全面发展。

在下一步阶梯作业的批改反馈方面,应调动多种鼓励机制,提高学生的学习兴趣和学习动力。另外,还要重视作业批改中的复批环节,让每个学生出现的问题做到"日日清"。还要注意强化训练部分,即让每一个重难点都得到巩固。

在下一步阶梯作业的提问讲评方面,要重点关注潜能生的自主学习能力,重点提高中等生的分析解决能力,重点培养学优生的合作探究能力。让每个学生都能积极主动地在实践中学习,在学习中思考,在思考中提升。

综上所述,阶梯作业的使用,不是一个简单的按成绩划分做与不做、听与不听、考与不考的过程,而是全面贯穿于作业的布置、批改、讲评和反思的全过程之中的。因此,每一位教师都应静下心来,走下讲台,听听学生的心声,感受学生的思想。我们只有将这几个维度全面融合、集中呈现,才能使每个学生都向更高的层次迈进,真正实现减负增效、全面育人。

语文阶梯作业布置与批改案例

萧红中学　王文明

在初中语文教学的过程中,针对班级学生的语文水平不同、能力存在差异的特点,我从不同层次的学生都能在完成作业的过程中获得成功体验的角度出发,布置阶梯作业,让不同层次的学生自由选择适合自己的作业,在教师的激励和引导下完成作业,从而使学生的学习积极性得到保护,能力得到展示,成绩得以提高。

我常把作业分成A(核心基础作业)、B(能力提升作业)、C(挑战自我作业)三个层次进行布置。A层次多为比较简单的巩固性作业;B层次的题型稍难一点,偏向于对课文内容的理解和赏析;C层次的题型灵活多样,偏重于理解、想象、运用。学生只要做到B层次,就能得到优秀,让学生自己根据情况选择,这种做法对刚入学的学生来说效果显著。

例如,在讲授完朱自清的《匆匆》后,根据学会本课生字,生词;体会作者表达的思想感情,感受课文的语言美,领悟作者细致描写、多用修辞等方法;懂得"匆匆"的含义,了解作者对时间流逝的伤感及珍惜时间的感受,唤起学生的生活体验,体会时间的稍纵即逝的教学目标,我设计的阶梯作业如下。

A层次:给加点字注音,根据拼音填汉字补充词语,让学生重点记忆匆匆、遮挽、徘徊、蒸融、凝然、茫茫然、伶伶俐俐等词语。

B层次:熟练、入情入境地朗读课文。背诵课文第三自然段,写4~6个关于珍惜时间的诗句。

C层次:阅读迟子建的散文《时间怎样地行走》,根据课文仿写《时间都去哪了》。

三个层次的题难度系数呈阶梯状,从易到难,培养学生的学习兴趣,增强他们的自信心。但是在划分层次时要做到心中有数,未能按自己能力选做的学生,教师在批阅时要及时指出,让学生自行调整。同时,部分学生会选做高于自身水平的作业,教师应在鼓励的基础上提出"你这样做值得表扬,但要打好基础,一步一个脚印向上攀升"的建议。

把自主权还给学生,鼓励学生根据自己的学习能力和兴趣选择作业目标。在学完一篇课文后,应该让学生根据所学课文内容及自己的学习水平选择适合自己发展的作业目标。例如,学习能力较强的学生可以选择挑战自我的作业目标;基础薄弱的学生可以降低要求,根据自身学习能力情况,将掌握课文中基本的生字词、熟悉课文、背诵优美的语句等作为目标。这样的作业设计,使不同层次的学生都能轻松完成作业,学生不但扎实掌握了知识,而且体验到了成功的快乐。

教师要带着感情批改作业,引导学生向进步的方向发展。由于每个学生的智能表现形式不一样,这就要求教师要善待学生的"多元智能",尽最大可能开发学生的各种智能,同时照顾个性差异。在作业评价上,我尝试采用以下评价方式:"你一直在进步,老师真为你高兴""老师发现你的进步很大,因为你付出了艰辛的劳动",使学生感受到老师在关心、关注他,促使其改掉缺点,不断进步。当学生做题思路不正确时,我常会写这样的评语:"爱动脑筋的你肯定还有高招,有更好的答案吗?""这道题的回答可以再精炼些!"激发学生的创新意识。对于一些做得好的学生,我会写这样的评语:"你回答得巧,方法妙!""你真棒! 只要用心就会更好。"既肯定了学生的独特见解,又鼓励了学生大胆尝试,实现知识迁移。恰当的评语不仅会增强学生的自信心,还能纠正学生的错误倾向,培养他们严谨的治学态度。

Unit 3　Let's try and Let's talk A 阶梯作业布置与批改案例

萧红中学　李彤

一、教学情况介绍

本节课是一节听说课,通过一段听力练习和一篇对话,让学生能够听、说、读、写,并在情景中运用句型"Where did you go? What did you do?";能够在语境中理解生词及短语 fall off、Labour Day、mule、Turpan、could 及 till 的意思,并能正确发音;能够回答有关假期去过的地方及做过的事情的问题;能够掌握 fall off、fall down from、hurt + 身体部位、not…till 等短语并使用;能够灵活地将动词变为过去式。

二、阶梯作业原文

（一）核心基础作业

写出下列动词的过去式。

1. like - ____　　　2. jump - ____　　　3. laugh - ____　　　4. write - ____
5. say - ____　　　6. bring - ____　　　7. think - ____　　　8. chose - ____
9. drink - ____　　　10. run - ____　　　11. can - ____　　　12. see - ____
13. believe - ____　　　14. come - ____　　　15. go - ____　　　16. put - ____

（二）能力提升作业

单项选择。

(　　)1. —I fell off and _____ my foot. What a bad day!
　　　　—I am sorry to hear that.
　　A. hurt　　　　　　B. hurted　　　　　　C. hurting

(　　)2. —You didn't come to school. What happened?
　　　　—I _____ my bike and _____ my foot.
　　A. fell down, hurt　　B. fell into, hurting　　C. fell off, hurt

(　　)3. —Can I come and visit you?
　　　　—Sure! You can _____ my _____ from the Labour Day holiday.
　　A. see, photos　　B. watch, photos　　C. see, photos

(　　)4. —When _____ your brother _____ back?

　　　　—About half an hour ago.

A. did, come　　　　B. had, come　　　　C. does, come

(　　)5. —_____

　　　　—My parents and my uncle.

A. Who did you go to Turpan?

B. Who did you go to Turpan with?

C. Who were you go to Turpan with?

（三）挑战自我作业

1. Did you ride a horse on your uncle's farm?（作肯定回答）

_____, l _____.

2. The little monkey hurt its feet.（对画线部分提问）

What _____ the little monkey?

3. The students will leave after the lessons.（变为同义句）

The students _____ leave _____ they finish their lessons.

通过本节课的阶梯作业，学生要巩固动词变过去式，理解 fall off、fall down from、hurt + 身体部位、not…till 的意思，并熟悉这些短语的作用。

所有学生都要掌握核心基础作业中动词变过去式的规则及目前见到的动词变过去式的特殊情况。中等水平的学生要在能力提升作业的选择题中判断出今日所学短语用法及和过去时相结合的短语变形。程度较好的学生要完成挑战自我作业中 not…till/until 的句型转换、did you 提问的肯定与否定回答及 what happened to 的句型提问。

三、作业批改情况

99% 的学生能做到核心基础作业中的动词变过去式全对。90% 的学生能力提升作业全对，个别学生在 photo 变复数这一学过的知识点上马虎。挑战自我作业中 50% 的学生在 not…till/until 的句型转换上出现问题。

四、问题处理的构想

1. 讲评的设计

充分发挥学生的主观能动性，由学生来讲解，教师补充。

核心基础作业请没有完全做对的个别学生回答，学生回答后由其他同学对他的答案做出修改。教师记录没有做对的学生具体错的是哪个词汇，并在下节课课前有针对性地提问，确保学生记住。

能力提升作业由五名学生讲解，分别说出答案及每道题对应的知识点。同时，教师监督学生用红笔在题旁做好笔记。课后学生要将错题整理到错题本上。

挑战自我作业由做对的学生讲解，学生讲解后教师补充，再找未做对的学生重复讲解这道题,加深印象。

2. 问题解决的进一步策略

下次课采取伴学互助的方式,让小组长检查本组同学错题本上所写知识点是否正确。同时,教师课上随机点名提问题中出现的必会短语。

出现问题最多的题在下次课后作业或周巩固作业中再次出现,让学生复习巩固。若错误率仍很高,由教师再次讲解知识点并反复练习。

"利用化学方程式的简单计算"阶梯作业的布置与批改

125 中学　赵莉莉

一、教学情况介绍

（一）教学内容

本课题是人教版八年级化学第五单元的课题3"利用化学方程式的简单计算"。本课题是承接质量守恒定律和化学方程式内容之后，从质量意义的角度研究化学方程式的具体延伸，实质就是从化学方程式中各物质之间的质量关系来研究物质发生的化学变化，是化学方程式的具体运用。本部分内容是初中化学的基本内容，同时也是中考必考的考点。化学方程式计算的解题步骤和格式是本节课的学习重点和难点，这部分内容是学生首次从量的角度分析化学反应及其变化的规律。

本课题通过备课组集体研讨，充分考虑到初三学生的学情，共设置了4个课时的教学课节。每节课前布置预习卷作业，让学生在课前清楚预习目标，以及通过预习卷中的学法指导和层层递进的问题的完成，进行自主预习和学习。课中通过学生反馈预习成果及疑问，了解学生预习情况后再开展教学，让学生对例题进行自主解答，并经过讨论和交流解答预习中的问题，再经过对比、辨析和总结等过程来完成教学过程。课后学生通过完成基础必做卷巩固当天所学，让学生在4课时的学习过程中，自主学习、自主获得知识、掌握新技能。

本课题通过例题学习让学生体验与生产、生活实际问题相结合的计算训练，让学生感受化学计算对于解决实际问题的重要意义，同时在计算过程中要求学生按一定的格式来解题，且准确运算，培养学生的化学思维，让学生体验到科学研究要勇于探索创新并有实事求是的科学精神。

（二）作业布置的目的

学生在初期学习这部分内容时，有大部分学生是在未理解反应物与生成物之间有固定的质量比的关系时就拿来试题照搬例题来解题，导致在后期学习难度较高的差量问题时难以理解。那么应该如何解决这个问题呢？一般来说，我们需要在课上通过对化学方程式的量的含义以及相对分子质量的计算的回顾及引导来解决，这些不都在课堂中解决，需要通过布置课前预习作业，让学生在解答递进式的问题和变式训练中来加强理解。

利用化学方程式进行计算强调解题格式规范,虽然课中教师都会带领学生板演归纳计算的书写步骤及需要注意的问题,但涉及步骤较多,要求的点位多且和数学应用题计算步骤有不同的要求,同时又是中考必考的考点,因此需加强计算规范格式的练习,通过基础必做卷指导学生逐步熟练掌握这类计算方法,通过书中相似例题再现用规范步骤解题及错误解题纠错的设置,形成规范的利用化学方程式进行计算的基本能力。

初中阶段的化学综合计算是以化学方程式的简单计算为基础的,从中考的考点来看,化学综合计算还有关于混合物中某成分的计算或质量分数的计算(纯度或含量)。通过有关混合物发生反应的化学方程式、质量分数等的相关计算,可以帮助学生加深对相关概念和原理的理解,培养学生的思维判断、分析和综合能力。化学综合计算设计的内容丰富、形式多样,有表格型、文字型、图像型、框图型等,既可以考查学生的化学基础知识,又可以考查学生的数学推算能力。对于刚接触化学计算的初三学生,如果掌握了一些解题的技巧和方法,既可以激发解题兴趣,又可以事半功倍。因此,在课后布置提高选做卷,让每个层次的学生都有发展的空间。

二、阶梯作业原文

(一)预习卷

预习目标:

1. 能正确书写学过的化学方程式,通过计算能从量的角度来解读化学方程式。
2. 初步学会根据化学方程式计算的一般方法。

学法指导:温故知新,请同学们完成下列问题。

1. 请计算下列物质的相对分子质量。

   $KMnO_4$ _____ K_2MnO_4 _____ MnO_2 _____
   H_2O _____ H_2 _____ O_2 _____

2. 请写出高锰酸钾制取氧气、水电解的化学方程式。

   (1) _____
   (2) _____

3. 请写出以上化学方程式在质量上的表示意义。

   (1) 每_____份质量的_____完全分解产生_____份质量的_____和_____份质量的_____和_____份质量的氧气。

   (2) 每_____份质量的_____完全分解产生_____份质量的_____和_____份质量的氧气。

4. 若有316份质量的高锰酸钾完全分解,可以得到_____份质量的氧气。

5. 若有18份质量的水完全分解,可以得到_____份质量的氧气。

6. 若有9 g水完全分解可以得到_____g氢气,_____g氧气。

7. 若要得到4 g氧气,需要完全分解_____g水。

8. 参照教材102页,你能以"加热完全分解31.6 g高锰酸钾,可以得到氧气的质量是多少?"为例来说明有关化学方程式计算的步骤吗?请写出详细过程。

(二)基础必做卷

1.神奇化学实验小组同学在试管中装入31.6 g高锰酸钾,当加热至固体不再减少时,此时制得氧气的质量是多少?

【步骤一】解:_____
【步骤二】_____
【步骤三】_____
_____
【步骤四】_____=_____
【步骤五】$x=$ _____
【步骤六】答:_____

2.【学以致用】下面是某位同学进行方程式计算的解题过程,请你圈出其中的错误,并在右侧的横线上改正。

【错题】现有15.5 g红磷在氧气中充分燃烧,可以生成五氧化二磷的质量是多少?

解:设可生成 x g 五氧化二磷。

$$P + O_2 \xrightarrow{\text{点燃}} P_2O_5$$

31　　　　142
15.5　　　x g

$$\frac{31}{15.5} = \frac{142}{x \text{ g}}$$

$x = 71$

答:生产五氧化二磷的质量是71 g。

(三)提高选做卷

1.将氯酸钾与二氧化锰的混合粉末28.5 g加热到不再产生氧气为止,得到固体残留物18.9 g。请计算反应前二氧化锰在混合粉末中的质量分数。

2.小强同学前往当地的石灰石矿区进行调查,他取回了若干块矿石样品,对样品中的碳酸钙的质量分数进行检测,采取了以下方法:取8 g这种石灰石样品,把40 g稀盐酸分四次加入,测量过程所得数据见表1(已知石灰石样品中含有的杂质不溶于水,也不与盐酸反应)。

【涉及的化学方程式:$CaCO_3 + 2HCl === CaCl_2 + H_2O + CO_2\uparrow$】

表1

序号	第一次	第二次	第三次	第四次
加入稀盐酸质量/g	10	10	10	10
剩余固体质量/g	5.5	m	1.2	1.2

请回答：
(1)上述反应的化学方程式：_____。
(2)8 g石灰石样品中含有杂质_____ g。
(3)样品中碳酸钙的质量分数是_____。
(4)表中 m 的数值应为_____。

三、作业批改情况

全班共 42 名学生，有 22 人能准确地完成预习卷、基础必做卷，其中 13 人能准确地完成提高选做卷。全班有 4 人只能正确地写出预习卷和基础必做卷中的少部分题或几个步骤，有 16 人作业中的错误较多。在"解：设"的文字叙述、化学方程式的书写方面有 10 人错误；在化学方程式中物质之间的质量比计算以及已知量和未知量列式位置、列出横比竖写的比例式错误的有 11 人；不清楚已知量、未知量及结果哪个需要写单位的有 9 人，在除不尽时的数据处理方面有 5 人失误；综合题型分析思路不清的有 16 人。

问题一：学生在用化学方程式表示反应原理的规范书写上，还欠缺书写的完整性，学生习惯了上学期书写化学反应的符号表达式，还没完全养成配平化学方程式及写等号的习惯。

问题二：学生由于对化学方程式在质量上的含义理解不透彻，使得在计算物质发生反应时的质量比时，没有乘上化学式前面的化学计量数。

问题三：在化学中利用化学方程式的简单计算有规定的格式和步骤，有些与数学学科的书写格式要求不同，如在未知数后不写单位、列比例式时要将相对分子质量（和）比列在等号左侧等，学生用数学的固定思维解决化学数量问题，没有形成化学综合计算题的思维和习惯。

问题四：数据分析型综合计算题中几个问题的失误，反映出学生对本题涉及的上学期学过的化学反应已经遗忘，虽已给出化学方程式，但学生不了解稀盐酸与剩余固体的关系，因此在分析表中数据时存在困难，进而难以理解分次加酸的目的，更加难以判断出第三次加酸反应后反应已结束的情况，还有定量定浓度的酸恰好反应碳酸钙的比例情况，对这样一环扣一环的问题没有清晰的认识，最终导致求不出矿石的纯度。

四、问题处理的构想

1. 讲评的设计

针对学生出现的上述问题一和问题二，我采用多媒体课件展示基础知识的填空题，为学生归纳梳理如下基础。

(1)书写化学方程式的原则。
(2)化学方程式的含义。
(3)如何正确书写化学方程式。

围绕学生容易出现的问题精选错例，展示错误作业的图片，让学生从典型错题中自主发现问题、自主纠错，从而达到巩固基础的作用。

针对问题三,我选择了较简单的氢气燃烧的反应作为例题,为提高学生的学习兴趣,让学生自主编题,我重新规范板演解题的6个步骤,并让学生说出每个步骤的注意事项,然后再设计类似题让学生进行填空模仿练习和变式练习,从而熟练掌握标准的书写格式。

针对问题四,我将综合计算题中出现的问题进行拆分,引导学生逐个分析、逐个攻破。首先,在讲评课上重新演示大理石和稀盐酸的实验,强调重点观察反应中固体、液体及气体的质量变化,分3次加入稀盐酸,让学生观察并思考最终剩余的固体是什么;其次,引导学生横向对比表格中的数据,每次加入的酸是等量的,那么固体每次减少的质量应该是怎样的。这样几个问题的设置就可以引导学生清晰地分析出反应停止后最终剩余的固体就是不与盐酸反应也不溶于水的杂质,从而得出样品中碳酸钙的质量,进而计算出矿石的纯度。

2. 问题解决的进一步策略

(1)针对有化学方程式书写及计算问题的学生,利用每天的课后服务时间,将学生分成学习小组进行互帮互助,在小组长的帮助下,将至今所学的15个反应表达式准确转换成化学方程式,并计算出方程式中各物质的质量比。对于基础薄弱的学生,教师给予个性化辅导。第二天课前跟踪测验各小组学生掌握情况,评出本阶段进步显著的学习团队,激发学生的学习热情。

(2)针对解题步骤不规范的学生,帮助学生建立大版面的错题本,给学生留有足够的书写空间,便于梳理清晰的解题步骤,右侧版面用双色笔标注要注意的易错点。通过学习小组间编题互考、相互纠错、变式训练,进行解题技能的多次锤炼,弥补每个个体的不足。

(3)针对数据分析题不擅长的学生,根据学生能力点的不同,进行分批、分层次的个性辅导,随时解答学生学习上的困惑,通过选做考查不同能力点的类型题,逐步培养学生化学综合计算的思维,从反应原理到反应程度再到数据信息的提炼,鼓励学生探索多种解题方法和技巧,归纳总结最佳的解题方法。

"圆的有关性质复习"
阶梯作业布置与批改

125中学　张歆华

一、教学情况介绍

(一) 教学内容

1. 教学内容分析

本节课是"圆的有关性质复习",内容包含"垂径定理与推论""弧、弦、圆心角""圆周角"等与圆有关的性质,是解决与圆有关问题的基础。圆的有关性质是中考高频考点,是性质应用较强的题目,尤其是解答题,既要有严密的逻辑思维,又要有完整的书写过程,所以本节课的重点是圆的有关性质定理的正确应用,难点是规范书写。

2. 教学内容对学生发展的影响及核心素养的要求

本节课的教学方法是启发引导法和合作探究法,引导学生在解决问题的过程中建立系统、简洁的知识网络,合作探究解决问题。教学设计让学生有基础知识的普及,有思维能力的拓展,有深度探究的实践,有理解运用的思考,逐层推动,让每个层次的学生都获得发展,达到稳固知识、发掘问题的内涵与外延的目的,激发学生的学习热忱与研究兴趣,提高学生发现问题、提出问题、剖析问题、解决问题的能力。从整体上加深对有关知识和数学思想、方法的理解,同时经过选择合适难度的题进行推演训练,提高运用几何性质解决数学问题的能力,从而培养学生的数学意识。通过专题训练强化数学思维与方法,使学生形成数学探究能力,让学生在熟悉"规范证明"的基础上,进一步提高合情推理能力,发展逻辑思维能力和推理论证的表达能力。

(二) 作业布置的目的

根据班级学生实际情况,结合教学设计和中考命题方向预测,布置阶梯作业,让不同程度的学生都能有所收获。从核心基础、能力提升、思维挑战三个层面设计有针对性的作业,在设计过程中力求保证一题多变,体现分层理念、说理素养与实践拓展。三个层次的作业紧紧围绕本节课的重点知识——垂径定理及与圆有关的角度进行设计。本节课阶梯作业的目的是进一步巩固与圆有关性质的性质定理的应用。理解垂径定理可以进行线段性等证明、证垂直、证弧相等,提升学生的知识综合运用能力与灵活运用能力;理解圆内角度之间可以通过弧来进行转换,提升学生的数学转化思想。潜能生能进行开放题的线段、角度计算,根据图形进行条件和结论变式;中等学生能规范书写采分点;学优生可以归纳方法与易错点。强化基础,内化方法,以不同的形式突破重难点。发展性作业为学生数学素养的提升提供了具体的途径。

二、阶梯作业原文

（一）核心基础作业(必做)

1. 已知：CD 为圆 O 的直径，$CD \perp AB$，$CD = 10$，$OE = 3$（图1），则 $AB =$ _____。

变式：_____。

注：对题干中 $CD = 10$，$OE = 3$ 适当变式。

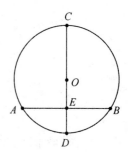

图1

2. 已知：CD 为圆 O 的直径，$CD \perp AB$，$\angle ACD = 35°$（图2），则 $\angle BOD =$ _____。

变式：还可以求出哪些角的度数？

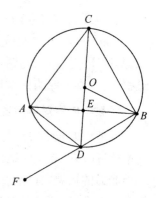

图2

（二）能力提升作业(规范书写)

3. AB 是圆 O 的弦，点 C 是弧 AB 的中点，连接 OC 交 AB 于点 D（图3）。求证：$AD = BD$。

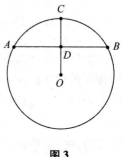

图3

4. 在圆 O 中，弧 AB = 弧 AC，$\angle ADC = 20°$（图4），则 $\angle AOB$ 的度数是_____。

理由：_____。

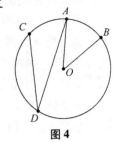

图4

（三）思维挑战作业（选做）

5. $\triangle ABC$ 为圆 O 的内接三角形，AD 平分 $\angle BAC$ 交圆 O 于点 D，连接 OD 交 BC 于点 E（图5），连接 BD、CD。

求证：$OD \perp BC$。

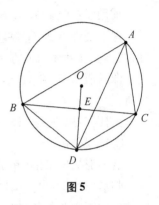

图5

三、作业批改情况

整体情况：班级共有43人，其中15人全部完成（有9人作业没有问题，有6人思路没问题但是书写不规范）；有20人完成核心基础作业与能力提升作业，有8人只完成核心基础作业。

问题一：第3题有6人直接应用了垂径定理，说明学生理解了垂径定理的基本内容，但是只停留在图形的认知上，对于条件、结论的应用易于混淆。

问题二：第4题的理由填写忽视了圆周角与圆心角转换必须是一条弧。

问题三：第5题中的圆周角相等不能直接得出弧相等。这是课堂中一再强调的问题，在同圆或等圆中，弧、弦、圆心角三者可以互相转化，但是在圆周角中，同弧或等弧所对的圆周角相等，必须用一条弧把圆周角转化成圆心角来证明弧相等。说明学生听课不认真或是形成了思维定式，在应用知识点时没关注到这个问题。

四、问题处理的构想

（一）作业讲评的设计

（1）设计思想：从基础计算入手，以变式、典型错误为例探究、归纳基本图形，总结解题方法。

（2）讲评环节。

讲评一：垂径定理。

第1题：变式：①$ED = 2$；②$CE = 8$；③$CE : ED = 4 : 1$。

常见计算模型:半径、弦长的一半、弦心距构成直角三角形(知二求一)。

第3题:展示错误案例,分析错误原因。

课上处理方式:①强调定理内容几何书写;②归纳做题技巧:已知弧相等要转化为圆心角相等、弦相等。让学生体会转化思想,灵活计算,教师检查书写过程。

讲评二:与圆有关的角度计算。

第2题:变式:①二倍的角;②互余的角;③相等的角。

拓展变式:①四边形的外角;②已知 $\angle ACD + \angle BOD = 75°$ 则 $\angle BOD = $ _____。

第4题:讨论能否直接得出 $\angle AOB$ 的度数。

辅助线:连接 CO 或 BD。

课上处理方式:①整理角之间的思维导图,分析错误原因;②体会定理应用的严谨性;③体会辅助线引入方法。

课后服务安排:①小组合作汇报本组改编的题;②熟悉相关角度计算时应用的性质。

讲评三:思维挑战作业。

①错误分析。

②图形拓展讲解(角分互补型)。

归纳方法,找出或构造出同弧所对的圆心角或圆周角,体会转化思想,这类问题可以转化成圆心角相等,有角平分线可以转化成等腰三角形来解决复杂问题,为学生解决综合问题奠定基础。

课上处理方式:课上进行错误分析,拓展讲解,同时给出相关练习题。

课后服务安排:采取好带中、中带弱的方式,使学生在原有的基础上加深理解。

(二)问题解决的进一步策略

问题解决方式:进行作业跟踪测试,内容为计算应用和易错问题变式。

具体实施过程:根据学生的学习能力进行分层次辅导。设立不同层次的学习帮扶小组,确立要求。对于成绩较好的学生,给出相关题型,进行全批、面批,要鼓励他们用多种方法解决问题,寻求最佳解题途径,总结解题方法。对于中等学生,要给予充足的时间理解消化知识,然后再尝试进行变式应用。对于基础薄弱的学生,要有的放矢,个别辅导,结合作业中的问题进行查漏补缺。

"木兰诗"一课阶梯作业的布置与批改

125中学　李彬

一、教学内容概况

《木兰诗》是人教版七年级下册的选篇,是一首乐府民歌。多数学生通过一些艺术作品已经大致了解了花木兰女扮男装、替父从军这一英雄形象。通过本首诗歌的学习,学生既能进一步感受花木兰的英雄气概,又能体会她的女儿情怀;既能感受诗歌的节奏韵律美,也能激发家国情怀。

二、阶梯作业内容及设计目的

(一)阶梯作业内容

(1)第一梯度:准确、流畅地背诵4～6段,并能准确、工整地书写。

(2)第二梯度:准确、美观地默写课文4～6段,并能选择自己喜欢的一两处句子进行赏析。

(3)第三梯度:查找相关资料,结合自己对诗文内容、情感的理解,自创《木兰诗》。

(二)阶梯作业设计目的

结合《语文课程标准》、本课教学目标、学习目标和学情,设计本节课的阶梯作业。第一梯度是要求学生掌握的基础知识,使其在了解诗文内容的基础上,积累优秀古诗文。第二梯度是针对学有余力的学生提升语文素养来设计安排的。第三梯度是为语文学习兴趣浓厚,有创作欲望,语文素养较高的学生布置的。

作业由易到难,层层深入,使不同层次的学生都有适合自己能力的复习和提升内容,满足学生的个性差异,促进学生发展。能力强的学生可在掌握基本知识后,结合自己的理解及相关资料形成自己的见解。进行诗歌再创作有难度,但能够培养学生的写作能力。

三、作业批改情况分析

第一梯度作业完成情况:93%的学生能够达标,其余学生主要存在字、词书写不正确的情况。尤其是"对镜帖花黄"的"帖"、"阿姊闻妹来"的"姊",这两个字书写得不正确。主要原因是学生没有养成认真细致的学习习惯,课堂听课质量有待提高。

第二梯度作业完成情况:40%的学生对诗句的赏析还停留在课堂的分析中,缺少独立探究的精神。

第三梯度作业完成情况：在选做此作业的学生中，20%的学生存在语言表达问题，缺少语言的节奏韵律美。但此梯度作业的亮点最突出，学生选取的创作角度、主题思想、语言运用都超出预期，产生了许多优秀作品。

四、作业问题处理

（1）针对第一梯度作业中出现的问题，可在作业讲评时分析准确识字、用字的方法，并结合课堂测验巩固。

（2）针对第二梯度作业，选取优秀范例4篇左右，集体赏析其选取角度、语言表达、写作手法的优秀之处。选取中等作业3篇左右，集体讨论其优点与不足，并指出具体的改正方法。课下以小组为单位，集体修改成范例。

（3）针对书写反复存在问题的学生，要常练常考，小组长和教师负责跟踪与落实。

（4）赏析第三梯度作业中的优秀作品，教师和学生可进一步推敲，使其更优秀，最后收录到班级的作品集中。

五、反思

阶梯作业的设计立足于正确看待学生的个体差异，设计合理，优化作业层次，发挥作业价值，减负增效。"以学生发展为本"的教育理念的落实，应以"因材施教"为前提，并贯穿教育的始终。这是正确看待学生之间的差异，注重学生个性发展的基本做法。因此，语文作业不仅是巩固学生的语文基础知识与基本技能的一种手段，还是课堂教学的一个重要环节。在"双减"政策、"提质增效"的背景下，阶梯作业的有效设计是提高课堂教学质量、检验教学效果、提升学生语文学科核心素养的重要手段。

"勾股定理"阶梯作业的布置与批改

124中学　赵月红

一、教学内容

勾股定理是三角形的一条重要的性质，也是几何学中重要的定理之一。勾股定理从边的角度进一步刻画了直角三角形的特征。通过对勾股定理的学习，学生将在原有的基础上对直角三角形有进一步的认识和理解。通过探索勾股定理的活动，学生可以体验由特殊到一般地探索数学问题的方法，尝试用数形结合的思想来解决数学问题。

本章内容的重点是勾股定理及其应用。勾股定理是解几何题中有关线段计算问题的重要依据，也是以后学习解直角三角形的主要依据之一。本节课首先让学生探索发现直角三角形三边之间的关系——两直角边的平方和等于斜边的平方，然后证明上述关系成立，最后让学生运用勾股定理解决问题。

二、作业布置的目的

本节课学习了勾股定理的推导和证明，所以本节课作业设置的目的是使所有学生掌握直角三角形三边之间的关系——两直角边的平方和等于斜边的平方，并且要会运用勾股定理解决已知直角三角形的两边，求第三边的问题，这是基础巩固作业。

绝大部分学生要会书写几何证明步骤，所以在能力提升作业中，设置了一道基础几何题，让学生既要会用，也要会写。

拓展探究作业是为能力较强的学生设置的，能够提升学生的画图能力、逻辑思维能力、解决问题的能力。

三、阶梯作业原文

（一）基础巩固作业

1. 在 $Rt\triangle ABC$ 中，$\angle C=90°$，$a=8$，$b=15$，则 $c=$ _____。
2. 在 $Rt\triangle ABC$ 中，$\angle B=90°$，$a=3$，$b=4$，则 $c=$ _____。
3. 在 $Rt\triangle ABC$ 中，$\angle C=90°$，$c=13$，$a=12$，$b=$ _____。
4. 在 $Rt\triangle ABC$ 中，$\angle C=90°$，如果 $a=7$，$c=25$，则 $b=$ _____。
5. 在 $Rt\triangle ABC$ 中，$\angle C=90°$，如果 $\angle A=30°$，$a=4$，则 $b=$ _____。
6. 在 $Rt\triangle ABC$ 中，$\angle C=90°$，如果 $\angle A=45°$，$a=3$，则 $c=$ _____。
7. 在 $Rt\triangle ABC$ 中，$\angle C=90°$，如果 $a=b=5$，则 $c=$ _____。
8. 一个直角三角形的3条边为3个连续的偶数，则它的边长分别为_____。

9. 已知直角三角形的两边长分别为 3 cm 和 5 cm,则第 3 个边长为_____。

（二）能力提升作业

10. 已知:在△ABC中,∠A=90°,AB=4,AC=4(图1),求BC的长。

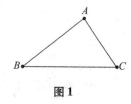

图1

（三）拓展探究作业

11. 已知等腰三角形的腰长是10,底边长是16,求这个等腰三角形的面积。

四、作业批改情况

问题一:(1)忽视题目中的隐含条件。例如,在第2题中,不少学生认为 $c=5$,忽视了 b 是斜边这一隐含条件。

(2)忽视定理成立的条件是在直角三角形中,有的学生一看到三角形的两边是3和4,就会认为第3个边是5。

(3)考虑问题不全面造成漏解。一部分学生没有认识到直角的重要性,勾股定理解题的关键是要先确定斜边,然后再运用公式解决问题。

问题二:含特殊角的直角三角形,边之间的关系掌握得不准确。学生通过观察计算,发现对于含特殊角的直角三角形而言,边的关系对于勾股定理的使用起到帮助作用,让学生亲历发现、探索的过程,有利于培养学生的语言表达能力,体会数形结合的思想。

问题三:勾股定理几何语言的书写不准确。因此要进一步加强学生对勾股定理的认识。

五、问题处理的构想

1. 讲评的设计

在教学中以小组合作形式进行改错,让学生自觉主动地去分析问题、解决问题,学生在操作过程中不断发现问题、解决问题,变学生"学会"为"会学"。这样不仅能够使学生明确学习目标,而且能够培养他们的合作精神和自主学习的能力。由于学生具有自主性和差异性,因此让学生通过小组讨论先解决大部分问题,然后由教师讲解小组内解决不了的问题,引导学生主动解决问题,体现学习自主性,从不同层面挖掘学生的潜能。

2. 问题解决的进一步策略

对于基础巩固作业中出现问题的学生配以同类型题进行训练,可以变换直角的位置,让学生明确斜边的特殊性。

在自习课或者课后服务中,可以让学生解答一些简单的几何题,训练学生的几何书写。可以采取让几名学生板书,其他学生点评,同桌之间互换点评等方式。

让学生在学习、交流、探索中发现勾股定理,感悟几何图形语言、符号语言及文字语言的运用,自主获取新的知识。在学习过程中,教师要充分利用现代信息技术手段,帮助学生更好地理解数学;将探究阵地从课堂延伸到课外,充分挖掘学生的潜能。

"正数和负数"阶梯作业的布置与批改

125 中学 赵祚林

一、教学内容

"正数和负数"是人教版数学六年级下第七章第一节的内容,教材通过正数和负数在生活中的一些应用实例,引导学生理解正数、负数及 0 的实际意义,为进一步学习正数、负数奠定基础。在本节课中,学生通过学习正数与负数,初步体会生活中的负数是根据需要来界定的,体验具体情境中的负数;知道正数、负数是一个相对的概念,并且表示在一个情境中成对出现的两个具有相反意义的量。在课堂学习中,通过举例、尝试、探索等数学活动,初步培养学生的辩证思维能力和问题意识,激发学生对数学的浓厚兴趣,培养学生的合作意识,激发民族自豪感,渗透爱国主义教育。

二、阶梯作业原文

(一)基础巩固作业

1. 在 -3、4、0、$-\frac{1}{4}$、2.3 中,负数共有( )

A. 0 个 B. 1 个 C. 2 个 D. 3 个

2. 若规定收入为"+",那么支出 -50 元表示 ( )

A. 收入了 50 元 B. 支出了 50 元
C. 没有收入也没有支出 D. 收入了 100 元

3. 如果水位升高 3 m 记作 $+3$ m,那么水位下降 3 m 记作 ( )

A. 0 m B. 3 m C. -3 m D. $+3$ m

4. 既是分数,又是正数的是 ( )

A. $+5$ B. $-5\frac{1}{4}$ C. 0 D. $8\frac{3}{10}$

5. 下列选项中,表示具有相反意义的量的是 ( )

A. 收入 50 元和支出 30 元 B. 上升 7 m 和后退 6 m
C. 卖出 10 斤米和盈利 45 元 D. 向东行 10 m 和向北行 10 m

(二)能力提升作业

6. 下列说法正确的是 ( )

A. 一个数前面加上"$-$"号,这个数就是负数

B. 零既不是正数也不是负数

C. 零既是正数也是负数

D. 若 a 是正数，$-a$ 不一定是负数

（三）拓展探究作业

7. 数学考试成绩以 80 分为标准，老师将 5 名学生的成绩记作：+15、-4、+11、-7、0，则这 5 名学生的平均成绩是多少？

三、作业布置的目的

基础巩固作业：设计了 5 道选择题，第 1 题考查学生对负数的基本认识，学生要在众多数中准确地找出负数。第 2 题、第 3 题从两个不同方面进一步加强了学生对正负数为一对相反意义的量的理解。第 2 题是从符号到实际意义的角度加强理解，第 3 题是反过来从实际意义到数学符号的角度加强理解。第 4 题将学习的新知识和之前的旧知识相结合，多角度理解数。第 5 题让学生从实际问题中自己判别，是否可以用相反意义的两个数来表示，加深了对负数、正数是一对相反意义的量的理解。

能力提升作业：设计了一道题，使学生从多方面认识理解负数。

拓展探究作业：设计了一道题，该题是在充分理解正、负数的基础上的综合运用，解决实际问题，贴近学生生活，便于理解。

四、作业批改情况

问题一：第 5 题考查的是正数和负数是一对相反意义的量。学生在完成这道题时需要知道生活中的相反意义的量，A 选项的收入与支出是一对相反意义的量，而 B、C、D 选项中的词语都不是相反意义。学生在判断时不够准确，有的不理解相反意义，有的粗心大意，在审题时出现错误。

问题二：第 6 题考查得比较灵活，有很多学生错误地选择了 A 选项，认为加上"-"号就是负数，这种错误在初学阶段非常常见。D 选项也是易错项，同样是对负数的考查。B、C 选项考查的都是零的特殊项，再次通过这道题加强对零的理解。

问题三：第 7 题是一个正数、负数的实际应用和灵活应用的问题。有部分学生把所给的正、负数加在一起又和 95 相加。这道题的解法应该是通过这些数算出 5 名学生的分数，再计算总分和平均分。

五、问题处理的构想

1. 讲评的设计

根据六年级学生的年龄特点，采用小组合作形式，互相督促改错，说出自己的错误并纠正，提高学生学习的积极性，培养学生的合作精神。由于学生具有自主性和差异性，因此让学生通过小组讨论先解决大部分问题，然后由教师讲解小组内解决不了的问题。

2. 问题解决的进一步策略

在基础巩固作业中出现错误的题目,用同样类型的题目加强训练,使学生正确理解每个知识点。

采取一些学生喜欢的活动方式调动学生的学习积极性。可以采取小组比拼、同学之间点评、同桌之间互换点评等方式。

让学生在学习、交流中加强对知识的理解,感受正、负数的实际灵活应用,自主获取新的知识。在学习过程中,教师要帮助学生更好地理解数学知识,感受数学是来源于生活、服务于生活的。

Unit 3　Read and write
阶梯作业的布置与批改

125 中学　刘静

一、教学情况介绍

（一）教学目的

学生能听、说、认、读 basket、part、lick、laughed 等单词；理解 Read and write 的内容；通过看图讨论日记故事的开端和发展，回忆相关的背景知识和话题词汇；能够在日记中捕捉不同信息；能够从日记中获取关键信息，利用上述信息，将教材中的日记改编为对话；根据提供的内容补全短文，描述自己过去一天的活动。

学生能够通过朗读技巧的指导，模仿正确的语音语调，养成良好的朗读习惯；通过阅读和书写的教学活动，增强学生的阅读意识，提高阅读能力；通过改编对话练习，培养学生的观察能力、归纳整理能力，锻炼学生的英语思维。

（二）阶梯作业原文

一、核心基础作业

根据要求选择最佳答案。

(　　)1. In the following words, which underlined letter has a different sound from the others?

　　A. part　　　　　B. hard　　　　　C. warm

(　　)2. Which pair of the words with the underlined letters has different sounds?

　　A. we, people　　B. chess, stomach　　C. thick, both

(　　)3. Which of the following words has the same sound as the underlined letter of the word "lick"?

　　A. write　　　　B. wind　　　　　C. child

(　　)4. Which of the following words has a different sound from the underlined letter of the word "how"?

　　A. down　　　　B. brown　　　　C. know

(　　)5. Which word of the following doesn't have the same stress as the others?

　　A. April　　　　B. basket　　　　C. today

二、能力提升作业

(一)将下列词组译成英语

1. 三人自行车　　　　　　2. 在篮子里

3. 使某人高兴　　　　　　4. 打扮;装扮

5. 扮演一个角色　　　　　6. 当然

(二)根据语境,使用所给单词的正确形式填空

1. In the morning, we _____ (ride) a bike for three people.

2. We took _____ (picture) of the beautiful countryside.

3. Today we _____ (buy) some gifts and _____ (eat) some delicious food.

4. She wants _____ (make) a kite for her child.

5. He was ill and _____ (go) to see a doctor.

6. Bad luck often _____ (bring) good luck.

(三)根据课文补全对话,按角色表演

Mike: Hello, Binbin. How was _____?

Wu Binbin: It was _____.

Mike: Where _____?

Wu Binbin: I went to _____.

Mike: Who did you _____?

Wu Binbin: I went _____.

Mike: What _____?

Wu Binbin: In the morning, _____. In the afternoon, _____.

Mike: Oh, your day was a _____ but also _____.

Wu Binbin: Yes, I think so.

三、挑战自我作业

Write a passage about your bad but good day.

(三)阶梯作业设计目的

1. 核心基础作业

设计目的:考查学生是否能准确地读出本课生词。

对全体学生的要求:在本题中,让学生整理自己发音错误的单词,归纳总结易读错单词的读音规律,并适当增加语音题训练。

2. 能力提升作业

(1)汉译英和用所给单词的正确形式填空。

设计目的:让学生巩固复习重点短语;学生在用单词的正确形式填空题中,检测自己是否掌握了本节课的难点以及重点词和短语,在语境中体会一般过去时的用法;通过汉译英的形式复习重要短语,培养学生总结归纳的学习能力。

对学优生和中等生的要求:通过完成汉译英题重温本节课的内容,养成归纳总结重点的学习习惯。要独立完成填空题,检测自己是否学会了重难点知识。

对潜能生的要求:能独立在原文中找到这6个词组,并能准确抄写下来。填空题有难度,可选做或如遇不会的题求助同学和老师完成。

(2)小组合作作业:根据课文补全对话,按角色表演。

设计目的:通过小组活动,让学生巩固学习一般过去时的重点句式"How was your…? Where did you go? What did you do?",同时为学生创造语言交流的机会。

此活动全员参与,潜能生在同学的帮助下,克服学习基础、学习能力等不利因素完成学习任务。

3. 挑战自我作业

设计目的:培养学生的写作能力,提高其综合运用语言的能力。在写作中,学生用一般过去时表达过去发生的事情。让学生学会思考,明白事物具有两面性,用积极乐观的心态面对生活。

对学优生的要求:汲取本节课的精华部分,结合自己已掌握的知识,完成一篇语言优美、表达流畅、结构合理、无语法错误的短文。

对中等生的要求:能合理运用本课所学内容,完成一篇语言准确、表达较流畅、结构比较合理、偶有语法错误的短文。

对潜能的生要求:能仿照本课内容用3~5句话,描述发生在自己身上的事情。个别潜能生可以不做此项作业。

二、作业批改情况

核心基础作业是中考题型,此部分作业得满分的只有12名学生,占班级人数的26%,74%的学生都出现扣分的情况。语音题较简单,只要平时注意每个单词的读音,不断地体会读音规律,很容易得满分。

作业中关于写作训练的有两道题:一个是结合课文内容补全对话;另一个是写短文介绍自己过去的一天。

学生的写作作业出现的问题比较多,班级45人只有5名学生的写作作业基本没有错误。写作问题体现在以下几个方面。

(1)语法错误:时态用错;句子成分不全;物主代词和人称代词混淆。
(2)单词拼写不准确,个别词没有大写。
(3)语句表达不通顺,上下文缺乏逻辑性。
(4)书写不过关。

三、问题处理的构想

1. 讲评的设计

在讲评课上,让学生分析语音题出错的原因。教师对这次作业中的几个元音字母的组合读音进行系统讲解,为了调动学生的积极性,让学生在本册书中找出含有 ar、ow、 i字母的所有单词,并让他们总结出这些字母组合的读音规律,教师做补充说明。

针对学生写作作业的问题,教师主要采取学生自学、生生互动、师生互动方式进行讲评。首先,教师展示某些学生的作业,让学生找出错误,教师帮助纠正错误;其次,教师展示4篇优秀写作作业,由学生指出优秀作业值得学习的地方,并记下好词好句;最后,教师进行写作指导并对学生提出建议,下发优秀作文,让学生粘在作文册中。

2. 问题解决的进一步策略

为加强语音的训练,要适当增加书面的专项练习题,尤其是关于重音的练习。重视课堂语音教学,指导学生总结归纳读音规律;保证学生每节课都能听到课本的音频;及时纠正学生的发音,鼓励同学之间多用英语交流。每单元学习结束,让学生自己设计出一些语音题来加强训练。每两周让学生把近期的语音错题整理到错题本上。教师利用课后服务的时间讲解音标,让更多学生既能认读音标,又能根据读音写出单词的音标。

写作本就是训练一个人的英语综合能力的,要想让学生在写作方面有所提高,必须重视阅读习惯的培养。首先,让全体学生每天至少读一篇阅读短文,阅读材料的选取要符合学生的认知水平,并具有趣味性、知识性,能够拓宽学生的知识面,培养阅读习惯。欣赏英语美文时,让学生学习文章结构,积累好词佳句。其次,写作训练的形式要多样化,难度要循序渐进,让学生消除对写作的畏惧感。例如,本次作业中补全对话的练习,大多数学生都可以从课本原文中找到适合的语句完成任务。最后,要重视教材中阅读短文的学习。结合每单元话题内容,教师要指导学生多积累写作素材,并讲解一些应用文的写作方法。用连词成句、汉译英、课文改写、仿写的形式对学生进行写作训练。

Unit 2　Section B Reading
阶梯作业的布置与批改

125 中学　魏庆华

一、教学内容介绍

本课的主要内容是 Tony 和 Mary 兄妹的日常生活习惯。本节课是一节阅读课，教材中根据阅读前、阅读中、阅读后 3 个方面设置了练习的内容。练习中渗透了日常生活中的短语，让学生从中复习和巩固所学过的知识。读文章，理解文章细节，让学生写下文中健康的和不健康的生活习惯，其目的是让学生掌握健康的生活方式，改掉不健康的生活习惯。

二、阶梯作业的布置及其目的

(1)核心基础作业：背诵并默写与日常生活习惯有关的短语。目的是让学生掌握与健康生活习惯有关的短语和时间的表达方式，了解与健康生活方式有关的词语。

(2)能力提升作业：用表格的形式对课文的内容进行梳理。目的是让学生在理解阅读内容的基础上，用简单的表格形式对课文的内容进行梳理，培养学生的学习能力；了解哪些是健康的生活方式，哪些是不健康的生活方式，树立健康的生活观。

(3)拓展探究作业：用脑图的方法梳理文章，并制定健康的生活方式。目的是培养学生的学习策略，让学生学以致用。通过日常生活习惯的学习，让学生能够热爱生活，制定并培养健康的生活习惯，学会合理利用时间，珍惜时间。

三、作业批改情况

(1)在核心基础作业中，60%的学生10个短语的正确率为50%。从数据可以看出，基础较弱的学生对单词拼写和固定搭配的掌握不太扎实，需要在拼写方面加强练习。

(2)能力提升作业通过列表的形式培养学生梳理文章的能力。中等程度的学生对基础知识掌握得较好，在此基础上，学生能够读懂文章，通过对阅读材料的理解，能够梳理阅读材料的内容，并且能准确地将不健康和健康的生活方式进行清晰的划分。在该项作业中，学生基本能完成课程的预期目标。

(3)对于知识掌握得很好的学生，培养他们的学习能力是非常重要的。拓展探究作业的设计目的是培养学生的学习策略，让学生学以致用。通过对日常生活习惯的学习，让学生能够热爱生活，制定并培养健康的生活习惯，学会合理利用时间、珍惜时间。作业成果显示，大部分学生完成得很出色。但是也存在问题，如会存在个别的语法错误及逻辑关系的合理性问题。

四、问题处理的构想

1. 存在的问题

阶梯作业的设置有利于因材施教,让学生有完成任务的信心,使每名学生都对学习充满兴趣。在批改作业的过程中,我发现各个层次的学生都存在不同程度的基础不扎实的问题。例如,小部分学生不会读单词,对单词死记硬背,拼写时经常出错。基础较好的学生,经常出现语法错误,句与句之间的逻辑关系问题较大。针对以上问题,我会给每个学生建立档案,积累作业中出现的问题,并在阶梯作业中有所体现。在课堂提问的时候,针对学生的个人情况,设计不同的、有针对性的问题和活动。加强巩固学生的薄弱方面,提高学习信心。

2. 解决问题的策略

首先,全方位了解每名学生的特点,如建立档案、学生个人的错题集锦等。针对不同层次的学生设计更有效的习题和作业,有效地检测学生的学习成果。其次,采用多维度的评价方式。教师评价,善于发现学生的优点和进步,及时地对学生给予鼓励和肯定;生生评价,学生之间以小组合作的形式,互相帮助,共同进步;自我评价,让学生了解自己的优点与不足,全面地认识自我,改进自我。最后,利用课余时间对学生做有针对性的一对一的辅导,让每名学生都对学习充满信心,都有所收获,达到因材施教的目的。

"质量守恒定律"第二课时
阶梯作业的布置与批改

125中学 王佳悦

一、教学情况介绍

1. 课程内容

八年级化学第五单元课题一,质量守恒定律第二课时,主要内容是化学方程式的概念及化学方程式的意义。

2. 课程类型

新课讲授。

3. 本节课的重要性

从本单元起,学生对化学的学习将由生成何种物质向生成多少物质方面展开。这既与质量守恒定律在化学发展史中的地位相呼应,也是学生在学习化学、认识世界过程中的一次认识上的飞跃。

质量守恒定律的学习是义务教育阶段学生开始定量认识和研究化学变化的转折点,是学生书写化学方程式和进行化学计算的理论基础。化学方程式是中学化学课程中重要的化学用语,有助于学生深入理解化学反应原理,更好地掌握物质的化学性质。根据化学方程式进行简单计算,是学生应用化学知识解决实际问题的初步尝试,有利于学生进一步了解化学在实际生产、生活中的应用。本课题包括质量守恒定律与化学方程式两部分内容。

从学科知识上看,质量守恒定律是物质发生化学变化所遵循的一项基本规律,是化学家在对参加化学反应的各物质的质量进行定量研究的过程中总结出来的。它的发现是化学发展史上的一个里程碑,为从定量角度研究化学变化提供了基本依据,使定量研究逐渐成为化学研究的主要方法,有力地促进了化学的发展。同时,质量守恒定律也是自然界最重要的基本定律之一,为哲学上的物质不灭原理以及物质和运动的永恒性提供了坚实的自然科学基础,在科学史上具有重要地位,学生对此应有足够的认识。

4. 学科核心素养要求

本课题通过一系列实验和探究活动,引导学生用定量的科学方法对化学现象进行研究和描述,并得出化学反应所遵循的一项基本规律,为化学方程式的教学做好理论准备,这是学习本单元的基础。教材借助质量守恒定律和化学式,将学生已学过的化学现象用化学的语言进行了科学、定量的描述,抽象为化学方程式。本单元中所学习的原理

(质量守恒定律)和技能(正确书写化学方程式、利用化学方程式进行计算)是初中化学的基本内容,也是学生以后学习化学反应及其规律的基础。

5. 教学目标

(1)通过实验探究、认识质量守恒定律,了解常见化学反应中的质量关系。
(2)从微观角度解释质量守恒定律并认识化学反应。
(3)培养严谨求实的科学精神,认识定量研究对化学科学发展的重大作用。

6. 学情分析

关于化学方程式的内容,学生已经学习了元素符号、化学式、化学反应的实质,知道了一些化学反应和它们的文字表达式,结合在本课题第一部分中已学习的质量守恒定律,学生已经具备了学习化学方程式的基础。

7. 本课题学生容易出现的问题

如何理解质量守恒定律是利用化学方程式计算的理论依据。

二、阶梯作业原文

(一)双基达标作业

1. $S + O_2 \xrightarrow{\text{点燃}} SO_2$ 请写出此化学方程式表达的含义:
(1)硫与氧气在_____。
(2)每_____的硫与_____,生成_____。

2. 铁与硫酸铜溶液反应的化学方程式 $Fe + CuSO_4 === FeSO_4 + Cu$。
这个式子不仅表明了反应物是_____,生成物是_____,还表明了参与反应的各物质之间的质量关系,即_____。

(二)能力提升作业

3. 某物质加热分解产生氧化铜和水,则该物质含有的全部元素是 (   )
A. Cu、O   B. Cu、O、H   C. O、H   D. Cu、H

4. 在一个密闭容器内有A、B、C、D 4种物质,在一定条件下充分反应,测得反应前后各物质的质量见表1。下列说法正确的是 (   )

表1

物质	A	B	C	D
反应前质量/g	4	6	111	4
反应后质量/g	待测	15	0	84

A. 该化学变化属于分解反应
B. 该化学变化属于化合反应

C. 该反应中 A、B、C、D 4 种物质的质量比为 22:9:111:84

D. 反应后密闭容器中 A 的质量为 22 g

三、阶梯作业内容介绍

1. 作业设计目的

巩固化学方程式所表示的几方面意义,提升学生对质量守恒定律的理解,加强对化学语言的理解与应用能力。

2. 作业要求

全体学生能够独立完成双基达标作业,85% 的学生能准确完成 1~3 题,75% 的学生能准确完成 4 道题。

四、作业批改情况

(1) 6% 的学生第 1 题回答得不严谨,缺少关键词汇,12% 的学生第 3 题错误,24% 的学生第 4 题错误。

(2) 典型错误的原因:第 1 题答题不严谨,第 3 题不会运用质量守恒定律,第 4 题没有思路。

五、问题处理构想

1. 讲评的设计

(1) 讲评方式:以典型错误作业为案例,通过学生的做题痕迹,剖析学生做题时的错误思路。

(2) 跟踪反馈:将具体解题步骤写到黑板上,要求学生整理记录,课下拍照复批。

2. 问题解决的进一步策略

跟踪评价、各个击破。

(1) 对于第 1、2 题这种基础题型要求全体学生必会,课下会针对有问题的学生单独提问。

(2) 再设计两道与第 3 题相似的题让做错这道题的学生练习。

(3) 在巩固当天所学知识点的同时,适时回顾旧知识帮助学生形成自己的知识体系。针对做错第 4 题的学生设计相似的习题,直至其完全掌握解题方法。

"有理数"复习课阶梯作业的布置与批改

124 中学　袁金杰

在教育深化改革的背景下,中共中央办公厅、国务院办公厅印发《关于进一步减轻义务教育阶段学生作业负担和校外培训负担的意见》。为了全面、充分贯彻落实教育部的"双减"政策,不断提升教育教学质量,完成"立德树人"根本任务,我校六年级数学组开展了扎实有效的工作。在常规教学、集备等工作中全面落实"双减"政策,在集备过程中加入阶梯作业布置的研讨。在精准备课的过程中,全组成员认真备课、认真总结、认真探讨、认真整理,形成了实用、科学的阶梯作业。

下面以义务教育人教版数学六年级下第七章"有理数"复习课(一)的课后作业为例,介绍阶梯作业的布置与批改。

"有理数"复习课(一)注重培养学生的数学抽象、逻辑推理、数学建模、数学运算、直观想象、数据分析等数学学科核心素养。数轴是数形结合思想的产物,引进数轴后,可以用数轴的点直观表示有理数。掌握数形结合思想,能够为今后数学的学习打下坚实的基础。

为了更好地让学生理解有理数、相反数、绝对值的意义,掌握比较有理数大小的方法,有效地检验学生是否完成本节课的学习目标,使其巩固课堂知识,提升抽象逻辑思维能力,便于教师掌握学生实际学习情况,设置合理的阶梯作业非常必要。阶梯作业的问题设置要准确、合理、适量、有梯度。采取恰当的形式,关注全体学生,注重对学生的学法指导和能力培养,注重反馈效果,体现服务性、人文性。阶梯作业的设置还要使不同程度的学生都能在学习过程中有所收获,学习目标大幅度提高。同时,培养学生归纳总结的能力,梳理所学,查漏补缺,完善自我。因此,阶梯作业在设置时,分为三个层次。本节课的阶梯作业原文如下。

1. 第一个层次:双基达标作业

(1)把下列各数填入所属集合。

$$-2, 0.23, -\frac{1}{3}, 0, 3, -0.1, 8, -2.5$$

正整数集合:{　　　　　　…}

整数集合:{　　　　　　…}

负数集合:{　　　　　　…}

负分数集合:{　　　　　　…}

(2)如果规定上升 8 m 记作 8 m,那么 −7 m 表示_____。

(3) $-1\dfrac{1}{9}$ 的相反数是____。

(4) 一个数的绝对值是6，这个数是____。

(5) 计算：$(-1)^{2002} \times (-2^2) \times 0 =$ ____。

(6) 如果 $a^2 = 16$，那么 $a =$ ____。

2. 第二个层次：能力提升作业

在数轴上把下列各数表示出来，并按从小到大的顺序用"＜"号把这些数连接起来。

$$(-1)^3, -|-2.5|, 0, (-2)^2, -\left(-2\dfrac{1}{2}\right), -5\dfrac{1}{2}$$

3. 第三个层次：拓展延伸作业

已知 a、b 互为相反数，c、d 互为倒数，x 的绝对值为2，求：$x^3 + (-cd)^{2022} - (a+b)^{2021}$ 的值。

学生作业的完成情况如下。

第一个层次：双基达标作业。班级47名学生，其中有5名学生做一个数的平方等于一个正数这道题时，出现丢掉一个负数的解的情况。学生由于还不习惯于考虑负数的情况，因此考虑问题不全面，需加强相关训练。还有学业水平较好的少数学生出现漏写、笔误的情况，主要是审题不认真，对出现这种问题的学生要培养阅读能力。

第二个层次：能力提升作业。中等学业水平的学生群体中有3名学生出现描点不规范、解题步骤不完整的情况，本题准确率为70%。对于中等学生存在的个别问题，教师利用课间逐一讲解，因为中等程度的学生理解能力较强，稍加点拨即可。

第三个层次：拓展延伸作业。本题准确率为50%。学业水平较高的学生群体中少部分学生的规范书写还有待提高。可组建小组，互相监督，规范书写，并提供拓展能力题，使他们能在课间一起研究问题，进行交流、表达、练习、书写等，学会归纳概括，从而逐步提升学生的思考能力，培养学生用数学方法思考和处理问题的能力，使学生的学科核心素养得到良好的培养，引导学生积极思考、自主学习、合作探究，提高解题能力。

教师批改作业后应及时讲评大多数学生出现的共性问题，利用自习课的时间统一讲解能力提升作业，由学生分工协作，在黑板上边画简边描点，并进行点评。安排这个环节的目的是给学生一个表达、展示、交流的机会，在分享活动成果和收获的同时，教师可以了解学生数学应用能力的发展状况，也可以了解学生的数学学习态度。在展示交流过程中，教师要注意引导学生对数学活动过程进行全面反思：是否有一个对有理数知识的认识，有怎样的提高，是否有中途改进的过程。然后，让学生总结在解此题时遇到了哪些困难，有哪些收获。教师要恰当对学生进行点拨引导，注意夯实基础，使学习目标具体、明确、合理。

总之,从智力与能力发展的年龄特征上看,学生的思维正处于从以具体形象思维能力为主向以抽象逻辑思维能力为主转折。因此,作业中必须要有适当的考查抽象概括能力的题,这样既能适应这一时期学生能力发展水平,又能促进他们的思维向更高层次发展。

Unit 4　Don't eat in class
阶梯作业的布置与批改

124 中学　莫莉

一、教学情况介绍

（一）教学内容

本课例选自七年级下册 Unit 4 Don't eat in class，本单元的话题 Talk about rules 与日常生活密切相关。在谈论规则时，一般运用祈使句、情态动词 can 和 have to 等。这是《英语课程标准》中规定必须掌握的内容，是交际英语中必不可少的项目。因此，本单元对于提升学生的学习兴趣和提高学生的听、说、读、写能力有很大的帮助。本课时涵盖两个部分，第一部分通过复习学校的规章制度展示祈使句和情态动词 can 的用法；第二部分通过听力和模仿制定家庭的规章制度，对所学祈使句进行巩固和强化。

（二）布置阶梯作业的目的

本课时的教学目标是要求学生能够用英语动词词组表达家规，并运用情态动词与动词词组构成完整的句子。课时作业要由课上的输入转成课后的输出，以此检验学生对课上学习内容的掌握情况。本课的作业包括预习和复习两部分。预习作业是下一课时的单词抄写及背诵，为课文的学习扫清障碍，这一部分内容主要是记忆、听写单词，要求所有学生都必须完成。复习作业分为以下三项。

(1) 夯实基础作业：抄写、翻译、背诵书中表格中的动词词组。

这部分作业难度较低，考查的是上课是否注意听讲，笔记有没有记全，主要是针对学习能力较低的学生，帮助其减少学习压力，增强自信心。

(2) 巩固提高作业：根据表格内容，完成作文"Dave's family rules"。

巩固提高作业是在夯实基础作业的基础上，从词组到句子的一个连词成句的扩展练习。巩固提高作业是针对英语基础知识掌握跟上整体进度，但对更深层次的知识理解能力偏弱，遇到问题不能主动解决的学生布置的，这部分学生应提高自主学习能力及思维的逻辑性。

(3) 追求卓越作业：写一写"My family rules"。

追求卓越作业建立在巩固提高作业的基础上，学生需完全掌握词组、句型，将英语知识与自己的实际生活相结合，突出个人观点及创新性思想。追求卓越作业是针对具备优秀的英语素养、对教材内容完全掌握、能够举一反三、自主学习能力强的学生布置的。

二、作业批改情况

学生在作业中出现的问题比较集中,语法方面的问题主要是 have to 变 has to,以及句子成分不完整。

三、问题处理的构想

1. 讲评的设计

首先,教师应鼓励并指导不同层次的学生根据自身的实际水平制定各自的目标,在讲评作业时,对能按时交作业并实现短期目标的学生给予充分的肯定,让每个学生都能体会到成功的喜悦,继而不断增加学习的信心和动力。

其次,针对每一项作业进行考查和讲评。第一,针对预习及夯实基础作业,可以给出短语的中文,让学生默写英语词组,选两个有代表性的学生在黑板上写,强调容易出现拼写错误的地方。第二,针对巩固提高作业和追求卓越作业,选出几篇有典型语法错误、学生都容易犯错的"中间类"作文,但不标出姓名,让学生进行改错,这样被修改作文的学生的印象会更深刻,同时夯实了改错学生的基本功。

最后,对优秀的作文进行点名表扬,对其给予肯定,激励其继续努力。

2. 问题解决的进一步策略

在讲评结束后,鼓励所有学生都进行二次修改和三次修改。二次修改在讲评作文后,自行修改完善,然后小组内互评,同学之间互帮互助,解决语法问题。最后以小组为单位上交作文成果,由教师进行面批,指出作业中存在的问题,如书写、结构、内容、逻辑等方面,以及学习上存在的问题,如笔记的记录、语法的掌握、口语的练习、英语学习的兴趣等。在对每个学生的学习情况清楚掌握的基础上,尊重学生的个体差异,发挥作业评语应有的作用,让学生的思维在评语中形成,学习方法在评语中领略,学习信心在评语中获得,学习情感在评语中升华。

适合的就是最有益的
——语文随堂阶梯作业的设置与批改案例

124 中学　徐婷

教学的成功不仅体现在课堂上，还要体现在课后作业的巩固上。"人像树木一样，要使他们尽量长上去，不能勉强都长得一样高，应当是：立脚点上求平等，于出头处谋自由。"陶行知先生用这句话形象地阐释了"因材施教"的原则。因此，教师在布置作业时，应充分研究学生情况，承认差异，尊重差异，使每个层次的学生都能感受到学习的乐趣。只有适合学生的作业才是对学生最有益的。

一、教学情况介绍

（一）教学内容

《木兰诗》是部编版语文七年级上册第二单元的一首古诗。《木兰诗》是我国南北朝时期北方的一首长篇叙事民歌，记叙了花木兰女扮男装、代父从军、征战沙场、凯旋回朝、建功受赏、辞官还乡的故事，塑造了一个勤劳善良又坚毅勇敢、淳厚质朴又机敏活泼、热爱亲人又报效国家、不慕高官厚禄而热爱和平生活的人物形象。本诗为乐府民歌，具有浓郁的民歌特色，其结构分明、语言朴素、感情浓郁，是初中语文课本中的优秀篇章。

《语文课程标准》主张语文课程应致力于学生语文素养的形成与发展，重视语文的熏陶感染作用，注意教学内容的价值取向，尊重学生在学习过程中的独特体验，培养学生学习语文的兴趣，发展学生的思维和创新精神，培养学生良好的语文学习习惯。所以，要在教学中侧重诵读的重要性，在诵读中培养学生有意识地积累、感悟和运用，从中提高自己的欣赏品位和审美情趣。促使学生从碎片化学习走向整体性学习，体会单元主题——家国情怀。

（二）阶梯作业布置的目的及其内容

本节课复习了文言文的翻译，汇总了文言现象，分析了花木兰的人物形象，理解了作者的思想感情。从学情出发，怎样能及时检查、诊断、反馈、激励学生的学习；怎样让学生打好扎实的语文基础，发展学生的思维，提高学生发现、分析和解决问题的能力；怎样精简作业，高效地设置适合各类学生的智力、能力、兴趣等方面的作业，是我在设置作业前深刻思考的问题。

结合以上思考，本节课阶梯作业的目的是巩固学生对文章的理解，教师不仅要了解学生对重点、难点的掌握情况,还要与考情相结合,以灵活多样的形式检验学生的能力。全体学生要理解基本内容,程度中等的学生要掌握诗歌关键句的翻译,程度好的学生要灵活掌握诗歌内容。

阶梯作业内容如下。

(1)双基达标作业:熟背《木兰诗》。
(2)能力提升作业:理解下列诗句,注意上下句的意思是相互交错、补充的。
①东市买骏马,西市买鞍鞯,南市买辔头,北市买长鞭。
②将军百战死,壮士十年归。
③开我东阁门,坐我西阁床。
④当窗理云鬓,对镜帖花黄。
(3)拓展延伸作业:理解性默写填空。
①写木兰毅然决然代父从军的句子是:_____。
②写木兰征前准备工作的句子是:_____。
③描写木兰奔赴战场时矫健英姿的句子是:_____。
④描写木兰军营中苦寒生活的句子是:_____。
⑤赞颂木兰谨慎、聪明、勇敢、能力不逊于男子的句子是:_____。

二、作业批改情况

在能力提升作业中,学生对前3个互文句掌握得很好,第4个句子有1/3的学生选择直接翻译。最好翻译为:对着窗子,对着镜子,先梳理像云那样的鬓发,后贴上花黄。这样既体现了互文修辞的特点,也表现出木兰回家重换女装的喜悦及女儿的情态。

翻译不标准的原因有两个方面:①有的学生只关注到不够明确的句子上的特殊翻译,而忽略了句子内容上的逻辑关系。②在教学过程中,教师对于互文句的强调不够。所以,在作业讲解时要继续攻克问题,让学生夯实重点。

在拓展延伸作业中,可喜的是全班学生参与答题,说明大家对文章的理解度较高,这无疑是对课堂教学的肯定。从答题情况上看,100%的学生能够做到理解与文句相对应,但总有学生出现书写性错误。以一个班为例,其中26名学生出现书写错误,有不会写字的,也有书写不规范的。

因此,在学习基础知识时,要不断强化书写的准确性,通过多元化的检测手段,强化重点,让学生掌握。

三、问题处理的构想

(1)考查背诵情况。以段落接龙形式抽查,主要针对中等生和潜能生。有的潜能生背诵得还不够准确或熟练,所以利用课间检查背诵,力求学生完全掌握。

(2)讲解互文句翻译。复习互文的相关知识,引导翻译不规范的学生完成翻译,分析错题原因,抓住重点,并快速提问其他翻译不规范的学生,起到高效巩固的效果。

（3）讲解理解性默写填空。这种题型不仅考查学生对文章内容的理解，还考查学生的背诵、书写能力，属于综合性考查。在讲解时不仅要让学生理解透，还要让学生学会举一反三。通过变化句子的问法，让学生掌握句子内容的关键点。再利用课后服务的辅导时间，汇总各种理解性默写的问法，让学生全面理解，最大限度地掌握考点。

阶梯作业的设置与批改要从学生中来、到学生中去，只有适合学生的作业才是对学生最有益的。优化阶梯作业的设置与批改，不仅能提高学生有效整合知识的能力，还能激发学生对知识的渴求心理。

每一朵花都有自己的花期，我们的默默耕耘，只为静待花开。

"平行四边形"阶梯作业的布置与批改

163 中学　李红梅

一、教学情况

（一）教学内容

（1）《数学课程标准》对本节课的要求：理解平行四边形的概念，探索并证明平行四边形的性质定理，掌握平行四边形的对边相等、对边平行、对角相等的性质。

（2）在内容安排上，努力增大学生自主探索的空间，运用动态的变换方法研究静态的几何图形，按照探索—猜想—证明的顺序展开，体现合情推理与演绎推理的有机结合，加强学生推理能力的训练。

（3）在本章的后续学习中，对于几种特殊的四边形，其定义均采用的是内涵定义法，并且矩形和菱形的定义，均以平行四边形作为种概念，所以平行四边形的概念作为核心概念当之无愧。平行四边形的性质是后续学习矩形、菱形、正方形等知识的基础，这些特殊平行四边形的性质，都是在平行四边形性质的基础上扩充的，它们的探索方法也都与平行四边形性质的探索方法一脉相承，因此，平行四边形的性质在后续的学习中也处于核心地位。

（4）本节课的内容难度不大，适合学生讨论，可以充分开展合作学习，培养学生的合作精神和团队竞争的意识。教师要引导学生主动积极探索，认识平行四边形，亲自发现平行四边形的性质，然后通过例题和练习加深对知识的理解，灵活运用平行四边形的性质解决实际问题。

（5）学生推理能力的培养是一个长期的过程，规范书写表达是培养推理能力的重要方式，按照教材安排，通过推导平行四边形的性质定理的过程，提高推导、论证能力和逻辑思维能力。

（6）平行四边形是"空间与图形"领域中最基本的几何图形，它在生活中有着十分广泛的应用，这不仅表现在日常生活中有许多平行四边形的图案，具有重要的实用性，还表现在其性质在生产、生活各领域的实际应用。

（二）阶梯作业布置及其目的

阶梯作业的梯度分为基础夯实、能力提升、挑战自我三个层次。

1. 基础夯实作业

（1）在 $\square ABCD$ 中，$AB = 3$ cm，$BC = 5$ cm，则 $AD = $ ＿＿＿＿＿＿，$CD = $ ＿＿＿＿＿＿。

(2)已知□ABCD的周长为32，AB=4，则BC=_____。

(3)在□ABCD中，∠B=50°，则∠A= _____，∠D= _____。

(4)在□ABCD中，∠A+∠C=120°，∠B= _____，∠D= _____。

2. 能力提升作业

(5)如图1所示，在□ABCD中，AD=5，CD=3，AE平分∠BAD交BC边于点E，则线段BE、EC的长度分别为 （ ）

A.2和3　　　B.3和2

C.4和1　　　D.1和4

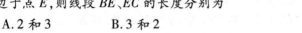

图1

(6)如图2所示，在□ABCD中，AB=8，AD=12，∠BAD、∠ADC的平分线分别交BC于E、F，则EF的长为_____。

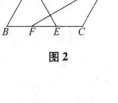

图2

3. 挑战自我作业

(7)□ABCD一内角的平分线与边相交并把这条边分成6和8两条线段，则□ABCD的周长是_____。

(8)如图3所示，在□ABCD中，E为AD中点，CE交BA的延长线于F。求证：AB=AF。

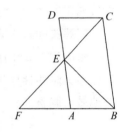

图3

作业形式：书面答题。

设计依据：《数学课程标准》。

基础夯实作业根据本节课的学习内容，以教材23页练习为原型设计一组全体学生必会的题，直接应用平行四边形对边相等、对角相等的性质。有助于所有学生巩固消化本节课所学知识，有利于对所学知识加深理解，并使所有学生形成本节课数学基本能力。

针对能力较强的学生，布置了能力提升作业，也是平行四边形对边相等、对角相等性质的提升训练。提升学生的知识运用能力，将已有知识融会贯通，让书本上的知识真正成为学生自己的智慧，并构建良好的知识体系，能够运用知识解决问题。

为班级中的几个尖子生布置了挑战自我作业。第7题在能力提升作业两道题的基础上没给图形，变成一道双解题，提高学生的变式能力。第8题是一道证明题，在帮助学生梳理掌握平行四边形性质的同时综合运用了平行线的性质、全等证明等知识。要求学生规范书写，同时复习巩固中点全等型这一重要的基本图形，让学生充分发挥数学在各方面培养中所需要的思维能力和创新能力，提升数学素养。

对完成作业可能产生的疑难点，教师要进行适当的点拨、引导，以避免学生在写作业时出现目的不清、难以下手的情况。要充分考虑育人功能和梯度衔接，通过因材施教的教学实践活动,激发学生学习数学的热情,提升数学的学习能力与分析能力,进而展现数学教学所拥有的全面性与实践性。

二、作业批改情况

本节课作业的反馈情况是:基础夯实作业,两个班级共75人,全对人数70人,错一道题的有1人,错两道题的有4人,全对人数的比例达到96%;能力提升作业,全答对的有50人,全对人数的比例达到67%;挑战自我作业,全答对的有30人,全对人数的比例达到40%。学生完成作业的积极性很高,阶梯作业减轻了学生的压力,提升了学生的竞争意识,激发了学生的求知欲。

三、问题处理的构想

1. 讲评的设计

在授课时根据学生的知识水平、学习能力、学习态度和学习成绩将学生分成甲(基础组)、乙(提高组)、丙(拓展组)3个组。根据分组安排座位,在讲评作业时共性的问题集体评讲,个别问题个别评讲。同时,将重点与突破难点相结合。针对这些重要的考点进行强化训练,及时跟踪测试。

2. 解决问题的策略

组内同学互相比拼,鼓励表现突出的学生,以此调动学生的学习积极性。由于学生的成绩会阶段性地提高或降低,因此对学生进行分层应是动态的,教师要根据情况不定期地做出调整。

"用加减消元法解方程组"阶梯作业的布置与批改

163中学　张敏

一、教学情况介绍

（一）教学内容

本节课是人教版数学七年级下册第十五章第二节"用加减消元法解方程组"。

《数学课程标准》对本节课的要求：①了解二元一次方程组及其相关概念，会解简单的二元一次方程组；②能灵活选择代入消元法或加减消元法解二元一次方程组，将未知转化为已知，体会"消元思想""化未知为已知"的化归思想。

本节课是学生在学习了一元一次方程及其解法、二元一次方程和二元一次方程组的解的概念以及二元一次方程组的代入法的基础上，用加减消元法解方程组，让学生将解二元一次方程组转化为解一元一次方程，体会化归的思想。二元一次方程组的求解，不仅用到了上一章学过的一元一次方程的解法，是对过去所学知识的一个回顾和提高，同时，又为八年级学习一次函数打下牢固的基础。因此，本节课知识不但具有广泛的实际应用，而且在中学数学中具有承上启下的作用。

（二）教学目标分析

结合《数学课程标准》的要求及本节课的地位和作用，考虑到学生已有的认知结构、心理特征，要求学生掌握消元的实质及用加减法解二元一次方程组的一般步骤，培养学生自主探究的能力及合作学习的能力；引导学生经历用加减法解二元一次方程组的过程，通过体悟自主概括解题步骤，初步体验数学研究中"化未知为已知"的化归思想，让学生感受"变陌生为熟悉"的学习方法，学会交流与合作；激发学生学习数学的兴趣，提高学生学习数学的积极性，体会数学的严谨性，在探索活动中，培养学生与他人合作、交流的意识。

本节课内容难度不大，可以充分开展合作学习，培养学生的合作精神和团队竞争意识。教师要引导学生主动积极探索，通过例题和练习加深对知识的理解，灵活运用适合的方法解方程组。

（三）阶梯作业布置及其目的

本节课的阶梯作业分为基础夯实、能力提升两个层次，以书面答题的形式进行验收。

1. 基础夯实作业

(1)方程组 $\begin{cases} 2x-3y=1 \\ 2x+5y=-2 \end{cases}$ 中，x 的系数特点是_____；方程组 $\begin{cases} 5x+3y=8 \\ 7x-3y=4 \end{cases}$ 中，y 的系数特点是_____，这两个方程组用_____法解比较方便。

(2)用加减法解方程组 $\begin{cases} 2x-3y=5 & ① \\ 2x-8y=-3 & ② \end{cases}$ 时，①-②得_____。

(3)已知 $\begin{cases} x+y=1 \\ x-y=3 \end{cases}$，则 $2xy$ 的值是_____。

(4)在等式 $y=kx+b$ 中，当 $x=0$ 时，$y=2$；当 $x=3$ 时，$y=3$；则 $k=$_____，$b=$_____。

(5)用加减法解下列方程组。

① $\begin{cases} x+3y=6 \\ 2x-3y=3 \end{cases}$
② $\begin{cases} 2a-3b=2 \\ 5a-2b=5 \end{cases}$

③ $\begin{cases} y-1=3(x-2) \\ y+4=2(x+1) \end{cases}$
④ $\begin{cases} \dfrac{x}{3}+\dfrac{y}{4}=1 \\ \dfrac{x}{2}-\dfrac{y}{3}=-1 \end{cases}$

2. 能力提升作业

(6)已知 $\begin{cases} 2x+y=7 \\ x+2y=8 \end{cases}$，则 $\dfrac{x-y}{x+y}=$_____。

(7)方程组 $\begin{cases} 4x-3y=k \\ 2x+3y=5 \end{cases}$ 的解与 x 与 y 的值相等，则 k 等于_____。

(8)已知关于 x、y 的方程组 $\begin{cases} x+2y=a+1 \\ 4x+3y=a-1 \end{cases}$ 满足 $x+y=1$，求 a 的值。

(9)已知 x、y 是有理数，且 $(|x|-1)^2+(2y+1)^2=0$，则 $x-y$ 的值是多少？

基础夯实作业根据本节课的学习内容，以教材课后练习为原型进行设计，直接用加减法解方程组，这样做有助于所有学生巩固消化本节课所学知识，有利于对所学知识加深理解。

能力提升作业布置了4道题，所有学生都要做，因为解方程组这部分知识很简单，能力提升作业是对用加减法解方程组的提升训练，目的是提升学生的知识运用能力，将已有知识融会贯通，并构建良好的知识体系，让学生充分地发挥数学思维能力和创新能力，提升数学素养。

二、作业批改情况

这次作业的反馈情况：基础夯实作业，班级共44人，全对人数32人，错一道题的有

8人,错两题的有4人,全对人数达到73%;能力提升作业,全答对的有21人,全对人数达到48%。

教师对学生完成作业时可能遇到的难点要进行适当的点拨、引导,以避免学生在写作业时出现目的不清、难以下手的情况。要充分考虑育人功能和梯度衔接,通过布置阶梯作业,激发学生学习数学的热情,提高学生学习数学的能力与分析问题、解决问题的能力。

三、问题处理的构想

1. 讲评的设计

针对作业批改时出现的问题,在讲评时根据学生的知识水平、学习能力、学习态度和学习成绩,挑选不同的学生进行提问,将重点与易错点相结合,进行强化训练,及时跟踪测试。教师在辅导时要有针对性地进行讲解,在课后服务时进行分层教学、分层练习,在晚辅导课中让学生合作学习。同时,教师要有目的地批阅学生的作业,不能只是判断对与错、好与差,更要注重过程与方法,善于发现学生练习中的优点和思维中的亮点,以及学生出现差错的原因,还要加强个别辅导。教师在批改作业时要多做激励性、指导性、启发性的批注,指导学生思考,肯定学生的进步。

2. 解决问题的策略

组内同学互相比拼,鼓励表现突出的学生,以此调动学生的学习积极性。由于学生的学习成绩会阶段性地提高或降低,因此对学生的分层应是动态的,教师要根据情况不定期地做出调整。

"矩形"阶梯作业布置与批改的有效策略

163 中学　赵冰冰

一、教学情况介绍

"矩形"一课为人教版课程标准实验教科书数学八年级下册第 18 章第 2 节的内容，它是联结平行四边形与矩形、菱形及正方形之间从属关系的重要环节，起到承上启下的作用，是本章内容的一个重点。矩形是人们日常生活中最常见的、应用最广泛的一种几何图形，通过这一特点使学生体会到几何知识来源于实际又应用于实际的辩证关系。在研究几个图形之间的从属关系时，也涉及了辩证思维和认识论的一些观点，这对于发展学生的逻辑思维能力和渗透辩证唯物主义观点的教育都有一定的作用。学生在小学学习过长方形的简单知识，有了这样的基础，再加上初三的学生思维活跃、兴趣广泛，获取信息渠道多，对新事物有强烈兴趣，他们完全有能力通过自主探究的学习方式并借助教师恰当的点拨来学好矩形的判定。这就要求教师在课堂上要敢于放手，让学生去想，去说，去做，去表达，去自我评价，去体会成功的喜悦。面对问题，让学生大胆实践，使学生在实践中发现真知，从而体验到成功的喜悦，增强学好数学的信心，促进学生形成积极乐观的态度和正确的人生观。

我校遵循教育教学规律和初中生身心成长规律，以切实减轻学生课业负担为目的，努力深化作业改革，在完善作业管理制度、落实管理责任、优化作业设计、创新作业形式、严格控制作业总量等方面都做了有益的尝试。

二、阶梯作业设计

本节课作业设计了基础巩固和素养提升两部分。

1. 基础巩固作业

（1）在四边形 $ABCD$ 中，$AB=DC$，$AD=BC$，请再添加一个条件，使四边形 $ABCD$ 是矩形。你添加的条件是＿＿＿＿＿＿＿＿＿＿＿＿。（写出一种即可）

（2）下列关于矩形的说法中正确的是　　　　　　　　　　　　　　　　（　　）

A. 对角线相等的四边形是矩形

B. 对角线互相平分的四边形是矩形

C. 矩形的对角线互相垂直且平分

D. 矩形的对角线相等且互相平分

2. 素养提升作业

（3）已知：在△ABC 中，∠C = 90°，CD 为中线，延长 CD 到点 E，使得 DE = CD（图1）。连接 AE、BE，则四边形 ACBE 为矩形。

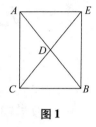

图1

三、作业批改情况

本节课作业的反馈情况：基础巩固作业，班级共 39 人，全对人数 28 人，错一题人数 7 人，错两题人数 4 人，全对人数达到 72%。学生对矩形的判定掌握得不够扎实，不能够灵活运用。素养提升作业，班级共 39 人，全答对的有 25 人，全对人数达到 64%。学生完成作业的积极性很高。

四、问题处理的构想

本节课作业根据学情，由浅入深，设计了不同层次。作业内容是与本节课知识有关的基础知识、基本技能的训练及其变式、判断比较和一般综合题等。通过训练，使学生掌握课上的知识点和相关的基本技能，完成学习目标，并通过一定量的思维训练，提高学习能力。本节课作业分为基础巩固和素养提升两部分，面向大多数学生，让学生获得学习知识、应用知识的喜悦。教师在评价作业时要讲究策略，注重过程与方法，善于发现学生练习中的优点和思维中的亮点，善于研究学生出现差错的原因，以加强作业评价和后续教学的针对性。要加强激励性评价和指导性评价。教师要细心、有耐心，指导学生思考解决问题的方法，并分层评价，及时调整层次，对不同层次的学生采用不同的评价标准。教师还要有针对性地培养学生整理错题的习惯，帮助他们从错题中吸取教训。建立班级的小组合作学习机制，让班级学生组成若干个小组，互帮互助，共同提升。教师要充分调动学生的积极性，让他们不断提高学习能力，建立学习数学的信心，带动全体学生共同进步。

九年级化学阶梯作业的布置与批改

163中学 刘娜

一、教学情况介绍

通过前面知识的学习,学生对化学有了简单的认识,掌握了一定的常见化学物质的组成、结构、性质及变化规律。有机合成材料的内容放在初中化学课程的最后一节,其用意只有一个:联系生活,明确化学改变生活。从学科价值角度而言,通过对有机合成材料的学习开阔视野,增长见识,建立起化学与生活的桥梁,使学生认识到学习化学的重要性。从社会价值的角度而言,通过学习有机合成材料在生活各个方面的广泛应用及造成的危害,让学生体会合成材料既方便了人类的生活,但也带来了环境问题,培养学生关注自然和社会的责任感。

本课题的大部分内容与生活密切相连,主要是以了解为主,让学生有一定的感性认识,学习起来比较容易。新型材料的奇妙用途能最大限度地调动学生的兴趣,培养学生联系生活,解决实际问题的能力。

因此,本单元的作业内容主要分成两个层次:第一个层次是必知必会内容,主要以生活常识为主,让学生了解材料在生活中的应用,并能够进行简单的判断。将化学与生活紧密地联系起来,让学生理解化学从生活中来并应用于生活的理念。第二个层次是自我挑战内容,本部分内容主要考查学生的记忆力,由于知识点比较相近、容易记混,因此需要反复练习才能做到准确无误。根据学情,这部分内容绝不是布置一次就能达到熟记的程度的,教师应做好"打持久战"的准备。

二、阶梯作业设计

(一)课后作业

1. 必知必会(全员作业)

(1)有机化合物的数目异常庞大,远远超过无机化合物。有关有机化合物的说法错误的是 (   )

A. 含碳元素的化合物并不都是有机化合物

B. 有机化合物的数目之所以庞大,是因为组成有机化合物的元素种类非常多

C. 有机化合物中,碳原子的排列方式不同,所表现出来的性质也就不同

D. 有机化合物都含有碳元素

(2)下列说法正确的是　　　　　　　　　　　　　　　　（　　）
A. 对于人体必需的微量元素,摄入量越多越有利于人体健康
B. 羊毛、棉花等属于天然纤维
C. 用 pH 试纸测出正常雨水的 pH 值为 5.6
D. 合成纤维、合成橡胶和合金都属于合成材料

(3)下列说法中缺乏科学依据的是　　　　　　　　　　　（　　）
A. 生活中多食用豆类和瘦肉可以补充身体所需的蛋白质
B. 橡胶、羊毛、蚕丝都是天然高分子材料
C. 使用铁锅对人体有利,因为可以补充人体所需的铁元素
D. 人类日常所消耗的能量主要是摄入的糖类代谢提供的

(4)材料是时代进步的重要标志。下列有关材料的说法中,不正确的是　（　　）
A. 塑料属于有机合成高分子材料
B. 玻璃属于无机非金属材料
C. 开发使用可降解塑料能有效解决"白色污染"问题
D. 玻璃钢属于金属材料

2. 自我挑战(选做作业)

(5)合成纤维的特点是_____、_____、_____和_____,但它的_____性和_____性较差。

(6)合成橡胶与天然橡胶相比,具有_____、_____、_____和_____等性能。

(7)复合材料如_____、_____、_____、稻草增强黏土。

(二)每日一查

1. 必知必会(全员作业)

(1)锰钢的优良性能:_____
(2)不锈钢的优良性能:_____
(3)硬铝的优良性能:_____
(4)塑料的优良性能:_____
(5)合成纤维的优良性能:_____
(6)合成橡胶的优良性能:_____
(7)碳纤维复合材料的优良性能:_____
(8)合成材料包括:_____
(9)金属材料包括:_____
(10)复合材料包括:_____

2. 灵活应用(选做作业)

国产新型军舰上装备的 1130 型近防炮装备了 11 根炮管,一次能够锁定 40 多个目标。最大火力为每分钟 10 000 发,即每秒 166 发,产生密集的弹幕击毁来袭导弹,火力

相当猛烈。炮身主要采用加密的韧性好的锰钢制成。

这种锰钢还具有(1)_____的物理性质,在一定程度上抵抗炮弹的轰击。采用爆炸能量较大的火药来保证发射距离。我国古代四大发明之一的黑火药,以硝酸钾、木炭粉、硫黄为原料,经点燃后发生爆炸产生硫化钾(K_2S)、二氧化碳及空气中含量最多的气体,请写出反应原理的化学方程式(2)_____。反应前后化合价未发生变化的元素为(3)_____,火药燃烧的能量转化为(4)_____。

三、作业批改情况

学生对于记忆性的知识出现了记忆模糊、记乱、记串等情况。我教的两个班一共71名学生,在记忆性内容上出错的学生有42人,占59%。

四、问题处理的构想

课上让学生画出所有合成材料的思维导图,让学生对于知识有整体的认识,加深印象。

同时,将知识点编成朗朗上口的口诀帮助学生记忆。例如,塑料的优点为密度小、耐腐蚀、易加工,可以将三个优点各取一个字变成谐音——小时(蚀)工,让学生快速掌握。合成纤维的优点为强度高、耐磨、耐化学腐蚀、弹性好,可以编成:强奶奶(耐耐)弹性好。合成橡胶的优点为高弹性、耐油、耐高温、绝缘性、不易老化,可以编成:高奶奶(耐耐)绝不老。通过简单的顺口溜可以既有趣又快速地帮助学生记忆知识点。

将必知必会的知识点拆解成几个小的知识点,以每日一背的形式让学生记忆,利用一切碎片时间见缝插针地进行知识追踪,强化学生的潜意识记忆。

另外,利用钉钉等线上工具,让学生每天上传背诵视频打卡。将学生划分成几个小组,成立不同的分组,让学生互考互记,充分发挥学生的互帮互助精神。

通过一段时间的努力,学生对于这部分内容掌握得较好,但记忆是有遗忘性的,所以每过两周我还会重新以每日一练的形式考核学生这部分内容,相信通过反复训练,学生一定会熟练掌握这部分内容。

核心素养视域下
阶梯作业的实践
研究

第六篇

阶梯作业优秀案例
（阶梯作业管理案例）

四维阶梯分层作业，助推"双减"提质增效
——125中学落实阶梯作业设计的管理案例

125中学　李秀文

作业设计是一种艺术，更是一种创新，面对"双减"政策带来的机遇和挑战，125中学积极研讨、探索实践，切实减轻学生的作业负担及课业负担，以为党育人、为国育才为根本目标。

一、减量不减质，锚定成长的"痛点"

要落实"双减"政策，首先要提升学校育人水平，发挥学校教育主阵地作用。因此，125中学着力提升作业管理水平，控"量"提"质"，鼓励教师探索多维作业模式。同时，着力打造高质量课堂，引导学生主动思考、积极提问、自主探究。通过提高课堂效能，锚定学生成长的"痛点"，做优做强学校教育。

二、减压不减爱，解锁成长的"密码"

学校精心设计阶梯作业，注重对学生核心素养的培养，在体育、美育、劳育等方面做出了积极努力，破除"唯分数论"，坚持"五育"并举，增加了实践性、体验类等学习内容，引导家长树立正确的成才观，激发了学生的学习兴趣。

三、减负不减责，导航成长的"路径"

学校结合自身的办学特色，充分发挥特色校的办学优势，努力开创多元化、多层次的学生可以随心选择的"菜单式"作业，使学生在有温度、有特色的课后时光中，释放天性，全面发展，练就一项技能，培养一个兴趣，点燃一个梦想，使未来拥有更多可能。

四、减负不减效，激发学生学习"动能"

以语文作业为例。语文作业是检查学生学习效果的主要手段，也是学生巩固知识和提高能力的重要途径。以往，我们在设计作业时没有关注学生的个体差异，作业的形式比较单一，内容偏重于教辅用书，作业布置整齐划一，作业量大。这种没有层次和梯度的作业设计，不利于学生的个性发展和学习效果的提高。在国家"双减"政策的指引下，125中学2019级语文备课组实践了阶梯作业。

首先，将学生分层。根据学生的语文基础、学习能力、学习习惯、个性特点、学习兴趣等差异，将学生分为A、B、C三层。A层的学生学习能力强，基础知识掌握牢固，有良好的语文素养和学习习惯。B层的学生语文基础知识和理解领悟能力一般，但学习比

较积极主动。C层的学生语文基础薄弱,学习能力较差,缺乏学习的积极性和主动性。

其次,将作业分层。将语文作业分为基础题、提高题和拓展题三个层次。基础题面向全体学生,重在巩固基础知识。提高题面向A层和B层的学生,重在提高综合运用能力。拓展题面向A层学生,重在发展学生的思维和培养创新能力。以下是"背影"一课的阶梯作业设计。

一、基础题

1.将课后"读读写写"部分的词语抄写一遍,对你来说比较陌生或者难写的再写两遍。

2.摘录1~2处你认为描写生动、优美的句子或语段,说说你欣赏这些句子或语段的理由。

二、提高题

3.从全文看,对于父亲,作者心理上前后有个大变化。请概述这个心理变化。

4.复述父亲过铁道买橘子的过程。在这段文字中,作者是怎样描写父亲的背影的?为什么写得这样详细?

三、拓展题

5.课文第5段中,作者一再说自己"聪明过分""太聪明",为什么这样说?你在自己的长辈面前,也有这种自作聪明的情况吗?说出来与同学们交流一下。

6.你能仿照朱自清笔下的父亲过铁道买橘子的背影这段文字,运用外貌、动作等描写来写一段描写父母的文字吗(150字左右)?

不同层次的学生完成对应层次的作业,在减轻学生作业负担的同时,增强学习效果。

在推行阶梯作业一段时间后,我们发现,学生对阶梯作业都存有一定的异议,上交的作业也有完成质量不高的问题。经过调查研究和与学生座谈,了解到成绩相近的同一层次学生,他们的基础水平和能力并非完全相同,A层的学生可能在某个基础题型上存在问题;B层的学生可能在完成某种文体的阅读题时有所欠缺;C层的学生可能表达能力强。硬性规定某一层次的学生完成该层次作业的做法存在着一定的缺陷。我们认识到,阶梯作业应考虑到每个学生的个性化特点,应将选择的自主权交给学生。在教师的主导下,不同层次的学生可以根据自己的能力和实际需要进行作业的自我调控。

同时,在专项训练作业设计中,我们还采取了动态分层方式。例如,在完成听说训练作业时,原来的A层学生可能语文学习能力强,但表达能力弱,会被调整到B层。原来C层的学生虽然成绩不好,但可能表达能力强,就可以分到A层或B层。这些措施既增强了学生完成作业的兴趣,也使学生可以在作业中弥补短板,促进了他们语文能力的提升。

在阶梯作业实践中,C层学生即使按照要求完成了作业,但是由于整体成绩不高,内心难免有自卑情绪,阻碍了他们的转变和发展。于是,我们尝试进行评价分层。我们在作业中为不同层次的学生设定不同的目标和要求。每一层次的学生,只要完成对应的既定目标和要求,就可以获得优秀的评价。例如,写作训练作业的完成标准是,A层的学生要求主题鲜明,内容充实,情感真挚,语言准确、生动,结构严谨,条理清晰;B层的学生要求主题鲜明,语言准确流畅,结构完整,条理清晰;C层的学生要求中心明确,语言基本通顺,结构完整。这样会激励学生在原有的水平上挑战自我,通过自己的努力达成目标,收获成功的喜悦,从而激发学生学习的兴趣并增强自信心。

为了更好地提优补弱,作为阶梯作业的延伸,我们还尝试进行辅导分层。由任课教师通过课外帮教包保的形式,为A层和C层学生进行辅导。为A层学生提供更多的拓展创新作业,让他们交流读书心得和探讨优秀习作。对C层学生注重基础知识的辅导,在评价中多激励表扬,培养他们的学习兴趣。对B层学生采取A层与B层"一帮一结"结对子的形式,由A层学生帮扶B层学生,将自己的学习经验与B层学生分享,并对B层学生的疑难问题进行指导。

我校2019级语文备课组在实践中确立了学生、作业、评价、辅导4个维度的四维阶梯分层作业设计方法,取得了良好的效果。

阶梯作业设计还有许多需要我们深思的问题和完善的地方,我们会不断探究多元化的语文作业设计与评价体系,让作业成为学生成长的助推器,促进学生个性发展和自身素质不断提升。

"平行线的性质"阶梯作业设计过程管理案例

萧红中学　罗威

为落实"双减"政策,进一步促使学校阶梯作业"落地生根",更新教师教学理念,提升教师理论素养、专业水平和教学实践应用能力,学校阶梯作业课题组对阶梯作业的设计部署了三级管理方案。主备教师提供个备完成的一稿阶梯作业,由备课组长把关;集体备课中主备教师说明设计意图,群策群力形成二稿阶梯作业,由教务主任把关;结合学生完成的实际情况,在下次备课中要总结得失,形成三稿阶梯作业,由主管校长把关后转交学科资源库管理员,共享给下一学年。

下面以七年级数学"12.3 平行线的性质"一课为例,介绍阶梯作业的设计过程。

主备教师根据《数学课程标准》要求"掌握平行线的性质定理,了解平行线性质定理的证明"制定本节课的教学目标,并设计了一稿阶梯作业,由备课组长检查习题出处及设计意图。

一、核心基础作业

1. 直线 $a//b$,$\angle 1 = 54°$(图1)。$\angle 2$、$\angle 3$、$\angle 4$ 各是多少度?(教材56页练习第1题)

图1

二、能力提升作业

2. 选择题(教材59页第7题)

(1) 如图2所示,由 $AB//CD$,可以得到　　　　　　　　　　　　　　　(　　)

A. $\angle 1 = \angle 2$　　　B. $\angle 2 = \angle 3$　　　C. $\angle 1 = \angle 4$　　　D. $\angle 3 = \angle 4$

(2) 如图3所示,如果 $AB//CD//EF$,那么 $\angle BAC + \angle ACE + \angle CEF =$　(　　)

A. $180°$　　　B. $270°$　　　C. $360°$　　　D. $540°$

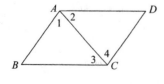

图2

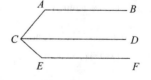

图3

3. 如图4所示，平行线 AB、CD 被直线 AE 所截。（教材58页第3题）

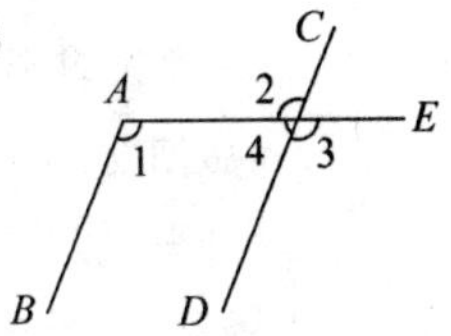

(1) 从 ∠1 = 110° 可以知道 ∠2 是多少度？为什么？

(2) 从 ∠1 = 110° 可以知道 ∠3 是多少度？为什么？

(3) 从 ∠1 = 110° 可以知道 ∠4 是多少度？为什么？

三、挑战自我作业

4. 如图5所示，直线 DE 经过点 A，DE//BC，∠B = 44°，∠C = 57°。（教材61页第14题）

(1) ∠DAB 等于多少度？为什么？

(2) ∠EAC 等于多少度？为什么？

(3) ∠BAC 等于多少度？通过这道题，你能说明为什么三角形的内角和是 180° 吗？

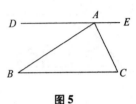

图4

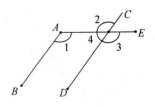

图5

教务主任全程参与集体备课，与教师达成共识。

在课堂练习中，学生在教师的指导下已完成教材56页第1题的说理及简单书写。为使部分基础薄弱的学生也能够掌握平行线的性质，并能应用平行线的性质独立完成作业，在核心基础作业中，我们将教材58页第3题进行改编，把需要说理的题目改为填空题，有序引导学生的思维；即使学生在独立完成作业的过程中遇到困难，也能通过课堂笔记找到解决问题的方法，提高潜能生学习数学的兴趣。

在为学有余力的学生设计作业时，要注重引导学生独立思考，使学生理解和掌握基本的数学知识，体会和运用数学思想与方法，获得基本的数学解题经验。对于大部分学生而言，完整的"三线八角"图中的线与角的关系确定已经熟悉了，为提高学生对图形的识别能力，使其正确应用平行线的性质，将教材59页第7题设置在能力提升作业中。此外，在能力提升作业中，还添加了一道教材72页第8题，课堂中已经出现过与之类似的图形，但课堂练习题中只考查了平行线的性质，为了让学生对平行线的判定和性质进行区分，将本题安排在能力提升作业中。

最后，为了培养学优生的推理能力，为下节课三段论的表达形式做铺垫，将教材60页第13题进行改编，由原题推理填空改为说理题，提高学生的逻辑思维能力。

基于以上考虑，将阶梯作业进行了调整，形成了以下二稿阶梯作业。

一、核心基础作业

1. 如图1所示，AB∥CD。

(1) ∠2、∠3、∠4 和 ∠1 有什么关系？

∠2 = _____（   ）

∠3 = _____（   ）

∠4 = _____（   ）

(2) 若 ∠1 = 110°，则 ∠2 = _____，∠3 = _____，∠4 = _____（   ）

图1

二、能力提升作业

(1) 如图 2 所示,由 $AB \parallel CD$,可以得到( )。

A. $\angle 1 = \angle 2$ B. $\angle 2 = \angle 3$ C. $\angle 1 = \angle 4$ D. $\angle 3 = \angle 4$

(2) 如图 3 所示,如果 $AB \parallel CD \parallel EF$,那么 $\angle BAC + \angle ACE + \angle CEF = ($)。

A. 180° B. 270° C. 360° D. 540°

(3) 如图 4 所示,$\angle 1 + \angle 2 = 180°$,$\angle 4 = 72°$,则 $\angle 3 = ($)。

A. 72° B. 80° C. 82° D. 108°

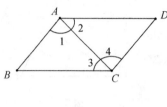

图2

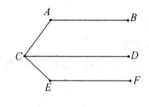

图3

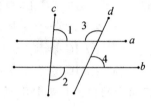

图4

三、挑战自我作业

3. 如图 5 所示,$AB \parallel CD$,$BC \parallel DE$。求证:$\angle B + \angle D = 180°$。

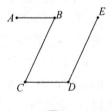

图5

结合学生完成阶梯作业的实际情况,以及学校逐渐细化的对阶梯作业设计的要求,七年级数学组教师又在线上针对本节课的阶梯作业进行了再次研讨。

强化审核公示,作业减负增效

进修附中

使作业成为学生学习的有效辅助,促进教师研究作业,让作业有实效性、让学生愿意写,这不仅是"双减"政策的要求,也是学生健康成长的要求。进修附中在阶梯作业课题研究中努力探索途径,强化审核和公示环节,使阶梯作业达到减负增效的目的。

一、制度保证,要求明确,层层落实,总结推进

学校制定了作业审核和公示制度,要求每天必审核、必公示,作业必须提前一天设计完成,于当天早晨呈现在公示板上,教师课堂教学结束后提示学生在教师布置的作业中自主选择作业并完成。

校长是学校控制作业量的第一责任人,教学副校长、教学主任是学校控制作业量的直接责任人。只有经审核通过的作业,任课教师才可以布置给学生,并进行公示。

作业的审核有严格的过程:

(1)学科备课组长为本学科作业内容及用时审核具体责任人。

(2)学年主任是调控各科作业总量的具体责任人。要统筹协调各科作业量,对超负担及表述不清的作业,有权请学科教师进行调整。

(3)学校教学管理人员每天要对一个学年的作业审核情况进行抽查。

(4)审核后的作业要进行备案,由审核人签字确认。

学校要根据抽查情况,每周对作业审核工作进行反馈,发现亮点,纠正问题,切实推动减轻学生作业负担工作的深入。

二、强化集备,研究作业,拓展形式,夯实内容

实现作业减负增效的关键在于教师的探索,进修附中一直强化教研组和备课组集备。在每周一次的教研组备课中,学校将作业设计作为一项重要的内容,使教师明确"双减"政策及学校的要求。对课程标准的研究使教师对阶梯作业有了更深入的认识。

教学管理者引导教师在作业布置前思考三个问题:

(1)我布置的作业量是否适当?是否给学生留有一定的休息时间,让他们能够劳逸结合?

(2)我布置的作业是否针对了所有学生,让每个学生都有收获?

(3)我设计的题型是否能够激发学生做作业的兴趣与热情?

在这个过程中,作业的准度、精度得到提升,目标明确,针对学生的学习需求,靶向定位;作业的形式、数量发生改变,不再是单一的书写作业或简单的时间累加;作业的检查、批改发生转变,作业有留必收,精批精改。

三、强化阶梯，面向全体，自主选择，指导到位

作业的形式多样了，内容丰富了，为学生提供最适合的作业成为学校研究的重点。学校要求设计和布置作业应充分考虑不同层次学生的实际，把作业分成A、B、C三个层次（可以根据教学内容进行调整），这样有针对性地调控作业难度，使作业既有统一要求，又能照顾不同类型学生的实际，从而让每个学生在适合自己的作业中获得成功，这样可以使认知水平较低的学生逐阶而上。

作业布置一般由易到难，注意知识层次。作业的设计和布置要做到由浅入深，由易到难，由单一到综合，从模仿到再造，再到创造性发展，做到环环相扣，拾级而上，逐步提高。也就是说既要设计一定数量的基本作业与练习，又要有一些变式作业与练习，还要设计一些综合性比较强的思考性作业与练习。

学校通过教学管理不断提升作业的效度。

首先，严禁教师为学生订练习册，因为练习册的内容偏难，教师留作业也会有随意性。依据夯实基础的要求，备课组教师要根据学生实际能力，编写基础训练册，这样教师留基础类作业时就可以从基础训练册中选择。

其次，对于不够合理的作业给予一定的建议，指导教师改进作业，保证学生可以较好地完成作业。

例如，九年级语文在讲"智取生辰纲"这节课后，教师设计的作业为：A 掌握字词，完成基础练习自我检测。B. 利用课余时间阅读《水浒传》。

学校在审核时认为第一项作业对于九年级学生来说实效性不强，第二项作业过于宽泛，毕业班学生很难有精力完成。在采纳建议和研究后作业更改为

A. 完成课后基础练习自我检测。

B. 完成《水浒传》文学常识练习。

C. 梳理《水浒传》中以下主要人物的故事：武松、鲁智深、林冲、杨志、宋江、李逵，并为大家讲解其中一个人物的主要事迹。

D. 杨志的悲剧固然与晁盖、吴用等人的智慧有关，但和他的性格也有直接关系。请选择以下题目完成一篇议论文：《切勿急功近利》《培养高情商》《莫让性格毁了人生》。

这样作业就明显达到了分层的目的，而且便于学生之间进行交流。

四、常规检查，发现问题，及时调整，追求质效

学校每天对一科作业进行检查，每周进行一次作业总结。与以往不同的是，原来要看教师是不是全批全改每一项作业，现在检查的是教师是否为每一名学生设计了作业。

目前在阶梯作业的研究中我们也遇到一些问题：

(1)学生作业的多样性，为教师检查作业、及时总结反馈带来一定的困难，经常会出现顾此失彼的情况。

(2)有些学生对自己学习情况的定位不准，不能选择最适合自己的作业；有些学生比较认真，常常会完成全部作业，相对来说压力会比较重。

(3)阶梯作业的布置还需要教师对不同层次的学生的培养有长期的规划，目前感觉

作业的随意性还比较大。

阶梯作业课题的研究对于学校教学管理、教师的教学智慧、学生的自我管理都提出了较高的要求，尽管有困难、有问题，但是这是有助于学生成长的一件大事，值得深入研究。我们会在课题组的指导下，坚持不懈，让"双减"政策落到实处，为每个学生的成长服务。

阶梯作业在审核与公示管理过程中的问题反馈和建议

萧红中学 修岩松

阶梯作业课题经过半年左右的反复研讨论证和在制定了一整套实施细则的基础上,已经将其思想和理念渗透给教研组长及每一位教师。阶梯作业经过前一轮个别学科的试行,参与课题的教师逐步寻找到了适合不同层次学生使用,内容和难度呈现阶梯性变化,符合课程标准及"双减"政策要求的作业形式,目前我校设计的阶梯作业主要采用三个梯度,即"核心基础作业""能力提升作业"和"挑战自我作业"。我校教师利用开学前的备课时间,每个学年有序地组织和开展阶梯作业的命题工作,已经初步形成了系列化的阶梯作业集。

学年教研组所有教师共同参与阶梯作业命题工作,"阶梯作业出题的原则"明确表示,教师命制阶梯作业是阶梯作业审核的第一关,在这个过程中教师要审核以下几个方面:阶梯作业的内容布置是否合理,重点、难点是否突出,题型设置是否有利于学生,作业量把控得是否合理,学生能否在规范时间内完成,等等。教师带着这样的思路命题,可以提高试题审核的效率,同时更有利于提升学生学习的效果,让学生从题海战术中逐渐解放出来,通过阶梯作业的完成更好地掌握每一节课的核心知识点、必考知识点、高频知识点等,达到事半功倍的效果,落实"双减"政策,减轻学生的课业负担。

一、阶梯作业审核过程中的问题反馈与建议

在阶梯作业审核的过程中发现了以下两个问题。

第一,阶梯作业中的试题不是题目的堆砌,应该是对众多试题进行的筛选和改编,精选出最为典型的、考频相对较高的题目,这些题目应该呈现出核心知识点,能够有助于学生抓住学习的重点知识,突破学习的难点内容。在审核过程中,发现有的作业中的题目相对陈旧,题目难度没有梯度,对应某一知识点的题目重复命题,没有体现出阶梯性、递进式的特点。这样的作业对学生来说没有实效性。

第二,阶梯作业中的知识性题目居多,应用类题目偏少;理论性题目偏多,创新型题目偏少;选填性题目偏多,说理性题目偏少。阶梯作业应该结合实际应用展现出来,寓教于乐,这样才能吸引学生的注意力,提高学生写作业的兴趣。各学科阶梯作业不要只设计关于理论、概念、定义的题目,应该在此基础上选择一些具有创新思维的题目,这类题目能引发学生的思考和兴趣,激发学生的创新意识。另外,题目可以采用判断对错、不定项选择、连线题、思维导图、写调查报告等形式,调动学生的好奇心和求知欲。

审核过程要求参与教师具备高度认真负责的态度,三级审核要从命题的源头就把

好关,教研组要对阶梯作业命制的体例提出要求,让教师在这个框架下去命题,从而使命题环节有抓手、有侧重、有规依。教研组长一定要严格把关,可以让不同层次的学生对作业质量进行检验,根据学生的反馈改进、调整后再使用,这样做更接地气,更符合大多数学生的要求。

二、阶梯作业公示过程中的问题反馈与建议

阶梯作业公示制度中包括四级公示制度,即学校公示、学年公示、班级公示、学生作业记录单。公示的主要内容包括各学科具体的作业章节标题及其页数、作业完成的总时间等。作业公示的内容是各学科教师通过集体备课研讨,按照教学进度统一制定的,如无特殊原因,学科教师要按照公示作业学年统一进行布置,在此基础上可以弹性地增加一些个性化的作业,这是由任课教师自主决定的。但是公示的是学年统一布置的作业,也是学生必须完成的作业,包括教师布置的个性化作业在内的总时长不能超过规定总时长。在公示作业的过程中,检查时发现了以下问题。

(1)个别班级由于学校活动挤占课时时间,导致教学进度滞后,阶梯作业没有按公示作业进行布置。这种情况只是个别现象,教师可以在相应的时间内拉齐进度后再按照公示进行作业布置。因此,公示的作业与教师布置的作业要弹性结合,公示的作业只是公示某一个阶段的作业内容,不是教师布置作业的唯一标准。

(2)阶梯作业内容适合大多数学生的分层使用,三个层次呈现梯度变化,能够顺利完成前两个层次作业的学生,就可以驾轻就熟本节课的核心知识点和重点、难点。但对于学优生来说,阶梯作业还是呈现出题量少、难度相对不高的情况。在这种情况下,教师可以在阶梯作业的基础上出一些补充习题,进行阶梯作业的分层布置,以满足学优生的需求。这也体现出了集体作业公示的内容是"规定动作",而阶梯作业的布置是"自选动作",更具有灵活性。

阶梯作业公示制度也起到了统一教学进度的作用,它可以在教学管理上对教学行为起到督促和调节的作用,有利于学校教务处的统一管理。阶梯作业公示制度成为家长和学校之间沟通的桥梁,让家长能及时了解学校学习进度,以便于监督孩子家庭作业的布置情况,实现家校互通。阶梯作业公示制度同时也会促进阶梯作业不断地优化和完善。另外,向家长公开展示作业总时长,有利于社会对学校的工作进行监督和指导,更好地落实"双减"政策要求。

阶梯作业的进一步落实是减轻学生学业负担的一个有效途径,能促进学生全面发展,推动"五育并举"在学校更好地实施。依托阶梯作业的审核与公示管理,我们有信心实现减负提质增效,我们既有"亮剑"的态度,更有"深耕"的毅力,让阶梯作业"水灵灵",让孩子们"笑盈盈",让素质教育"暖融融"。

阶梯作业检查与评价案例

124 中学　刘晓宇

聚焦时代脉搏，引领教育风尚，在"双减"政策的指导下，124 中学开展阶梯作业课题研究，进行科学诊断，精准施策，加强对教师阶梯作业设计的管理，关注学生作业的监测与分析，逐渐完善个性化的阶梯作业体系。以"聚焦""多元""合纵"为关键词，在阶梯作业管理的过程中寻找符合教育需求、符合学生学情、减负提质增效的特色之路。

一、制定作业管理新策略

为了让"双减"政策落地，让作业发挥实效性，学校采取主要领导目标管理、专业领导组织培训、年级主任辐射监管的方式，三位一体，形成合力，对学期作业方案进行整体统筹规划。各教研组根据规划，制订本学科学期作业方案，设计阶梯作业评价表。校级领导、中层领导下沉至年级，对作业量、作业完成时长及教师批改情况进行跟踪调研，形成有计划、有实施、有检查、有考核、有评价的工作路径。阶梯作业评价表见表1。

表1

学校_____　教师_____　　　　　　　　　年级_____　科目_____

	评价项目	等级	自评	校评	备注
作业布置	1.作业布置形式多样，分层次，有阶梯，有利于巩固、拓展课堂教学内容，符合教学需要				
	2.严格执行减负要求，作业量适中，课内、课外相结合				
	3.作业布置符合学科特点，周内分布均衡。各科时间分布合理，各学科作业基本做到一课一作				
完成质量	4.学生能在规定时间内独立完成课内、课外作业				
	5.作业格式规范，书写工整，本面整洁				
	6.作业正确率高，错误内容能按要求及时订正				
批改情况	7.课内外作业（课堂作业、课堂巩固等）批改及时、认真				
	8.建立批改记录、错题集等，注意教学效果信息的收集、整理和反馈				
	9.作业有评价语，发挥指导、激励等功能				
	10.批阅行款整洁、规范				

续表

评价项目		等级	自评	校评	备注
综合评价	合计				
	简单描述				

检查人_____　　　　　　　　　　检查日期：_____年____月____日

为减轻学生作业负担,学校严格控制作业总量,减少作业时长,科学设计作业内容,提高作业质量。各年级作业通过集体备课制定出一周的内容,教务处进行审核,并进行三级公示:面向全体教师公示,面向家长公示,面向学生公示。三级公示每日进行,做到公开化、透明化。124 中学每日作业单见表2。

表2

____学年　_____年____月____日　　　　　　　　　　　　　　　　星期_____

学科	作业内容	备注	预估时长
语文			
数学			
英语			
物理			
化学			
其他			
审核	教学主任：　　　　　教学校长：		

阶梯作业的实施具有重要意义,设计阶梯作业,要遵循学生学习过程的基本规律,由浅入深、由易到难、由单一到综合,充分考虑学生的层次和基础,细心筛选,仔细编排。

(1)基础达标作业:在教学中总结出基础性知识,作为常规作业,既能减轻全体学生的作业负担,又能有效巩固基础知识。

(2)能力提升作业:精心挑选不同类型的、有梯度的习题,让一部分学生的学习能力得到提升,进而增强学习兴趣。

(3)拓展延伸作业:优选创新型、开放型及实践型习题,布置给有能力的学生,有利于锻炼他们的思维,培养他们的创新才能。

通过基础达标、能力提升、拓展延伸作业设计,既能够帮助教师及时反馈教学效果、诊断学情、参考改进,又能够针对学生加强巩固练习,使其养成良好的学习习惯,提高学习效率,促进均衡发展,使学生的思维与能力呈阶梯式递进。

二、实施作业设计方案多维度

(1)减少作业时间,不仅要在"量"上做简单的"减法",还要在"质"上求"提升"。

学校从作业形式、内容、评价等方面进行有效探索,以确保"量"少"质"优。作业布置遵循"少""精""活"原则,重视参与性、过程性、实践性,坚持多维度、多层次、多元化。

（2）基础性作业教师全批全改,有复批和错题本积累,保质保量,让学生"吃得饱";拓展和特色性作业（非书面）指向分层和学生核心素养的进阶。学校依托多维度的评价体系——自评、师评,部分实践类作业借助"钉钉"和"问卷星"软件进行展示交流,让学生领悟素质教育的真谛。多元的任务带给学生的是自主和自强的学习体验。

第一部分:抓实课内,夯实知识基础。

基础性作业用以巩固教学效果。为了避免无效的机械重复,学校对知识点的巩固采取"测""练"等方法。先让学生明确阶段性的"过关"任务;再通过测评,用错题本记录薄弱环节;最后经过专项练习,巩固所学,提高教学的针对性。

第二部分:创新课外,培养核心素养。

设计有趣、有梯度的作业内容,学生可根据自己的能力弹性选择,满足不同层次学生的需要,让学生运用所学知识进行发现、探索。根据学生年龄及学情特点,确定符合学生身心健康发展的创新实践主题。通过学生亲身体验,在动手、动脑中培养学生的核心素养。

作业减负是教学本质的回归。为促进学生全面发展,提升新时代教师与时俱进的能力,学校对教师的课堂教学和作业管理"严防死守",通过"听、看、议、研、展"五位一体的教研活动引领教师提升教育教学水平,科学有效地对学生作业进行反馈评价;另外,学校对家长也进行积极的宣传引导,家校合作,回归本位,各尽其责,为学生成长再上台阶共同努力。阶梯作业的设计、实施和发展是一场教育革命,赋能减负提质,我们有"亮剑"的态度,更有"深耕"的毅力,为教育的未来和学生的成长而不懈努力。

优化作业设计,深耕作业管理

156 中学　杨晓姝

"双减"政策下,减轻学生过重的作业负担是学校当前工作的重中之重。156 中学积极开展课题研究,探寻"减负"与"提质"的交点。教师层面从创新作业设计、构建高质量作业体系方面深度教研,学校层面则从完善作业管理制度、加大作业检查力度上精准施策,加强作业的监测与评价。

一、完善制度,搭建作业管理新平台

学校先后出台了《哈尔滨市第一五六中学校作业管理办法》《哈尔滨市第一五六中学校校内作业负担专项治理工作方案》《哈尔滨市第一五六中学校作业质量定期评价制度》《哈尔滨市第一五六中学校作业校内公示制度》等制度,搭建作业管理新平台。

每个学期初,学校教务处对本学期作业方案进行整体统筹规划,制定作业审核公示表、作业检查评价表、班级作业抽查表等,检查班级是否按照作业制度要求进行每日作业,并每半个月对抽检班级的学生、家长进行问卷调查,了解学生书面作业的平均完成时间及作业难度。这样对作业跟踪检查、评价反馈,形成有计划、有实施、有检查、有考核、有评价的工作路径。

二、把握尺度,统筹作业总量减负担

要想切实减轻学生的作业负担,就要降低作业的总量,控制作业完成的时间。各学年组织教研组长、备课组长、骨干教师参与作业管理,协同教务主任对每日作业总量和内容进行把关,切实控制作业用时,其中语文、数学、英语单科用时不超过 20 min,物理、化学单科用时不超过 15 min。学校教务处总体监管作业布置与批改情况,定期进行作业检查,不定期进行作业抽查,发现问题及时反馈,指导教师改进工作,切实减轻学生课业负担。

各备课组每周都会利用集体备课时间开展作业研讨,根据校情、学情,细化作业进度、难度,将知识点条理化、清晰化,交流作业布置、批改与反馈,统筹本年级各学科作业时间和作业总量,实现科学合理布置作业。各学科备课组长每周末提交作业审核公示表,在公示栏中公示下一周各科每天预留作业及预估作业完成时长,班级则每日公示一次作业,公示学科作业内容、形式和数量,确保作业精选、优质且学科平衡、分配合理。

三、设计梯度,精研作业内容提质量

作业是对学习的回顾与检验,它不仅是知识的体现,更是一种艺术的体现。因此,作业的设计首先要明确学生的学习目标和任务,教师应该掌握每节课大纲和课程标准的要求;其次教师要了解、掌握学生的个性和认知差异,设计的作业和练习要有层次、有梯度,避免机械的、重复的练习,使学生循序渐进,逐步提高。

鼓励布置阶梯作业、弹性作业和个性化作业,科学设计探究性作业和实践性作业,探索跨学科综合性作业,对于作业内容设置、作业形式、落实方法、效果检验等方面进行研究,制定符合校情、学情的阶梯作业。例如,八年级数学组将阶梯作业分为三个层次,即基础巩固、能力提升、拓展探究。以基础巩固作业为主,能力提高作业为辅,从模仿性的基础练习到提高性的变式训练,再到拓展探究性的思考创新,由浅入深,由易到难,层层递进,满足不同层面学生的需求,让每个学生都能学有所获。

四、多种角度,改革作业评价有时效

1. 作业总量评价

评价每天作业量是否符合规定、作业次数是否符合学校教学常规管理要求。

2. 作业质量评价

(1)作业内容是否精练、典型,难度是否适当。

(2)是否有利于学生学习习惯和学习能力的培养。

(3)是否有弹性作业、阶梯作业。

(4)是否适当布置了开放性、探究性或实践性作业。

(5)学生能否独立完成作业。

(6)班级学生是否都能在建议时间内完成作业。

3. 作业批改评价

(1)批阅次数是否符合学校教学常规要求。

(2)批阅过程是否认真细致,教师是否全批全改,是否有家长批改或学生批改的现象;批阅符号是否规范,有没有恰当的等级标识和必要的评语;学生错题是否有教师复批;等等。

(3)是否有错例记录或错因分析,是否有跟踪训练计划。

(4)是否及时批阅,是否及时讲评并培养学生养成及时改正、整理改错本的习惯。

总之,要把作业质量提上来,就要优化作业设计、布置、批改、评价等教与学闭环管理机制,将作业设计与实施纳入校本研修重要内容,建立完善的作业制度,明确检查考核要求,让教师教学、学校检查考核有据可依,有章可循,让作业发挥实效,让"双减"政策真正落地。

阶梯作业检查与评价管理简析
——七年级作业检查及评价示例

萧红中学　胡继红

学生的作业是课堂教学的继续,是教学工作的一个有机组成部分,是提高教学质量的重要环节。作业批阅是对课堂教学内容的强化,是教育教学重要的一环。作业是学生以独立活动的形式完成特定的教学任务,巩固所学知识,教师检查教学效果,了解学生学习情况,不断改进教学方法的重要渠道。阶梯作业就是立足于学生学科核心素养,从基础知识到思维能力、从自主学习到合作探究的培养路径。

一、作业布置

(一)布置原则

(1)教师的作业布置要精选题目,突出重点;既要有代表性、典型性,又要有针对性和时效性;难易要适度,数量要适中。要有利于学生对知识的理解和巩固,有利于学生能力提升和习惯养成的发展。杜绝机械重复或惩罚性作业。

(2)基于课程标准科学设计作业,围绕作业的目标、内容、难度、类型、数量等关键要素,通过选编、改编、自主创编等方式,科学设计符合教学要求、体现学校特点、适合学生实际的作业,不断提升作业设计的科学性和有效性。

(3)合理布置作业,要充分了解学情,布置有针对性、分梯度的作业;布置作业要向学生明确作业要求及评价方式,提升学生完成作业的积极性。

(4)统筹作业总量。教研组、备课组要指导教师根据课程标准合理布置、及时报备学科作业,使学生的作业用时不超过 90 min。

(5)阶梯作业侧重不同层面的梯度要求:核心基础部分预习、练习的过程是能力提升部分的前提,能力提升部分养成的学习习惯和自主能力又会督促学生进一步在学习中挑战自我,从而形成学习品质和素养。

(二)布置内容

(1)阶梯作业:根据不同层次学生的需求,七年级的阶梯作业设计为核心基础作业、能力提升作业、挑战自我作业三个内容等级,分别侧重基础训练题、发展思维的训练题和拓展延伸题。在练习中应体现不同层次学生的不同要求;基础较弱的学生可以只做基础题;基础较好的学生可以做思辨型训练题;学优生做拓展延伸题,对同一例题可以从不同的角度去启发引导,一题多变。真正让所有学生都能有所收获,体会成功的喜悦,步入学习进步的良性循环。

(2)特色作业:发挥学生的主观能动性,班级任课教师根据学情设计作业。针对学生学习状态适时调整内容设计,进一步调动学生学习的主动性和学习热情并激发学习的自主性。

(三)布置备查

(1)统一制定阶梯作业模板。
(2)阶梯作业是学习任务与教学任务的有效结合,是教与学的延展和充实。
(3)内容:包括阶梯作业、课后班级或学年特色作业。
(4)方式:包括抽查、专项检查和学校的巡查联检、迎接各级督导检查等。
(5)标准:作业从布置到完成到批阅到修改,侧重明确要求指导和严格规范督促。注重时效性和实效性反馈,是师生共同学习的一个过程,更是针对学生掌握的实际情况进行分层指导的有效途径。

二、作业批改

(一)七年级作业批改原则

(1)作业批改既是对学生学习的指导,又是收集教学效果反馈信息的重要手段。各类作业要求全批全改、认真仔细,评语书写要工整,评价要恰当,要落到实处,部分练习应精批细改或面批面改。日记、周记可采取定期查阅的办法。教师对批改的作业应做出评价,提倡根据学生年龄特点进行个性化评价。

(2)提倡学生自我订正、修改作业,养成自主学习的良好习惯。

(3)作业批改要及时,一般应在下一堂课前将作业发给学生,要求学生认真查看教师的批改或评语,并根据教师批改要求订正或重做。

(4)要做好作业批改记录,作为讲评和辅导的依据。作业讲评要鼓励先进,启发和帮助后进,切忌挫伤学生的自尊心和积极性。

(二)七年级作业批改要求

(1)试题逐题批阅(周记、写作要有评语)。
(2)除试卷外,要有批阅日期。
(3)批阅后要有学生的订正及复批痕迹。
(4)保证批阅数量及质量。
(5)评价语言恰当。

(三)七年级作业检查要求

(1)方式:每天抽查三个班级的学生作业,包括语文、数学、英语三科作业。
(2)各学科必查作业。
①语文——晨测卷、周测卷、随堂小测卷、周记、作文。

②数学——晨测卷、周测卷、作业本。
③英语——晨测卷、周测卷、随堂测试卷、听写本、写作本。

(四)七年级作业检查评价方法标准

作业的有效评改反馈是学生加深理解和巩固新知识的重要措施,教师要认真批改、全面分析、及时反馈作业,不断提升集体讲评、个别面批的针对性与有效性,强化作业评改、反馈的功能;评改作业要写好评价和批阅日期,可以运用等级反馈;要摘录典型错误,提倡建立"学生作业典型错误摘录集"。

作业批改后,要求学生及时订正,对共性错误及时讲评,针对个性问题提倡面批讲解;提倡建立作业纠错本,养成错题必改、必思的良好习惯;做好作业的二次批改,巩固讲评效果。

根据学生程度,可在必做题外另加少量难度稍大的选做题,但要严格控制作业总量。各学科教师均应按照教育行政部门规定的作业量时限布置作业,各学科间要注意协调作业的总量。

学校必检作业要求备课组内统一内容、统一作业本、统一格式。作业书写工整,卷面整洁。不符合要求的要督促学生重做,缺交的要补做,做错的要更正。

三、作业批阅评价

(一)评价标准

(1)重视作业批改的及时性。教师应合理使用各种批改形式,批改采用等级制,使用激励性、启发性、指导性批语,培养学生良好的作业习惯。督促学生订正作业中的错误,并做好复批。

(2)对布置的作业做到全批,同时认真分析学生错误的原因,反馈改进教学过程。

(3)加强作业讲评的针对性。提倡个批与集体讲评相结合,及时向学生反馈作业批阅结果,共性问题集体讲评,个别问题面对面批讲。举一反三,加强拓展和延伸,突出作业中难点的处理、关键点的拓展。能够引导学生根据作业中存在的问题,更好地开展后续学习。

(二)评价方法

每学期开展作业评选活动,帮助学生养成良好的学习习惯,进一步丰富学生校本化作业内容和形式;分为备课组、常规、个人、特色等不同内容,优秀作业通过微信公众号推送;教导处每周五随机每班抽取5名学生的所有作业检查,了解作业的数量、质量、批改、完成等情况,做好记录,同时每周点评,更好地落实作业管理的要求;不定期设计问卷,了解家长和学生对班级作业的满意度和看法,并向全校师生反馈。

163中学阶梯作业过程管理案例

163中学　翟鹏

在"双减"政策的背景下,随着新课程标准的实施和课堂教学改革的不断深化,学校教育教学精细化管理已深入教学的每一个环节,作业的细化管理自然也不例外。作业设计、布置与批改可深化学生对概念、规律的理解,提高学生运用知识分析、解决实际问题的能力,激发学生的学习兴趣,是教学工作中不可忽视的重要环节,也是提高教学质量的有效手段。

作业是学生学习过程中的一个重要环节,作为教学过程的基本环节之一,是课堂教学的重要组成部分和延续。通过作业,学生可以进一步深化自己的认识;教师可以通过分析学生的作业,了解学生对所学知识的掌握情况,分析所出现的问题及原因。在"双减"政策的教育背景下,为减轻学生的负担,我校开展了阶梯作业的设计与研究,力争在一定程度上达到减负增效的目的和效果。下面以语文学科为例,分析我校阶梯作业设计、布置和批改的主要特点,并反馈教学质量提升的效果。

(1)在《语文课程标准》的要求下,教师需要帮助学生理解与掌握语文学科中的阅读技巧,让学生充分地发挥他们的思维能力与创新能力,提升语文素养。阶梯作业通过因材施教的教学实践活动,激发学生的学习热情,提升学生的学习能力与分析能力。语文学科阶梯作业设计的目的:学生在完成作业的过程中不是被动、机械地完成,而是主动、积极、创造地完成。阶梯作业是内容多样的、开放的、优化的作业形式,能够有效激发学生的潜能,引导学生找到适合自己的学习方式,从而充分发挥作业的作用。阶梯作业结合学生的具体情况,设计有针对性的个性化作业。每个学生的基础不同,将课堂教学与课下作业相结合,认真分析学生的个体情况,依据课堂与课下互补的原则,根据每个学生自身的能力水平和性格特征设计阶梯作业,系统优化作业设计,其目的在于更好地调动学生的学习热情,提高作业的有效性,进而促进学生发展,使每个学生都能获得良好的学习体验。

(2)在布置语文阶梯作业时要注重层次性,体现循序渐进性。在语文教学中,不仅要对学生进行分层,而且要将作业内容进行分层。在不同的教学阶段,教师根据学生的个体差异,设计出有层次的练习题,使每个学生均得到最优的发展,有效解决"吃不了"与"吃不饱"的问题。以语文学科学习步骤为例:首先,阶梯作业中的"夯实基础"可以作为学案提前发给学生,不需要学生去完成,但可以作为预习的资料,提高预习效率。其次,阶梯作业既可以帮助学生预习,还可以灵活运用变成课堂测试卷,掌握不好的学生可以就某一题型反复做,达到巩固的目的。最后,授课结束后,阶梯作业可以起到验收作用,对课堂教学进行有效补充。阶梯作业的设计要层层深入,由简单到复杂,由理解到运用,循序渐进,不仅要体现在每节课的课后作业中,还要体现在单元之间和模块之间。例如,在夯实基础作业中,着重对听、说、读、写部分进行考查。学过古诗文后,要布置背诵、默写的作业,有助于学生从我国古代文化中汲取知识。能力提升和挑战自我作业是为学有余力的学生提升阅读分析能力而设置的,同时还要注重拓展学生的思维能力。也可以设计趣味性、开放性的作业,联系学生的生活实际,有效提高学生的思维能力。例如,在学习《使至塞上》这首诗之前,可以给学生布置作业:根据"大漠孤烟直,长河落日圆"这两句诗画一幅画。在学习《春》一文后,可以给学生布置作业:①收集和春天有关的成语、谜语、谚语、古诗、美文,编写专题小报。②开展春游活动,去田野欣赏春色。这样学生会饶有兴趣地完成作业,使学生体会成功的喜悦。

(3)教学效果的及时反馈至关重要,因此阶梯作业的批改尤为重要。不但要求学生当天完成作业,教师也要当天完成批改,这样才能更好地把作业中的错误信息在上新课前及时地反馈给学生。我校作业批改的要求:首先,教师要用心、及时批改作业,确保当日作业当日批改。教师一律用红笔批改和评定等级。要有批改符号。每份作业批改后要对其做出比较公正的评价,评语要有针对性、启发性、激励性;对作业中的错误要有明显的标记,错误较多、不合格的作业,要求学生重做复批。作业批改在关注知识的同时,还要关注学生在作业中的思维过程与方法。从不同角度全面衡量,关注学生作业中飞扬的个性及成功的体验,尤其是每周一次的语文作文训练,可以将优秀的作文在全班进行交流,让学生体会到成功的快乐。其次,教师在平时的作业和作文训练中要多采用激励性评语,让学生树立学习的信心。例如,有些学生的作业虽然在正确率、字迹等方面并不是很完美,但是他们已经尽了很大的努力,并且确实比前几次作业有了进步,我们可以这样写评语:"今天的作业比以前用心多了,老师相信明天会更好!""老师每天都能看到前进中的你!"这样的评语会激励学生认真完成作业,并取得更大的进步。针对学生作业中的错误,教师要在评语中明确指出错误及原因,以及该如何订正。例如,有时学生的作业字迹不清或由于疏忽大意造成错误,就可写:"三心二意是干不好任何事情的,只有一心一意才能做一个成功的人。""有点粗心啊,不过我相信你会积极改正的,对不对?""与粗心告别,与细心交朋友吧!"这些商量式的劝说学生是乐意接受的。最后,鼓励教师面批。为了调动学生的学习积极性,更好地贯彻因材施教的教学原则,针对每个学生的知识差异,可采取面对面批改和个别辅导的方法。作业做得较好的学生,教师应给予表扬,指出其优点,要求继续发扬;对于难度较大的作业和潜能生,面批既可以获得与学生沟通的机会,也可以针对学生的个别问题耐心地辅导,帮助其分析错误的原因,使其掌握改正方法,这样学生会从教师的目光中受到鼓舞,从而认真改正错误,不断提高自己。

(4)自实施阶梯作业以来,明显提升了教学质量。阶梯作业的设计、布置和批改兼顾了各个层次的学生。结合2021—2022学年度上学期的八年级语文期末考试数据,与上个学期的期末成绩对比呈稳步提升态势,达到了减负增效的目的。学年总平均分从86.72提升至92.08,8个教学班平均分提高分差中有6个班级为正值;高分人数实现了从0到26人的突破;优秀率和及格率都有明显提升,其中及格率上升了25.42%;同时控制了低分人数,降低了低分率。

今后学校将继续扎实稳步推进阶梯作业,不断总结经验,分析问题和不足,并进行改进和完善,从而有效促进学校教育教学质量的提升和学生的全面发展。